U0665732

越文化研究丛书

王建华 主编

XUXILIN
PINGZHUAN

徐锡麟评传

谢一彪 著

人民出版社

前　言

绍兴乃是光复会的大本营，皖浙起义的中心之一，绍兴籍的光复会领导人蔡元培、徐锡麟、秋瑾和陶成章中，有关研究蔡元培和秋瑾的著作及其论文可谓汗牛充栋，即使是备受争议的光复会副会长陶成章，目前也有长篇传记问世，然而，学术界对徐锡麟的研究却显得冷清和寂寞，大陆有关徐锡麟的传记极为稀少，大都是为少年儿童准备的小传记，徐和雍教授撰写了七万余字的《徐锡麟传》，较为详实地记叙了徐锡麟投身社会改革，出国寻求救国救民真理，踏上民主革命的征途，筹组皖浙起义，发动安庆起义，血溅百花亭的革命一生。这是目前大陆研究徐锡麟较为客观公正的一本传记。台湾也有几种徐锡麟的长篇传记问世，有高岱撰写的《鬼神泣壮烈——徐锡麟传》，彭歌撰写的《徐锡麟》，肖然山撰写的《徐锡麟传》，但均属章回小说式的历史文学传记，生动形象地叙述了徐锡麟悲壮的革命历程。由陆菊仙和陈云德撰写的《徐锡麟家世》，系统地介绍了徐锡麟先祖、同辈以及后辈的基本情况，对历史与现实中的徐锡麟家族作了全景式的描述。孙元超编撰了《辛亥革命四烈士年谱》，依据详实的史料，存精去秕，择要汰繁，辨别真伪，全面而客观地梳理了徐锡麟一生的革命活动。学术界也发表了一些论文，从各个方面对徐锡麟进行了研究。综观学术界对徐锡麟的研究，既没有一支研究队伍，也没有一本专著，论文也极为稀少，研究的理论深度也不够，目前尚无一本全面客观研究徐锡麟革命

一生的长篇评传。

徐锡麟出生于东浦一个颇有名望的士绅之家，徐家亦耕亦商，开设了南货店、绸庄和烛铺，拥有一百多亩土地。徐锡麟幼年即在桐映书屋接受了十年的私塾教育，除了学习规定的《四书》、《五经》以外，还阅读了桐映书屋所藏的大量数学、天文、历史和地理等书籍，对天文和数学情有独钟。父亲希望徐锡麟能够金榜题名，获得一官半职，光宗耀祖。19世纪末，中国正一步步沦为殖民地半殖民社会，民族危机空前严重，清政府政治腐败，帝国主义觊睨中国土地，人民生活在水深火热之中，徐锡麟忧心如焚，苦思冥想救国之策。他提出采取"合纵联横"之策，利用帝国主义之间的矛盾，以击破帝国主义瓜分中国的狂潮。实行通商惠工之策，利用大机器生产，扩大对外贸易，达国富兵强、抵御外侮的目的。徐锡麟还寄希望于统治者效法越王勾践，十年生聚，十年教训，涌现大批助刘邦兴汉的韩信、助刘备立国的诸葛亮以及助后周世宗定边政治的王朴等治国安邦的贤臣良相，发奋图强，复国保种，实现长治久安。他少怀大志，乃是一个热血沸腾的爱国志士。

徐锡麟认为中国之所以落后，原因在于教育落后，不兴办教育，则不足以挽救国运，而要普及和发展教育，就不能因循守旧，必须倡导新学。他受聘出任绍兴府学堂经学兼算学教习，以光复大义激励学生，以尚武精神教导青年，特别重视数学以及体操的教学，编辑出版了学生的演算题集《元代合参》和《校正增补代数备旨全草》，特别强调算学在军事上的重要作用，告诫学生行军作战，必须测明地点和途径，测量炮弹的射程。徐锡麟实行教育改革，提出体操教学应学以致用，以适用军事需要、增强学生的体质作为目的。他参观了日本大阪国际博览会，资本主义国家均展出新式机器和新颖产品，而中国仅展出丝绸和茶叶等土特产品，他感触颇深，中国要改变贫穷落后的局面，非得学习西方的科学技术不可。徐锡麟积极创办新式学堂，以培养救国人才。他与宗加弥等人选定绍兴和畅堂的能仁寺，租用庙宇作校舍，设立越郡公学。他还专程赴上虞肖唫，指导阮廷藩等人创办世懋学堂，并赠送"诚朴勤洁"四字作为校训。徐锡麟与王子余等人冲破重重阻力，创办了绍兴第一所女子学堂——明道女校，以启迪女子智能，培养女子人才。徐锡麟的家乡东浦除了蒙塾以外，没有一所新式学堂。他又联合陈燮枢等十秀才，借用吕祖斗坛作为校舍，创办了东浦第一所新式学堂——热诚学堂，成为培养救国人才、联络革命志士、积蓄革命力量的一个据点。

徐锡麟赴日结识革命志士，接受了资产阶级民主革命的教育，并毅然加入了资产阶级革命团体光复会。光复会急需大批干部，组织革命军队，开展武装斗争。他在绍兴选择山会两邑豫仓作为校址，创办了大通学堂。金华、处州和绍兴三府的会党络绎不绝来到绍兴，到大通学堂接受兵式体操的训练，开创了中国秘密会党接受近代化军事教育的先河。大通学堂仿照日本振武学校，除开设师范的各门学科外，其课程以体育为中心，特别重视军事教育，包括兵式体操、器械体操、夜行军、爬山、泅水、军号等。学校订有《革命军》和《浙江潮》等革命书刊，供学员阅读。大通学堂设有特别班和普通班，特别班的学员全部都是会党成员，专门练操习武，不习其他学科。大通学堂以创办师范学校作为掩护，吸收各地会党志士入学。会党骨干经过系统的训练，提高了政治觉悟，使原来山堂林立、政治倾向模糊的会党统一到反清的革命目标上来。会党骨干也有效地纠正了自由散漫的习气，加强了组织纪律性，掌握了一定的近代军事知识和军事技术，成长为光复会的重要干部。大通学堂成为光复会吸收会员、发展会务的主要基地，是中国资产阶级革命党人创办的第一所培养军事干部的学校，也是旧民主主义革命时期第一所培养武装干部的学校，以及后来皖浙起义的基地。武昌起义爆发后，浙江会党群起响应，在光复杭州、克复上海、攻克南京的战役中，大通学堂的毕业生均发挥了重要作用。

徐锡麟发动的安庆起义，动摇了清王朝的封建专制统治。他大义凛然，书写了气壮河山的绝命词，无异于一把插入清王朝心脏的利刃，让清政府惊恐不安。慈禧太后闻讯后痛哭不已，从此心灰意懒，得过且过。徐锡麟暗杀的对象主要是满族权贵，满洲官吏人人自危，风声鹤唳，草木皆兵。安庆起义也迫使清政府改变封建君主专制统治，加快君主立宪的步伐。徐锡麟在供词中揭露了清政府的民族压迫政策，揭穿了其表面立宪，实际上依然实行专制统治的真面目，号召汉族同

胞奋起，推翻专制统治。满族王公大臣为徐锡麟大义凛然的革命气概所震慑，向西太后建议改变封建君主专制，实行君主立宪。清政府迫于压力，不得不抓住预备立宪的救命符，妄图挽救江河日下的封建专制统治。皖浙起义失败后，革命党人开始从过去只依靠会党进行武装斗争，转向依靠以新军为主的革命力量。新军不仅有近代军队所具有的严密的组织性和纪律性，较强的战斗力，还有较高的文化素养，容易接受资产阶级民主革命思想。后来，革命党人发动武昌起义、上海起义和杭州起义，光复东南，依靠的主力军都是新军，并最终推翻了清王朝的封建专制统治。皖浙起义血的教训，促使革命党人将革命依靠力量转向新军，将清政府的统治支柱变成其掘墓人。

目 录
CONTENTS

第一章　山阴望族

绍兴乃是建城2500年的历史文化名城，东浦也是具有江南水乡特色和深厚底蕴的历史文化名镇，历代名人辈出，群星璀灿，近代诞生了著名的资产阶级革命家徐锡麟。徐姓是中国第十一大姓，也是历史悠久的姓氏，春秋晚期就已迁居绍兴。徐锡麟生于一个人口众多的名门望族，徐锡麟乃家中长子，有六个弟弟和四个妹妹。徐锡麟祖父徐桐轩以游幕所得的俸禄，建造了典型的江南清代民居建筑。徐家亦耕亦商，父亲徐凤鸣开设了全禄昌南货店、天生绸庄以及泰生烛铺，逐渐发家致富，拥有土地一百多亩，资金15万元，成为东浦颇有名望的士绅之家。

一、鉴湖明珠

绍兴以春秋时期越国的都城而著名于世。绍兴地区古代由于越部族居住，后来成了春秋列国之一。公元前490年，越王勾践被吴王释放，为了实施其卧薪尝胆、报仇雪耻的大计，开始在山会平原上建立都城。范蠡奉命“筑城立郭，分设里闾”，选择卧龙山南麓一带作为城址，建成一座周围长2里又223步的小城邑，作为越国的国都，史称“勾践小城”，即后来的山阴城。小城设有陆门4处，水门一处，并在城内及其周围建造宫台和其他设施。后来，范蠡又在小城附近建筑大城，将绍兴城内八处大小孤丘连成一片，大城周围长达20里又72步，设有陆门3处，水门3处。小城和大城均由范蠡规划设计，史称“蠡城”。越王勾践以此为基础，实现了

“十年生聚，十年教训”的复兴计划，终于于公元前473年攻克吴郡，覆灭吴国，跻身于中原诸侯强国的行列。秦始皇统一中国后，实行郡县制，原吴越国境置有会稽郡。公元129年，吴与会稽分治，以钱塘江为界，江北置吴郡，郡治设于吴县（苏州）；江南置会稽郡，郡治设于山阴县（绍兴）。隋唐以后，取消会稽郡，改设越州，辖境逐渐缩小。越州曾二度成为南宋王朝的临时首都，宋高宗赵构迫于金兵南侵的压力，逃离临安（杭州），分别于1129年10月和1130年4月，两次驻跸于越州，其中第二次长达一年零八个月之久，越州的经济、文化和城市建设在短时间内得到较大的发展。宋高宗第二次驻跸越州时，希望获得喘息的机会，并实现南宋小朝廷的“中兴大业”，宋高宗大赦天下，并于1131年正月初一宣布改元，以“绍万世之宏休，兴百王之丕绪”，继承先辈创立的福荫，完成其未竟的功业。宋高宗遂取两句话的句首字“绍兴”二字作为年号，将建炎五年改元为绍兴元年。按照惯例，凡帝王巡幸时间较长，自身条件又较好的州，可以升格置府。宋高宗遂应越州知州等官员的请求，于1131年10月，同意升越州为府，并根据唐德宗李适在兴元元年（784）巡幸梁州而升梁州为兴元府的先例，将其年号“绍兴”赐予新置的府作为府名。于是，越州改称绍兴府，“绍兴”一直沿用至今，已有八百多年的历史。

徐锡麟的家乡东浦位于绍兴市西郊，宁绍平原的西北部。东与绍兴市区相连，南邻福全，西接柯桥，北抵齐贤。东浦的交通极为便利，杭甬铁路和104国道以及萧绍运河横贯东西，福全至东浦以及东浦至齐贤公路南北相通，与杭甬公路相接。东浦位于水滨之东，原是泥泞沮洳之地，自从于越先民从会稽山地北移至平原孤丘，东浦即有人类繁衍生息。东浦原为海边滩涂，自东汉永和五年（140）会稽太守马臻构筑鉴湖以后，始成陆地。乾隆《绍兴府志》称：“积水之处，小者为浦，又因山阴之东，故名东浦。”东浦乃是越语地名，“浦”为越语汉译，越语为河川湖泊之语。东晋末年南朝初期东浦开始形成聚落，南宋以后发展为集镇，迄今已是有千年历史的古镇。嘉泰年间（1201—1204）称北渎里，后又易名为浦阳里和东浦里。东浦为浙江历史文化名镇，也是有江南水乡特色的古镇。东浦土地肥沃，物产丰富，江河纵横，风光秀丽，素有“水乡”、“桥乡”、“醉乡”之称。清人孙垓吟诗曰：“紫樱桃熟雨如丝，村店村桥入画时。忽忽梦回船过市，半江凉水打鸬鹚。南湖白小论斗量，北湖鲫鱼尺半长。鱼船进江曲船出，水气着衣闻酒香。”①称颂东浦的湖光水色、如画桥景、鲜美鱼虾以及醇香美酒。

东浦素有“七十二溇”、“七十二弄”之称，东浦湖泊星罗棋布，溇滨密如蛛网，家家临河，舟楫为车。北有烟波浩瀚的狭猕湖，南临波光潋滟的古鉴湖，西濒景色迷人的瓜渚湖，中纳碧波荡漾的青甸湖。狭猕湖“周回四十里，傍湖居者二十余村。湖西尤子午之冲，舟楫往来，遇风辄遭覆溺。明天启中，有石工覆舟，遇救得免，遂为僧。发愿誓筑石塘，十余年不成，抑郁以死。会稽张贤臣闻而悯之，于崇祯十五年建塘六里，为桥者三，名曰‘天济’。盖罄赀产为之，五年而工始竣。”②会稽张贤臣捐了6000两银子，召集民工修建了7里路长的石塘，将狭猕湖隔成两半，外塘供来往船只通行，内塘可以遮风避雨，保护沿湖田地。

龙横江、杜浦江、长桩江和鱼渎江连贯东西南北。“鉴湖水美在气清，地脉灵活天生成。”鉴湖即古南湖，又称长湖，也名大湖。相传黄帝曾在湖中洗过镜子，因此湖水清澈见底，波光粼粼，湖中鱼虾成群，珍珠闪烁，又称镜湖。鉴湖之水汇集会稽山36条溪流，水色澄碧，水质清冽，资源丰富，素有“茭、荷、菱、芡之实不可胜用，鱼、鳖、虾、蟹之类不可胜食”的美誉。湖堤植有桃柳，阴春三月，绿柳成荫，桃花盛开，红绿相间，景色宜人。堤外竹篱茅舍，秀篁松径，构成“山阴道上行，如在镜中游”的水乡秀丽景色。鉴湖周围山丘环抱，梅里尖山是汉代梅福隐居之处，石堰山、韩家山和行宫山“三山”乃南宋大诗人陆游卜居之地。沿湖塘有画桥、道士庄、流觞亭、柳姑庵和清水闸等风景名胜，留有文人墨客的大量诗文遗迹。青甸湖波平如镜，每年农历四月初六会市，各路龙舟集结湖上，一声令下，千舟竞渡，百舸争流，蔚为壮观。

东浦作为“桥乡”，有216座形态各异的古今桥梁，有的朴素典雅，有的气势磅礴，点缀东浦锦绣大地。越谚云，绍兴“偏门城外三座桥，吊桥、跨湖、壶觞桥”。壶觞大桥横跨鉴湖南北，是绍兴东西水道交通枢纽之一，成为东浦跨度最长、气势雄伟的大桥。东浦有一条东西横贯的街河，两岸商铺林立，古色古香。河上还架着各式各样的石桥十余座，上大桥又

① 《东浦镇志》，1998年版，第7页。

② 陆菊仙、陈云德：《徐锡麟家世》，北京出版社2005年版，第2页。

名见龙桥，建于清朝嘉庆年间。桥北建有见龙庵，庵内塑有威武的包公神像。每逢农历六月十六日迎神赛会，善男信女三跪一拜，赶赴见龙庵，烧香敬神，祈求庇护。马院桥在南村船舫溇，乃是一单孔石拱桥。东浦是水乡，船只是主要的交通工具。马院桥自然成了东浦的"外滩码头"，每天清晨桥下都停着五六只小划船，等候进城办事的村民。越浦桥位于东南溇口，建造年代已无从查考，桥边有明正德年间创设的孝贞酒坊和清代乾隆年间开办的云集酒坊。相传乾隆皇帝下江南时，曾信步走过越浦桥，沿着南岸到孝贞酒坊，品尝竹叶青酒，酒后诗兴大发，泼墨挥毫，称颂："越酒行天下，东浦酒最佳。"薛家桥也称瑞安桥，也是单孔石拱桥，紧缩在薛家弄口，乃是东浦说唱艺人聚居之地。薛家弄内云集道教人士及演唱艺人，居民锣、鼓、箫、呐样样齐全，说、拉、弹、唱个个都会。大木桥横跨古镇街河南北，以前为木桥。大木桥为古镇闹市中心，两岸酒楼茶肆鳞次栉比。镇民或在店中狂饮细品，或沽酒于桥洞之下，船头之上享用。盛夏时节，桥上两旁十余米长的桥栏石，云集着乘凉消夏的镇民，天南海北地闲聊，消除白天劳作的疲倦。洞桥又名大川桥，也是单孔石拱桥，位于东浦老街中心。南有人寿堂，北有德茂堂，为东浦的商贸中心，农副产品集散地。桥南是肉铺，桥北是鱼行，商铺鳞次栉比，摊位拥挤重叠。上市时节，熙熙攘攘，挥汗如雨。庙桥又称兴福桥，是一座三孔拱形平梁石桥，位于街河西北，较为偏僻，建有土地庙。镇民逝世后，孝子贤孙会披麻戴孝，哭哭啼啼地拥着长辈的亡灵到庙桥头点烛化锭，焚烧庙头纸替死者到土地庙报到。新桥又名酒桥，位于古镇街河最西端，也为三孔拱形石桥。新桥南岸为一道江南特色的沿河木楼廊下，成排的柱子，圆形的石墩。新桥北岸开设许多花轿店，乡人结婚大都租用椅子轿和太婆轿。临近春节，生意兴隆，有租轿的，也有还轿的，人来船往，热闹非凡。西巷桥位于西直江入鹅池的咽喉之地，属于东西走向。桥边有许东山开设诊所为乡民解除疾病之苦，许东山行医多年，医术精湛，医德高尚，就医者络绎不绝。后来，西巷桥边又有许甘林在此就医。下大桥又称大通桥，位于普济寺前。大桥江面开阔，来往船只较为稀少。徐锡麟最初选定下大桥旁的普济寺作为大通学堂的校址，也是革命党秘密集会的地方。青甸湖上的泗龙桥，又名廿眼桥，桥孔二十多眼，长达百米，犹如巨龙卧波。晴日清晨，旭日东升，登桥远眺，水光连天，红霞万道。始建于明朝天启年间的狭猹湖避塘中的天桥、普济、德济、中济、平济五座拱桥，宛如长龙跃水，形成水上奇景。

东浦有着悠久的酿酒历史，酒坊星罗棋布，享有“醉乡”的盛誉。东浦水资源丰富，鉴湖水为酿造提供了独特的水源，成为绍兴黄酒发祥地。梅里尖山出土了陶壶、陶鼎和陶罐等盛酒和饮酒器具，两千年前东浦先民就已有酿酒祭祀和欢饮庆贺的习俗。宋代东浦已成为绍郡酿酒中心，其酿酒量之大，已达到“酒贱村村醉”的程度。东浦酒楼林立，酒旗招展。陆游诗曰：“屋前屋后梅初开，街南街北酒易赊。身健不妨随处醉，有家未必胜无家。”明中叶以后，东浦一些酒坊出产的优质酒，得到皇帝的青睐。余孝贞酒坊配制的竹叶青酒，明武宗朱厚照品尝后，钦定为进京贡酒，并御题“孝贞”坊名作为褒奖。相传乾隆皇帝游江南时，曾打扮成商人到东浦东周溇的孝贞酒店品尝竹叶青酒，回京后想起竹叶青酒的醉美，赋诗三首称颂，特御赐金樽酒爵。清代至民国东浦酿酒进入鼎盛时期，周云集信记酒坊周清越酒荣膺巴拿马国际金奖。东浦又称“酒国”，每当春季煎酒季节，“东浦十里飘酒香”。清代乾嘉才子陶元藻有“东浦之酝，沈酣遍于九垓”之说。元朝绍兴路总管泰不华曾在东浦薛渎村“饮乡酒，赛龙舟，与民同乐，举行乡饮酒礼”。东浦已有饮酒、赛龙舟的习俗，后来清朝咸丰年间演变为一年一度的酒神会。每年农历七月初六，酒仙神出游，村村沿河设祭，处处搭台演戏，户户杀鸡宰鹅，家家办酒请客。乾隆年间，东浦酿酒已遍及域中，东浦黄酒畅销国内外。

东浦人杰地灵，人才辈出。唐代著名诗人贺知章自号“四明狂客”，695 年擢为进士，历任礼部侍郎、集贤学士、太子右庶子兼皇子侍读，检校工部侍郎和秘书监。744 年，贺知章以秘书监请为道士，还乡鉴湖，玄宗特赐御制诗《镜湖剡曲》，皇太子以下均执手相别。贺知章与李白相交甚深，曾推荐李白任翰林。李白赋诗作别：“镜湖流水漾清波，狂客归身逸兴多。山阴道士如相见，应写黄庭换白鹅。”宋代东浦自开科进士陆轸始，陆氏家族就出过进士十多人，陆游乃是宋代著名的爱国诗人，留下9300 首诗，著有《剑南诗稿》和《渭南文集》，成为中国文学宝库中的璀灿明珠，所撰的《南唐书》，也是中国史学领域的优秀著作。东浦仍留有陆游在鲁墟陆士庄的祖居，三山的故居以及其笔下经常出现的柳姑庙、杏卖桥和画桥。明清两代东浦出过进士 15 人，举人 17 人。武进士周国奎、骠

骑将军周文英、奋威将军周开捷祖孙三代历任清朝将军，转战沙场，屡立战功，东浦还留有周总兵府。清朝癸未科状元陈冕的旧居也保存完好。徐锡麟和陈仪为近现代的革命先驱和爱国将领。徐锡麟在国破家亡之际，创办东浦热诚学堂，成为培养热血青年奋起救国的摇篮以及光复会在绍兴活动的中心之一。文学家许钦文、书法家胡之光、胡问燧、画家徐烈哉、王德水、中医陈幼生、胡宝书名重当代。

二、东浦徐氏

徐姓相传源出嬴姓，东夷少昊之后，承自伯益，以国为姓。《山阴清溪徐氏宗谱》云："徐与秦俱出伯翳，自伯翳传至偃王，千有百年。世代未有考核，即偃王至汉约七百年，亦莫详。溯及汉，封靖为建阳侯，而后确有传述始，无遗逸。兹序偃王为一世，尊偃王为开宗之主也。序建阳侯为七世，以建阳侯为继世之准也。"①伯益又名伯翳、柏翳、化益，或只称益。因佐舜有功，被封于费，又称为大费、贯侯。伯益为黄帝轩辕氏第八世孙，相传为虞夏时期东夷部落和古代嬴姓各族祖先。夏禹受禅承继帝位以后，任命伯益为相。大禹临崩前，决定将帝位禅让给伯益。但伯益见大禹儿子启年轻而贤明，坚持让贤，由启继承帝位，仅在启守丧的三年期间摄政。丧期结束后，伯益立即让位于启，潜入河南箕山之阳隐居。夏启即位后，为伯益的高风亮节所感动，封伯益幼子若木于河南徐地。今河南登封嵩山以及浙江绍兴均建有纪念伯益庙宇。绍兴伯益庙位于绍兴城西 15 里的娄宫鹦哥山北麓，伯益被奉为"稽山大王"或"稽山大帝"，又称"稽山大王庙"，明代南畿学政萧鸣凤撰有庙记。

若木被尊为徐姓始祖。若木在徐地建立诸侯国——徐国，包括江苏泗洪县和安徽泗县，历经夏、商、周三代。徐姓宗族的主支由此繁衍、发展和壮大，若木因此成了后世徐姓公认的血缘始祖。相传若木的妻子姜氏感瑞有孕，生下一卵，目为不祥，弃之河边，被狗叼回，放置床下。三天后被家人发现，又被扔到水边。狗又再次叼回，家人想再扔时，忽然传来婴儿的啼哭声，剖开一看，乃是一个婴儿，形容端正，声气和馁。唯有左手紧

① 陆菊仙、陈云德：《徐锡麟家世》，北京出版社 2005 年版，第 8 页。

握，7岁才松开，手心有特别纹理，仿佛"偃王"二字，遂以之为号。徐偃，名诞，字子孺，年17岁，才貌双全，诗文俱佳。20岁即文武双全。西周初年，徐偃为徐国国君，实行仁政，废除酷刑，减免赋税，深得民众拥护，国势蒸蒸日上，成为强大的诸侯国。周穆王喜欢巡游四方，一去就是几年，朝纲松弛，国政无人管理，诸侯怨声载道。徐偃开挖河道时，发现一副赤弓朱箭，以为天赐祥瑞，企图取周天子而代之。诸侯获悉徐偃得了神弓神箭，也争相归顺。四方诸侯争讼者，不找穆王而找徐偃主持公道，讴歌者不歌穆王而歌偃王，陆续来朝者达三十六国。徐偃见时机成熟，遂自称徐偃王，率领三十六国朝周都进攻。正在昆仑山西王母处做客的周穆王闻讯后，连夜起程，由造父驾车，日行千里，赶回周都，率领大军亲征。徐偃见周穆王已有准备，免不了发生一场血战，不忍心生灵涂炭，立即鸣锣收兵，率其三子北走彭城（江苏徐州），百姓从之者数以万计。穆王唯恐徐偃王东山再起，又命令楚国予以追击。徐偃王又偕次子宝衡避往东南，途经越地，弃玉几于会稽之水，遂定居薄里（秦时因项羽避居改为项里）。徐偃王卒于薄里，子孙思慕立庙于清溪之麓。尽管徐偃王已避居越地，但在徐国仍有潜在的势力，周穆王为了收买民心，不得不封徐偃王儿子宝宗为徐子，以管理徐国。春秋时期，徐国被楚国打败，国势日衰。周敬王八年（前512），徐偃王十一世孙徐章禹主政时，徐国被吴灭亡。灭国后的徐姓族人，开始颠沛流离的迁徙历程。从此以后，徐子的后代以国为氏，称为徐氏，春秋晚期徐人已迁居绍兴。

绍兴徐氏分居项里、楼凫、下方桥南瀚、东浦、安昌、保驾山、馒头山、汪家埭、夏履桥、徐家埠、五云乡、下徐、东郭、横溪等地。徐偃王第五十七世孙徐处义，字尚威，为宋崇宁初进士，官居给事。宋高宗建炎年间徐处义与兄徐处仁随驾南渡，始居山阴项里，是为徐锡麟的直系远祖，墓葬西堤岭。徐锡麟的远祖徐处仁，字尚德，或云字择之，幼而好学，长而孝友，崇宁初以明经登元祐进士，官中书侍郎。宋钦宗欲割河北三镇地与金人议和，徐处仁据理力谏："宁日用斗金，不可失王土一寸，寸土山河寸如玉，况金人无厌足，陛下若募天下豪杰，亦可战，亦可守，鸡口斗后，陛下曾念及乎？"①然而，宋钦宗不为所动。1127年"靖康之难"，宋徽宗和宋钦

① 陆菊仙、陈云德：《徐锡麟家世》，北京出版社2005年版，第22页。

宗被掳至五谷城，北宋灭亡。徐处仁随宋高宗南渡，迁居项里。绍兴五年(1135)五月二日，徐处仁被赐吏部尚书，墓葬迪埠岭，墓前砌有墓亭和华表。

徐处义生有二子，长子徐庶一，迁居下方桥。次子徐德明，迁居楼凫，又作西巫村。徐庶一，字德更，徐偃王第五十八世孙，下方桥徐姓始祖，也是徐锡麟直系远祖。徐庶一迁居下方桥石头岩东徐村，墓葬汇江。下方桥位于项里东北部，乃是以桥命名的水乡古镇，人文积淀深厚，湖光山色，风景如画。早在新石器晚期，金帛山一带就有越地先民繁衍生息。大禹执国，大会诸侯于会稽山的金帛山下。山前的小村因大禹经过，故称禹降村。境内还发现商周时期的金瓶山遗址。东晋的陶渊明不为五斗米折腰，曾弃官归里，南游至下方桥的村庄隐居，创作大量文学作品，村人引以为豪，以陶姓命名。村内的石砌拱桥，也命名为“渊明桥”，桥边树有石碑，刻有“渊明故里”四个大字，由乾隆文华殿大学士、户部尚书于敏中题书。山头村的羊山石佛，始凿于隋朝，竣于唐朝，气势磅礴，庄严端秀，为浙东四大石佛之一。羊山奇石林立，古树修篁，潭水澄碧，景色宜人。越地文人墨客慕羊山之秀，咸来雅集，结社为友，饮酒赋诗，盛极一时。因群贤毕至，下方桥又名“齐贤”。距大石佛不远的狭猱湖避塘，也是绍兴重要水利设施。明代修建的扁拖闸，是古代水利工程的杰作，大大减少平原地区的旱涝灾害。下方桥西岸建有徐氏宗祠，坐北朝南，五开间两进。第一进为台门斗，门斗前道为木栅门。第二道为坚实高大的两扇实榀木门，大灰油漆，彩绘门神。东西两侧耳房朝南山墙上，镶嵌“喜鹊麒麟”以及福、禄、寿星吉祥图案的花雕石窗。两耳房旁边各有一月洞门，为徐氏族人祭祖时进出通道。进入台门为一长方形天井，中有石板小路连接第二进神堂。路的两旁为草坪，中间分植苍松、翠柏各一株。第二进为五开间的神堂，正上方为神龛，置有徐氏列祖列宗神主牌位，神龛前摆放巨大的祭桌。徐氏宗祠庄严凝重。

明末清初，徐应凤从下方桥秀徐溇迁居东浦街河的西石作滩汇头定居，是为东浦徐姓始祖。徐应凤经营染衣行业，由于诚实守信，服务周到，深得顾客信赖，生意兴隆。徐应凤所居石作滩，也因徐姓居住而易名为西徐汇头。徐应凤卒后葬于金帛山。金帛山位于山阴县西北43里，因远古先民于近海捕鱼，山间晒网，原名晾网山。相传大禹治水经过越地，登临金帛山而观沧海。诸侯纷纷执玉笏金帛拜会大禹,因此改名为金帛山。金帛山东西走向,主峰海拔103米,坐落于禹降村西北。金帛山南北各有一山,北曰壶瓶山,南曰凤凰山。三山余脉连成一体,宛如凤凰。明初国师刘伯温巡视山阴,登高俯视金帛山,有凤凰展翅之势,王者潜龙水脉,遂命人将北侧壶瓶山连接岩体夷为平地,致使凤凰断翅折臂。金帛山巅有九龙池和龙王堂,里人明代进士俞咨益在龙王堂侧构筑文昌阁,读书授徒,明朝宰相严嵩之孙曾拜咨益为师。

东浦徐锡麟世系表①

第一世 徐应凤——第二世——第三世——第四世——第五世 徐孟昭——第六世 徐凤喈——第七世 徐载华——第八世 徐桐轩——第九世 徐凤鸣——第十世 徐锡麟

徐应凤刚迁居东浦时,因财力有限,未建祠堂,岁末年终,常赴下方桥祭祖。徐应凤及其子孙逝世后,也将神主牌位送往下方桥徐氏宗祠寄放。随着东浦徐氏子孙繁衍生息,下方桥宗祠遂以扩建祠宇为借口,要东浦徐姓出田300亩。东浦徐姓无力承受这样苛刻的条件,遂相约各房出资,自建宗祠。东浦新建徐氏宗祠位于庙桥下獾猪弄口北侧,坐西朝东。限于财力,占地仅半亩,极为简陋,仅有单开间两进。第一进为台门,进门为一小块天井,中有石板铺成的便道,通往二进神堂。两边草坪各植有松柏一株。神堂正中为神龛,安置东浦徐氏列祖列宗牌位。中间设有祭桌,作为春秋祭祀陈列供品之用。徐氏宗祠共有祠产水田百亩,作为各房值年之用。

徐锡麟的高祖父徐凤喈,徐孟昭的儿子,徐应凤六世孙,生卒年不详。徐凤喈性聪悟,敏而好学。童年即入学启蒙,博学强记,过目不忘,被誉为"神童",深得塾师器重。清咸丰八年(1858),徐凤喈中举人,历任地方官员,关心民瘼,清正廉洁,深受民众爱戴,被誉为"父母官"。徐凤喈卒后葬于金帛山。

徐锡麟的曾祖父徐载华为徐凤喈的独生子,徐应凤七世孙,生卒年不详。徐载华将住地由西徐汇头迁往新桥头。新桥头至庙桥约300米的河道南岸已成东浦热闹的街市,花桥店、箍桶店、木作工场、棺材店、米行、染店等商铺林立。徐载华也在乔迁新居后重操祖业,开设染衣坊。徐载华

① 陆菊仙、陈云德:《徐锡麟家世》,北京出版社2005年版,第27页。

继承先祖遗风,经营有方,诚实守信,深得顾客信赖,生意兴隆。徐载华将住屋前作为营业店面,第二进为印染工场,第三进则为家人起居之所。染衣店西侧弄堂,也因此命名为染衣弄。徐载华生三子一女,长子徐宝森继承父业,继续经营染衣坊。次子徐孔皆,读书从商,因英年早逝,家道中落。徐载华的幼子,即徐锡麟的祖父徐桐轩曾为徐孔皆的两个儿子徐绍尧、徐绍舜分立门户,出具分书:

立分书徐桐轩念　先兄孔皆公中年去世,家道中落。幸长侄绍尧立志读书,笔耕自给。既而偕予入幕,甫遂枝棲遽遭玉折,良足慨已。嗣因侄媳陈氏青年守志,抚孤维艰;次侄绍舜虽已成家,尚难自立,不得已议分居析爨,庶担荷稍轻,而仔肩各任。予念尔等既相允协爰,将祖遗房产照两股均分,各载分书,交两房收执管业。自分之后,尔等均宜谊敦一本,勤俭持家以仰副。计开

一议分授长房金字号老屋第四进东边堂屋上下两间,其屋前侧楼上下六间(内两间系作长子长孙),屋内大灶一乘,扶梯一步,俱归长房管业居住。至屋前天井一方,门内廊檐一个,仍作公用。其前后台门门前肥池,各照老分书出入公用。

一议分授次房金字号老屋第四进门内朝南堂屋上下两间,堂后退堂壹间,又里间屋后退堂半间,内扶梯一步,俱归次房管业居住。屋内天井一方,门内廊檐一个,仍作公用。其前后台门门首肥池,各照老分书出入公用。

一议祖遗丽字二千六百十六号中田贰亩伍分,坐落薛渎和尚溇,今分授每房田壹亩贰分伍厘,其粮米归值年房完纳以免拨户。

一议锦芳公及孔皆公两代祭祀,两房依次轮值,毋得推诿。

一议各代老当年凡遇应值之年,仍挨次序值祭,毋得推诿僭越。

祖宗栽培后嗣光大门户之至意,是所厚望焉。

同治十三年六月日,立分书　徐桐轩

受分侄媳陈氏仝长子思澜　忠

受分次侄绍舜

代书:绍咸①

① 陆菊仙、陈云德:《徐锡麟家世》,北京出版社2005年版,第39页。

女儿徐氏为徐载华的独生女，适山阴安昌俞氏，生子俞廉三，母以子贵，敕封一品夫人。

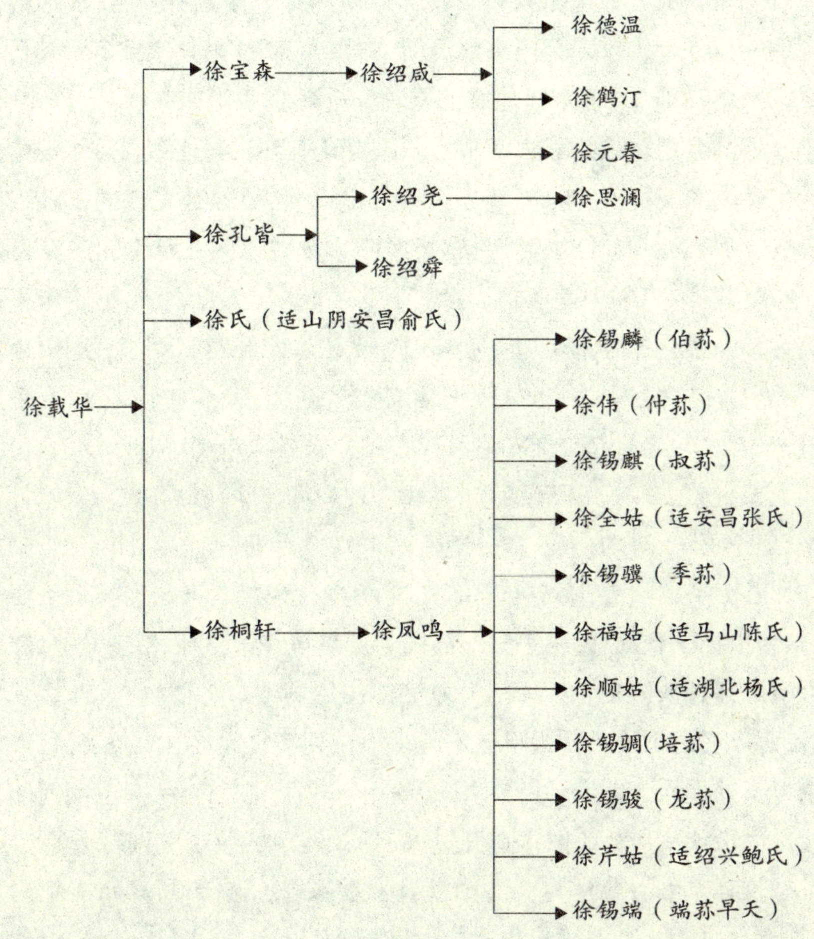

三、徐家台门

徐锡麟的祖父徐桐轩名国禟，生卒年不详。徐桐轩与伯仲分家后，便迁居孙家溇，是为孙家溇的徐姓始祖。孙家溇平面呈“U”形，喇叭形的溇口与庙桥江相连，中部有一座石桥。溇底东北有草庵，附近水田名为草庵畈，旁边建有孙氏宗祠。沿溇两岸民宅林立，居民有孙、胡、徐、柯、金、平等姓，以孙氏人居多。孙家溇原名朱家溇，因孙氏人多势众，经过一场官司，才改名为孙家溇。孙家溇最早的居民为朱姓，朱姓迁居该溇定居以

后，日出而作，日入而息，男耕女织，辛勤劳作，粗茶淡饭，随遇而安。随着孙氏子孙繁衍，沿溇而居，昔日的无名之溇也因朱姓居住而命名为“朱家溇”。明末清初，孙姓人家携妻带女奔逃东浦孙家溇栖身安息，成为溇里唯一的一户外姓人家。孙氏头脑灵活，亦耕亦商，逐渐发家致富。孙氏后来专门从事商业，成了东浦地方的富户。孙氏也人丁兴旺，财大气粗，成了孙家溇的名门望族。而朱姓厮守田园，单项经营，只能勉强过着温饱生活。朱姓人家不得不纷纷离开孙家溇外出谋生，留在孙家溇的朱姓人越来越少。而孙姓却如红烛高照，越烧越旺。孙姓以为自己堂堂的豪富大族，还寄居在人家的朱姓溇边，有碍门面。于是便想方设法，欲将朱家溇改名为孙家溇。孙姓人经过一番安排，便在朱家溇村口树立一块“孙家溇”的石碑。朱姓人见孙家人强占地盘盗名霸溇，怒不可遏，决定与孙姓人辩个清白，并聚集起来准备将石碑拔掉。朱姓人自然不甘示弱，也集结全族人口，与之对峙。朱孙两族齐集溇口，一场械斗一触即发。双方针锋相对，争论不休，势均力敌，难分胜负。朱姓人灵机一动，一纸诉状告到山阴县。县太爷接状后，决定亲自到东浦断案。孙姓人家获悉县太爷要过来，暗地里动了脑筋，做了手脚。孙氏为了赢得官司，便以银钱开路，疏通县太爷。孙姓从馒头店订了两大箩筐馒头抬到溇口，凡是前来迎接县太爷者，每人发两个馒头作为早点。凡是小孩到溇口迎接县太爷者，每人发两个馒头外加两个铜钱，并特别作了吩咐。早上九时许，一只五明瓦船在鸣锣声中徐徐从店桥头向溇口开过来，站在溇边的孩子立即喊起来：“县太爷到伢孙家溇来哉！县太爷到伢孙家溇来哉！”山阴知县闻声钻出船篷，高声宣布：“小孩子嘴里出真言，这溇就是孙家溇！”①于是，县太爷判决朱姓败诉，从此朱家溇改名孙家溇。朱家人不服，抱怨孙家溇从孩子口中买来。

徐桐轩自幼勤奋好学，矢志仕途，求取功名。徐桐轩“生活很节俭，夜里读书点灯，也舍不得点两根灯草”②。无奈屡试不中，不得不改习判

① 陈百炎、陈云德：《孩童叫出“孙家溇”》，《东浦古镇神韵》，浙江大学出版社2005年版，第153页。

② 徐学圣、徐佩农：《伯父徐锡麟轶事》，《浙江文史资料选辑》第27辑，浙江人民出版社1984年版，第1页。

牍钱谷之学。年仅弱冠，即赴湖州和处州等地入幕。徐桐轩“是个寒士，他也和其他绍兴文人一样，‘读书不成，去而就幕’，以后就当了师爷，先后在湖州、处州就幕，任会计、税务县吏，在当地颇有声名”①。徐桐轩办事精明干练，深得上司赏识。也能体察民众疾苦，体恤百姓，为民申冤，深得民众爱戴。徐桐轩晚年告老还乡，将从幕所得积蓄，购买薛渎等地水田近百亩，还购置孙家溇朱氏三间楼房，扩建徐氏宅第。徐氏宅第位于孙家溇南岸，无论是用船还是洗涤，均极为便利。徐氏宅第为台门式院落，依河而筑，坐北朝南。总体布局为五开间三进，包括门厅、座楼及其相邻的梅墅和桐映书屋。整个宅第占地1100平方米，建筑面积为720平方米。徐氏宅第为四板石砌围墙，砖木结构，粉墙黛瓦，古朴庄重。前门为两扇乌漆大门，后门设有五级石阶，直抵河埠，东浦人称之为“高踏道徐家台门”。第一进为门厅，设有六扇仪门。门厅东西各有一间耳房。门厅与大厅之间有一长方形天井，东西两侧各有一四方形的花坛，坛中各植一株桂树，金秋八月，桂花盛开，香气袭人。天井东西两边各有走廊，与耳房和大厅相联。西侧走廊为一石库墙门，门楣上刻有“梅墅”一额，故有“梅墅墙门”之称。墙门内有一幢坐西朝东的五开间楼屋，因门窗雕花，故名“雕花楼”。

第二进大厅名为“一经堂”，堂名语出《神童诗》：“遗子满筐金，勿如教一经。姓名书锦轴，朱紫佐朝廷。”意为遗财于子孙，不如遗德于子孙。徐家家教甚严，所有子孙必须求学读书。屋脊上筑有二龙抢珠的屋栋和缕空挑角，正中置有五福拜寿的砖雕图案。大厅正面上方是一排固定的花窗，中间为十二扇雕花大窗，东西两边四扇大窗下为半墙，中间四扇雕花窗下为木板矮门。里面为一排约六尺宽的走廊，中间走廓两边摆着大屏风，位于两边半墙与矮门之间。走廊东西两端靠墙，有两面大着衣镜。走廊上面为弧拱形方椽子，上铺砖璜。大厅柱子直径为一尺半左右。中堂北首向前凸出约三四尺，为一排六扇似壁的隐门。大厅中央一间特别宽大，中间两栋柱用抬梁架起，中堂正中隐门上悬着“一经堂”的匾额，由清幕友束允泰题书，白底黑字，耀眼夺目。中间凸出的两旁各有腰门两扇，东首通后进正屋，西首腰门对面一门通桐映书屋。“一经堂”匾额下

① 徐乃常：《家史考证（一）》，《徐锡麟集》，中国文史出版社1993年版，第136页。

挂有古画和对联,以遮住隐门。古画下为一张画桌,前面摆两张八仙桌,画桌两头有古瓷画屏和鸡血瓶等古玩。沿中堂腰门两边,有六座镌刻名人诗词的木质大屏风,将大厅隔成三间。中堂靠屏风两旁摆着一套古色红木茶几、椅子。正面的两大柱子上,挂有一副抱对,上联为"天下奇观书卷好",下联为"世间美味菜根香"。上联语出《增广贤文》:"世上万般皆下品,思量唯有读书高。"下联则语出佛家之语:"性定菜根香。"宋人汪信民有言:"人能咬得菜根,则百事可做。"意即只要耐得清苦生活,就能创造人间百般事业。大厅既为六房婚丧及祭礼之用,又兼作祠堂。穿过大厅为一正方形天井,两侧为厢房,东为灶间,西为杂物间。

第三进为五开间的楼房,西边两间和东边三间各在屋脊上筑有挑角的屋栋。西首两间楼房和桐映书屋后来分家时,分给徐锡麟的弟弟徐伟,西首两间靠东分界处走廊有门可通,其余则为分间墙。靠分间墙边为一小走廊,中间为小天井,南面建有两间楼房,坐南朝北,装有玻璃门窗,楼上藏有书画,楼下为徐桐轩的书房。徐桐轩将书房辟为私塾,徐锡麟与弟弟徐伟等人童年时代都由父亲徐凤鸣督促在此课读。书房东边有边门可通大厅,南有小门通"梅墅"。天井西首为石库墙门,刻有"桐映书屋"四个大字,形成一个马蹄形的院落。民谚云:"桐齐檐,出状元。"故名"桐映书屋"。"梅墅"为大厅院子西首一个小庭园,一排坐西朝东三开间平屋,也装有玻璃窗。平屋前面为一狭长小天井,南北两端各有一花坛种植花卉,朝南为一石库墙门,两扇黑漆门与正门相距不远,一字并列,北首有小门通桐映书屋。东首三间正楼屋,为徐锡麟的居住之处。出大厅东首腰门,过下沿走廊,有一个天井,西首为堆放稻谷、车箩、风箱、米柜等杂物的侧屋,东首为厨房,外有走廊可通。正南面有三间朝南正屋,中间为堂前,东西各为厢房。东首第一间门后,有南北向的楼梯,上楼第三间为徐锡麟夫妇的卧室,徐锡麟曾在此制作地球仪和浑天仪。卧室有木板海满(天花板),前窗四扇并配有整块的两扇玻璃拉窗。后窗临河,距后窗约四尺处有一排板壁,隔为走廊。徐锡麟经常深夜归来,为了不惊动楼下长辈,便用撑船竹杆的鸭舌嘴插在河岸石板缝中,顺杆爬上,进窗入室。楼上东首一间,为徐锡麟少年时代的卧室,徐锡麟从小爱好天文和历算,经常深更半夜站在窗外檐堂上,观测天上的星座,被邻里传为美谈。徐锡麟夫妇卧室楼下房间,为徐锡麟生母严氏所居。徐锡麟遇难后,妻子王振汉带着儿子徐学文逃亡日本，直到民国建立才回来。严氏因长期悲伤过度，患有眼疾，行动不便，移居楼下。堂前楼上的套房，为内眷客房。东边楼下后间厢房为男客房，前面为盥洗室，与厨房相通。后进五间楼房都有板壁走廊，楼上楼下都有房门相通。堂前北面是一排六扇蟹青色飞银仪门。两旁挂着一副对联："忠孝持家远，诗书处世长。"[①]联语出自《神童诗》："慷慨大丈夫，生当忠孝门。为官须作相，及第必争光。莫道儒冠误，诗书不负人。达而相天下，穷则善其身。"下面摆放画桌和两张八仙桌，堂前中央有一张大圆桌，周围有六张牛皮圆凳。两边靠墙为一套茶几椅子。靠东面的走廊墙上是一大块"寿"字匾。出仪门为台门斗，后门除了外面的两扇木条门外，里面还有二扇厚板二重门，也有直立大木柱门闩，再加横杠用铁箍套牢。后门外有五级石砌高踏道，从前门到后门，只要打开中间大厅隐门和后堂仪门可笔直通行。

徐锡麟的祖母易氏出生于山阴安昌的书香门第，易氏先祖易象明，字震之，清初从广东移居安昌，为安昌易姓始祖。易氏从小接受良好的儒家教育，淑德贤惠，知书明理。易氏与徐桐轩婚后伉俪情深，相敬如宾。刚组建小家庭时，经济条件不太好，易氏日夜纺纱，穿针引线，以贴补家用。易氏省吃俭用，几乎每天以瓜菜代粮，靠豆腐、青菜和萝卜度日。易氏将徐桐轩游幕所得的俸禄积攒起来，日积月累，徐氏的经济条件大为好转。易氏对佣人十分关爱，女佣金妈年轻守寡后做了徐家佣人，易氏见金妈无依无靠，极为同情，叮嘱儿子让她在家养老送终。易氏心地慈善，对长孙徐锡麟宠爱有加。徐锡麟出生时，易氏已是五十多岁了，老来得孙，视为掌上明珠。每当徐锡麟的父亲徐凤鸣予以训斥时，易氏都要出面呵护。徐锡麟"幼挢虔，器过手辄毁，父憎之"[②]。年幼的徐锡麟见父亲的身前挂着一块怀表，特别喜欢，非要拿来赏玩不可，无奈徐凤鸣不同意。易氏见孙子执意要玩，便帮他拿来怀表。徐锡麟听着怀表发出轻微的嘀嗒声，极为好奇，就要拆开看个究竟。徐凤鸣担心怀表受损，伸手要还。徐锡麟任性不还，将怀表摔到地下。怀表坏了，徐凤鸣心痛不已，伸手就要打徐锡麟。易氏心痛孙子，连忙紧抱徐锡麟避让，并开脱说怀表已坏，责罚孩子

---

① 巨克卫：《徐锡麟故居》，《绍兴文史资料选辑》第4辑，1986年版，第195页。
② 陶成章：《浙案纪略》，《陶成章集》，中华书局1986年版，第371页。

又有何用，如果喜欢，再买一块就是了。随着岁月的流逝，易氏对孙子的关爱也与日俱增。徐锡麟从小就对天文感兴趣，深夜还呆在楼上的旱廊里观测满天的星斗。易氏发现后，大声嘱咐徐锡麟小心不要摔倒，并招呼佣人将徐锡麟抱下来。从此，易氏经常在深更半夜留意孙子的动静。徐锡麟结婚后，妻子多年没有生育，这让抱玄孙心切的易氏忧心如焚。易氏屡次动员徐锡麟纳妾，并给了200块银元的置办费。徐锡麟接过祖母的银元，耐心地解释纳妾不合人情，一夫一妻最合情理，并答应祖母用这钱替她办件好事。后来，易氏不再提纳妾之事了。徐锡麟赴安庆任职后，易氏对徐锡麟的安康挂念不已，经常督促徐凤鸣写信叮嘱，思孙之情溢于言表。徐锡麟刺杀安徽巡抚恩铭，被剖腹挖心遇难。为了免遭株连，徐家安排八十多岁的易氏回安昌娘家避难。然而，易氏终因悲痛过度，于1908年去世，与徐桐轩合葬薛渎小里江汇头。

四、梅生师爷

徐锡麟的父亲徐凤鸣，字梅生，号双呆主人，是徐应凤九世孙。徐凤鸣年幼即随徐桐轩在桐映书屋背诵《四书》、《五经》，中了秀才，任过县吏，人称“梅生师爷”。“徐氏的家族，虽然有一定地位，但在绍兴东浦来说，它还是属于‘富而不贵’的小康之列。徐氏家族之中，他外祖父母世系中有人通过科举的阶梯，‘学而优则仕’，跻身于抚台四品官。徐锡麟的父亲深以为鉴，他决心从自身开始，‘肆志于学’，通过科举的道路他成为府学生员，接着又进入仕途，做了管钱粮的县吏，虽然在清代九品制的官阶中这仅仅是八品官，他自己却觉得堪可告慰，因为有了这种头衔，可以交结权贵，为儿孙造福未来。”①徐凤鸣乐善好施，怜贫惜苦，曾向贫困者施舍棺材、棉衣、粮食，人缘颇佳，有“徐善人”的美誉。徐凤鸣“本是商人，家境尚属富裕，但他思想开明，也经常给贫困孤寡者无息借贷，或施舍棺木、棉衣、粮食等”②。鸦片战争以后，中国民族资本主义有了初步发展，许多地主、官僚、富户争相投资近代工商业。东浦以产酒而著名，东浦

① 徐乃常：《家史考证（一）》，《徐锡麟集》，中国文史出版社1993年版，第137页。

② 徐佩农：《怀念伯父徐锡麟烈士》，《辛亥革命绍兴史料》，1981年版，第34页。

也以酿酒作坊的资本最为雄厚,但徐家并不酿酒。徐梅生动摇了"农本商末"的思想,于1873年在东浦老街与人合资开设全禄昌南货店,经营龙凤饼,由于诚实守信,质优价廉,生意红火。南货店属于股份制经营,股权分为三股,每股按当时市值约为150元,徐凤鸣占有1/3的股份,故又有"徐半爿"之称。1881年徐凤鸣出任山阴县吏,却无意于仕途,不愿意在官场耗费精力,遂于1898年辞去县吏之职。徐凤鸣在绍兴水澄巷口开设天生绸庄。不久,又开设泰生烛铺,雇佣工人五名,生产销售油类、蜡烛等物品,利润丰厚。徐家有着世代经商的传统,加上徐凤鸣经营有方,每爿店铺都生意兴隆。到19世纪90年代,徐凤鸣的资产已有15万元以上,有田125亩。徐凤鸣"共有六子四女,成为大家庭,吃饭时要敲鼓才能把全家聚拢来,他常常自己去敲鼓"①。徐家因人口众多,住地分散,需要敲钟吃饭,徐凤鸣经常亲自敲钟,场面也颇为壮观。徐凤鸣经商致富,又有表弟俞廉三在朝廷任职,所以,成了东浦颇有名望的士绅之家。

徐凤鸣重视子女的教育,亲自督促子女读书,既是严父,又是严师。封建社会尊孔读经,习作八股文,参加科举考试,求得功名,乃是读书人追求的目标。徐凤鸣为了让儿子早日金榜题名,光宗耀祖,徐锡麟六岁时,就将"桐映书屋"辟为家塾,亲自课子读书。后来,徐锡麟的几个弟弟也相继入塾。徐凤鸣从启蒙教育入手,先是背诵《千字文》和《三字经》,并在此基础上,再讲授《四书》和《五经》。在徐凤鸣的教育下,六个儿子都考取了功名,中了秀才,其中有三个儿子留学日本,接受新思想的熏陶。徐凤鸣有着一套自己独特的教育方法。少年徐锡麟目睹帝国主义侵略东北,义愤填膺,出走钱塘江学武以抗击侵略军。徐凤鸣将徐锡麟接回家后,将徐锡麟关在房间,严禁外出游玩。后来,徐凤鸣觉得自己难于管教,又将徐锡麟送入姻亲所办的陈氏家塾。

徐凤鸣循规蹈矩,小心谨慎,也要求子女做一个"顺民",坚决反对任何过激的言行。1903年徐锡麟赴日参加浙江留日学生集会,回国后宣传排满思想,并积极奔走营救因苏报案入狱的章太炎。徐凤鸣发觉徐锡麟的"异端"思想以后,多方劝导均无效果,从全家的安全考虑,不得不对徐锡麟进行经济制裁。1903年秋,徐锡麟与陈志军等人要在斗坛创办新式

① 徐乃常:《家史考证(一)》,《徐锡麟集》,中国文史出版社1993年版,第136页。

学堂，徐凤鸣与地方势力一起，竭力进行阻挠，反对徐锡麟办学。徐锡麟等人据理力争，热诚学校得以创办。徐凤鸣无奈，于1904年将徐锡麟从大家庭中分离出去，并声明断绝父子关系。1905年，徐锡麟与陶成章等人筹办大通学堂，增养革命骨干，最初选定东浦老街西北普济寺作为校址，也遭到徐凤鸣的反对，被迫重新另选校址。

徐凤鸣似乎对徐锡麟冷酷无情，实际上是对徐锡麟的爱护。徐凤鸣表面上与徐锡麟断绝父子关系，不过是掩人耳目而已。徐锡麟捐官打入安庆官场后，徐凤鸣从徐锡麟平时的言行分析，将来肯定能够干出一番事业，因此多次去信叮嘱，舐犊之情溢于言表。1907年初，长媳王振汉欲携带未满周岁的孙子徐学文赴安庆为徐锡麟做些力所能及的工作，徐凤鸣了解儿媳的心思后，为了确保母子安全，特地指定寓居安庆的三子徐锡麒返绍前来护送。徐锡麟发动安庆起义受挫，被捕后惨遭杀害。按照大清律例，凡犯谋反之类的“大逆不道”罪，将株连九族，父母兄弟姐妹以及有关亲友，不论男女，无一幸免。徐凤鸣获讯后，痛不欲生，为了保全家人，凡是女眷均避往娘家，男性则乘船逃到海里，以便随时出逃日本。徐凤鸣安排好家人以后，亲自到县署投案自首，由县令李阶荪交捕署严行管押。徐凤鸣羁押期间，申辩徐锡麟所作所为一概不知，而且早已断绝父子关系。府吏还在绍兴知府的旧卷中居然找到了徐凤鸣的“控子”材料，王子余等十多位绍兴士绅以及东浦众人又出面予以担保，徐凤鸣关押几天后被无罪释放。

徐凤鸣于1918年逝世，终年65岁。时任中华民国大总统的黎元洪为徐凤鸣墓题字，学界泰斗蔡元培撰写《徐梅生传》，备极哀荣：

> 先生讳凤鸣，梅生其字，生于浙江山阴，今所谓绍兴县者也。祖载华，乐善好施。父桐轩，积学能文，尤精钱谷会计之术，本省大吏争延聘之。先生沉潜寡言，好读宋儒书，欲一一身体而力行之，自省自克，无须臾间断。夙兴夜寐，入孝出弟。好乡居，恒终岁不入城市。布衣蔬食，怡然自得，视富贵利达泊如也。
>
> 教子各因其性所近，不以一先生之言拘囿之，故分途发展，各现特色。长男锡麟，深沉果敢，于清末联本省会党，企革命，复赴安徽，冀乘机握兵权，占为根据地。事泄，早发，手毙巡抚满人恩铭。虽所图未遂，而影响于辛亥之役甚大，世所称为徐烈士者也。次伟，宁静

不趋时尚，徜徉山水间，玩宋明儒者之言，佐以禅悦，最有父风。次锡麒，慷慨喜任事，类锡麟。民国元年，在绍兴督练民团，能检押不法之军人以卫乡里。任瓯海关监督，以廉公著。解职归里，复尽瘁于地方公益。次锡骥，日本千叶学校毕业，药学士，设大生制药公司，新制戒烟、润肺诸药，以科学方法整理经验良方，于以活人济世，而挽回祖国之利权。季女仁姑，至孝性成。安徽之案，有司搜捕家族，先生欲投县自首，请就戮。仁姑长跪泣涕，愿以身代，冀毋伤大母心也。侍母疾，纤悉备至，母殁哀毁，绝而苏者数次。其他二子三女，皆能修边幅，适合于先生之家风。

先生卒于民国七年，年六十有四。赞曰：民国初元，政府表彰革命先烈，为锡麟改葬，建专祠，颁恤金，征先生与其议。先生曰：是视吾儿非常之举为一身一家计矣，可乎哉？谢勿与。大哉言乎！十年以来，桀者恒以有功民国自伐，而挟之以求所大欲，曰：必如是乃偿吾功；风声所树，使夫无功者、甚且无功而有罪者，亦且贪天之功以为己力，以为求所大欲之口实；于是互相冲突，以兵力决之，纷纷扰扰，历十二年而未已。乌乎，是皆先生之罪人也！

中华民国十二年七月十五日　蔡元培撰①

徐凤鸣安葬于山阴福全花径村花径山麓。花径山遍植桃李和梅花，每当开花季节，灿若云锦，包络山谷。徐凤鸣墓占地五亩，规模宏大，坐北朝南，背山面水，东傍蛇山，西接龟山，墓前河埠有一蛋形碧潭，相传龟蛇相伴在此生蛋。墓立面呈鸡笼形，混凝土结构，周砌条石。墓地由石牌坊、华表、墓道、祭台和墓冢组成。墓前竖有太湖石的墓碑，阴刻由民国大总统黎元洪题写的“徐先生之墓”五个楷书大字。碑前放置祭桌和拜台，左右两侧有夫人及侧室附墓。墓前有石砌平台，墓道直抵河埠。墓道入口处为一四柱三间冲天式石碑坊，柱顶饰有神态不一的雄雌蹲狮。上梁连接石柱处两端饰以镂空荷花，额枋刻有楷书阳文“徐先生墓道”五个大字，边间额枋分别刻有楷书“清风”“亮节”四字。四柱正背面均刻有阴文楷联，正面中柱联语为：“花径延芬定知桂子兰孙芳流百世，柳田佥荫应与竹苞松茂芘及千年。”边柱联语为：“山蕴川苞此地笃生忠烈士，瓜绵瓞

① 蔡元培：《徐梅生传》，《蔡元培全集》第5卷，浙江教育出版社1997年版，第74页。

衍他年慰起栋梁材。”背面中柱联语为：“佳气郁葱笼有万壑争流千岩竞秀，躬行惟耿介曾锱尘来绂土芥黄金。”边柱联语为：“厚德者乡评惟善人现寿者相，英才看后起其令子为天下雄。”①联语字里行间高度赞扬了徐凤鸣乐善好施、躬行耿介的高尚品质。

徐凤鸣的原配夫人严氏，东浦鲁墟人，为徐锡麟生母。严氏体弱多病，相夫教子，极为贤惠。徐凤鸣的侧室顾彩兰，原为母亲易氏侍女，勤俭持家，深得徐家上下尊敬。严氏出的小辈称顾氏为“婆婆”，顾氏出的小辈称严氏为“堂前娘娘”。

五、鼎食之家

徐凤鸣生了七子四女，唯有幼子徐锡端早夭。徐锡麟为长子，次子徐伟，字仲荪，清末秀才。徐伟自幼入家塾学习，性格文静，爱好读书，常与胞兄徐锡麟探讨数学难题以至通宵达旦，乐此不疲。1899 年，考取山阴县生员。1905 年 10 月，因科举停废，徐伟与沈钧业等人东渡日本留学，并于翌年考入早稻田大学政法系。徐伟与避难日本的章太炎过从甚密，并由章太炎介绍，加入光复会。1906 年，徐锡麟回国前夕，徐伟在早稻田大学组织欢送会，为徐锡麟、陈伯平和马宗汉饯行，并摄影留念。1907 年 7 月，徐伟回国省亲，拟前往武昌见表伯俞廉三，由沪乘新丰轮顺便赴安庆看望徐锡麟，突闻安庆事变，遂改道直奔武昌。徐伟在九江码头被捕，遭到严刑拷打。徐伟巧妙应对，始终没有暴露自己的身份，但仍被指控为徐锡麟“同谋”，判处十年监禁。辛亥革命胜利后，徐伟得以重见天日，因身体极度虚弱，返回东浦老家休养。徐伟将桐映书屋楼下的家塾辟为客厅，悬挂徐锡麟、陈伯平、马宗汉三烈士的照片以及徐锡麟、陈伯平和马宗汉由日回国前在东京的合影。1912 年，徐伟应浙江都督汤寿潜之邀，出任浙江禁烟局局长，入住杭州清波门徐公馆。旋即辞职回绍，与徐锡麒、王子余等人将下大路廖公祠改为徐公祠，并出任徐社社长。1917 年，徐伟身体康复，应邀为杭州文澜阁整理古籍。徐伟整理《四库全书》时，发现书内有大量缺损，遂到武汉将残缺的部分一页页抄回来，直到修补完整

① 陆菊仙、陈云德：《徐锡麟家世》，北京出版社 2005 年版，第 47 页。

为止。春晖中学慕徐伟道德高尚，学问渊博，特聘为伦理学教师。徐伟退出教坛后，在绍兴创办国学研究社，潜心国学研究。徐伟对国民党发动内战极为愤慨，屡次以身体欠佳为由，婉言拒绝南京国民政府的任职邀请。绍兴沦陷后，日伪屡次劝诱徐伟担任翻译，均被断然拒绝。日寇见徐伟"顽固不化"，故意不发给"良民证"，限制其外出。1943 年，由于经济来源断绝，徐伟又不愿意向外人求助，整天以糠菜度日，以至营养不良，身体虚弱，最后为糠菜所噎而死，享年 68 岁。

徐锡麟三弟徐锡麒，字叔荪，人称"三大人"。徐锡麒幼年也在桐映书屋接受传统儒家教育，稍长即赴绍兴徐家开设的天生绸庄做学徒。徐锡麒曾赴日留学，熟悉日语，回国后即在绍兴小江桥开设鸿鼎昌油烛店，专门经营蜡烛、桐油和食油等物品，生意兴隆。1906 年 12 月，徐锡麒陪徐锡麟前往杭州白云庵与秋瑾相聚，共同商讨发动皖浙起义计划，并与徐锡麟一起前往安庆。1907 年 3 月，徐锡麒奉命专程返回绍兴，护送徐锡麟妻子王振汉及儿子徐学文前往安庆。安庆事发后，徐锡麒一无所知，像往常一样赴邮局给徐锡麟寄信。邮局职工悄悄告知安庆起事消息，徐锡麒急忙赶回东浦，与父亲徐凤鸣商议对策，决定全家外出避难，男的驾船避往海里，女眷则回娘家暂居，王振汉母子则到奶妈家暂避，不久，又逃往日本。但东躲西藏不是长久之策，徐锡麒建议父亲请绍兴师爷书写诉状，控告长子徐锡麟忤逆不孝，并用倒填年月的办法，将落款定在徐锡麟赴安庆之前，以此证明徐家早就向绍兴府备案控告徐锡麟为"逆子"。徐锡麟"叛逆谋反"，并不是父教不严，乃是咎由自取。此法果然有效，投案自首的徐凤鸣旋即被释放，徐家也没有遭到进一步追查。武昌起义爆发后，徐锡麒原拟与陈燮枢等人赴鄂参加起义，以报清廷惨杀兄长之仇，考虑到才学疏浅，又无作战本领，不得不放弃替兄长报仇的念头。不久，杭州光复，成立浙江军政府，消息传到绍兴，徐锡麒参加王子余等人召开的会议，决定予以响应。绍兴知府程赞清迫于革命形势，被迫宣布绍兴独立，并成立绍兴军政分府，还任命徐锡麒为军事部长。以鲁迅为首的"越社"对换汤不换药的绍兴军政分府极为不满，拟派人到杭州请求革命党人前来接管绍兴。徐锡麒、陈燮枢和沈庆生三人奉命前往杭州，邀请王金发率部返绍，并安排在大通学堂旧址作为王金发的行署。王金发督绍后，徐锡麒被任命为绍兴民团团长，为维护社会治安，打击恶势力，有着突出的贡献，被

尊称为“三大人”。

中华民国成立后，徐锡麒曾任武昌关监督。1924 年，又调住温州，出任瓯海关监督。浙江督军卢永祥视瓯海关为肥缺，向徐锡麒索要军饷，遭到徐锡麒的断然拒绝。卢永祥以偷运军械资送敌人的罪名陷害徐锡麒，予以逮捕，并移送军法机关，欲予以正法。中华民国参议院议长王家襄出面营救，徐锡麒得以幸免于难。徐锡麒还查缉浙江省长夏超走私的军火，避免一次一触即发的内战。徐锡麒关心王振汉母子，将母子俩接到绍兴自己家中，安排徐学文进入城内最好的小学就读。徐学文被徐锡骥接到上海读书后，徐锡麒经常到上海看望。徐学文长大后，徐锡麒介绍钱庄有“冯半城”之誉的巨头冯纪亮的女儿冯梅贞与徐学文成婚，并在绍兴自己新落成的住宅举行婚礼。徐锡麒与蔡元培交往频繁，蔡元培应徐锡麒之邀撰写《徐梅生传》。徐锡麒早年经商，积累一笔财富。辛亥革命后，又历任要职，成为绍兴最有实力的士绅之一。1955 年，徐锡麒在上海逝世，享年 78 岁，灵柩被运回故乡兰亭安葬。

徐锡麟四弟徐锡骥，字季荪。徐锡骥从小就对中医情有独钟，1905 年从绍兴府学堂毕业后，负笈东渡，攻读数理化三年。后入日本千叶医校，专学药科，立志发明戒烟新药。徐锡骥与平野博士花了三年时间，试验五十余次，终于配制新的戒烟药丸。1911 年，徐锡骥获得药学士学位，带着戒烟药丸回国。浙江都督汤寿潜获悉徐锡骥留学日本，以医学见长，委任为卫生部长。时值辛亥革命，战火纷飞，炮声不断，徐锡骥奔走于大江南北，扶创救伤，救护病患者达一万余人。南北议和后，战争中止，徐锡骥辞去卫生部长之职，而改办禁烟之事。时中国鸦片烟毒横流，士气低落，社会风气低迷。徐锡骥在杭州设立戒烟分局，自任局长兼技师，浙江各县设有戒烟分局，并将新研制的戒烟药——“获神精”，在全省推广。绍兴天生绸庄也开设“戒烟药经销处”，销售“获神精”。病人服用“获神精”后，不吐不泻，眠食如常，没有副作用。徐锡骥在杭州大方伯开办大生药厂，生产“骥制戒烟丸”。后来，徐锡骥定居上海，又在英租界南京路 123 号开设“大生制药公司”，自任公司总经理，经销戒烟药丸。另在英租界浙江路 775 号设立制药工场。上海南京东路 410 号设有“大生药房”。

1914 年，徐锡骥将多年积累的戒烟经验进行总结，撰写《戒烟必读》

一书。汤寿潜题写书名，蔡元培作《〈戒烟必读〉之后》后记，高度评价其戒烟举措。1924 年，徐锡骥以大生制药公司名义，请医生撰写了《医药常识》，并公开出版发行。蔡元培专门作了《〈医药常识〉序》。徐锡骥研制戒烟新药，设立戒烟总局，推广普及通俗易懂的医学书籍，受到社会各界的广泛赞誉和尊敬。徐锡骥在兄长徐锡麟的影响下，也支持和参加反清革命。1906 年，徐锡骥即在日本参加了光复会。徐锡麟、陈伯平、马宗汉回国前夕，徐锡骥在早稻田大学举行了欢送会。安庆起义失利后，王振汉母子无处藏身，暑假回国的徐锡骥护送嫂侄赴日避难。徐锡骥回国后，将徐学文视如己出，徐学文小学毕业被接到上海接受教育。1928 年，徐学文从上海光华大学商科毕业后，想到国外进一步深造。徐锡骥与蔡元培商议了徐学文的留学之事，在蔡元培的帮助下，徐学文得以顺利留学德国。1953 年，徐锡骥在上海病逝，享年 71 岁，安葬上海龙华公墓。

徐锡麟五弟徐锡駉，字培荪。徐锡駉从热诚学堂毕业后，先后就读于绍兴府学堂和华东政法学校。徐锡駉先入天生绸庄任学徒，后在姐夫鲍予忱的介绍下，进入绍兴两浙银行任出纳。新中国成立前夕，徐锡駉的银行任职被解雇，依靠摆香烟摊为生，生活较为艰苦。徐锡駉系徐锡麟同父异母兄弟，据其女儿徐学仁回忆："因父亲是偏房所出，一般人多少会对他另眼相看。可是，大伯父徐锡麟与别人不一样，对父亲很是关爱关心。父亲在绍兴府学堂读书时，大伯父总是多方给予照料和指导。大伯父参加革命后，把自己的书房兼卧室以及心爱的铁球、标枪让给父亲，并嘱咐他好好锻炼身体，做一个有用的人。在大伯父的影响下，父亲思想进步，同情革命。"①徐锡駉晚年回忆兄长徐锡麟的谆谆教导，撰写《大哥的数学天才》。1968 年，徐锡駉去世，终年 78 岁。

徐锡麟六弟徐锡骏，字龙荪，人称"六大人"。徐锡骏幼年即入桐映书屋读私塾，热诚学堂毕业后，又入绍兴府学堂。徐锡骏没有职业，颇懂医理。析居东浦全美弄，由父亲徐凤鸣所盖，五楼五底，有台门、天井、水池、座楼等设施。家中有田六七亩，依靠三哥徐锡麒和四哥徐锡骥接济。1945 年病逝，享年 54 岁。

徐锡麟有四个妹妹，大妹徐全姑，排行第四，嫁安昌张姓为妻。每年

① 陆菊仙、陈云德：《徐锡麟家世》，北京出版社 2005 年版，第 185 页。

清明节以及父母生忌及死忌，均回娘家。

徐锡麟二妹徐福姑，排行第六，出嫁马山。徐福姑为小脚女人，爱穿皮鞋，喜吃咸菜。丈夫为上海卫生局局长，住上海武夷路。新中国成立前，丈夫从上海特地赶回老家，卖掉全部家当，全家移居上海。

徐锡麟三妹徐顺姑，排行第七。侍父至孝，取名“孝梅”。安庆事变后，徐凤鸣自料难逃杀身之祸，唯有主动请罪，或可幸免于难。徐顺姑陪同徐凤鸣到山阴县署投案自首，考虑到父亲年事已高，难以承受牢狱之苦，提出愿“以身赎父”，遭到县令的断然拒绝，只得回家盼父早归。徐凤鸣被释回家后，徐顺姑细心侍候，不离父亲左右，发誓父亲在世一日，就要在家事亲一天。徐顺姑生性聪慧，思维敏捷，有较高的文化素养，文字功底扎实，会作格律诗。父亲徐凤鸣逝世后，徐顺姑作有多首挽诗，悬挂灵堂，悲痛之情，溢于言表。徐顺姑处理完父亲的丧事后，离开东浦前往杭州，随四哥徐锡骥居住。后由徐锡骥介绍，徐顺姑嫁湖北省长杨志安为继室。徐顺姑健康长寿，满百岁无疾而终。著有《大哥的早期活动》等文章，悼念徐锡麟。

徐锡麟四妹徐芹姑，学名芹官，排名第十。徐芹姑幼习诗文，略通英语。徐芹姑嫁绍兴望族鲍予忱，伉俪情深。孝敬公婆，疼爱子女。由于劳累过度，身患不治之症，于1950年病逝，享年53岁。

第二章　忧国忧民

徐锡麟从六岁开始，就在桐映书屋诵读儒家经典，启蒙老师就是自己的父亲徐凤鸣。徐锡麟博闻强记，阅读桐映书屋的大量藏书。徐锡麟对天文和地理情有独钟，晚上常在楼上观测天象，自制浑天仪。徐锡麟也注意锻炼身体，坚持将沙包或铜钱绑在腿上坚持长跑，磨练毅力和意志。19世纪末，中国正一步步沦为半殖民地半封建社会，列强从四面吞食中国土地，徐锡麟建议采取"合纵连横"之策，联合力量最薄弱的帝国主义国家意大利，与英、法、俄进行对抗。建议利用大机器生产，发展近代工业，扩大对外贸易，实行通商惠工之策，达到富国强兵、抵御外侮的目的。强烈呼吁统治者效法越王勾践，卧薪尝胆，任人唯贤，复国保种，驱逐列强。

一、东浦少年

徐锡麟，字伯荪，一字伯圣，徐锡麟对此曾有过解释："康有为号长素，是要长于素王，大悖人类平等的原则。现在我与仲尼平等相待，所以字称伯圣。"①徐锡麟加入光复会后，别号"光汉子"。1873年12月17日（清同治十二年十月二十八日），徐锡麟出生于山阴县东浦镇。徐宅"一经堂"的匾额下挂着麒麟送子图，祖母易老太太抱孙心切，徐凤鸣为讨母亲的欢心，依着"麒麟送子"的说法，取名"锡麟"。清末科举制度仍在延

① 王叔梅：《徐伯圣先生轶事》，《绍兴文史资料选辑》第2辑，1984年版，第84页。

续,“学而优则仕”成为父母教育孩子的终极目标。徐凤鸣自然也不例外,给徐锡麟定下金榜题名、光宗耀祖的人生目标。徐凤鸣要求徐锡麟饱读诗书,满腹经纶,以便踏上仕途,官运亨通。徐凤鸣“满怀信心地要徐锡麟走科举之路,从小由他自己亲自教育,未从塾师,又教他如何做官,怎样做官的道理,为儿子踏上仕途做准备”。徐凤鸣询问儿子:“什么叫做大人?”徐锡麟善于独立思考,回复:“大人,应当是为大家做事的人。”① 徐凤鸣深谙封建社会的规则,唯有官商结合,才能确保徐氏家财,否则,巨资难保。徐凤鸣对六个儿子均有规划,“长子锡麟仕进做官,其余儿子则可文可商。”展现在徐锡麟面前的是两条光明大道,“一条是可以依靠官位显赫、历任清廷要职的表伯父俞廉三步入仕途,享受荣华富贵;另一条是,徐家拥有百亩良田和巨资,徐锡麟可以从工经商,成为百万富翁”②。但徐锡麟并没有沿着父亲规划的道路走下去,而是选择了一条艰难曲折的资产阶级革命道路。

徐锡麟从6岁开始,即在桐映书屋读书,徐凤鸣亲自担任启蒙教师。徐锡麟读书专心致志,心无旁骛。祖母易老太太心疼孙子,特地从房间里拿了几个苹果放在书桌上,但是,过了很长时间,苹果仍然摆放桌上,徐锡麟根本就没有发现祖母送来的苹果。东浦来了一群跳活无常的人,路过徐家门口,全家的大人和孩子都被震耳欲聋的声音吸引过去,但徐锡麟却不为所动,依然在知识的海洋里遨游,流连忘返。徐锡麟博闻强记,能够背诵《千字文》和《三字经》。十四五岁就已通读《四书》和《五经》,也能做很好的八股文,写一手漂亮的毛笔字。徐锡麟为了考取功名,曾努力揣摩八股文,抄录数十册八股范文。安庆起义失利后,徐家担心受到牵连,将徐锡麟的片言只字,付之一炬。1916年,二弟徐伟翻晒家中旧书,从徐伟的书架中发现一册徐锡麟早年恭录的明人科场八股范文——《明文偶钞》,系黄布书面,书内每半页11行,每行21字。行楷细书,苍劲挺拔。大都是无框无格,少数几页为四周单边,版心上单鱼尾,版心下有“环碧山房秘钞”。纸张均为毛太纸。该册录有袁宗道、陶望龄、吴伟业等32家,共59篇范文。徐锡麟所录并非空洞无物的八股文,而是言辞激昂、文

① 徐乃常:《家史考证(一)》,《徐锡麟集》,中国文史出版社1993年版,第137页。
② 陆菊仙、陈云德:《徐锡麟家世》,北京出版社2007年版,第54页。

笔犀利的政论文。这些论文均抒发忧国忧民的思想和远大的政治抱负，期望王者施仁政、贤者治国家的政治主张。如李青的《救民于水火之中》、吴贞启的《民之所好好之》、曹勋的《国人皆曰贤》、萧良有的《智譬则巧也》、冯梦祯的《我亦欲正人心》等篇。徐锡麟早年希望统治者施行仁政，启用贤者治理国家，调和民族矛盾，缓和阶级矛盾，通过科举道路取得功名，以拯救国家和民族。徐伟如获至宝，欣然作跋：

> 呜呼，此予胞兄伯荪先生所手抄明季功令文也。伯兄与予年相接，髫龄同入家塾，予父梅笙公课经严，伯兄天姿故绝人，经史而外，天算舆地之学，皆造诣深邃，而为学劲苦，二十四史、九通，皆有删繁摘要之本，高达尺许。伯兄尝手录宋以来，迄清初诸大家八股文，凡数十册，简练揣摩，以为苟能入彀，则可达民族革命，光复华夏之夙愿，其目的固在彼不在此焉。自安庆事起，伯兄杀身成仁，予复陷于囹圄，备诸楚毒，家中人慑清廷之淫威，风声鹤唳，一夕数惊，遍搜箧衍，凡伯兄片纸只字，皆付祖龙，手迹之在亲朋间者，亦惧瓜蔓祸及，复加穷索，从此伯兄遗墨几尽为祝融氏取去，其散落人间者盖亦仅矣。此帙即曩者所录数十册中之一，偶离置予笥中，因得不毁。丙辰夏月曝家中旧书，繙得斯册，为之狂喜累日，册中骑缝处有环碧山房字样者，盖予兄弟读书处也。①

徐锡麟求知欲极为旺盛，兴趣广泛，除学习规定的《四书》和《五经》以外，还阅读了桐映书屋所藏的数学、天文、历史、地理等书籍，其中对数学和天文情有独钟。徐锡麟"读书慧，善算术，尤明天宫，中夜常骑危视列宿，所图天象甚众"②。徐锡麟经常推演勾股和三角直到深夜，许多高深的算题都能破解，被誉为"数学天才"。徐锡麟有时与二弟徐伟比赛破解数学难题，常常废寝忘食，乐此不疲。徐锡麟学习《步天歌》，为了探索宇宙的奥妙，每当群星灿烂的夜晚，经常爬上旗杆，或搭起高台，用土制的望远境观测神秘的太空，望着闪烁的星星，燃起无限暇想。徐锡麟不寻常的举动，让祖母易氏惊骇不已，时常吩咐佣人予以制止。徐锡麟的父亲徐凤鸣也不以为然，常常予以训斥，并下令将他关在楼上，潜心攻读经书，

① 徐仲荪：《〈明文偶钞〉跋》，《徐锡麟集》，中国文史出版社 1993 年版，第 38 页。
② 陶成章：《浙案纪略》，《陶成章集》，中华书局 1986 年版，第 371 页。

不准下楼外出。但大门只能关住人，却关不了他热爱自然科学、探求大自然奥秘的心，他又利用楼上的窗口，瞭望神秘的星空，了解星辰坐标，然后将观察的结果一一记录下来。徐锡麟将观察所记录的资料，绘成天象图表。又花了一个多月的时间，用铅丝扎成圆形架子，外面用纸糊好，制成一个有圆桌那么大的浑天仪。“当家人在天井里纳凉的时候，他一个人却在楼上房间里观察天象，把星星的位置记录下来，根据学到的知识和观察到的星象，做了一个十分精致的浑天仪，这东西较大，无法从楼梯上拿下来，他便把两扇窗子拆掉，从窗口吊下来，把它放在客厅里。”①浑天仪极为精致，标有日月星辰的位置。徐锡麟学习《括地略》，经过实地勘测，绘制《绍兴府地图》，绘有密如蛛网的山脉河流和弯弯曲曲的小道，用蝇头小楷标注密密麻麻的地名。徐锡麟过于用功读书，加上长期观测天象，绘制地图，进行测量和推演“经算”，成了近视眼。

二、博览群书

徐锡麟并不死读书本，他特别好动，稍有间隙，便在院子里挥拳踢腿，跨越桌凳，攀爬竹竿。他坚持锻炼身体，不是爬墙，就是跳远，还在腿上绑上沙包或铜钱，锻炼跑步，风雨无阻。解除沙包后，健步如飞。爬跳时，身轻如燕，即使腿脚跌破出血，也不轻易停息。“课余之暇去做一些活动，或在走廊里蹦蹦跳跳，或跳越凳子，或爬爬竹杆，或做做体操，使肌肉和神经得到松弛。此外，他还腿缠铜钱或沙包练习跑步，以增强腿力；又常手举哑铃，以锻炼臂力。有时，则去离家不远的赏祊田野边长跑，锻炼耐力。这在当时一般书香人家出身的子弟中，是罕见的。”②徐锡麟也爱好武术，经常到邻近一些略懂武术的农民家里练习武艺，曾到绍兴平水显圣寺拜老和尚为师，刻苦练习拳术。他也讲究武德，常常告诫习武者学习武艺的目的，乃是强身健体，自卫御敌，切不可去侵犯他人。相传徐锡麟往平水山区联系革命志士时，曾以武术抗击强盗。一次徐锡麟走到中途，夜幕已

① 徐学圣、徐佩农：《伯父徐锡麟轶事》，《浙江文史资料选辑》第27辑，浙江人民出版社1984年版，第4页。

② 徐学圣：《徐锡麟与体育》，《安庆文史资料》第16辑，1987年版，第9页。

降临，坐在凉亭休息。突然从凉亭旁闪出一个蒙面强盗，勒令徐锡麟交出钱财。徐锡麟胸有成竹，答应将钱交出，稳住蒙面强盗，并从袋中拿出钱包。蒙面强盗信以为真，迫不及待地伸手接钱。说时迟，那时快，徐锡麟一把捏住蒙面强盗的手腕，用力扭向他的后背，将其双手反剪。蒙面强盗拼命挣扎，将一只手挣脱，挥拳狠狠地朝徐锡麟打去。徐锡麟将身子一闪，蒙面强盗击中凉亭石柱，痛得无法抬手。徐锡麟趁势扫去一腿，将蒙面强盗打倒在地。蒙面强盗再无还手之力，苦苦哀求徐锡麟高抬贵手，放他一马。徐锡麟将他严厉训斥一顿后，放他一条生路。徐锡麟数年如一日坚持锻炼，既增强了体质，也锻炼了毅力和意志，为从事革命活动，奔赴浙东山区寻访会党首领，结交反清志士，开展艰苦卓绝的革命斗争，打下扎实的基础。

徐锡麟生于富庶家庭，居于书香门弟，却没有沾染纨绔子弟的习气。徐锡麟孙女徐乃英回忆："先祖自幼脾气倔强，性格开朗豪爽，不拘泥于'四书'、'五经'。不愿受封建礼教的束缚，酷爱科学，爱好天文地理和数学，更重武术，学习兴趣广泛，同情劳苦群众的疾苦；爱与邻居农民孩子为友，共同游戏，见到毒蛇就打。因此常受曾祖父徐梅生的训斥，骂他不学正道，尤其对打蛇之类，认为会冲犯'青龙'、'五圣菩萨'要遭厄运。"①童年时期的徐锡麟不拘泥于封建礼教，喜欢与农家孩子交朋友，一起玩鸡蛋孵小鸡、寻窠盘盘、老鹰婆娘拖小鸡的游戏，尽情享受童年的欢乐。徐锡麟也帮助农家孩子到田间拔草，插秧莳田。"孙家溇附近有个小村叫赏祊，他常和小友们去那里帮助农民割稻、插秧。一次，因帮助农忙，直到深夜才回家，见家门已关，他连门也不去敲一下，又跑回赏祊，在一家农民家里睡觉，第二天一早又去割稻了。"徐锡麟了解农民的疾苦，同情农民的遭遇。徐家有百亩田地出租佃农耕种，祖母生日那天，徐凤鸣嘱咐徐锡麟到乡下收租。徐锡麟到了佃农家里，看到佃农衣不蔽体，食不果腹，于心不忍。他所到之处，开口便说："今朝是我祖母生日，租谷不用付了，给你们买寿面吃！"②他去了半天，却摇着空船回家。"稍长，习田农事。闻昆

① 徐乃英：《怀念先祖父徐锡麟》，《辛亥革命绍兴史料》，1981 年版，第 15 页。

② 徐学圣、徐佩农：《伯父徐锡麟轶事》，《浙江文史资料选辑》第 27 辑，浙江人民出版社 1984 年版，第 3 页。

山多圹土,欲往开治不果。"①

徐锡麟常常在当铺门前徘徊,每当穷人前去典当衣物时,就拿出钱予以周济,并让他们不要典当衣物。若碰到鹑衣百结的乞丐,他就脱下自己的衣服予以施舍。他出门穿的好衣服,往往回家时就不见了。徐锡麟熟读《三字经》,"人之初,性本善。性相近,习相远。苟不教,性乃迁"。他认为所有孩子的天性原本都是一样,农家的孩子也聪明伶俐,只是因为家境贫困无钱读书,致使他们没有读书人家孩子的知识丰富,懂得的道理也相距甚远。富人与穷人在吃穿住行等方面的差别,让勤于思考的徐锡麟百思不得其解。"为什么富贵人家不用劳动,却终年吃得好,穿得暖;而农民家庭一年四季辛苦耕耘,却依旧是食不果腹,衣不蔽体,而且有钱人家常常欺负穷人。大家都是人,为什么有人坐轿,有人抬轿,这是多么的不平等啊。可这不平的原因在哪里呢?"徐锡麟暗暗发誓:"我要读好书,长大了要让穷人和富人一样。"②他立志要革除社会不平等的现象。

徐锡麟疾恶如仇,却从不意气用事,善于排忧解难。徐家开设的天生绸庄与附近的南货店失火时,伙计们均忙于将各自的货物搬出店外,匆忙中两家货物堆在一起。待火救熄以后,伙计们又各自将货物搬回店内,南货店的两个伙计顺手牵羊,想趁机占点便宜,将绸庄的货物搬进南货店。绸庄的伙计发现货物少了,欲进南货店寻找,可南货店老板不答应,并指使伙计打人。正当双方闹得不可开交,事态进一步恶化时。徐锡麟恰好赶来,挺身而出,进行调解。徐锡麟好言相劝:"邻舍隔壁不可伤和气,还是各派代表都到对方去检查一下的好。"于是,双方派伙计到对方检查,南货店的伙计确实拿了绸庄的东西,南货店将原物归还了绸庄。徐锡麟又化解双方矛盾:"混乱中拿错东西是难免的,打人可是不好的。"③徐锡麟三言两语,就化解一场纠纷,双方握手言欢,重归于好。

徐家有住在溇口桥头的帮工贫农平长青,其弟弟平长生与徐锡麟年龄相仿,两人经常一起游玩,一起看社戏,一起讲太平天国的故事。徐锡

① 陶成章:《浙案纪略》,《陶成章集》,中华书局 1986 年版,第 371 页。

② 陆菊仙、陈云德:《徐锡麟家世》,北京出版社 2005 年版,第 55 页。

③ 徐学圣、徐佩农:《伯父徐锡麟轶事》,《浙江文史资料选辑》第 27 辑,浙江人民出版社 1984 年版,第 5 页。

麟“年十二,挺走钱塘,为沙门,家人踪迹得之以归”①。徐锡麟 12 岁那年,东浦来了一位高僧,俗家姓邵,法号澄明,据说武艺高强,学识渊博。澄明芒鞋藜仗,特立独行。平长生对徐锡麟说:“你瞧那和尚,一定是有本领的,独个儿深夜行走也没人敢欺侮他,说不定还会飞檐走壁哩!”②说者无心,听者有意。徐锡麟竟追上澄明,请求拜他为师。澄明法师得知徐锡麟乃是徐家的大少爷,肯定是遇上不顺心的事,一时心血来潮,头脑发热,所以,婉言谢绝了。由于徐锡麟一再恳求,诚心求艺,澄明法师还是告知自己的住址。澄明法师离开东浦后,徐锡麟拜师求艺心切,又不敢让父亲知道,免得遭到阻拦,于是,便悄悄登上开往杭州的埠船。徐锡麟多方打听,来到钱塘五云山真际寺,拜见澄明法师。徐锡麟的突然造访,让澄明法师大吃一惊,无论徐锡麟如何恳求,澄明法师也不收其为徒,更不肯教授武艺,还暗地里派小和尚通知徐家。徐锡麟出走没有音讯,徐家上下乱成一团。焦急万分的徐凤鸣接报后,立即派人将徐锡麟接回家。

徐锡麟不辞而别,让徐凤鸣大为恼火。徐凤鸣觉得自己已无法约束儿子,便将他送到姻亲陈氏家塾,并寄宿在陈家。晚上,徐锡麟发现塾师章锡光在灯光下勤奋苦读,深受感动,情不自禁地来到先生跟前。章锡光字吉臣,后易名观光,会稽县道墟人。章锡光于 1886 年补会稽县学生员,后受聘为山阴东浦庙桥下陈氏书馆塾师。徐锡麟杭州拜师学艺受阻,被送到陈氏书馆,章锡光成了徐锡麟的老师。章锡光胸怀救国救民之志,教导学生珍惜光阴,超越前人,并不厌其烦地讲解《大学》中的治国为人之道。章锡光讲述岳飞、于谦、文天祥等民族英雄故事,并结合形势揭露清政府的腐败无能,对外屈辱求和,割地赔款,出卖国家主权;对内横征暴敛,政治黑暗,经济萧条,社会动荡不安,学生们听后深受教育。徐锡麟表示:“我们中国人要有志气,造出自己的大炮、兵舰对付各国列强。”章锡光夜晚临窗展卷潜心读书的举动,对徐锡麟触动很大。章锡光谆谆告诫:“你的志向很好,做人要立下大志,以天下为己任。少年时期的光阴是美好的,应该珍惜时光,发愤读书。”徐锡麟请章锡光题词,章锡光欣然即席

① 陶成章:《浙案纪略》,《陶成章集》,中华书局 1986 年版,第 371 页。

② 徐学圣、徐佩农:《伯父徐锡麟轶事》,《浙江文史资料选辑》第 27 辑,浙江人民出版社 1984 年版,第 3 页。

作联勉励："抖擞精神，将此身担当宇宙；蹉跎岁月，须何时报效国家。"徐锡麟深受教益，从此更加努力，整日读书不辍，偶尔回家，也是待在桐映书屋，博览群书。在章锡光的教导下，徐锡麟的学业大有长进。徐锡麟与章锡光谈论问题时，也能引经据典，侃侃而谈，章锡光大为赞赏。章锡光对徐凤鸣赞叹说，这孩子前途无量，将来必成大器。徐凤鸣听了心花怒放，对徐锡麟寄予厚望。徐锡麟特别感谢章锡光的教诲之恩，前往绍兴府学堂出任经学和算学教习之前，特地赶到陈氏塾馆向章锡光禀告。徐锡麟拟前往日本参观大阪博览会，临行之前再次向章锡光告别，并赋诗致谢："书馆临园晚更佳，参天秋树集归鸦。何当再对西窗烛，亲临教诲细品茶。"①

章锡光离开陈氏书馆后，攻于举业，于1889年与蔡元培同榜中举。1898年，被保荐为经济特科。1904年，再中进士。章锡光以知县分发湖南，任巡抚衙门文幕。1906年，署彬州兴宁知县。1907年，章锡光调任常德县知县，骤闻徐锡麟安庆遇难噩耗，悲痛不已。1909年，桃源大水，庐舍漂没。章锡光亲率小舟数百只前往救灾，昼夜抢修塘堤，抵御水患。又募集资金，献出俸银，救济灾民。湖南巡抚余城格以章锡光有殊功，特奏荐为特用道台，晋秩二品。辛亥革命后，章锡光辞职归里，侍奉母亲。民国初年，袁世凯、徐世昌和段祺瑞屡召赴京任职，均被章锡光拒绝。章锡光闭门谢客，以诗书自娱。1920年，章锡光患鼻咽癌病逝于道墟，有《湘水清燐集》，《偶山诗存》等遗著存世。

三、改良之策

徐锡麟在11岁至21岁的青少年时期（1883—1893），写了许多学习经史以及天算舆地学的读后感，改良主义色彩较为浓厚。徐锡麟认为礼义廉耻的存生是社会秩序以及形势大局赖以稳定的主要因素。"礼义廉耻，国之本也，亦民之本也。"自古以来没有本不立而能治者。犹如无源之水，不可能大；无根之木，不可能持久。有民则有国，无民则无国。"佛教不行于大地，生民不绝于万国，民存而礼义廉耻亦存，故元会十二万年

① 陆菊仙、陈云德：《徐锡麟家世》，北京出版社2005年版，第109页。

而三大变，而礼义廉耻无可变；地球八万里而五大区，而礼义廉耻无可区。礼义廉耻，民本然之性也。本然之性不能复，非民之咎，咎在牧民者也。如火者，日之本也，而不知用阳燧以取之，而火不出也，不得谓日之无火也。水者，月之本也，而不用方诸以津之，而水不下也，不得谓月之无水也。”礼义廉耻乃民之本，牧民者不予以鼓励，不予以激发，礼义廉耻则不生，不得谓民无礼义廉耻之心。有天地即有生民，生民存在一天，即有一日礼义廉耻之心，有一日礼义廉耻之心，即有一日存国之日。此乃放之四海而皆准的真理。“虽毛黑方津之族，侏儒左衽之徒，其俗虽异，其立国之道则同。其同焉者，以其皆有礼义廉耻之存于其中也。”所以，凡极盛之国，礼义廉耻则亿兆人维系，即使极乱之国，也必有一二人维系礼义廉耻。如商纣之世，天下大乱，守礼者尚有箕子，秉义者还有比干，知廉耻者如夷齐，人类之所以立于天地之间生生不息，乃是有礼义廉耻四者维系。礼义廉耻四者缺一不可，四者如人之四肢，折一肢而三肢不安。也如一年四季，缺一季而三季不调。“无礼则国体不尊，衣冠而牛马也；无义则国法不彰，犯上而作乱也；无廉则国贫，鹰瞵虎视，残忍而灭亡也；无耻则国丧，华胄而奴隶，丈夫而妾妇也。”①礼义廉耻乃国之四维，只要缺一，必然导致丧国、辱国甚至亡国的结果。

徐锡麟特别强调“强恕而行”观。人必须了解天地与行星属于同一类，然后才可以谈论天地运行之道，不要将自己局限于地球之上。人必须将吾心与万物融为一体，然而才可以谈论儒者的公正之道，自私自利的人无法做到。吾心如万物，万物如吾心，了解万物如吾心的道理，吾心不容忤逆万物，万物与吾心合为一体。万物之欲，如吾心所欲，万物所恶，也如吾心所恶，乃为“行恕之道”。人的气质各不相同，不思而得，不勉而获，圣人才能做到。下等之人，则应当勉强行道，勉强于一时，则增一时之功，勉强于一日，则增一日之功。犹如勉强行路，由近而远，历尽曲折。勉强登山，由低而高，才能登上顶峰。“强恕而行”，乃“万物利害之交，利者人人之所欲，害者人人之所恶。天下事往往有因己之利而贻害于人者，如勿以人之所恶，而贻害于人，则必去己之所欲，而逊利于己。逊利于己，非人

① 徐锡麟：《礼义廉耻国之四维论》，《徐锡麟集》，中国文史出版社 1993 年版，第 16 页。

情所本愿，而必强制焉而后可”。而且，“强恕于心，心发于身，由身而家，则一家如吾心。由家而国，则一国如吾心。由国而天下，则天下如吾心。此行恕之极功焉”①。人应用自己的毅力和耐性，克制自己私人的欲望，由此推一人而天下，以达到“极功”之境地。

徐锡麟推崇“致知在格物”的唯物主义哲学观。他肯定朱熹的“致知”说，但对其机械论的“格物”释义提出异议。“其言格物，谓穷至事物之理，欲其极处无不到。夫物无极也，物无外无内，物以外有物，外之物又有物，则谓无外之物，而物无极。物以内有物，物内之物又有物，则谓无内之物，而物无极。物爰物，物物而合为一物，一物又有爰物，而物无极。物离物，一物而分为物物，物物又有离物，而物无极。”朱熹谓“格物”能穷极事物之理，一个接着一个，于其极处无穷无尽地格下去，实际上不可能。事物不可穷极，物内有物，物外有物，物物有合物，也有离物，物物无已。因此，徐锡麟认为“朱子言欲其极处无不到，虽圣人亦难也”。《大学》所言“物”者，乃是吾身所接触之物；所言“知”者，乃吾心所存之知。所谓“知必言致”者，以吾心所存之知，推究没有穷尽。所谓“物必言格”者，乃以吾身所接触之物，阐明其隐晦之义。而“致知而必在格物”者，因为“一物有一物之理，格一物即增一物之知，物不格而物何由知，物不知而知何由致，则致知在格物者以此”。② 徐锡麟主张以“心知”与具体的客观事物结合起来，以此获得对客观事物的正确认识，具有一定的辩证法思想。

四、维新方案

徐锡麟在22岁至30岁为仕宦青年时期(1884—1902)，撰写多篇关于救国救民、实现社会改革为主题的论文。他一针见血地指出19世纪末中国半殖民地半封建社会的险恶处境：“当今外患猖狂，日盛一日，俄横于北，其势负隅不可攻也；德肆于东，其兵强劲不可敌也。英法并峙于西南，一据缅甸以窥永昌，一据越南以临蒙自，有挟而求不可击也；惟区区意国窥我三门，其兵权牵制于英，其议院不合于说，中国正可藉此以宣兵威

① 徐锡麟：《强恕而行议》，《徐锡麟集》，中国文史出版社1993年版，第13页。

② 徐锡麟：《致知在格物议》，《徐锡麟集》，中国文史出版社1993年版，第12页。

者也。”帝国主义列强均虎视眈眈，中国面临瓜分的严峻形势。如何粉碎帝国主义瓜分中国的狂潮？如果中国四面出击，势必分散兵力，徐锡麟主张争取同盟者，打击最弱的帝国主义国家意大利。意大利国外无盟友，国内不团结，不难一举攻破。他认为：“为今之计，则莫如联日本以伐意国。”①以此改变中国遭受侵略，备受欺凌的历史。诚然，“联日本以伐意国”的想法极为错误，徐锡麟并没有认清帝国主义的侵略本质，将帝国主义时代比作中国群雄并起的战国时代，寄希望以“合纵联横”之策，击破帝国主义的瓜分狂潮，不过是一相情愿的幻想而已。

徐锡麟坚决反对帝国主义的侵略，呼吁保卫国家的独立与安全。唯有国富民强，才能抵御列强的入侵。他积极探讨社会改革的方案，谋求社会的进步。国家富强有四个办法，“一生众，二食寡，三为疾，四用舒”。“生众”乃是“重农学，兴矿务之政”。所谓“生者”，“盖穷利于地，而增添大地上未有之财物也。是故此国之财，流于彼国，则非生；在下之财，供之在上，则非生”。“生之之派”有二，一为农学，二为矿学。“农以养民之生，矿以足民之用。”如何发展农业？“农宜弃旧器，用新法，推穷物理，相度土宜，辨别种植，则于地内生一分之质，即于地上多一分之财。”至于矿业，“宜察矿苗，炼矿质，凡金银铜锡煤铁之属，用化学以阐其理，则于地内生一种之财，即于地上增一种之利”。后世蛮夷之国，致力于通商，增开商埠，能于商战，此乃末业，并非世界发展的趋势。因此，农学为本，工贾为末。“生之之道”乃与地争，不与人争。而“生”必与“众”联系在一起，所谓“众”，即“合群”之意，建立团体。“合数十人之群，而成一小团体，合千万人之群，而成一大团体，合五大洲各国之群，而成一尤大团体。”②“合群”的宗旨，在于通力合作，严禁游惰，所以开矿必须设立工厂，以合众人之力，此乃生财之道的关健。

如果实现“生之者既得其道”，而官吏不严加裁汰，滥竽充数，剥削者过多，糜费甚巨，为害甚烈，也非理财之道。因此，非裁汰冗员，减少胥吏

---

① 徐锡麟：《韩信登坛之对　诸葛亮草庐之谈　王朴平边之策论》，《徐锡麟集》，中国文史出版社 1993 年版，第 4 页。

② 徐锡麟：《生财有大道　生之者众　食之者寡　为之者疾　用之者舒　则财恒足矣议》，《徐锡麟集》，中国文史出版社 1993 年版，第 7 页。

不可。徐锡麟提出生财大道之二"食寡","凡在省会之中,已有管理之员,而又设一管理者,虚糜之费,何可胜计,则重设之员可汰;名为教育,实无教育,学术之衰,实由于此,则有名无实之员可汰。一县之中,已设一令,举凡佐令之员,皆为虚设,则佐令之员可汰。古之服官,为行道计,今之服官,为谋食计,则簪缨之路,皆为垄断之门,不学之徒,贼民非浅,则一切才不胜职之员可汰,则课吏馆之所以设也。至于胥吏,则贻毒更甚。豺狼出没于山,而樵者裹足;蛇蝎蜿蜒于地,而行者寒心。衙署之有胥吏,犹山中之豺狼,路旁之蛇蝎也。蛇蝎尚不夺人之食,而胥吏则百端需索,为害闾阎。国家何忍以手足勤劳之食货,而供豺狼蛇蝎无厌之取求也,则警察局之所以行也"①。徐锡麟主张裁汰一切重设之员,有名无实之员,虚设之员,才不胜职之员,此乃"食寡之道"。

徐锡麟进而提出"生财大道"之三"为之者疾"。食之者寡,而所为之人也少,则天下之器不敷天下之用。徐锡麟认为近代科学技术的发展,可以解决这个难题。因为"有机器以代人力,一具机器可代数人或数十人之力,百具机器,可代数千人或数万人之力,且合众小机器而成一大机器,则速力加增而出货较捷"。所谓"为"者,乃是"动作之意";"疾"者,乃是"增速之谓"。吕氏春秋云:"不夺农事,则为之者疾矣。"此言不合道理,恐怕圣人之言不至于如此迂腐。一言以蔽之,"讲求机器,则为之疾也"②。有人认为春秋战国时期,航海之路未通,互市之风未开,哪有机器输入中国?实际上乃是圣人预料后世必定以机器代替人力,故作此预言,以明其理,并特别忠告当政者。徐锡麟认为欲国富民强,必须"设机器,讲制造之政"。

国家制造机器,所费动辄数百万,入不敷出,捉襟见肘。徐锡麟提出生财大道之四"用舒","有权入为出之一法,即后世所谓定预计、立岁表是也"。所谓定预计,即作预算,"于未出未入之先而预计国用也,某项之入几何,某项之出几何。统全国之用而合计,必使入多于出而后可。此谋用之要津也"。至于"立岁表",乃是作决算,"盖今出入之数,与前出入之

---

① 徐锡麟:《生财有大道　生之者众　食之者寡　为之者疾　用之者舒　则财恒足矣议》,《徐锡麟集》,中国文史出版社 1993 年版,第 8 页。

② 同上。

数，两两相较，款项之有无增减，为用之有无多寡，利可兴则兴，弊可革则革，此理财之枢纽也。夫而后内帑充盈，度支费绌，而谓用不能舒，未之有也”。徐锡麟描绘“用舒之景象，如泉源之滚滚，如杨柳之依依，如轻裘缓带，长舞于空中，如春日和风，飘扬于大地，有畅满之气象，无跼蹐之形容”①。统筹兼顾，量财而行，兴利革弊，国库充溢，取之不尽。

鸦片战争以后，帝国主义列强以武力打开中国大门，鸦片泛滥成灾，大量白银外流。“自中外互市以来，门户洞辟，中国之利源，日流于外域，中人之膏血，日耗于外洋。”帝国主义的政治军事侵略，触目惊心。徐锡麟不再固守农本商末的思想，大声疾呼效法卫文公集结遗民，设立新政，“以为欲富国，必通商，欲强兵，必惠工”。徐锡麟提出“通商惠工”之策，以改变国弱民贫的现状。目前中国外贸的形势极为严峻，“今风气大开，东西洋各国，挟奇技，夸机巧，竭心智，炫利器，以夺我财源，枯我津液。我中国势孤力薄，安得禁各国之不病我哉？”凡进口货少于出口货，则无害；进口货与出口货相等，也无害；若进口货多于出口货，则有大害。洋商进口商品以鸦片和布匹为大宗，数十年来，漏卮不可胜数，禁而不止，其获利之丰厚，日增一日。鸦片进口，每年达60万元。中国各省也种植烟草，却无法与之竞争。至于布匹进口，为害更烈。中国依靠人工织布，成本高利润薄，而洋人使用机器，物美价廉。机器织布投入甚巨，非百万金不可。华商欲筹集巨款，困难重重，各省设立织布机器局者，寥寥可数。土布无法抵御洋布的倾销。中国出口的大宗商品以茶叶和丝绸为主，丝茶之利向来为中国所独有，现在茶市已坏，丝市更为严重。目前中国茶叶销于外国者，仅十分之四，每年尚有大量积余。印度和日本的茶叶，倾销泰西各国，华商的茶利微乎其微。泰西诸国深入研究养蚕之法，出口丝也增加，特别是缫丝使用机器，超过中国。中国丝商也偶有使用机器缫丝者，碍于本少力薄，处处受到掣肘，工商之利几为洋商所夺。外国商务工政，无法阻其日新月异，中国的商务工政应力图自强。“商务工政相表里，我中国苟行文公通商惠工之法，集会巨商，奖劝工艺，则利权不至于为西人所独揽矣。于中国多兴一分之利，即于外国夺回一分之权。如纺织用机器，则

① 徐锡麟：《生财有大道　生之者众　食之者寡　为之者疾　用之者舒　则财恒足矣议》，《徐锡麟集》，中国文史出版社1993年版，第9页。

洋布洋纱洋毡洋罽之进口自少矣。如开矿用机器，则洋铁洋铜洋船洋煤之无人顾问矣；如精求制造，以兴船政，熟试测量，以准枪炮，则开花弹铁甲船，皆不必购之外洋矣。凡有新制之器，酌定年限，准其一人沾利。"①中国实行通商惠工之大政，数年后人才辈出，四万万中国人奋起直追，必定能抵御列强的入侵。

徐锡麟就如何振兴商务，提出专门的对策。中国有四万万人之众，物产有二十六万种之多，然而，中国商务却无法与泰西诸国相抗衡，原因在于中国商民之势分散，分散则不能兴盛；中国商民之力薄，力薄则不能振兴。因此，欲振兴中国商务，必先固结商民之心，创设商务大局，颁布条例，布告全国，实力奉行，以此可以塞外洋的漏卮，充溢中国的利源。于是，徐锡麟提出四条振兴商务之策。一是设公司以昭商信。千万人合一心，一人即有千万人之力。一人一心，则千万人如有千万条心，虽千万人也只有一人之力。以一人与千万人争，自然千万人胜。"今中国商务势散力薄，成则相争，败不相救。以视西人公司之坚信者，远不逮也。中国与西商争利，是犹一人争千万人也，虽有周公之富，陶朱之艺，未有立于不败之地者。今能奋然自新，合千万商民为一心，而谓商务之不振兴者，未之有也。"二是广种植以培商本。中国外贸的利润，以茶丝为主，近年来丝市日坏，而茶市更为严重。外国均各自种植，而中国仍守旧如故。"今宜推广其利，各省添植茶桑，以及一切获利之物。即如绍兴之田，多近水处，于田岸各植桑木树，田亦固属无碍，而蚕市可收其利也。"三是减厘捐以开商路。中国出口货少，进口货多，其弊端在于出口货的捐税太重，而进口货的关税又太少。"夫入口之货，中国不能操纵其权，而出口之货，中国固可自持其柄者也。今将厘捐减轻，则商民争趋外洋谋利，使出口之货与入口相抵，而中国之大局维矣。"四是轻掉息以护商局。泰西各国的国债，以及商贾借款，利息不过三四厘，故能够筹集巨款，开采矿藏，修筑铁路。"今中国掉息，近来有溢一分之数，借十万之款而出万余之息，借

① 徐锡麟：《卫文公通商惠工论》，《徐锡麟集》，中国文史出版社1993年版，第19页。

百万之款而出十余万之息，虽有利可兴，而商民安得不动辄偾事哉？”①中国应效法泰西各国实行低息贷款，减轻利息，防止高利贷任意操纵，以使商民可以筹集巨款，兴办实业，振兴商务。

五、人才兴国

徐锡麟关于改革的主张，涉及政治、经济、财政等方方面面，然而，要将这些改革付诸实践，除了寄希望于统治者及资产阶级改良派以外，还将希望寄托于贤臣良相。徐锡麟以助刘邦兴汉的韩信、助刘备立国的诸葛亮、助后周世宗定边政治的王朴为例，以说明贤臣良相在治国安邦中的重要性。徐锡麟认为：“韩信为国士，诸葛亮为王佐，王朴为强臣。用国士之言，足以开国，以王佐之言，足以正统，用强臣之言，足以御敌。”王佐者能治一统之世，国士强臣治列国并争之世。“韩信感沛公斋戒之诚，而出登坛之对；诸葛亮感先主下顾之恩，而出草庐之谈；王朴感世宗致治之心，而出平边之策。”三人皆有过人之智，超人之勇，越人之才，并非贾生侈谈治安而蒙诮，李郭高谈功业而被讥。韩信知刘邦必能用其言，指出项羽勇悍仁强，超过刘邦，但项羽为匹夫之勇，妇人之仁，不可能得天下，并提出东行之举，以定三秦。又告以任天下武勇，封天下功臣，兴天下义兵。诸葛亮草庐之谈，从容坐论，有莘野风。非韩信所能望其项背，王朴也无法与之媲美，此乃感遇为知己所用的典范。诸葛亮谈到曹操挟天子以令诸侯，不与争锋，量力而行。孙权国险民附，贤能为用，可援不可图；荆州为用武之地，可和戎抚夷，交邻修政。儒生不出户庭，天下安危如其指画。诸葛亮感刘备知遇之恩，鞠躬尽瘁，死而后已。王朴献平边之策，虽不如登坛之对和草庐之谈，而其自强之言，诱敌之说，则无与伦比。王朴“先论中国之失，探源之意也；继论避击之法，兼并之术也；后论引兵江北，伺间而动者，即用兵不嫌于诈之旨也”。然而，如果“韩信不遇沛公，诸葛不遇先主，王朴不遇世宗，亦断不肯轻出其言，以邀天下之听，则韩信以匹夫

---

① 徐锡麟：《中国商务宜如何振兴策》，《徐锡麟集》，中国文史出版社 1993 年版，第 74 页。

老，诸葛以韦布终，王朴以具臣毕其职”①。贤臣良相不为最高统治者所用，也碌碌无为，终老一生。

徐锡麟称赞西汉官至御史的大臣卜式散财恤众、奋勇赴敌的义胆勇略。“河南卜氏式者，义士也，勇士也。曷为义？以其能散财而恤众也。曷为勇？以其能奋身以赴敌也。”岳飞要求文官不爱钱，武官不惜死，卜式为其典范。国家之贫，贫于贪人积利；国家之弱，弱于庸将之偷生。“如卜式者，可为贪人戒，庸将箴也。其初以田畜为事，分财及弟，蔼然敦骨肉之亲也。当夫匈奴扰汉，而式愿输财助边，隐然有报主之心也；曰自小牧羊，不习仕宦，澹然无功名之念也；及其罢斥，复归田牧，嚣然有莘野之风也；以后出钱二十万，以给徙民，扩然充胞与之怀也；终则因吕嘉之反，而欲与子男，及临菑习弩，博昌习船，请行之以尽臣节。”卜式的忠义之光，果敢之气，二千年后依然光照人间。徐锡麟展读《汉书·卜式传》，不禁怆怀时局，感慨万千。“当今鸿嗷遍地，糊口多艰，而民则贫甚；海疆有事，防御无人，而国则弱甚。窃愿天下豪富之家，效卜式之义，以衣衣人，以食食人，而民有不安者哉？封疆之吏，效卜式之勇，肝胆如日月，志气壮山河，而敌有不惧者哉？由是而贫者转为富，弱者转为强，四海永清，天下承平。斯人也，斯人也，则将馨香祝之矣。”②徐锡麟渴望天下之士效法卜式，救民疾苦，抵御外侮。

徐锡麟强调“国运之兴，系乎人才，人才之兴，关乎地理”。人即物，物即人，人可以喻物，物也可以喻人。晋石出自山西，石油出自甘肃，而江豚油出四川，此三者易地而不良。因此，神龙出于大海，沟浍之中不能容；猛虎出于深山，培塿之上不能见；人才亦然，班固曾称赞：“秦汉以来，山东出相，山西出将。”所述白起和王翦诸人，皆为将才。以地势而言，地脉灵而将相出，地势异而将相分。“山东之地，北连沧海，南走邳徐，东据海岱之雄，西控大梁之固，山川之秀气，毕钟于此。故曲阜而生大圣人也，摄相三月，鲁国大治，此万世良相之祖也。后闻风而起者，亦如水之流湿，火之就燥也，此相之所由出也。山西之地，西控关陕，东邻蓟幽，北牧代马之

---

① 徐锡麟：《韩信登坛之对　诸葛亮草庐之谈　王朴平边之策论》，《徐锡麟集》，中国文史出版社 1993 年版，第 4 页。

② 徐锡麟：《卜式论》，《徐锡麟集》，中国文史出版社 1993 年版，第 21 页。

饶，南望巩洛之胜，表里山河，有俯挹中州之势，太原据西北，恃大同为藩篱，雁门、偏头、宁武三关为阨塞，夙称用武之地，此将之所由出也。”然而，也有家相如周公出于岐山之下，良相如太公出于东海之滨，其流风遗韵，至秦汉犹存。此乃天地之精华偶然发泄，不如山东出相山西出将源于自然。何况所言山东出相并非山东以外无相，出西出将也非山西以外无将。秦汉之间，将相多出自山东和山西，而五代以后，山东之相和山西之将，却寂寂无闻？“非无将也，非无相也，有将相而不见用，故视若无将也，无相也。”特别是“今之中国，总计四万万之生灵，纵横七千里之舆地，其中岂无翘然特立，裕为相之猷，抱为将之略哉，是所望于用之者”①。有些时代为何人才济济，而有些时代为何人才沉寂无闻，皆因统治者任人唯贤或任人唯亲所致。

徐锡麟对起兵组织义军，受到元朝统治者重用，剿破刘福通等“流贼”而建立卓著功勋的察罕，推崇备至。义士乃气盖天下者。天下有贼，义士忧之，并非忧贼而忧贼害天下。忧之不已而愤之，愤之不已而怒之，一怒而生忠勇之气，勃然而发，流行充塞于天地之间，一发而不可收拾。“此察罕生元室之季，所以起义兵以破贼也。当时刘福通占踞颍州，贼焰大张，名公巨卿，束手无策，察罕独奋起义兵于草泽之间，为国家用，地复河南山东，战胜之功，不自矜伐，而惟以秉正嫉邪，忠于事元为心。”一代之才，皆因一代之变而出。蛟龙起自风雨，也因变而起，人才生于祸乱，也因变而出。“自古迄今，如察罕之起义兵者，正复不少。即咸丰时发逆之乱，骚扰几二十年，陷窜至十余省，而曾左诸公，同起义师，削平大难，是不妨兴察罕后先合传矣。然或谓曾左克全功，而察罕为田丰所伤，大业中止，元诈沦亡，似不可一例论。不知察罕得假天年，安见不能荡平元室，扫尽妖氛，此所谓得失不足掩奇士，成败不足论英雄也。今匪徒猖獗，患无已时，而苟有察罕其人者，吾亦将馨香祝之矣。”②当前民变四起，忧乱不已，正需要像察罕这样的人才，徐锡麟也盼望有这样的人才辈出。

徐锡麟对明臣乔应甲和朱童蒙抚贼，致使明朝沦亡，予以强烈谴责。

① 徐锡麟：《山东出相山西出将论》，《徐锡麟集》，中国文史出版社 1993 年版，第 23 页。

② 徐锡麟：《察罕论》，《徐锡麟集》，中国文史出版社 1993 年版，第 26 页。

流贼只可剿而不可抚，养虎千日，虎害人的本性不改。招抚“流贼”而其作乱之本性不变。招抚仅限于为“流贼”所胁迫者，受“流贼”所诱骗者。就明朝的“流贼”而言，其剿抚之得失昭然若揭。“使李自成受戮于渭南之役，而何至有京师之陷；张献忠伏诛于文灿之手，而何至有谷城之叛。”留一贼即有一贼之祸，而杀一贼则少一贼之乱。治贼犹如治病，一人之身，外邪莫入，攻治犹易。若听其自然，邪遂不可灭，起初仅流于筋络，继而陷于脏腑，最终病入膏肓。外邪日逼，元气日伤，攻其邪而邪不可破，调其气而气无可调，良医也束手无策。流贼初起时，一循吏制之有余；流贼蜂起之后，数位名将御之而不足。“明季之时，非无人才，而贼势太盛，正不敌邪，是故周遇吉败于宁武，而战贼死矣，汪乔年溃于襄城，而为贼亡矣，猛如虎困于南阳，而被贼杀矣。”然而，祸乱之源，在于“抚贼“之议。“谁为厉阶，而使明季之变如是其烈耶？吾必罪于抚陕西乔应甲，抚延绥之朱童蒙矣。之二人者，明季之祸魁，养成流贼之大恶者也。”贼首宜剿，贼党宜抚，杀一儆百。剿贼之法，莫如招降，如有杀贼首来降者，予以重赏。如此，则贼心自离，贼势自散。“唐李愬之平淮蔡，宋岳飞之平杨么，类皆如此。”①然而，明臣招抚贼首，招致明朝灭亡的惨祸。

鸦片战争以后，内忧外患，动荡不安。而清政府却好像什么也没有发生一样，退居紫禁城的深宫大院，不思进取，苟且偷生，寂然无声。徐锡麟忧心如焚，向统治者发出“王业不偏安”的呼吁。天无私覆，地无私载，日明无私照，江河无私流。王者与天地合德，与日月齐明，与江河同量，岂甘于偏安以终局？“必将统华夏，结寰宇，包群有，罗万邦，声教布获，盈溢天区，仁风翔海表，威灵行鬼方，以奠成乎大业，斯岂山河半壁，风雨一隅，能联镳而齐驱乎？”诸葛亮撰《出师表》曰：先帝虑汉贼不两立，王业不偏安，故嘱咐以平定贼寇。凡承继大统者，未能不浑一区宇，而能长治久安。“长世字氓者，不以袭险为声，德洋恩溥者，不以开疆为事，域民不以封疆之界，固国不以山溪之险。尧都平阳，而恢廓乎中夏，禹都安邑，而溥化乎神州，盘庚贤主也，卒迁于殷，太王圣者也，避患于岐，就中国之大势而言，如亦偏于一隅耳，卒后化感无外，愈扩愈远，是则偏安者，谓非天地自然之运乎？”王业不偏安论乃为大地一统之世而言，并非列国并峙时代。晋怀

---

① 徐锡麟：《明季流贼剿抚得失议》，《徐锡麟集》，中国文史出版社1993年版，第27页。

愍遭五胡之乱，偏安于江左，王气衰弱。宋高宗受金兵逼迫，偏安于杭州，王业衰微。二者与蜀后主殊途同归，诸葛亮之言，合筹上下古今而发人猛省。“惟汉高祖不偏安于陇右，而遂统一乎江东。惟光武不偏安于洛阳，而遂芟夷乎群冠。今后人思王业，推汉高祖复推光武，三代以下，不数数睹。盖惟祖业不可忘，王泽不可泯，虽以外方之众，异类之人，独思推戴以正徽号，而谓富有大业者，甘偏安以自囿耶！”①千古遭大难而忘恢复王业者，应以诸葛亮之言作为警戒。

徐锡麟寄希望于清朝统治者效法越王勾践，卧薪尝胆，十年生聚，十年教训，沼吴复国。志不郁不奋，力不屈不伸，国不弱不强，事不败不成。土脉一动而生雷，铁石一击而生火，羞恶一激而生愤。愤则励，励则忍，忍则竞，竞则血性起。血性为一人而起，则血性感动天下者弱，而以之复仇则有余。血性为天下起，则血性能聚集民众人心，而以之保种则足足有余。勾践乃血性之人，其血性为一人起，并不为天下起。勾践唯知雪一人之耻，享个人之荣，擅专制之权，保独尊之位，而置天下利害于不顾。故吴仇未复之前，勾践卧薪尝胆以为安；而吴仇既复以后，血性涣散，以戮功诛良为快。勾践立志虽忍却居心不正，自古未有居心不正之人而能长治久安者。飘风不终日，骤雨不终朝。越国之霸，勾践为之；越国之亡，也是勾践为之。勾践因羞恶而起血性，犹如草木加发药水而茂盛，一旦药性衰退，草木则迅速凋残。治国者将图谋久远，不可激烈于一时。所谓图谋久远，即血性为天下而起。“阐大地兴亡之端，开亿兆生灵之智，一破长睡不醒之大梦。勿忌人之强，而惟反己之何以弱，勿羡人之富，而惟审己之何以贫；勿怨人之奴隶我，而惟究我何以为奴隶之由；勿惧人之鞭箠我，而惟察我何以受鞭箠之故。”②摒弃粉饰，发奋图强，敛聚血性，与列强相抗衡，复国保种，才能长治久安。

六、伉俪情深

1888年，16岁的徐锡麟与年长自己一岁的柯桥富户王培卿的女儿王

① 徐锡麟：《王业不偏安论》，《徐锡麟集》，中国文史出版社1993年版，第25页。
② 徐锡麟：《越王勾践论》，《徐锡麟集》，中国文史出版社1993年版，第20页。

淑德结为伉俪。王淑德，小名贞姑，参加革命后易名振汉，1872 年生于柯桥书香门第。父亲王培卿，又作王培清，又名镜清，字希哲，山阴柯桥人。王培卿做过幕僚，后来转营工业，开采煤矿，因受人诓骗而失败。时人形容王家"系首富，家资约五十万"①。王培卿生有一女二男，长子王士廉，幼子王士义。作为王家的独生女儿，王培清将王淑德视为掌上明珠，亲自教女儿读书识字。王淑德自幼聪慧，勤奋好学，知识渊博，具有大家闺秀的风范。在这样的家庭熏陶下，王淑德不同于一般闺阁小姐，聪明勤劳，知书达礼，见多识广，眼界开阔。王淑德与徐锡麟结婚时，嫁妆之丰，婚仪之盛，轰动一时。王淑德平易近人，和蔼可亲。曾为徐家划船的平长生回忆："大少奶奶穿衣服很讲究，也爱干净，经常吩咐佣人擦洗凳子，对佣人很和气，佣人们特别喜欢她。"②

王淑德在徐锡麟的影响下，也接受了先进思想，全力以赴地支持徐锡麟的革命事业。徐锡麟是一位有志青年，甲午战争以后，他怀着满腔的爱国热情和救国思想，投入到救亡图存的各种社会活动中去。王淑德十分理解徐锡麟的心情，无怨无悔，尽力帮助徐锡麟摆脱大家庭的束缚。徐锡麟为了实施教育救国，在绍兴各地兴办新式学堂，夜以继日地工作，常常深更半夜回家，既影响佣人金妈的休息，又唯恐惊醒年迈的祖母易氏。徐锡麟夫妇婚后住在"一经堂"五间楼屋居中的一间楼上，后窗恰好临河。王淑德鉴于徐锡麟善于跳远爬高，便想出爬竹篙入窗的办法。每当徐锡麟深夜回来，徐锡麟便用撑船竹篙插入河埠石坎缝中，顺竹篙爬进后窗。第二天早晨尚未破晓，徐锡麟有时急于外出，又顺竹篙滑下。后窗成了徐锡麟进出"一经堂"的秘密通道。徐锡麟兴教办学的活动，遭到父亲徐凤鸣的反对。徐凤鸣在百般劝阻无效的情况下，不得不从经济上对徐锡麟进行制约，导致办学经费拮据。王淑德拿出私房钱，以解徐锡麟的燃眉之急。王淑德对待农民，也是一付菩萨心肠。有户农家的孩子患了急惊风，生命垂危。王淑德急人之所急，立即吩咐平长生驾船送孩子到下方桥诊治，还交给平长生为孩子挂号拿药的钱。由于诊治及时，孩子转危为安。王淑德的救人之举，乡人广为传颂。

---

① 人尹郎:《皖变始末记》,《绍兴文史资料选辑》第 4 辑,1986 年版,第 162 页。

② 陆菊仙、陈云德:《徐锡麟家世》,北京出版社 2007 年版,第 152 页。

徐锡麟与王淑德伉俪情深，相敬如宾。王淑德与徐锡麟结婚近十年，因习惯性流产，一直没有生育。不孝有三，无后为大，封建思想盛行的时代，这成了一个大问题。此事令抱曾孙心切的祖母易老太太焦虑万分，她悄悄塞给徐锡麟 200 元私房钱，命令徐锡麟纳妾。徐锡麟耐心地解释："一夫一妻最合理，纳妾违背人道。"可他拗不过祖母，只得将钱收下来。徐锡麟"居郡城时，尝步至龙山，见一老妪，方自缢，速抱持救之，问其故曰：'负人债。'即为代偿，得不死。"[①]此事为王淑德所知，深感徐锡麟的开明与对自己的真挚感情。1903 年，徐锡麟拟赴日进行考察，徐凤鸣认为徐锡麟"不务正业"，不肯出钱供其"挥霍"，王淑德又拿出私房钱帮助徐锡麟成行。1903 年冬，徐锡麟欲赴杭州参加会试，准备在试场附近开设书店，销售进步书刊，也苦于资金没有着落。王淑德非常支持徐锡麟创办书店，再次出钱予以资助。徐锡麟"又常与成章赴武陵，日暮宿郭门外，闲步滩上，见一童投水，急拯之。问其故，知系某店学徒，道行遗失店主银钞，即护送至店，为代付银钞，如所失，嘱店主勿加虐其徒，不告姓名而去"[②]。徐锡麟用王淑德的钱挽救投水自尽的店员，王淑德称赞徐锡麟将钱用在刀刃上。

王淑德热情好客，尤其是对待徐锡麟的客人，总是笑脸相迎，周到接待。1905 年夏，秋瑾从日本返回绍兴，专程到热诚学堂访问徐锡麟，又到"一经堂"探望王淑德。王淑德盛情款待秋瑾，秋瑾豪迈的言谈举止，深深地感染了王淑德，增强王淑德走向社会的勇气和信心。1905 年冬，徐锡麟带领陈伯平、马宗汉等人赴日学习陆军，已有身孕的王淑德坚持要求同行。徐锡麟理解并支持王淑德的要求，说明此行的目的，介绍王淑德加入光复会，还为之改名"振汉"，意即"振兴汉族"。徐锡麟夫妇到达东京后，得到秋瑾的热情接待和照料。王淑德与秋瑾朝夕相处，亲如姐妹。王淑德随秋瑾参加中国留日学生拒俄的各种集会，聆听革命演讲，进一步提高了对反清革命的认识。1906 年 5 月，徐锡麟学习陆军的计划受阻，准备回国开展革命活动，有的同志建议徐锡麟将王淑德留在日本，遭到徐锡麟的断然拒绝。徐锡麟"携妻孥抵日本，及归，有知其诸者，风锡麟当置

① 陶成章：《浙案纪略》，《陶成章集》，中华书局 1986 年版，第 374 页。

② 同上。

家属海外，犹得遗种。锡麟曰：'人皆有妻子，可悉移异域乎？以至安自处，诒人以危，吾耻之。'卒携家归。"①徐锡麟已下定决心，为了革命而破釜沉舟。王淑德也深明大义，支持徐锡麟的革命行动。徐锡麟与王淑德回国后，徐锡麟又奔赴京城，临近产期的王淑德回东浦生下儿子徐学文。

徐锡麟争取分发安庆，于1906年底与王淑德母子俩告别。1907年初，在三弟徐锡麒的陪伴下，王淑德带着不满周岁的儿子徐学文辗转来到安庆，寓居安庆小南门二廊巷"徐公馆"，帮助徐锡麟料理家务，接待革命同志。据安徽巡警学堂学生朱蕴山回忆："徐身边有个女人，对我们很客气，样子不像是家庭妇女，可能也是个革命党人。"②朱蕴山提到的正是王淑德。皖浙起义前夕，徐学文昼夜啼哭，王淑德以为是水土不服，便带着儿子返回绍兴东浦。王淑德临别前亲手替徐锡麟缝制一件"官纱衫"，亲自给徐锡麟穿上，依依惜别之情，溢于言表。王淑德没有想到，这次分别，竟成永诀。

安庆起义失利后，徐锡麟被剖腹挖心惨死，王淑德也以"革命党"及其家属的身份，遭到通缉。王淑德忍受丧夫的巨大悲痛，怀抱年幼的儿子避往灵芝白渔潭徐学文的奶妈家里。不久，又在四弟徐学骥的陪同下，化装成贵妇人，带着徐学文避往日本。然而，清政府仍不肯善罢甘休，安徽巡抚冯煦鉴于"徐匪之逆眷徐振汉，二月间先期离皖"，电请驻日公使杨枢"缉拿留东女徐振汉回国讯办"。杨枢回复："徐系国事犯，照约未便擅拘。"③王淑德得以幸免于难。1911年，辛亥革命成功后，王淑德带着徐学文回国，受到徐锡麟的战友、时任绍兴军政分府王金发的优抚，发给抚恤金2000元。1914年，热诚学堂因火灾被全部焚毁，王淑德献出全部抚恤金修缮学堂。1916年，孙中山亲临绍兴，亲自接见王淑德。王淑德将培养儿子成才，作为对徐锡麟最好的纪念和告慰。徐学文先是在绍兴读书，后来又转到上海就读，顺利完成中学和大学的学业。"1925年1月，大祖母因眼疾严重，欲早日为子学文完婚，一切委托三、四祖父操办，在三

---

① 章炳麟：《徐锡麟陈伯平马宗汉传》，《辛亥革命》第3册，上海人民出版社1957年版，第181页。

② 黄碧华：《王振汉小传》，《绍兴文史资料选辑》第11辑，1991年版，第13页。

③ 无名氏编：《徐锡麟》，清末石印本，第56页。

祖父家举行了学文叔与梅贞婶的婚礼，两人同属马，是年十九岁。于1925年10月生一女，名乃英，字菊英。学文叔是位孝子，每逢寒暑假，均返回绍兴东浦陪伴母亲，侍汤送药，小心服侍。1926年农历正月，大祖母王振汉病故，其子学文悲痛欲绝，久久不能自制。”①王淑德长期过着颠沛流离的生活，加上哀伤过度，严重损害了健康，以至于双目失明，于1926年病逝，终年55岁，附葬于徐锡麟的衣冠冢。

① 徐乃静：《堂叔徐学文》，《灵悟随笔》，经纬书屋2005年版，第52页。

第三章　教育救国

青年徐锡麟推崇教育救国思想，出任绍兴府学堂经学和算学教习，积极推行教育改革，理论联系实际，特别强调算学与军事、政治、经济的关系。并创办越郡公学、明道女校和热诚学堂等学校，培养救国人才。徐锡麟参观了大阪国际博览会，目睹资本主义国家均展示先进的机器以及精美的工业品，而中国只有茶叶和丝绸参展，深感中国唯有学习西方科学技术，才能富国强兵。徐锡麟参加中国留日学生的拒俄运动，出钱资助因《苏报》案被捕入狱的浙籍资产阶级革命家章太炎，结识革命志士陶成章、龚宝铨和纽永建，受到深刻的资产阶级革命思想教育，立志推翻清政府的封建专制统治。

一、府校教习

光绪二十七年（1901）十月，徐锡麟应绍兴府学堂总办何寿章的聘请，出任经学兼算学教习。何寿堂在日记中记录："接钱荫乔〔绳武〕柬，知徐伯荪戊才已来城，午后偕荫乔至天生店访之，晤谈颇洽，订定经学兼算学教习。"①清末，废除科举兴办学堂势在必行，但清政府财政拮据，根本没有财力兴办新式学堂，绍兴一批有远见卓识的官绅和知识分子倡导

① 何寿章：《苏甘室日记》，《辛亥革命四烈士年谱》，书目文献出版社 1981 年版，第 9 页。

以族产或者私产捐办教育事业，并身体力行，倾资助学，从而开启近代绍兴志士仁人和优秀知识分子育才救国的历史，新式学堂相继创办。光绪二十三年（1897）春，山阴县乡绅徐树兰捐银1000两，并筹集绍兴县沙租和绍郡茶业公所捐款4000余元，仿照盛宣怀创办天津中西学堂模式，以二等学堂（相当于中学）规制，创办绍郡中西学堂，报呈浙江巡抚廖寿丰奏明清廷备案。学堂定额40名，开设国文、外文和算学三科，另有附课生20名，专习外文和算学。绍郡中西学堂成为绍兴境内最早出现的由国人创办的新式学堂，为绍兴府属八县的最高学府，引领浙江近代教育之先河。

光绪二十四年（1898），戊戌变法失败后，蔡元培认识到康有为和梁启超之所以变法失败，根本原因在于没有培养革新人才，而欲以少数人的力量，取代封建顽固派把持的政权，无异于以卵击石。中国辐员辽阔，积弊很深，不从基本的育人着手，依靠几道上谕，欲转变腐败的政局，根本不可能成功。蔡元培对清政府政治改良感到绝望，遂辞去翰林院编修之职，离开翰林院，弃官而委身教育，从培养人才入手，走教育救国之路。蔡元培回到故乡，应学堂总董徐树兰邀请，接任学堂总理（校长）。蔡元培上任伊始，进行教育改革，实行分级教学，将学生按年龄及国学程度编班，分为蒙学、词学和理学等三斋授课，大致相当于后来的高小、初中和高中。改革课程设置，除了旧有的词学、经学、史学和算学外，新增西洋的测绘、理化等学科。外国文除原有英文、法文以外，还新增日文，体操课也列入课程。招揽优秀教员，将所聘教员请知府熊起蟠过目认可。首创“养新书藏”图书室，大量采购图书仪器标本。1899年10月，绍郡中西学堂改名为绍兴府学堂。蔡元培任教不到二年，即将这所书院式的旧学堂改造成为清末国内为数不多的新式学堂之一。绍兴府学堂原假山会豫仓为校舍，1902年校址迁往龙山书院。

出任绍兴府学堂经学和算学教习，给崇尚教育救国思想的徐锡麟提供了一个广阔的舞台，他全身心地投入教学中，深得绍兴知府熊起蟠的赏识。“辛丑九月，徐锡麟见举为绍兴府学校算学讲师。知府熊起蟠敬重锡麟学问，招为门下，任之甚专，锡麟由是得发抒其才。”①绍兴知府熊起

① 陶成章：《浙案纪略》，《陶成章集》，中华书局1986年版，第371页。

蟠在蕺山书院以《论语》“子路曾皙冉有公西华侍坐”为课题。时八股仍然盛行，徐锡麟提股数语，首先说“外夷猾夏”，上股接“侍坐诸贤，应起而作干城之助”，下股接“侍坐诸子，应起而为道义之防”。徐锡麟借题发挥，隐喻外抗列强，内反满清。陈燮枢正欲称赞徐锡麟命题奇特，但难列高等。“不料熊起蟠竟拔置超等第一。遇有府课，名次常常列前。”①徐锡麟积极推行教育改革，特别在算学教学中，将“中学”与“西学”互为引证，强调“中学”与“西学”必须互相结合。他指出：“中算曰天元四元，西算曰代数微积，程式虽异，原理实同，两者而一者也。当以元〔天元四元〕代〔代数微积〕合课，去门户之见，融中外之迹。”②并通过演算，深入浅出地说明两种算法的原理。徐锡麟理论联系实际，带领学生进行实地测量，说明算学与军事、政治以及经济之间的关系。他告诫学生：“吾侪将来行军，须先测明地点与途径，并测明我炮弹能及远若干，则对敌作战，百发百中，胜算可决；平时治地，莫善于测明其地之大小，熟察其地之肥瘠，与人情风俗，而敷政才能优。”③

徐锡麟潜心教学，教书育人，注意总结教学经验，撰写教学体会。他在课余编写《运动指约》，对学生学习测量地形以及炮弹射程的方法，很有帮助。1902 年，徐锡麟又兼任新开设的地理课。他参考中外地理书籍，认真备课，并亲自赴绍兴各地测量地形，绘制教学用的《绍兴府图》。为了使地理课更加形象生动，他还亲自动手制作地球仪作为教具。徐锡麟讲课深入浅出，循循善诱，理论联系实际，使原本枯燥乏味的算学和地理课趣味无穷，激发了学生的学习兴趣。

为了便于学生学习算学，徐锡麟将绍兴府学堂学生胡豫和沈光烈整理的演算题集删繁就简，编辑成《元代合参》，由张月楼校订。沈光烈是绍兴张墅大溇人，字伯明，又字析民，为徐锡麟的得意门生，师生感情极为深厚。沈光烈锐志于学，工古文诗词，算学尤佳，深得徐锡麟的器重。沈光烈向徐锡麟请教算学问题时，他总是不厌其烦地予以解答。徐锡麟告

---

① 孙元超：《徐锡麟年谱》，《辛亥革命四烈士年谱》，书目文献出版社 1981 年版，第 10 页。

② 徐锡麟：《越郡课艺》，《徐锡麟集》，中国文史出版社 1993 年版，第 31 页。

③ 童杭时：《徐先烈伯荪先生事略》，《辛亥革命浙江史料选辑》，浙江人民出版社 1981 年版，第 434 页。

诫:“学习算学不仅要知其然,还要知其所以然,需用验算来证明演算的正误。”沈光烈在徐锡麟的耐心指导下,将中国古代算术与西方代数和几何进行比较研究,与同学胡豫合撰《元代合参》,请徐锡麟作序。他为学生的进步而感到无比欣慰,撰写热情洋溢的序言:“六洲一地也,万亿恒行一天也。无彼无此,无内无外,无上无下,无廉无隅,无整无斜,无横无竖。孰为东西,以人臆之为东西;孰为南北,以人臆之为南北;沟万类而通之,针万端而定之,统无量景物,无量造化一贯之于太虚浑穆之中。自今以前之世界,其已知也;从今以后之世界,其未知也。以已知推未知,天地人物同出一源者也,而何古今之分,中外之划乎?《元代合参》沟古今,涵中外,合为一书,以基于浑也。”徐锡麟对汇编习题的胡豫和沈光烈慰勉有加:“胡生豫、沈生光烈演诸题,余编次而删定之。二生于算学既精,习元代历有年,所嫉世之胶柱鼓瑟者,或轩中以西,以扬西以抑中,于元代之术,均未浑化,而岂知横直相间,正负定号,有万变化,无二原因乎。是书具迷津之宝筏,日照之棱镜也。余嘉二生之心,有合于浑然之理也,因作数语,以叙其端。”①徐锡麟对学生的创造能力称赞备至,并代为交付墨润堂出版发行。1903 年 11 月,绍兴府学堂举行首届毕业生考试,沈光烈和胡豫等五人成绩合格,准予毕业,成为绍兴地区最早的中学毕业生。沈光烈因数学上的成就,名列邓宗琦主编、1990 年由湖北教育出版社出版的《数学家辞典》。

徐锡麟还精选学生中优秀的算学演草,于 1905 年编辑一部初等代数习题解答,取名为《校正增补代数备旨全草》。书的扉页印有“大清光绪三十一年岁次乙巳”以及“上海三益书社藏版”字样,售价大洋壹元贰角。封二印有“光绪三十二年五月中浣第三版印”字样,1906 年已出版第三版。编译者为山阴徐锡麟,增补者为山阴徐锡麟,校正者为四明陈友兰,版权所为上海三益学社,总发行所为上海棋盘街鸿宝书局和铁马路鸿安路玉麟书局。徐锡麟为《校正增补代数备旨全草》专门撰写序言:“开一国之风气,则于学问之途有直接之关系焉。虽然,中国人于学问,其途狭隘,鲜可言状,即如算学一门,学之者十不得一焉。谓无书足以研欤?坊家算书,汗牛充栋,浅深高下,悉听人之自择也。谓中国算书,向无习问,

① 徐锡麟:《元代合参序》,《徐锡麟集》,中国文史出版社 1993 年版,第 36 页。

兼少题问，不得演练，以推理极欤？则中国近译算书，列习问、题问甚多，何患不能演练以推理极，是宜人人皆明算理矣。而算学之少，如此究系何故？问学深思得之：其在乡曲抱一古算书者，词简理赅，百思而不得其解，因此庋诸高阁者有之；即从事于近译诸书，问题未能融合，由疑难而生愤懑，辄亦中止，则有习问、题问而途稍舒，亦有习问、题问而途转隘。诸生学算有年，于算学中之曲折，均已明晰。特取主显而有用之代数，详解而剖释之，使阅《备旨》一编者始以演习，续以对证，由是而入算学之途不难矣。凡愿效力于学界者，必于其浅者而喻之。余嘉诸生之用心，专为多数人筹也，为志数语，以告之学算者。"①《校正增补代数备旨全草》共有五册，共十三章，现缺第二册第六至八章。现存第一册为勾股演代，一至五章分别为开端、加法、减法、乘法和除法；第三册为九至十一章，分别为编程、方和方根；第四册第十二章为根几何，第五册第十三章为二次方程。徐锡麟编辑出版《校正增补代数备旨全草》的目的，在于帮助初学代数者入门。然而，其目的并不仅限于此，清末科举制度尚未废除，儒家著作被奉为圭臬，士子以八股制艺作为进身之阶，卑视诸家学说，知识极为狭隘，徐锡麟介绍国外先进的文化教育和科学技术，以"惊醒我国人之鼾梦，唤起我国人之精神"。

《校正增补代数备旨全草》目录

① 徐锡麟：《〈代数备旨全草〉序》，《徐锡麟集》，中国文史出版社 1993 年版，第 37 页。

第十一章　方根

第四册

第十二章　根几何

第五册

第十三章　二次方程

徐锡麟还编选绍兴府学堂学生的习作，出版《绍兴府学堂癸卯甲辰课艺》、《绍兴府学堂课艺》以及《论说》等书，交特别书局发行。徐锡麟撰写前言：

> 予曩选绍兴府学堂壬寅课艺，斯内外兼备之作也。迨客岁，重印癸卯甲辰课艺一卷，均系外课，仓猝成书，未能满意。兹者，复搜府学堂癸卯甲辰内课精意诸作，汇为一编，并延黄君兰泉、寿君洙邻、沈君伯明诸同志，重加摹削，道艺兼该，较前尤胜，因亟付印，以应学者之揣摩云尔。光绪乙巳岁杏月山阴徐锡麟序。①

1903年2月，徐锡麟升任绍兴府学堂副监督，尽管公务异常繁忙，仍兼任算学、地理和经学等课程。他继续推行教学改革，废止总校职，停收附课生，附设师范部，还大力倡导学生的体育活动，以煅炼身体，增强体质。因新开设的体操课没有教员，绍兴府学堂聘请日本人平贺深造为体操兼日文教习，徐锡麟又兼任体操课的教习。他将自己的教育改革理论，应用于体操课的教学中，提出体操教学应学以致用，以适用军事需要、增强学生的体质为目的。因此，他经常带领学生进行军事野营，训练学生的体能，饱览家乡的名胜古迹和秀美山川。

二、游览大阪

鸦片战争以后，日本也像中国一样接受西方列强的不平等条约，沦为列强的半殖民地。日本明治维新以后，发奋图强，学习西方，一跃而成为亚洲的唯一强国，日本的强盛成了中国学习的典范。日本的新学也源于西方，但西学过于繁杂，而日本已将西学去芜存菁。中日之间也属于“同

① 徐锡麟：《绍兴府学堂癸卯甲辰课艺序言》，《绍兴府学堂癸卯甲辰课艺》，特别书局1905年版，第1页。

文”国家，日文有一半以上的汉字。中日两国的风俗习惯也较为相似，文化反差不致于太大，比较容易适应。留学日本的费用也不太贵，国内求学的费用，足够留日开支。加上中日之间的距离较近，往返极为方便。20世纪初，中国兴起一股留学日本的浪潮。1896年，清政府第一次派遣总理各国事务衙门选拔的13名学生留学日本。以后，中国留日学生逐年增加，1899年增至200名，1902年就达到四五百名，1903年超过1000人。徐锡麟在绍兴府学堂任教时，结识日籍教习平贺深造，从中了解到英国自18世纪中叶经过工业革命以后，生产力大为提高，科学技术突飞猛进，成了“日不落”的世界殖民大帝国。而日本明治维新以后，文化和科学技术也日新月异，国家繁荣昌盛。徐锡麟希望能到日本学习先进科学技术，寻找救国救民的真理。1903年春，日本大阪举行国际博览会，世界各地的名优特产品，均将赴日参展。他决定赴日参观大阪国际博览会，到日本各地游历。恰逢绍兴府学堂的日籍教习平贺深造也准备返日探亲，于是，徐锡麟告假后，带领孙德卿和张月楼，随平贺深造一起，从上海起程前往日本。

国际博览会起源于古代商业集市，近代资本主义兴起以后，生产、贸易和交通运输业发展迅速，商业集市发展成商品展销会，继而演变为国际博览会。国际博览会由较固定的城市定期或不定期举行，大阪博览会也是国际著名的博览会之一。国际博览会除了展出工矿农副产品以外，还有科技成就、文艺作品，其功能由各国的物品展览、评比、奖励和推销，延伸到不同文明的展示、观摩和交流。因此，国际博览会也设有专门的人类学馆，展示世界各国各地的野蛮人种、落后民族风俗和文化，为西方殖民主义者进行种族歧视、民族压迫和殖民扩张服务。西方人向来以“优等人种”和“文明民族”自居，而种族主义更是歧视和欺侮弱小民族，将弱小民族的风俗习惯作为野蛮和落后的标志予以嘲笑，对于曾经有过悠久历史和灿烂文明但国力衰败的中国也不例外。种族主义者称颂欧洲各国为“文明国家”，将中国、土耳其和波斯（伊朗）列为“半开化国家”，中国男人的长辫和女人的小脚，成为中国“半开化”的标志。中国人在国外拖着发辫，身着满装，被藐视为“拖尾奴才”、“豕尾奴”和“半边和尚”，甚至恶毒地诅咒中国在数十年后必将退化为禽兽。西方及日本举办国际博览会，无视中国的国格和人格，将代表中国恶俗陋习的事物甚至活人予以展

览陈列。而中国的一些颟顸无知的官员和阿谀奉承的买办以及唯利是图的小人也竞相为博览会搜罗中国各种丑陋的事物送往参展。大阪国际博览会在天王寺举行，设有机械馆、美术馆、动物馆、农村馆、教育馆、工艺馆，陈列日本出产的物品。人类学馆由西田正俊创设，位于博览会正门外，占地350坪。人类学馆拟“雇北海道虾夷、台湾之生番、琉球、朝鲜、支那、印度、爪哇等七种人于馆内，演其固有特性及生息之程度阶级，并其恶风蛮习等，以供观览”①。人类学馆计划设置两个中国人，一为小足女人，一为吸食鸦片烟者，以代表全体中国人，表演中国腐朽陋习。

《日本新闻》披露有关消息后，中国留学生怒不可遏，群起抗议。中国留学生会馆干事开会商议，起草《呜呼支那人》的传单，向日方提出严正抗议。“吾国之地图犹未换颜色，吾国之上下犹未称臣妾，然而，与印度列，此奴隶我也；与朝鲜列，是厮养我也；与爪哇列、虾夷列，是明明生番我，而野蛮我也。抑吾观日本各处遍设动物、水产各馆，今又有人类馆之设，是又明明以动物目我，水族目我也。”②留日学生的抗议，得到爱国华侨的支持。大阪的华侨商人孙实甫表示如果日方不撤去有损中国国格的展示，大阪的中国商人将在大阪博览会的开幕式上举黑旗以哀悼。留学生会馆还致书拟参加博览会的清政府观会大臣、贝子载振和预备派往博览会的官商，劝其取消行程。驻神户的清政府领事蔡成勋为此专程赴大阪向日方交涉，要求取消侮辱中国国体的展览。日方迫于舆论的压力，不得不撤消人类学馆中预定的华人陈列。徐锡麟对日方有辱中国国体和华人人格的陈列极为愤怒，对中国留日学生的爱国热情极为感动。他参观了大阪博览会，资本主义国家展出的均为各式机器和新颖的工业产品，而中国展出的只有茶叶和丝绸等土物产品。徐锡麟感慨不已，中国贫穷落后，唯有学习西方科学技术，急起直追，才能国富民强。

三、结识志士

徐锡麟参观大阪国际博览会后，随平贺深造抵达横滨，拜访平贺深造

① 《呜呼支那人》，《辛亥革命浙江史料续辑》，浙江人民出版社1987年版，第212页。

② 同上书，第214页。

岳父家,受到平贺深造岳父川喜多北藏、岳母唯子以及妻子俊子的盛情款待。徐锡麟一行离开横滨前往东京时,还与平贺深造一家合影留念。徐锡麟目睹日本自明治维新以后兴旺发达,不愧为亚洲强国,更痛感清政府顽固腐朽,致使国家灾难深重,危机四伏。他参观了东京博物馆,发现所展示的展览品中,竟然有两座中国的古钟,一座是道光十三年(1874)广州某寺庙所造,另一座为宁波天后宫所造。中国的珍贵文物,被掠到东京博物馆,这是中华民族的奇耻大辱。徐锡麟痛心疾首,愤然赋诗:

瞥眼顿心惊,分明故物存。
摩沙应有泪,寂寞竟无声。
在昔醒尘梦,如今听品评。
偶然一扪试,隐作不平鸣。①

徐锡麟抵达东京时,中国留日学生正在开展轰轰烈烈的拒俄运动。徐锡麟"寓本乡龙冈町某旅馆。是时,正值俄约问题兴起,众学生自编义勇队,受日本政府干涉,改名军国民教育会"②。1900 年,沙皇尼古拉二世下令参加八国联军,自任俄军总司令,率 177000 人入侵中国东北,北方兴起义和团反帝运动,徐锡麟拟在绍兴创办团练,响应义和团的反帝运动。"义和拳起于北方,锡麟在乡谋办团练,为人所尼中止。"③1902 年 4 月,沙俄驻华公使雷萨尔与清政府外务部会办王文韶在北京签订《中俄交收东三省条约》,规定俄军分三期于 18 个月内从中国东北撤退。10 月 6 日,为第一期撤兵日期的最后期限,沙皇政府将驻奉天、牛庄、辽阳等地的部分俄军撤至铁路两侧。1903 年 4 月 8 日,第二期撤兵日期已到,沙皇政府应从金州、牛庄、辽阳、奉天、铁岭、开原等地撤军,但沙皇政府不仅拒不撤兵,还制造借口,前往安东,重新占领营口。4 月 18 日,沙皇政府向清政府提出七项新的无理要求,力图确保东北成为其独占的势力范围。消息传出,舆论大哗,激起中国人民的极大义愤,形成以上海和东京为中心的拒俄运动。东京的留日学生在锦辉馆召开全体留日学生大会,决定成立拒俄义勇队,凡愿奔赴前线者,立即报名参加;未报名参军者,另设本

① 徐锡麟:《看古钟,愤而有赋》,《徐锡麟集》,中国文史出版社 1993 年版,第 41 页。
② 陶成章:《浙案纪略》,《陶成章集》,中华书局 1986 年版,第 372 页。
③ 同上书,第 371 页。

部部署军队事宜;专门致函北洋大臣袁世凯,拒俄义勇队编其麾下,并派人到天津与袁世凯商讨有关事宜。拒俄义勇队定名为学生军,分为甲、乙、丙三区队,每个区队又分为四个分队,以湖北士官学生蓝天蔚为指挥官。还制定义勇队课程表,集中在骏河台清国留学生会馆进行操练。

中国留日学生的爱国运动,引起日本当局的不安。日本外务部召见中国留学生监督汪大燮,以组织义勇队有碍邦交为借口,要求予以制止。汪大燮立即下令停止义勇队活动,并解散义勇队。拒俄义勇队在留学生会馆召开全体会员大会,商议对策,议决将义勇队改名为军事讲习会。有的会员提出中国国民缺乏尚武精神,建议改军事讲习会为军国民教育会,制定《军国民教育会公约》11 章,宗旨为养成"尚武精神,实行爱国主义"。并规定军国民教育会的课程分为三部分,一为射击部,主要是打靶击剑;二为体操部,分为普通体操和兵式体操;三为讲习部,包括战术、军制、地形、筑城、兵器。另有《临时公约》11 条,目的在于拒俄。军国民教育会仍按原计划派遣汤栖和纽永建两位特派员北上赴津,与袁世凯商讨抗俄之事。然而,清政府得到驻日公使蔡钧密报,声称东京留日学生名为拒俄,企图革命。清政府如临大敌,密谕各地督抚严加防范,"地方督抚于各学生回国者,遇有行踪诡秘,访闻有革命本心者,即可随时获到,就地正法"①。徐锡麟对沙皇公然侵占中国领土拒不撤兵义愤填膺,对留日学生的爱国举动深为感动,对清政府迫害爱国学生表示不可理喻。他从日本回国后,"常置一短铳,行动与俱。俄人既逼辽东,锡麟闻之恸哭,画俄人为的,自注丸射之,一日辄试铳数十次,遭弹丸反射直径汰肩上,颜色不变,试之益勤。其后持铳有不发,发即因指而倒。锡麟始慕勾践、项梁,欲保聚绍兴,且以观变"②。徐锡麟赞赏东京留日学生组织义勇队的壮举,准备随时走上抗俄前线。

一波未平,一波又起,国内又传来骇人听闻的《苏报案》,著名的浙籍资产阶级革命家章太炎被捕入狱。《苏报》最早由日本人于 1896 年创办,馆址位于上海公共租界汉口路 30 号。1900 年因报纸经营不善,亟谋

---

① 冯自由:《青年会与拒俄义勇队》,《革命逸史》(初集),中华书局 1981 年版,第 107 页。

② 陶成章:《浙案纪略》,《陶成章集》,中华书局 1986 年版,第 372 页。

出脱。因教案落职迁居上海的前江西铅山县知县陈范痛恨官场腐败，大力倡导新学，广交革命志士，接办《苏报》。1902 年，陈范在《苏报》开辟《学界风潮》，专门报道国内各地的学生风潮和留日学生的爱国运动消息。1903 年 5 月 27 日，陈范又聘请章士钊为《苏报》主笔，还聘请中国教育会和爱国学社的章太炎、蒋维乔、吴稚晖等人分任《苏报》撰述。中国教育会和爱国学社每周的演讲稿，都假《苏报》发表，崇论横议，震撼一时。"《苏报》改请章行严为主笔，行严就任第一日，首撰论中国当道者皆革命党一文，以耸动当世观听。其后数日即登章炳麟所撰之康有为（又名驳康有为书），续登革命军序等文字，革命旗帜于是益鲜明矣。遂引起满清官吏之注目，罗织成狱。"①《苏报》发表章太炎的《驳康有为论革命书》，登载邹容的《革命军自序》，猛烈地抨击满清政府的封建专制统治。

《苏报》的反满言论，引起清政府的极大恐慌。两江总督魏光焘奉命密电上海道拿办蔡元培、吴稚晖、章太炎、邹容、陈范和宗仰 6 人。由于爱国学社和《苏报》均设于租界，清政府不得不与驻沪各国领事以及工部局交涉，要求工部局查办《苏报》馆以及逮捕涉案的章太炎和邹容等人。工部局六次传讯章太炎等人，并于 6 月 30 日逮捕章太炎，羁押于上海四马路总巡捕房。7 月 1 日，邹容也到巡捕房投案自首。清政府外务部立即照会各国驻华公使，要求将章太炎和邹容"引渡"予以"法办"。尽管俄、美、法、德、比国公使同意引渡，但英、日、意等国公使表示反对，认为同意"引渡"将损害"治外法权"，可能引起中国人的愤怒，导致仇视外人之祸发生，主张由租界当局自行审理。清政府指控《苏报》："故意污蔑满清皇帝，挑诋政府，大逆不道。欲使国民仇视今上，痛恨政府，心怀叵测，谋为不轨。"②而章太炎和邹容在声明书中也根本"不认野蛮政府"。浙江留日学生因浙籍革命家章太炎倡言革命入狱，于东京清风亭集会抗议清政府迫害革命志士，讨论营救办法。徐锡麟也痛恨清政府的残暴行为，慷慨解囊赞助，并参加了抗议集会。

徐锡麟在浙江留日学生声援因"苏报案"入狱的章太炎的集会上，结

---

① 张皇溪：《苏报案实录》，《辛亥革命》第 1 册，上海人民出版社 1957 年版，第 368 页。

② 同上书，第 373 页。

识浙江籍的著名资产阶级革命家陶成章、龚味荪，相谈颇洽。三人一见如故，相见恨晚。陶成章，号焕卿，绍兴陶堰人。甲午中日战争中国惨败，签订丧权辱国的《马关条约》，割让台湾，赔款二亿两。陶成章对清政府随意奉送中国人民的脂膏，割让中国领土，痛心疾首，萌发以武力推翻清政府的志向。1900 年，北方爆发轰轰烈烈的义和团运动，他兼程北上，拟刺杀西太后，因没有找到合适的机会而未成。陶成章乃孑身出关，游历东北和蒙古，以便将来直捣清政府的满蒙巢穴。1901 年，他再次北上，入居山会邑馆，准备刺杀西太后。陶成章在大庭广众之下，痛斥西太后擅权，囚禁光绪皇帝，倡言欲效法骆宾王讨伐武则天，手刃西太后。他没有找到下手的机会，无功而返。

1902 年，陶成章第三次北上京城，窥探时机，谋刺西太后。他目睹八国联军蹂躏中国人民的种种暴行，敏锐地察觉到清政府已完全成了洋人的朝廷，仅仅刺杀西太后或一二个王公大臣，根本不能改变中国的现状，只有实行武装起义，才能推翻清政府的腐败统治，驱逐帝国主义的侵略势力。陶成章南下上海，得到中国教育会会长蔡元培的资助，毅然东渡日本学习军事。他首先进入预科学校清华学校补习日语，为进入军事学校打下语言基础。他有了一定的日语基础后，又于 1903 年转入日本陆军士官的预备学校成城学校就读。清政府派遣的留学生监督汪大燮得知陶成章入军校“图谋不轨”，便与赴日考察的陶成章族人陶大均密谋，由陶大均为陶成章在京城谋军职作为借口，诱骗陶成章回国，汪大燮伺机除去陶成章在成城学校的学籍。陶成章不知是计，向成城学校的校长请假回国赴京，可陶大均却环顾左右而言他。待陶成章发现中计返回东京后，他的学籍已被除去。尽管陶成章从军救国的愿望破灭了，但以武力推翻清政府的决心没有因此而稍挫，并将工作重点转移到发动会党参加资产阶级革命上来。沙俄在中国东北拒不撤兵，激起中国人民的强烈愤慨。陶成章也参加留日学生发起的拒俄运动，并结识从国内来的绍兴同乡徐锡麟。徐锡麟“散会后，即偕其徒张某访陶成章于驹込追分町浪花馆。成章导之以见松江纽永建，相谈宇内大势，锡麟大悦，颠覆清政府之念由此益专，遂购图书刀剑以归”①。徐锡麟与张月楼到陶成章的住处回访，陶成章介

① 陶成章:《浙案纪略》,《陶成章集》,中华书局 1986 年版,第 372 页。

绍徐锡麟与拒俄义勇队负责人之一纽永建相见,交换彼此对反清革命的看法。徐锡麟"以为宗邦之削弱,实源于祖国之陆沉,遂慨然以恢复为己任"①。徐锡麟受到深刻的资产阶级民主革命思想的教育,坚定了投身于资产阶级革命的决心与信心。

四、反对教会

徐锡麟回国后,绍兴又发生法国天主教会企图强占大善寺作为教堂的事件。徐锡麟积压的怒火,终于如火山喷发出来。

徐锡麟对外国传教士披着教会的外衣、干着侵华的勾当洞若观火。早在1898年,徐锡麟就撰文控诉帝国主义侵略中国的手段多种多样,既有赤裸裸的军事侵略,也有经济侵略,也有借助教会的侵略。"窃谓杀人者刃也,而杀人之故不在刃也,借刃以行其暴也。药人者毒也,而药人之故不在毒也,借毒以肆其害也。蠹中国祸中国者教也,而彼所以蠹中国祸中国之故不在教也,借教以生其端,行其奸也。"罗马教皇借助天主教,操纵欧洲各国君主废立大权。天主教势力甚嚣尘上,从其教者即登天堂,逆其势者打入地狱,比之中国僧道之弊有过之而无不及,实乃收九州之铁无以铸其罪。西人知其蠹民病国,遂于1870年收回各国保护教皇之兵,意大利则将教皇所辖之地,建为国都,尽夺教皇财产,严禁教皇干预国政。西人深知教会之祸害,故存其名而不予其权。"而其设教于中国也,今日进一旅,询其故,则曰保某某教堂也;明日进一旅,询其故,又曰保某某教堂也。偶有事端,教士致祸,生灵为之屠戮,大员为之罢斥,而又偿以数十万或数百万之银,以餍教士之欲而后已。"西人在本国弃教如敝屣,却在中国重教如珍宝,此乃西人的狡谋诡计,借刃以杀中国,借毒以药中国,让人痛心疾首。"中国自甲午以后,台湾一割,而德占胶州,俄据旅大,英租威海,法踞广湾,半由教中生事,藉以索地居多。即如去年之德据沂州,今年之英割九龙,亦藉口通商护教为名,乃一波未平,一波又起。近闻法因矿民闹教,而有窥伺蒙自之意。"徐锡麟忧心如焚,中国的大局不堪设想,

① 陈去病:《徐烈士传》,《辛亥革命浙江史料选辑》,浙江人民出版社1981年版,第437页。

中国的教案日多一日，中国的领土则日少一日。更有甚者，“中国人心之坏亦由教端而起，无耻顽徒，忍心入教，横行不法，得教士以为庇护，或身犯重罪窜入教堂，以为抗官之具。此风一起，蔓延大地不可收拾，种种祸端，难以言状，此养痈二百余年而至今大溃者也”。帝国主义在中国设立教会用心险恶，“非真重视其教，必欲行其教于中国，不过藉行教以祸中国，以为索诈中国之具耳”①。徐锡麟为此向四万万中国民众大声疾呼，生于中国之地，生为中国之人，当效法法国和意大利，以刃击刃，以毒攻毒，为中国除害。由于外国教会势力疯狂扩张，激起中国人民的愤怒和反抗。义和团运动爆发后，浙江各地也相继掀起反教会斗争的浪潮，黄岩有应万德领导的反教会斗争，衢州城乡爆发反教会暴动，瑞安有“神拳会”的反教会起义，桐庐有白布会首领濮振声领导的教会起义，宁海也有伏虎会首领王锡桐领导的反教会起义。徐锡麟也与东浦青年陈志军、陈夑枢等人拟响应义和团号召，筹办保卫地方的武装组织团练。

绍兴的天主教势力异常猖獗，披着宗教外衣的神父和牧师以传教为名，胡作非为，气焰嚣张。清吏对于教案也唯外人之命是从，不敢稍有违抗，教会设立的教堂，官吏无不尽力保护。法国天主教会企图在绍兴扩张势力，神父四处寻觅充当教堂的大房屋，觊觎越中著名古刹大善寺。大善寺位于绍兴城内大街最热闹的中心，创建于梁天监二年(503)，相传南齐一位未嫁而死的女子，遗言以奁资建寺。其地则由乡人黄元宝所舍，由僧澄贯主持其事，赐名“大善寺”。寺内有建于梁天监三年(504)的大善塔，巍然矗立，千百年来一直是绍兴古城的标志。

大善寺乃是千年古刹，也是昔日绍兴主要的公共娱乐场所，犹如上海的老城隍庙和苏州的玄妙观。大善寺位于绍兴市中心，善男信女纷至沓来，烧香拜福，祈求福佑。1910 年以后，寺屋倒塌，大殿前一片空地，寺僧出租给商贩建造棚屋营业，开设茶店、酒店、烟店和书店，逐渐形成商场。尽管大善寺大门不大，平时到寺内的香客、小贩以及游客络绎不绝。春节期间，寺内公开聚赌成了一条不成文的规定，届时，更是人山人海，熙熙攘攘。大善寺成了绍兴民众购物、交易、休闲和娱乐的场所。然而，天主教

① 徐锡麟：《问罗马为意大利所据　教皇权势已去　而中国教祸反剧　其故何在》，《徐锡麟集》，中国文史出版社 1993 年版，第 33 页。

会负责人却看上大善寺，千方百计欲改为天主教堂。神父利诱绰号“捕厅绅士”的无赖高柏林，胁迫大善寺住持以五百金的价钱将大善寺出售于天主教会。“绍兴城中有大善寺，天主教会欲得之，阴搆诸无赖胁沙门，署质剂，为赁于教会者。绍兴名族士大夫皆怒弗敢言。”①绍兴各界对天主教会强占大善寺极为愤怒，然而慑于教会的权势，加上清吏又庇护教会，均敢怒而不敢言。

大善寺事件发生时，徐锡麟恰好患疟疾，卧病于轩亭口的“特别书局”，与大善寺近在咫尺。他获讯后，怒不可遏，不顾病痛折磨，身裹棉被，奔走呼号，鼓动大家到大善寺集会抗议。“从大江桥起至清道桥止之商号，全体起而响应，抗拒把大善寺改建为天主教堂。”②绍兴民众纷纷涌向大善寺，徐锡麟登上佛龛，发表慷慨激昂的演讲，痛言大善寺属于绍兴人所有，乃是祖宗遗传，决不允许教会强占。何况绍兴并非通商口岸，外国教会无权在绍兴建立教堂。并宣布教会与高柏林私签的买卖合同无效。徐锡麟“直走登坛，宣说抵拒状，众欢踊，卒毁券，教会谋益衰”③。他提出反对法国天主教神甫勾结无赖胁迫寺僧出卖大善寺的具体办法：“各商号联名盖具书柬图章，向山阴县署公禀取消大善寺和尚出售寺产的契约，公禀由县转府，由府转省，再由省呈总理衙门，与法国公使交涉取消契约。”④绅商界分别禀县请求取消契约，其中绅士列名45人，商店列名自大江桥至轩亭口248家，均签名盖章，禀告县令，县令不予回复。又上告郡守，也不受理。于是，又驰电京城同乡乞求援助。陶大均挽联春卿侍郎电告天津林主教，林主教电告浙江主教，命令司铎退还契约。清政府鉴于群情激愤，唯恐引发暴力事件，不敢庇护教会，外国传教士也深知众怒难犯，不得不暂时收敛其侵略野心。徐锡麟领导的反对法国天主教会强占大善寺的斗争取得胜利。

徐锡麟在领导绍兴民众反对法国传教士强占大善寺的斗争中，深感

---

① 陶成章：《浙案纪略》，《陶成章集》，中华书局1986年版，第372页。

② 朱仲华：《徐锡麟反帝之一端》，《浙江辛亥革命回忆录》，浙江人民出版社1981年版，第32页。

③ 陶成章：《浙案纪略》，《陶成章集》，中华书局1986年版，第372页。

④ 朱仲华：《徐锡麟反帝之一端》，《浙江辛亥革命回忆录》，浙江人民出版社1981年版，第32页。

国民"士气孱弱"。为了改变这种状况,他积极倡导开展体育活动,通过锻炼身体,增强国民体质,培养尚武精神。于是,他以绍兴府学堂副监督的身份,仿照嘉兴敖嘉熊和褚辅成等人创办"竞争体育会",设立中国近代第二个体育团体——绍兴体育会。体育会的机关设于龙山南麓的绍兴府学堂,后来迁往大通学堂。徐锡麟以体育会的名义,组织绍兴各校学生进行会操,"月聚诸校弟子数百人习手臂注射"①。体育会组织各校和民间团体开展军事训练和体育竞赛,将体育运动与救亡图存联系起来。每次会操,他"奔走蹀蹀,足无停趾,自呼口号,声若洪钟"②。在绍兴体育会的领导下,家住绍兴城南的寿平格在会稽水神庙创办南区体育会,吸收二十多名进步青年参加。"南区体育会用重金聘请日本军人佐曼井、平井、板井八太郎等教授体操,还请绍兴城内开元寺华智和尚教授武术。"③1905 年秋,中国精武体操会在上海成立,绍兴体育会选送会员徐柏堂、平宜生、袁祖平三人前往学习。绍兴学员以优异成绩毕业,徐柏堂名列第二,平宜生名列第三。由于徐锡麟的倡导,绍兴体育会推动了绍兴体育事业的发展。

五、开设书店

徐锡麟返回绍兴以后,极言日本之行的观感,宣传反清有理,鼓吹实行革命的必要。封建顽固分子闻之骇然,视为大逆不道,认为徐锡麟出访日本未及数月,随即指责"故国",习气"大不相同",言语行为也"肆然无忌"。徐锡麟"少有大志,负奇气,自更世变,见政治倾陂,积习太深,不可扫除,故其民族思想日益怦动,其父梅生尝切戒之,而锡麟不稍悛也"④。父亲徐凤鸣对徐锡麟的言行更加惊恐不安,认为他"行为放荡",肆意挥霍金钱,且屡教不改,便勒令亲写绝据,毋相往来,以断绝父子关系进行威逼。然而,徐锡麟不为社会舆论及家庭压力所屈服,仍然进行救国救民的

① 陶成章:《浙案纪略》,《陶成章集》,中华书局 1986 年版,第 372 页。

② 萧岳:《徐锡麟轶事》,《绍兴文史资料选辑》第 4 辑,1986 年版,第 110 页。

③ 陆菊仙、陈云德:《徐锡麟家世》,北京出版社 2005 年版,第 77 页。

④ 毕志社编:《中国革命党大首领徐锡麟》,新小说社 1907 年版,第 3 页。

斗争。

1903年10月，徐锡麟参加杭州举行的癸卯恩科乡试，按照规定，乡试从农历八月初八开始，到八月十六日结束。戊戌维新以后，清政府迫于形势，改革科举考试的形式，废除八股改试策论，允许考生纵横捭阖发表议论。乡试首场试中国政治史论五篇，二场试各国政治艺学策五道，三场试《四书》、《五经》义各一篇。徐锡麟首场撰写策论时，奋笔疾书，纵论古今，综评时局，直言自强之策，痛陈救国之道。他在试卷上直言不讳："石受铁激而生火，水受月激而生潮，汤放桀，武王伐纣，亦何尝不受激而使然！"①二场五策中，论题涉及枪炮制造，徐锡麟精通数学，运用几何和三角的原理在试卷中列图说明枪炮的构造原理。何敬煌回忆："癸卯年，伯师应浙江乡试，时八股已废，第二场时务策中，有问及枪炮事，适投所好，以三角法绘图立式，言之綦详。比纳卷，收卷者难之，以为违式，欲勿收，强而后可。"②清朝的科举考试以首场为主，二场和三场只要不出大的问题，就不影响录取。徐锡麟的首场试卷获得通过，二场试卷因"作图列式"以"违式被摒"，列入"副榜"，录为"副贡"，俗称"半边举人"。何寿章日记载："乡榜揭晓：山邑获隽五人，素稔者，严伯良寿鹤、许少翰乙藜，副榜四人，徐伯荪亦与其列；会邑则仅副榜一人。"③韩澄夫回忆：徐锡麟"在府校任副监督时，曾赴秋闱，中副车，予偕胡君翰斋闻讯往贺。先烈一见予等，即谓：'汝辈来此何为？'予等知其意，即不敢言贺"④。徐锡麟从"违式被摒"中得到深刻教训，"知科举锢人甚烈，大恸"⑤。区区一个"副贡"，徐锡麟本不屑一顾，然而，这个副贡头衔，却为其日后捐道员、打入官场奠定了基础。"盖先烈之应试，不知者以为顺从亲心，实则欲藉此为进身之阶，俾得接近清廷，以实行其抱负也。"⑥清政府有较为严格的捐纳

① 徐学圣、徐佩农：《伯父徐锡麟轶事》，《浙江文史资料选辑》第27辑，浙江人民出版社1984年版，第4页。

② 孙元超：《徐锡麟年谱》，《辛亥革命四烈士年谱》，书目文献出版社1981年版，第17页。

③ 何寿章：《苏甘室日记》，《辛亥革命四烈士年谱》，书目文献出版社1981年版，第17页。

④ 韩澄夫：《徐先烈轶事》，《绍兴文史资料选辑》第2辑，1984年版，第89页。

⑤ 毕志社编：《中国革命党大首领徐锡麟》，新小说社1907年版，第3页。

⑥ 韩澄夫：《徐先烈轶事》，《绍兴文史资料选辑》第2辑，1984年版，第89页。

限制，凡捐知县以至道员者，非五贡出身不可。

乡试结束后，徐锡麟即与诸宗元等友人前往江苏镇江游览。革命形势进一步高涨，拒俄运动高潮迭起，江浙沪地区的学界风潮不断，“排满革命”的浪潮风起云涌。徐锡麟受到革命浪潮的鼓舞，对清王朝和科举制度的幻想彻底破灭，反清革命的信念愈加坚定。他参观金山曹氏园后，填词抒发自己的抱负：

> 铁瓮树云凉，山水苍茫，金焦如黛碧天长。呜咽大江流不住，淘尽兴亡。　　割据剩空场，驻马坡荒。我来凭吊几神伤。好句东坡何处是？芳草斜阳！①

镇江古代号称“铁瓮城”，位于临江北固山的前锋，始建于195年，形成于209年，孙权迁都于建业以前，在京口建有“京城”，作为新都的屏障，又称“京口”。因其城形如瓮，固若金汤，故称“铁瓮城”。晋、唐、宋、明、清均有过修缮，有1700多年的历史。铁瓮城乃是镇江历史上第一座城，为六朝南方长江中下游地区建造最早的一处政治中心城市。京口铁瓮城比孙权所筑的南京石头城和湖北的鄂王城都早，有“三国东吴第一城”的称誉。徐锡麟目睹千年古城的变迁，金山和焦山苍翠如画，滚滚长江奔流不息，江山依旧，王朝更替。三国的割据局面已不复存在，刘备和孙权较量过马术的驻马坡，只剩枯草荒凉。徐锡麟忆古思今，深感又到了新的历史转变关头，清政府的统治如西山坠落的斜阳，革命力量恰如春风吹生的芳草，对革命充满必胜的信念。

徐锡麟从镇江返回绍兴后，朋友韩英中了秀才。韩家张灯结彩，邀请亲朋好友，大摆筵席以示庆贺，饭后还安排牌局作戏，俗称“打五关”。徐锡麟也应邀参加，他身穿长衫，昂首阔步走进宾客云集的宴会大厅。他潇洒自如，不拘礼节，脱去长衫挂上衣架，直坐上席。宴会开始后，徐锡麟谈笑风生，诙谐自如，既不恭维，也不祝贺。他对韩英说今天来吃喜酒，没有准备什么礼物，俗话说秀才人情纸半张，现在唯有四句打油诗奉送。于是，徐锡麟立即站起来，即席高声朗诵：“韩英居榜首，余子落孙山。放下

---

① 徐锡麟：《浪淘沙·京口》，《辛亥革命烈士诗文选》，中华书局1962年版，第129页。

生花笔，同来闯五关。"[1]吟毕，引起哄堂大笑。徐锡麟推脱有事，穿起长衫提前告别。他的诗意带双关，表面上指打牌，实即暗喻从事革命活动，然同席之人未必理解其真实含义。

徐锡麟任教府学堂时，还创办进步书店，出售进步书刊："在绍城轩亭口开设书局，兼分设杭州青云街，运售新译西籍，暨新民报等"[2]。绍兴文化昌盛，书市向来繁荣。清初康熙和乾隆年间，图书销售极为兴盛，绍兴府城的仓桥街、试弄、古贡院一带，书坊林立，琳琅满目。清末西学东渐，绍兴地方有识之士大力倡办教育，推荐新书，以开发民智，绍兴的图书业越发兴盛。光绪年间，绍兴府城已有墨润堂、永思堂、奎照楼、奎元堂、聚奎堂、会文堂、明达书庄、万卷书楼、特别书局等十多家书店，集中于水澄桥至清道桥的街上。1903 年 2 月，徐锡麟鸠资在绍兴闹市中心轩亭口开设"特别书局"，专门出售进步书刊。徐锡麟创办的特别书局与王子余创办的万卷书楼，成了绍兴出售新书的两个著名书店。据 1903 年 5 月东京浙江留日学生主编的《浙江潮》第 8 期载沈钧业的《调查会稿十七》介绍："万卷书楼，开设年月：去年十月，专售新书，兼派各报，规模太狭；住址：仓桥街，程度：高"，而"特别书店，开设年月：今年正月，专售新书，规模平常，住址：轩亭口，程度：高"。[3] 特别书局实行开架售书，读者可以自由进入书店，随意从书架上取阅喜爱的书籍。徐锡麟"在轩亭口创造一特别书局，专印《饮冰室文集》等书，广行于世，志在宣传文化，启迪民智，传播革命种子"[4]。特别书店销售三成旧书七成新书，经销各种进步书籍。从《南雷文集》、《明夷待访录》到《扬州十日》、《嘉定屠城记》，以及邹容的《革命军》、陈天华的《猛回头》、《警世钟》等曾秘密出售，封面上均加以伪装，表面上看以为是课本。凡是革命书刊，均经过特别的包装，放在书店的隐蔽处，店员遇上志同道合的人，便主动上前兜售。如遇到无力购买又酷爱读书的寒士，则免费相送。徐锡麟特别关照店员：

---

① 徐锡麟：《打油诗》，《徐锡麟集》，中国文史出版社 1993 年版，第 42 页。

② 毕志社编：《中国革命党大首领徐锡麟》，新小说社 1907 年版，第 3 页。

③ 逸莺、听莺：《关于〈绍兴白话报〉与万卷书楼》，《辛亥革命绍兴史料》，1981 年版，第 60 页。

④ 韩澄夫：《徐先烈轶事》，《绍兴文史资料选辑》第 2 辑，1984 年版，第 88 页。

"开店不是为了赚钱,而是为了传播知识,有的人付不出书钱,就奉送。"①

徐锡麟参加乡试时,又在杭州青云街临时开设"维新书店",出售进步书籍。据张之桢回忆:"癸卯八月,伯师来杭州乡试,那时我已入浙江大学堂肄业,一同应试。伯师在附近青云街临时开设维新书店,供应考生购买。乡试每年八月初八日开始,至十六日结束,书店也同时前后相应开歇。"②特别书店除出售进步书刊以外,还自己编印书刊。徐锡麟校订并出版严复文集,由特别书局发行。《严侯官文集》署名"山阴徐锡麟校",光绪二十九年正月二十二日新译书局印刷,三月十五日绍兴特别译书局发行。徐锡麟曾石印日本市村瓒次郎著、陈毅新译的《支那史要》三卷,由特别书局代销。1903 年 10 月,沙俄公然侵占辽东,徐锡麟的学生童杭时义愤填膺,奋笔疾书排满抗俄的檄文,请老师徐锡麟评阅。徐锡麟"编选杭时《义策论》,手著序文于简端,由特别书局发行,并发绍兴各书坊分售"③。

> 童君萱甫者,待时之豪杰,不妄动,不苟语。品优学粹,有伊吕望。今岁理事府学堂,兼任教科。见如童君者,不可多得。一日,童君奔告于予曰:"外患迫矣!内忧起矣!济困扶危,苦无权力。草茅下士,祗可以言论云诸世。"出其所作,问序于予。予答之曰:"言论者,实行之权舆也,有言论然后有事业。"余知童君不徒以言论毕其长,日后之经济,余将静坐俟之。
>
> 光绪甲辰仲冬山阴徐锡麟序④

徐锡麟还利用书店,结交进步人士:"集资设书肆,假以物色豪杰"⑤。徐锡麟与创办万卷书楼出售新书的王子余过从甚密。王子余于 1906 年

---

① 陆菊仙、陈云德:《徐锡麟家世》,北京出版社 2005 年版,第 76 页。

② 孙元超:《徐锡麟年谱》,《辛亥革命四烈士年谱》,书目文献出版社 1981 年版,第 15 页。

③ 童杭时:《徐先烈伯荪事略》,《辛亥革命浙江史料选辑》,浙江人民出版社 1981 年版,第 434 页。

④ 徐锡麟:《为童萱甫所作书序》,《徐锡麟集》,中国文史出版社 1993 年版,第 76 页。

⑤ 陈去病:《徐烈士传》,《辛亥革命浙江史料选辑》,浙江人民出版社 1981 年版,第 437 页。

由蔡元培介绍，加入光复会。1903 年 7 月 9 日，王子余在绍兴推广白话文，创办绍兴第一张报纸《绍兴白话报》。1903 年农历十二月二十三日，徐锡麟准备回东浦过年，路过万卷书楼时，向王子余寒喧："我回东浦老家去了。今年年里不再进城，我们要明年再见了。"王子余、王子澄兄弟邀请徐锡麟新年相聚，"明年到我们这里来吃新年酒"。徐锡麟提议："新年，是大家的新年，不应该你请我，我请你。而且只有正月初一日是新年，到了初二日，就不是新年了。最好于正月初一日，大家合在一处吃新年酒。酒菜的钱也由大家出份子。只是我在乡下，朋友很少，不如在城里邀十位朋友，都于正月初一日到这里来吃新年酒。"王子余非常赞成，于是，相约邀请十人在新年相聚，每人出小洋四角，嘱咐万卷书楼代为筹办。大年三十年夜，天降瑞雪。正月初一，街上仍大雪纷飞，积雪厚达七八寸。上午十一点半，只有万卷书楼约定的三个人。王子余以为这样大的雪，各位会在家里过年，不会如约赴会。到了十一点五十分，徐锡麟裹着雨衣，踏雪而来。王子余笑着说："这样大雪，亏你怎么进城？难道舍不得四角小洋吗？"徐锡麟却回答："在社会间做人，全靠信用，小事体可不守信用，更何能办大事呢？我今天所以来迟，因为埠船不开，早晨又没有人开雪路，而我又是近视眼，在岸与河一片的白色上走路很不便，所以等到这时候才来，幸亏约定是午餐，我到的时候，还不出十二点钟。"①徐锡麟与王子余等人围着火盆，畅所欲言，展望未来。

六、创办学堂

徐锡麟积极创办学堂，培养人才。他认为"要救国，非办学不可"②。1903 年闰五月，徐锡麟与宗加弥、王子余、杜亚泉、杜山佳、杜海生等人发起创办越郡公学。徐锡麟曾与何寿章等人四处奔走，踏看校址，最后选定绍兴和畅堂西端的能仁寺，租用庙宇作为校舍。何寿章曾在日记中记载："〔壬寅九月〕廿九日，阴晴，微见日光。晨起，偕伯荪掉小舟赴东浦，至其家午饭。饭后同往村吕祖殿斗坛一游。又偕至王成寺，历览一周，寺僧款

① 王叔梅：《徐伯圣先生轶事》，《绍兴文史资料选辑》第 2 辑，1984 年版，第 83 页。

② 陈觉民：《热诚学堂创办始末》，《绍兴文史资料》第 1 辑，1985 年版，第 129 页。

以茶食。本拟赴柯山下访茅孟渊丈，以时小晚遂放舟言归。至江桥，伯荪登岸赴学堂，余仍归家。〔杜〕山佳叔辈偕鹤卿〔蔡元培〕、〔杜〕秋凡拟在越郡设公学，来就余商，约定料理。巳刻，公启入《中外日报》、《选报》等，拟借能仁寺屋为学堂恐不谐，伯荪言前两处可用，故同往一游。”①徐锡麟推荐寺僧宗加弥为越郡公学总理，主持校务工作。由于办学经费无着，越郡公学不到一年即停办。

徐锡麟指导世懋学堂的创办。上虞的啸唫，境内有俑山若虎，曹娥江若龙，取名虎啸龙吟之义。啸唫的阮廷藩、阮建章、阮成斋等人欲创办新式学堂，拟将俑山下的海会寺改为校舍，苦于无从着手。而阮廷藩的内弟章锡光乃是徐锡麟敬重的塾师，章锡光介绍阮廷藩向徐锡麟请教。阮廷藩带着章锡光的介绍信，专程拜访徐锡麟。“徐锡麟热情相待，以后又有数次书信来往。对于有关办学的问题，无论申请办学手续、教学计划、采用课本等等，徐锡麟总是不厌其烦，悉心指点。”徐锡麟赠送“诚朴勤洁”四字校训，阮廷藩将校训书写匾额，高悬礼堂中央。筹办学堂期间，新旧势力斗争异常尖锐，一方要革故鼎新，废弃私塾，引进新学，提高文化；而另一方却因循守旧，斥骂毁寺办学，亵渎神明，诋毁圣贤，实乃大逆不道。封建顽固分子甚至放出谣言，阮廷藩将遭到神佛报应，必欲置阮廷藩等办学为首分子于死地。就在双方剑拔弩张之际，徐锡麟借到上虞看望塾师章锡光之际，到啸唫指导世懋学堂的筹建工作。徐锡麟鼓励阮廷藩等人坚持下去，不向封建顽固势力低头，不管发生什么事情，愿为后盾。徐锡麟登上俑山之巅，举目四望，赞不绝口：“娥江似带，俑山似襟，花香鸟语，绿树成荫，这样宁静幽美的环境，真是读书的好地方啊！”阮廷藩编成校歌时，起始句即为：“娥江如带，冉山似锦，花香鸟语，绿树成荫。”徐锡麟审阅了世懋学堂的教学计划，建议增设体操课。徐锡麟谆谆告诫：“不锻炼好强健身体，怎能够复兴中华，拯民救国！”阮廷藩立即采纳徐锡麟的建议，购置一批木制步枪、手榴弹、哑铃等体育器械。徐锡麟看到海会寺有一口忏经用的大铁磬，四周铸有铭文，已有二百多年的历史。徐锡麟风趣地建议：“学堂可以把它用作烧化字纸的缸嘛。我们祈求菩萨救众生，

① 何寿章：《苏甘室日记》，《辛亥革命四烈士年谱》，书目文献出版社1981年版，第12页。

要讲实惠，看得见，摸得着。菩萨慈悲为怀，最能体恤我们没有文化之苦，一定肯舍己为人，乐于把寺让出来给我们办学堂，把佛具让出来给我们做校具。”①阮廷藩等人冲破重重阻力，历尽艰险，终于创办啸唫第一所新式学堂，并聘请绍兴城内学识渊博的章庆祺担任首任校长，阮廷藩任学堂董事兼国文教员。

徐锡麟与王子余等人商议创办绍兴女子学堂，以启迪女子智能，培养女子人才：“办明道女学，以为联络女界之先声”②。各地新式学堂相继创办，就是没有女学，女子仍被排斥在校门之外。徐锡麟等人遂取《四书·中庸》中的“大学之道，在明明德”之句，取名为“明道女校”。然而，创办女子学堂，封建顽固势力认为此举乃离经叛道，竭力予以阻挠。支持创办新学的绍兴知府熊起蟠也反对创办“女学”，设置重重障碍。徐锡麟等人不顾社会舆论的攻击，也不畏熊起蟠的刁难，殚精竭力，多方奔走，终于取得浙江学务处批准办学的立案。明道女校最初选择绍兴东街，租用民房作为校舍，并于1903年秋季开学。由于东街社会环境较为复杂，一些地痞流氓和无赖之徒以及封建卫道士常到学堂滋事，严重干扰正常的教学秩序。徐锡麟不得不给万安桥大觉林寺院和尚7000元，于1904年1月，将明道女校迁往万安桥大觉林寺院。1907年王子余曾深有感触地回顾创办明道女校的艰辛：“三五年前，绍兴学界的黑暗，已达于极点。自从明道女校办起，几个明白学务的人，全力注重于此，于是绍兴学界遂略略放出一线光明来。无如反对的人实在多。那时候女学的名目，又没有明文。又碰着一个姓熊的绍兴知府，一个姓汤的山阴县令，全是顽固胡涂，不但不肯帮扶，还要阻挠。当时办明道的几个干事，费了几多的心力，东奔西走，力尽筋疲，才得学务处里定了案。还记得那时节，就近地方的无赖滋扰，考试时候的考客滋扰，内外惶惶，无一日不耽惊受怕。”③女校创办伊始，管理人员每月薪金为堂长20元，经理12元，管理员10元，庶务和会计各6元。教员薪金则以授课时间计算，女教员每小时0.25元，男

① 阮仁福、阮茂学：《徐锡麟帮助创办世懋学堂二三事》，《绍兴文史资料选辑》第5辑，1987年版，第174页。

② 《当代名人事略·徐锡麟》，《满清稗史》（中），中国书店1987年版，第14页。

③ 逸莺、听莺：《关于〈绍兴白话报〉与万卷书楼》，《辛亥革命绍兴史料》，1981年版，第61页。

教员每小时0.20元。明道女校是浙江第一所女子师范学校，开创了浙江兴办女子师范学校的先河。

徐锡麟的家乡东浦，除了蒙塾以外，没有一所新式学堂，蒙塾所学的仍是《百家姓》、《三字经》、《四书》、《五经》之类的旧书。1901年，徐锡麟与何寿章曾商议在东浦筹设蒙学堂。“徐伯荪以东浦拟设蒙学堂，请援柯镇例，禀县发给照会，为叙呈文稿一通，交荆良弟誊真。”①徐锡麟撰写呈文，禀请山阴发给“照会”，由于封建顽固势力的阻挠，加上学校缺乏明确的办学目标，最后只得放弃。

1903年秋，徐锡麟再次与陈燮枢和陈志军在龙山商议办学事宜。清政府准许各地创办私立小学，徐锡麟拟将平时积蓄的200银元作为办学之用。虽说办学乃是当务之急，可区区二百多元办学不过杯水车薪而已。陈燮枢以教授生徒为生，家徒四壁。徐家虽说有水田百亩，还开设天生绸庄和泰生油烛店，但资本并不雄厚，而且经济大权还掌握在父亲徐凤鸣手中。由于办学经费不足，一时又难于筹集，徐锡麟感到极为不安。陈燮枢建议借用东浦南端屋宇宽敞、有一百多亩水田的吕祖斗坛作为校舍。斗坛属于陈氏产业，乃是道教朝拜北斗之地，平时从事“拜北斗星”、“炼丹静坐”、“扶乩”等迷信活动，由司事金诚斋管理坛务。陈燮枢便以12元的年租金租借斗坛的全部房室作为教室。徐锡麟等人还向山阴县呈递办学禀文，批文很快就办了下来。斗坛有许多神像，必须搬走，才能用作教室，却遭到司事金诚斋的闭门拒绝。金诚斋声称斗坛属于曾、陈、余三姓公产，由堵子麟和许厚卿两董事负责，陈姓不能独占。徐锡麟遂邀请堵子麟和许厚卿到斗坛商议，金诚斋竟加以阻拦。徐锡麟等再三劝解，金诚斋不为所动，甚至挥拳殴打，致使调解无效。于是，徐锡麟和陈燮枢又联合曹钦熙、陈志军、徐伟、沈锡庆、徐乃普、许渔洲、平坦伯、许东山十位秀才，强行将斗坛的真武大帝、北斗星君和王灵官等神像搬走。这种“叛逆”行为，触犯了封建顽固势力。司事金诚斋以“扰乱斗坛”的罪名，向山阴县汤知事具文控告。曾姓势力强大，得到汤知县的包庇。陈燮枢与徐锡麟商议，决定禀告绍兴知府熊起蟠，并请绍兴府学堂监督章廷黻以及冯文

---

① 何寿章：《苏甘室日记》，《辛亥革命四烈士年谱》，书目文献出版社1981年版，第11页。

栋、沈聪训等人，分别禀告府县。徐锡麟带上办学禀帖，求见知府熊起蟠，申明朝廷下诏施行新政，指示各地开办学堂，北京和上海等地办了不少学堂，拟在东浦创办新式学堂，将斗坛作为办学之用，请熊起蟠批准。办学乃朝廷圣旨，熊起蟠自然不便反对，遂批准徐锡麟的办学禀帖。熊起蟠还训斥汤知县，地方热心办学，不该阻挠，应予以奖励。由于徐锡麟等人都是秀才，东浦乡里流行两句谚语："秀才起来造反，斗坛变成学堂。"

官司打赢后，徐锡麟等人回到东浦，全身心地投入筹建学堂的工作中，他们分头雇工修缮校舍，制作课桌椅凳，铺建石板操场，采购教学仪器。1904 年 2 月 24 日（农历正月十四日），东浦第一所新式学堂热诚学堂正式开学，徐锡麟撰写一副嵌字楹联："有热心人可与共学，具诚意者得入斯堂。"学生入学均不收学费，凡是清寒子弟，徐锡麟还垫付医药费，夏季赠送草席。学堂创办伊始，有学生二十多人，后来，增加到一百多人。除开设国文课外，还有算术、历史、修身和体操等课程，后来又增加英文。学校聘请曹钦熙任总理，教员有徐锡麟、陈夑枢、许渔洲、平坦伯、徐耨轩等人。本地教员完全尽义务，学校仅供应茶水和黄烟，外地教员有许多是徐锡麟的学生，薪水也极低。胜任国文、历史、修身课的教员多，能任算术课的教员少，至于胜任体操的教员就更少了。徐锡麟亲自担任体操课的教学任务，每天晨操完毕，都要赶到绍兴城内的府学堂，下午上完课后，又急着返回东浦。东浦离绍兴十多里，往返均要步行，遇上风雨也从不间断。热诚学堂"于一班之普通学科，均不甚研究，特注重于兵式体操。锡麟偕其友陈志军亲自督率以训练之。又从南京兵轮上雇一军乐家来，教学生以军乐，东浦乡人因之叠生谣诼。锡麟父凤鸣闻而恶之，然本学校系绅士公立，无术可以解散，且又以学生年纪尚小，故亦暂置之"①。徐锡麟强调："锻炼体格较其他学问尤重。"并且"勖以集队操练，愿自任领导者，约定隔日清晨来校领队。是时参加者有校中同事及本地同志，如陈君赞卿、曹君滋宣、周君幼山、陈君子英等十余人"②。由于体操课不被家长和学生重视，徐锡麟就设法鼓励学生参加，"凡是体操课不缺课，能跟同徐

① 陶成章：《浙案纪略》，《陶成章集》，中华书局 1986 年版，第 343 页。
② 韩澄夫：《徐先烈轶事》，《绍兴文史资料选辑》第 2 辑，1984 年版，第 88 页。

烈士向田野里跑步的，每月终奖银币两角”①。徐锡麟认为远足也是一种很好的锻炼，既能开阔眼界，又能增强体质，曾亲自带领学生去远足，到绍兴禹陵和东湖春游，登山涉水。

学校设有一名义务校医，由许东山担任。许东山乃是东浦有名的中医，虽不教书，却专门为师生义务诊治疾病。热诚学堂培养了一大批人才，热诚学子遍及海内外，桃李满天下。“当代作家许钦文〔名绳尧〕、前浙江省保安处长竺鸣涛〔平阳党首领竺绍康之子〕等都是热诚毕业的。还有徐烈士之子徐学文〔字子登〕，现在台湾；徐烈士的侄儿徐学禹〔字鼎臣〕、徐学武〔字士成〕寓居美国。他们也都在热诚读过书的。”②热诚学堂也成了徐锡麟联络革命志士、积蓄革命力量的一个据点。“热诚学堂内有一沙坑，内曾藏过一些枪枝，这些枪枝是徐锡麟独自一人驾小船秘密运来的。有些传记说他画俄人为靶，练习打靶一日几十次，达到百发百中的熟练程度，即在这个时候。当时他仰慕越王勾践、项梁这些起兵会稽的古代英雄，也想在此积蓄力量以观世变。各地爱国志士常在此聚会，深夜不散。”③热诚学堂成了绍兴资产阶级和小资产阶级知识分子的重要聚集地，光复会成立后，又成为绍兴光复会的活动基地之一。

---

① 陈觉民：《热诚学校创办始末》，《绍兴文史资料》第1辑，1985年版，第131页。

② 同上书，第133页。

③ 徐学圣、徐佩农：《伯父徐锡麟轶事》，《浙江文史资料选辑》第27辑，浙江人民出版社1984年版，第7页。

第四章　创办大通

徐锡麟由光复会会长蔡元培介绍，加入资产阶级革命团体光复会。陶成章介绍了联络浙东会党的情况，并建议徐锡麟联络浙江会党，聚结革命力量。徐锡麟遂前往嵊县、诸暨、东阳和义乌等地，与平洋党首领竺绍康、乌带党首领王金发以及龙华会首领吕逢樵等人取得联络，使浙江会党成为复会依靠的主要力量。但会党目光短浅，缺乏组织纪律性，难以承担推翻清政府的重任。于是，徐锡麟又与陶成章等人创办大通学堂，招收会党骨干，进行兵式体操的军事训练。大通学堂成了光复会发展会员的主要基地，是资产阶级革命党人创办的第一所培养军事干部的学校，也是旧民主主义革命时期第一所培养武装干部的学校。

一、加入光复

徐锡麟开展革命宣传，培养救国人才的工作并不顺利，封建顽固势力群起而攻之。徐锡麟等人创办的越郡公学，不到一年就因资金短缺而倒闭。东浦封建士绅散布谣言，反对热诚学堂，连徐锡麟的父亲也表示反对，由于热诚学堂曾向官府禀帖立案，深得民众的支持，得以保存下来。特别书局因向各校销售新书刊，也遭到诬陷和攻击，学界顽固守旧分子诬蔑徐锡麟“欲以其所出书强售各学校，为人所挤退副监督任”①。绍兴官

① 陶成章：《浙案纪略》，《陶成章集》，中华书局 1986 年版，第 372 页。

府本来对徐锡麟的所作所为就很不满，视做洪水猛兽，必欲除之而后快。绍兴官府得到守旧分子的控告后，于1904年冬悍然解除徐锡麟的绍兴府学堂副监督职务。特别书局也因遭人排挤，资金周转困难，被迫关闭停业。

徐锡麟在绍兴的革命活动受到挫折，但并不气馁，毅然赴沪寻找革命志士，了解全国革命形势，进一步开展革命活动。1905年1月，徐锡麟“以事过上海，寓于五马路周昌记，因至虹口爱国女学校访蔡元培”①。蔡元培，字孑民，中过进士，当过翰林。蔡元培不满清政府的腐败统治，痛恨帝国主义的入侵，逐渐走上革命道路。1902年4月27日，蔡元培与蒋智由等人在上海南京路泥城桥福源里集议成立中国教育会，蔡元培被推为会长。中国教育会“表面办理教育，暗中鼓吹革命”②。中国教育会通过发行教材，出版刊物，灌输新思想，鼓吹反清革命，集结一大批革命志士，成了辛亥革命前夕上海最早的一个革命团体。中国教育会设立爱国学社，请章太炎主讲席，吴稚晖为协理。爱国学社自总理学监以下教职员，均自谋生计，对于学社纯尽义务。蔡元培任商务印书馆编译所长，吴稚晖在文明书局任职，章太炎则从事翻译工作。陈范主编的《苏报》辟有《学界风潮》，由教育会会员和爱国学社社员供稿，《苏报》馆每月资助爱国学社100元。爱国学社学生均加入中国教育会。爱国学社的政治空气十分浓厚，“中国教育会每周率领学社社员，在张园安恺第，开会演说，倡言革命，振动全国”③。东京留日学生爆发拒俄运动后，组建拒俄义勇队。爱国学社也组织义勇队，组织军国民教育会。“自蔡孑民、吴稚晖、宗仰等重要会员，及年龄较长之社员，志愿入会者共96人，分为8小队，早晚训练。”④义勇队改习德式兵操，备有木枪练习瞄准。1902年冬，蔡元培等人又租上海登贤里设立爱国女学校，后来迁往福源里。蒋智由被推为经理，后由蔡元培继任。爱国学社的教员，义务承担爱国女校的教学任务。蔡元培认为：“革命的实际行动不外两途，一是暴动（武装起义），宜由男

---

① 陶成章：《浙案纪略》，《陶成章集》，中华书局1986年版，第372页。

② 蒋维乔：《中国教育会之回忆》，《蔡元培纪念集》，浙江教育出版社1998年版，第52页。

③ 同上书，第56页。

④ 同上书，第57页。

子担任；一是暗杀，女子较宜。”①蔡元培组织爱国女学校的师生进行毒药和炸药的研制，准备开展暗杀活动，举行武装暴动。徐锡麟与蔡元培殊途同归，一见如故。

刚就任光复会会长的蔡元培介绍徐锡麟加入反清秘密组织光复会。“时元培与皖、宁诸志士组织一秘密会，名曰光复，邀锡麟入会。从之。”②1903年10月，东京浙学会留日学生王嘉祎、蒋尊簋、许寿棠、沈瓞民等十余人在东京王嘉祎的寓所召开第一次会议，“决定另行组织秘密的革命团体，目的不仅要加强革命宣传工作，首要在于力行，要用暴力发动武装起义”。目前“应该先选择湖南、安徽或浙江一省，实行武装占领，作为根据地，再逐渐扩大。最后认为要另组一革命团体，应邀请浙江志士参加”③。正在日本留学的浙江籍学生陶成章、魏兰、龚宝铨等人均参加了浙学会。

1903年11月，东京浙学会会员在王嘉祎的寓所召开第二次会议，据沈瓞民回忆：“为了取得革命武装根据地，决定陶成章、魏兰分往浙江、安徽二地，龚宝铨往上海，张雄夫（开会时张在上海）和我往湖南长沙，与华兴会首领黄兴联系，因黄兴已在长沙暗策革命，武装起义，庶可首尾相应也。”④东京浙学会第二次会议决定派会员回国发动武装起义，建立反清革命基地。

1904年初，陶成章、魏兰和龚宝铨等人受东京军国民教育会和浙学会的派遣，以“运动员”和“归国实行员”的名义相继回国，与上海的蔡元培取得联系，共商反清革命计划，组建革命团体。龚宝铨在上海秘密组建“暗杀团”，邀请蔡元培、刘师培等人参加。暗杀团拟暗杀二三个清朝大员，打乱其阵脚，由于人数过少，力量单薄，一直没有找到下手的机会。1904年秋，陶成章向龚宝铨建议，将江苏、浙江、安徽等省的志士联合起来，按照东京浙学会的原议，组建一个大的革命团体。龚宝铨也正想扩大

① 俞子夷：《蔡元培与光复会草创时期》，《辛亥革命回忆录》第7辑，文史资料出版社1981年版，第514页。

② 陶成章：《浙案纪略》，《陶成章集》，中华书局1986年版，第372页。

③ 沈瓞民：《记光复会二三事》，《辛亥革命回忆录》第4集，文史资料出版社1981年版，第131页。

④ 同上书，第132页。

暗杀团的组织，与陶成章商议后，决定在暗杀团的基础上，重新组织一个新的革命团体。陶成章请龚宝铨将建立革命团体的意见带给蔡元培，得到蔡元培的赞同。陶成章与龚宝铨鉴于革命团体创建伊始，必须有一个德高望重的人出任光复会会长，以便组织革命志士，开展革命活动，有着清朝翰林头衔、向来倡导反清革命的蔡元培成了最合适的人选。光复会的誓词为："光复汉族，还我河山，以身许国，功成身退。"蔡元培向来访的徐锡麟介绍了光复会的组织以及革命目标，徐锡麟当即表示参加反清革命的决心。于是，由蔡元培介绍，徐锡麟加入光复会，成了光复会的骨干成员。光复会为了便于开展秘密革命工作，每个会员均有一个类似店号一样的代用姓名，徐锡麟代号为"光汉子"，陈伯平的代号为"光复子"，马宗汉的代号为"宗汉子"。徐锡麟由一个具有改良主义思想的爱国主义者，转变成为一个具有明确革命目标的资产阶级民主革命斗士。

二、联络会党

徐锡麟加入光复会后，对依靠什么力量，如何开展资产阶级革命，感到茫然。徐锡麟在爱国女校访问蔡元培时，恰好陶成章也在场。陶成章"因尽以己所经营者告之锡麟"①。陶成章介绍了自己联络浙江会党的经过，并说明联络和运动会党对进行革命的重要性，并建议徐锡麟联络各地会党，组织革命力量，开展革命活动。1903 年，陶成章赶往台州，拟与秘密会党伏虎山山主王锡彤相见，因王锡彤起义失败，避往嵊县，不遇而返。1904 年初，陶成章与魏兰由杭州《白话报》主编孙翼中介绍，与囚禁仁和的白布会首领濮振声取得联系。濮振声写了介绍信，建议陶成章和魏兰前往新城、临安、富阳、於潜、昌化、分水、桐庐等地，联络秘密会党。于是，陶成章与魏兰从富阳赴桐庐，了解各秘密会党的情况。随后，魏兰由桐庐水路经兰溪、龙游折返云和，陶成章"则由岸道历游桐庐、分水各村落，遍谒白布会诸党员，由分水县署前过潘家，由设峰岭历歌舞岭以入建德，由建德历寿昌、汤溪、龙游、遂昌、松阳以至于云和"②。魏兰和陶成章以开

① 陶成章：《浙案纪略》，《陶成章集》，中华书局 1986 年版，第 372 页。
② 同上书，第 339 页。

设云和先志学校作为掩护，继续联络各地会党。“兰则奔走于括瓯两郡。兰之堂侄魏毓祥，亦驰往松阳、青田、温州诸处，联络会党。”[①]魏兰赴处州与双龙会会主王金宝及其副会主阙麟书取得联系，双龙会号称二万余人。魏兰在处州府城会见龙华会首领丁荣，龙华会乃是浙江最大的会党，会众号称五万余人。处州府所属的缙云也有龙华会的势力，魏兰由丁荣介绍，会见了吕逢樵及其侄吕嘉益。魏兰由吕嘉益介绍，又到永康会见了龙华会正会主沈荣卿。随后，又由沈荣卿介绍，到金华会见了龙华会副会主张恭。

陶成章发动浙江会党响应湖南长沙华兴会起义失利后，再次前往各地联络会党。“〔魏〕兰、〔陶〕成章共由金华入永康、〔魏〕兰由桃花岭入丽水，取道以还云和。〔陶〕成章由永康转东阳，至巍山，寓赵永景家，复由巍山趋玉山尖，至夏家庵，寓于大开和尚处，至尚湖陈，寓于陈魁鳌家，遂入天台，至平头谭平镇，寓于陈显元家，再由天台入黄严，至海门，寓于大观楼。”[②]陶成章又与九龙党首领大开和尚和祖宗教教主敖嘉熊取得联系。“原夫成章、魏兰等所办之概要，则先是调查也，调查之概要凡五：一曰秘密之调查，二曰兵营之调查，三曰贫富户之调查，四曰地理之调查，五曰钱粮之调查。一切皆有记录。其次则党会之联合也，又其次则开导党员也。其开导之方法，则多运革命书籍，传布内地，文言与白话并进。文言体则有《革命军》、《新湖南》、《新广东》、《浙江潮》、《江苏》等，而以《革命军》、《新湖南》为最多；白话体则有《猛回头》、《黑龙江》、《新山歌》、《警世钟》、《孔夫子之心肝》等，而以《猛回头》为最多。其在多数人聚会之所，则又代为出资购送各报，而以《国民报》、《国民日日新闻》及《警钟日报》为最多，由是浙东之革命书籍，遂以遍地，而革命之思想，亦遂普及于中下二社会矣。”[③]陶成章等人了解浙江金华、衢州、严州、处州、温州、台州六府的秘密会党情形，并与各秘密会党首领取得密切联系，浙江秘密会党成了光复会依靠的重要武装力量。

---

① 魏兰：《陶焕卿先生行述》，《辛亥革命浙江史料选辑》，浙江人民出版社 1981 年版，第 340 页。

② 陶成章：《浙案纪略》，《陶成章集》，中华书局 1986 年版，第 341 页。

③ 同上书，第 342 页。

陶成章的话对徐锡麟启发很大，徐锡麟是革命的实践家，返回绍兴后立即着手联络浙江会党工作。1904年初，徐锡麟“与弟子数人游行诸暨、嵊县、义乌、东阳四县，自东阳至缙云，尽行百里，夜止丛社，几及二月，多交其地奇才力士”①。徐锡麟“到嵊县去的次数最多。他日行一二百里，艰苦备尝，路上曾遇强盗，他与和尚、道士也有联络，曾在平水的显圣寺过夜。奔走数月，很少休息，总是和衣而睡，甚至连鞋袜也不脱”②。徐锡麟邀请曹钦熙、陈志军、许克丞等人商议，决定赴各地会晤会党首领。徐锡麟有二位嵊县籍的绍兴府学堂得意门生童杭时和童济时，兄弟俩自幼颖慧过人，童杭时擅长古文诗词，撰写《积厚轩议论集》，呈请徐锡麟修改作序。徐锡麟欣然作序后，交付特别书局出版发行。童济时性格豪爽，体魄健壮，喜欢耍刀弄棒，晨鸡起舞，经年不辍，精于武艺。绍兴府学堂公开招生时，童氏兄弟一起报考，因成绩优异被录取。

徐锡麟带着弟子童济时、卢临先等人，顶着砭骨的寒风，步行来到嵊县，与“平阳党”首领竺绍康再次相聚。诸暨和嵊县山区，土地贫瘠，民风强悍，会党历来较为发达。“绍兴八县中，以诸暨、嵊二县之人为最强悍，其不逞者，时与金华、台州诸府之人相结，亦或自相集合，为秘密会，以白巾乌带之属为号，而大抵持仇教主义，间或劫富户若商辅而已。”③“平阳党”又名“平洋党”，本部设在嵊县。平阳党的首领竺绍康，字酌仙，昵称“牛大王”。《辛丑条约》签订后，清政府派遣大臣到德国和日本“谢罪”，竺绍康对此痛心疾首，他虽然参加院试，列名邑庠，却退而叹息：“大丈夫当自得途，径向此中觅功名，真益辱耳！”④于是，竺绍康弃读“圣贤书”，游历新昌、奉化、余姚等浙东各县，专门结交“浮浪子弟”和开明绅士，宣传“反清灭洋”，组织农民抗捐闹教。嵊县东部的四明山和大湖山等地盗匪横行，灵鹅、华堂、济渡等村屡遭盗匪洗劫，县吏也无可奈何。竺绍康慷慨解囊，组建“团练”，击退盗匪，并一举捣毁其巢穴，从此地方安宁。可与竺家世代有仇、与盗匪暗中勾结的豪绅蔡旭人竟向官府控告竺绍康

① 陶成章：《浙案纪略》，《陶成章集》，中华书局1986年版，，第372页。

② 徐学圣、徐佩农：《伯父徐锡麟轶事》，《浙江文史资料选辑》第27辑，浙江人民出版社1984年版，第8页。

③ 《徐秋二君事略》，《辛亥风雷》，安徽人民出版社1987年版，第84页。

④ 于右任：《竺绍康事略》，《嵊县文史资料》第5辑，1987年版，第8页。

“沿溪勒索”。竺绍康出庭侃侃而谈:“吾自愿输财纾难,并组织人力、物力筹办团练,保卫地方,为民治安,何为‘沿溪勒索’? 而蔡某窝藏土匪,隐匿盗贼,祸及百姓,该当何罪?”①蔡旭人惊骇不已,无言以对。“时徐烈士伯荪来观审,见公雄辞伟辩,英挺磊落,叹息以为天下士,即夕介而访公,一见倾肺肝,以大义相属。”②竺绍康以“推翻清廷,扫平洋鬼子”为己任,徐锡麟提出“外夷猾夏”之议,竺绍康深表赞同,愿意承担重任。时浙江各地会党反清斗争风起云涌,竺绍康以“反清灭洋”作为宗旨,结交各地“英才力士”,以“御盗”作为掩护,假借教授拳棒,兴办团练,创设义会,学习座唱为名,结拜兄弟,筹组会党,每个会党成员均分发画有“瓶”、“羊”的执照。“平阳党本名平洋党,其本部在绍兴嵊县,徒属之数,号称万人,其党魁曰竺绍康,因与本地土豪蔡老虎有杀父仇,特组织此会,以谋报复。”③1902 年,平阳党正式成立,画有“一瓶一羊”的会旗树立在嵊县灵鹅村乌台门竺绍康的家门口以及下任、溪滩和新昌白杨树湾等地。平阳党以鸣锣为号集结,以“御盗”为名进行军事训练,邻近庙会会期则巡行示威。拒俄运动爆发后,竺绍康以扩办团练为名,大力发展平阳党,揭起“反清灭洋,复兴中华”的义旗。平阳党从者甚众,号称万人。徐锡麟“此次游历嵊县,特意到童德淼〔济时〕家,要童陪同到嵊县灵鹅乡去看竺绍康”④。恰逢灵鹅石鼓庙会,附近平阳党徒赴会者络绎不绝。竺绍康陪同徐锡麟观看会班的武术表演,旧雨新知,相聚一堂。徐锡麟与竺绍康、竺道见、姚兆庚、张伯岐、黄阿四等人畅谈时局和观感,“知中国可为也”,力主倾覆清廷,并勉励大家“筹划会党,注重武备”⑤。徐锡麟介绍竺绍康等人加入光复会,平阳党成了光复会的主力军之一。

徐锡麟又与平洋党的别支乌带党首领王金发取得联系。“嵊县在辛亥革命前后参加革命的人物特多,极大部分都是由于徐锡麟的提挈和鼓励。如竺绍康、王金发、裘文高等,嵊县老百姓都称他们为‘大好佬’。这

① 张秀铫、张忠进:《竺绍康年谱》,《嵊县文史资料》第 5 辑,1987 年版,第 63 页。

② 于右任:《竺绍康事略》,《嵊县文史资料》第 5 辑,1987 年版,第 8 页。

③ 陶成章:《浙案纪略》,《陶成章集》,中华书局 1986 年版,第 337 页。

④ 裘孟涵:《王金发其人其事》,《浙江辛亥革命回忆录》,浙江人民出版社 1981 年版,第 57 页。

⑤ 张秀铫、张忠进:《竺绍康年谱》,《嵊县文史资料》第 5 辑,1987 年版,第 66 页。

三个人都是会党出身，由于徐锡麟的激励培植，都成为民族革命的勇敢战士。”①1890年，嵊县长乐人钱老八聚众结党，徒众均系黑带作为标志，“乌”嵊县方言即“黑色”，故名“乌带党”。乌带党刊有“狮象图”作为联络暗号，“其狮象以垂尾、竖尾为识：竖尾者，毛张目怒，事亟用之，则倍道驰会，用是蜂屯蚁集”②。乌带党反抗清政府的横征暴敛，活跃于东乡一带。嵊县知县窦光仪请兵进剿，乌带党忽集忽散，飘忽不定，清兵难寻踪迹，徒劳无功。后来，清军与地方乡团相勾结，乌带党的主要成员先后被捕。

1900年，嵊县董郎岗人王金发加入乌带党，成为乌带党首领。乌带党“主任者曰王金发，乃绍康友，在日本大森体育会卒业，归乡后谋创办团练，以图起革命军者也”③。王金发，名逸，字季高，乳名阿高。王金发生于世家大族，秉性刚毅，生得头角峥嵘，人称“金发龙头”。王金发从小酷好射猎，百发百中，能持双枪击中空中飞鸟，后来成为革命党中的一个狙击能手。王金发“身材健硕，英俊刚毅之气溢于眉宇。徐锡麟一见，即大为赞赏，认为系革命党中不可多得之人才”④。王金发生性奔放不羁，桀骜不驯，任侠尚义，不轻为人下。年近弱冠，始稍折节读书，20岁迫于母命，得一青衿。庚子之变以后，有志之士均忧国忧民，维新派倡言变法救国，革命派则认为非革命无以救中国，王金发目睹清政府对内残酷镇压民众，对外丧权辱国，每与朋辈言及国事，莫不握拳切齿，拔刀砍柱，大骂清廷腐败无能。时国内民族革命运动风起云涌，浙江各地会党势力潜滋暗长，反清闹教斗争如火如荼。嵊县有竺绍康领导的平阳党，号称万人，另有裘文高和张岳云等据山结寨，徒众逾千。王金发也组织乌带党与竺绍康、裘文高互相呼应，组织农民暴动，开展抗捐抗税斗争。

1904年，王金发、竺绍康、周志由、胡士俊、赵伯棠、周锡庚、袁志清、张庭萱、胡竞思、冯苏、张斌甫、吴醉棠、屠世效、周杞园、谢震、张陔南、童

---

① 裘孟涵：《王金发其人其事》，《浙江辛亥革命回忆录》，浙江人民出版社1981年版，第57页。

② 金文渊：《乌带党》，《嵊县文史资料》第8辑，1992年版，第104页。

③ 陶成章：《浙案纪略》，《陶成章集》，中华书局1986年版，第337页。

④ 裘孟涵：《王金发其人其事》，《浙江辛亥革命回忆录》，浙江人民出版社1981年版，第55页。

德森、胡春森等十余人创办大同学社，名为购阅书报，研究学术，砥砺品行，暗中结纳党羽，厚聚士众，图谋举事。徐锡麟到嵊县后，“又再到东龙冈看王金发，又看胡士俊、许畏三等人，加以鼓励”①。徐锡麟介绍王金发加入光复会，王金发成了徐锡麟的亲密战友和得力助手，乌带党也成了光复会的一支劲旅。

徐锡麟等人又马不停蹄地奔赴诸暨、义乌、东阳和缙云等地，会见龙华会首领吕逢樵，与浙江最大的会党龙华会取得联系。童杭时回忆，徐锡麟“邀舍弟童济时等，游行诸暨、嵊县、义乌、东阳，自东阳至缙云，日行百里，几及二月。延揽浙东健者秋瑾、曹荔泉、竺酌仙、王季高、陶焕卿、吕东升等”②。农历五月三十日，乃是三国名将关羽的生日，张恭以给关王爷拜寿为名，举行开山堂的仪式。此时金华正流传民谣：“若要天下真太平，除非龙华会上人！”于是，新立的山堂定名为“龙华会”，又称“龙华山”，沈荣卿为正会主，张恭和周华昌为副会主。“金华八县咸有分部，命红旗管理其事，用五言四八句为字号次第，而以中间一字为总红旗，督理一县党军事宜。余四字分作东南西北四区，为散红旗，分头理事。如另有事故，则特派一亲信干员以总理数县事宜，事平则去之，党徒号称五万人，实则二万数千人。”③龙华会不限于金华和衢州两府，台州也有龙华会的势力，仙居有应师杰部，天台则有应显元部，各领有五六百人。处州府也有龙华会的别部，缙云有吕嘉益部三千人。另外，绍兴府的诸暨、嵊县，以及温州府的青田、乐清等地，也有龙华会的分部，只是势力较小，不能独树一帜。龙华会规定：“若有别部山堂来归附者，均以藩属之礼遇之，不直接统辖其党。自壬寅后屡起风潮，然不能害也。及至丁未，乃遂成一不可收拾之局矣。秋瑾之所恃以为大本营者，即此会也。”④

徐锡麟在缙云结识龙华会首领吕逢樵。吕逢樵，原名东升，又号熊祥，浙江缙云壶镇人。经营合盛南货店，往返于金华、杭州、绍兴、上海等

① 裘孟涵：《王金发其人其事》，《浙江辛亥革命回忆录》，浙江人民出版社 1981 年版，第 57 页。

② 童杭时：《徐先烈伯荪先生事略》，《辛亥革命浙江史料选辑》，浙江人民出版社 1981 年版，第 435 页。

③ 陶成章：《浙案纪略》，《陶成章集》，中华书局 1986 年版，第 337 页。

④ 同上。

地。吕逢樵目睹清政府对外屈辱求和、对内残酷镇压的黑暗现实,立下推翻满清专制统治的大志。吕逢樵暗中寻找革命志士,通过族侄吕嘉益的介绍,加入龙华会,并结识张恭、周华昌和沈荣卿等人。随后,又结识双龙会首领阙麟书、王金宝以及平阳党首领竺绍康等人。吕逢樵"开一小杂货店,名曰吕万盛,其家本小康,以慷慨好士之故,因中落其家,然不介意也。胸有才智,善揣人情,熟悉秘密党会情形,且与之往来"①。吕逢樵慷慨好客,壶镇又是养鳞修甲之地,会党首领均愿意与之相交,吕逢樵在会党中的声望与日俱增,很快就成为龙华会处州首领。1904 年初,陶成章和魏兰赴浙江各地联络会党,与吕逢樵取得联系。1904 年秋,敖嘉熊创办温台处会馆,以联系浙东和浙西各秘密会党,陶成章推荐魏兰为总理,邀请魏毓祥、丁荣、吕逢樵和赵卓前往协办,出任执事员。1904 年底,秋瑾从绍兴到上海,陶成章也恰好从日本回到上海,经过陶成章介绍,秋瑾会见丁荣和吕逢樵等人。吕逢樵由陶成章介绍,加入光复会。从此,吕逢樵致力于光复会的革命活动,耗尽合盛南货店的 3000 两白银和家中的财产,家境日趋衰落。吕逢樵与徐锡麟一见如故,结为知己。光复会与龙华会取得联系,龙华会成了光复会依靠的主力军。

三、筹办学堂

徐锡麟通过联络会党,深刻地认识到蕴藏在会党中的反清革命力量,增强革命必胜的信心。徐锡麟"归语人曰:'游历数县,得俊民数十,知中国可为也"②。但徐锡麟也深刻认识到:"浙省会党知识浅暗,非加以教练,以兵法部勒,不能为用。"③因此,"徐烈士锡麟自与弟子童济时、卢钟岳徒步循历诸暨、嵊县、东阳、义乌、缙云诸邑,访其豪俊,得交嵊县竺绍康、缙云吕东升,欲以视竺、吕弟子,养成劲旅,乃谋设学以培植之。唯武事学校,非私人所许立,遂议设师范学堂,命名大通"④。浙江会党大都以

① 陶成章:《浙案纪略》,《陶成章集》,中华书局 1986 年版,第 340 页。

② 同上书,第 372 页。

③ 冯自由:《光复会大元帅徐锡麟》,《革命逸史》第 5 集,中华书局 1981 年版,第 69 页。

④ 沈光烈:《大通师范学堂之特殊教育》,《绍兴文史资料选辑》第 2 辑,第 90 页。

“灭洋”作为宗旨，而光复会则以“反清”作为革命目标。

鸦片战争以后，浙江成为较早对外开放的地区，外国教会势力乘虚而入，会党屡次发动武装起义，开展反洋教斗争。浙江会党“以‘仇洋’为主义，而不谈‘排满’。会党的宗旨是‘仇洋’，各地不是徒托空言，而是进行尖锐的斗争。光复会‘灭洋’之外，先以‘逐满’，这种思想开始时，会党是不十分理解的”①。光复会做了大量的宣传教育工作，将会党的排外之心，尽化为“排满”，使会党的奋斗目标与光复会相一致。浙江会党如“处州王金宝则称双龙会，衢州刘家福则称九龙会，浦江杜亦勇则称千人会，严州濮振声则称白布会，数年以来，前后各以刑事死，其余如绍兴竺绍康之平洋党，嵊县裘文高之乌带党，金钱党、祖宗教、百子会、白旗会、红旗会、黑旗会、八旗会等，皆以仇洋为主义，以愤耶教之跋扈故也。自近时革命党入其中，说以洋教之跋扈，由于满政府之恶劣，遂一变而为倾覆满政府，仇洋之主义消灭”②。

此外，会党各有“山堂”，口号暗号并不一致，洪门潘家的家规堂章也有所不同，所有这些，成为会党加入光复会的障碍。光复会曾就会党问题，多次召开会议，“规定会党成员入光复会者，所有会党口号、暗号，各家各教一切仍其旧，一切照‘洪家’、‘潘家’的旧规。这样，会党顾虑消失，毅然参加”③。会党成员大都是农民和破产的小手工业者，他们不满清政府的封建专制统治，要求改变现状，不怕牺牲，勇敢善战，但也有拉帮结派，缺乏组织纪律性，各行其是，目光短浅等弱点。徐锡麟有鉴于此，决定创办学校，培训会党骨干，组建革命武装力量。

徐锡麟筹办学校之际，秋瑾来到东浦，增加了革命力量。光复会成立后，陶成章赴日发展光复会组织，成立光复会东京分会，王嘉祎、蒋尊簋、孙翼中、黄鸿炜、许寿裳、周树人等人加入光复会，“上海与东京互相呼应，光复会声气大壮”④。留学日本的秋瑾，也加入光复会。秋瑾原名闺

① 沈瓞民：《记光复会二三事》，《辛亥革命回忆录》第 4 集，文史资料出版社 1981 年版，第 135 页。

② ［日］平山周：《中国秘密社会史》，河北人民出版社 1990 年版，第 80 页。

③ 沈瓞民：《记光复会二三事》，《辛亥革命回忆录》第 4 集，文史资料出版社 1981 年版，第 135 页。

④ 同上书，第 134 页。

瑾,乳名玉姑,又名瑜娘,字璇卿,也作璿卿,号旦吾,自号竞雄,别号鉴湖女侠,别署汉侠女儿,浙江山阴人。父亲秋寿南在湘潭任职时,秋瑾嫁于湘潭富绅之子王子芳为妻。1903年,王子芳捐工部主事职,随丈夫北上京城。秋瑾目睹清政府的腐败统治,八国联军对京城的烧杀掳掠,义愤填膺,毅然离夫别子,东渡日本,寻求救国救民的真理。秋瑾与陈撷芬等十多名女生重组"实行共爱会",以"反抗清廷,恢复中原,主张女子从军,救护受伤战士"作为宗旨。另与刘道一等十多人组织秘密团体,也以"反抗清廷,恢复中原"为宗旨,并加入冯自由在横滨组织的秘密结社洪门天地会。秋瑾在东京主编《白话报》,谴责金、元、清的统治者为"胡人"、"野种",表示要"除去这骚鞑子,省得做了双料的奴隶",矛头直指清政府的专制统治。光复会东京分会组建后,秋瑾通过有亲戚关系的陈静斋之子陈仪和陈威的介绍,结识绍兴的光复会领导人陶成章。"瑾既与陈静斋有戚谊,故到东京后,即与其子相识。是时,敖嘉熊、魏兰、陶成章、龚味荪等在浙东西秘密运动有年。甲辰冬,成章以事东渡,成章与陈氏子为同学,瑾因之以识成章。日语讲习会终,瑾将还里省亲,因叩成章所运动事,成章尽以其所历告之。瑾乃索为介绍,成章以其为女子,不便,然亦难竟拒绝之,遂为介绍同人机关二处,一函致上海光复会会长蔡元培,一函致绍兴徐锡麟。"①

因资助长沙起义失败流亡东京同志的生活,以至于经济拮据,秋瑾正拟回国筹措学费,临行前向陶成章了解国内革命活动的有关情况,陶成章介绍联络浙江各地会党的经过以及组织光复会的情况。秋瑾请求加入光复会,陶成章感到很为难,秋瑾毕竟是女同志,从事革命工作有诸多不便,但秋瑾的革命热情高涨,又不忍心拒绝,于是,为秋瑾介绍上海的蔡元培和绍兴的徐锡麟。秋瑾带着陶成章的介绍信,找到爱国女校的蔡元培,谈了自己的革命理想和抱负,深得蔡元培的赞赏。秋瑾"由沪旋绍,见锡麟于热诚小学校,锡麟即绍介瑾入光复会"②。秋瑾到东浦与徐锡麟一见如故,徐锡麟畅谈开展浙江革命的设想,以及创办武备学堂训练会党骨干的计划。秋瑾认为极有远见,深表赞同。徐锡麟也为秋瑾的革命热情所感

① 陶成章:《浙案纪略》,《陶成章集》,中华书局1986年版,第376页。
② 同上。

动,遂介绍秋瑾加入光复会。

秋瑾返回日本时,徐锡麟托秋瑾带信给沪上的光复会其他同志,回绍共同创办武备学堂。“瑾之归也,本为筹学费计,既抵家,求给于母,母固深爱其女,然家徒拥虚名,实不中赀,为勉筹数百金付之。瑾既得金,又至沪,会成章亦归上海,遂偕瑾见处州办事丁荣、吕熊祥等,瑾出绍兴同志公函,促成章归。”①刚由日本回国的陶成章在上海开设催眠术讲习所,秋瑾转交徐锡麟的信。陶成章接信后,与龚宝铨一起回绍兴,与徐锡麟共同筹办武备学堂。

创办武备学堂,需要一大笔经费。刚从上海回绍兴的蔡元培的从弟蔡元康提议抢劫钱庄,以解决办学经费。蔡元康的建议得到大家的一致赞同。“锡麟果敢人也,闻而识之心中,即向同志许仲卿借银五千版,至上海购买后堂九响枪五十杆、子弹二万粒,声言枪二百杆、子弹二十万粒。其购此枪也,请于知府熊起蟠,言明系各学校体操所用,领公文而往,明目张胆,雇挑夫10余名直过杭城,警吏皆不敢问。既渡钱塘江,到西兴雇船,运送至绍兴城内,寄存于府学校。”②徐锡麟的表亲许仲卿原名克丞,字仲卿,绍兴党山人。许父许在衡与徐锡麟相交很深,许仲卿以徐锡麟为父执。许家早年在上海经营南货业,在南京路购置上百亩地皮,作为翻晒鱼鲞的场地。上海作为五口通商对外开放以后,外国商人蜂拥而至,南京路上寸土寸金,地价上涨百倍。许家抛售大量地皮,从中获得巨额利润。然而,南京路成了英国的租界,列强以不平等条约作为护身符,横行霸道,胡作非为。许家又回绍兴接盘绍兴城内声誉最大的天成银楼,在静瓶庵前和党山开设泰来、泰丰当铺。许家在外闯荡多年,深受外国侵略者的压迫,对清政府腐败无能深恶痛绝,拥护革命党人推翻清王朝,建立民主共和国,抵制外国侵略的革命主张,竭力赞助革命事业。许仲卿“与徐烈士同乡,彼此素甚相得。徐烈士蓄意复汉,每以结合同志为难。而许君独乐意赞从,不辞奔走,合意筹备。遂成忘形之交。甲辰三月,徐向许筹商拟办武备学堂,教练人才。许极赞成,经费独力捐助。后因清制不能私立,

① 陶成章:《浙案纪略》,《陶成章集》,中华书局1986年版,第377页。

② 同上书,第343页。

遂改办大通师范学堂，内容注重操练”①。

徐锡麟向许仲卿借得款项，又以绍兴府学堂开设体操课需要进行演习为名，通过绍兴知府熊起蟠，前往杭州以“奉旨办学”为名，正式获得批准，从上海采购武器和弹药，公然雇人从西兴雇船运回绍兴，存放于绍兴府学堂。徐锡麟又“亲至嵊县，至绍康家，令其邀兄弟中之强有力者二十人来绍兴城，每人给费二十元”②。徐锡麟亲自到嵊县邀请竺绍康组织平阳党及其别支乌带党实施抢劫钱庄计划，竺绍康率领姚定生、周志由、王金发、胡士俊、张伯岐等二十多名会党骨干，由徐锡麟亲自督率，在东湖进行军事训练，准备一旦时机成熟，就付诸行动。

然而，“当他们正准备于‘月黑杀人夜，风高放火时’出外实行路劫时，却来了一位军师，就把他们可笑的计划全盘推翻了”③。陶成章回到绍兴后，徐锡麟向陶成章介绍正拟实施的抢劫计划，陶成章却“竭力反对这样做，认为不能因筹款而损害全局”。因为一旦计划付诸行动，必然引起巨大轰动，暴露革命目标，不利于持久开展革命活动。徐锡麟认为陶成章言之成理，遂放弃抢劫钱庄计划。多年后陶成章离日赴南洋筹款时，还提及当初毅然放弃该计划的远见：“如果照蔡元康的办法做，恐怕光复会现在难于存在了。”因为放弃抢劫计划，创办学校的经费仍由许仲卿承担。“许仲卿自愿出款，如购买步枪费用，大通学堂用款，捐官费用，出洋留学费用，都是他负担的。”④大通学堂创办后，绍兴孙端的富商孙德卿也资助过经费。孙德卿因继承遗产成为富户，遭到众多孙氏族人的歧视。孙德卿一怒之下，与徐锡麟赴日参观大阪国际博览会，游历横滨和东京等地。孙德卿与徐锡麟、陶成章、秋瑾也过从甚密，加入光复会。孙德卿捐资支持革命党人开展革命活动，也鼎力资助过大通学堂。

---

① 《许克丞与徐烈士之关系及被难情形》，《徐烈士碑传录》，第11页。

② 陶成章：《浙案纪略》，《陶成章集》，中华书局1986年版，第343页。

③ 曹聚仁：《陶成章与光复会》，《听涛室人物谭》，上海人民出版社1998年版，第38页。

④ 陈魏：《光复会前期的活动片断》，《辛亥革命回忆录》第4集，文史资料出版社1981年版，第129页。

四、选择校址

办学经费解决后，徐锡麟又马不停蹄地选择办学的校址。最初选定东浦镇以北大通桥旁的普济禅寺。该寺建于清康熙二十年（1681）冬，由里人余应霖等人筹建，有房屋四十余间，为水陆往来必经之地，遇波涛汹涌可以泊舟，冬夏行旅憩此可供给茶汤，殿后有数百年的罗汉松一株。普济禅寺房室宽敞，可以用作校舍。东南临下横江，水面宽阔，可以训练水兵。西面有乱坟杂地，也可辟为练兵场。东浦距离绍兴也近，交通便利，闹中取静。徐锡麟与普济禅寺的方丈商量，“借其屋宇数间，以为开办学校之用”①。普济寺乃是徐家寺院，方丈征求徐凤鸣的意见，徐凤鸣认为徐锡麟此举乃不务正业，出面进行干涉。“正在筹备期中，不料事为徐烈士之父徐凤鸣先生所知，出而阻挠。凤鸣先生是商界人士，性情顽固，过去在东浦开办热诚学堂，他就曾竭力反对，但因为那是县学堂的预备学堂，他亦无法阻止。此时他又闻有此事，自然更加反对。”徐凤鸣不允许方丈将寺院房屋借给徐锡麟作为办学之用。由于徐锡麟父亲设置障碍，校址悬而未决，众人一筹莫展，束手无策。事为绍兴城内豫仓董事候补知县徐贻孙所知，他想获得提倡学务的好评，主动找到徐锡麟，愿意出借豫仓作为校舍。徐贻孙对徐锡麟说：“你要办学，我可以将豫仓空屋借你办学。”②豫仓原是地方政府存放救灾粮食的公仓，1897 年，何寿章见仓库闲置，遂作为“绍兴中西学堂”的校舍。1901 年，清政府下令废除科举，各地创办大中小学堂，“中西学堂”改称“绍兴府学堂”。1902 年，由于学堂学生激增，豫仓校舍不敷使用，绍兴府学堂不得不迁往龙山南麓的“泰清里”原“龙山书院”旧址。“正徘徊间，而陶成章、龚味荪自嘉兴来，乃共同商议，至府城谒豫仓董事徐贻孙，商借豫仓空屋数间为开办学校之用，贻孙颔之，锡麟父闻而莫之如何，遂将寄存于府学校枪杆尽数移至豫仓。”③徐锡

① 陶成章：《浙案纪略》，《陶成章集》，中华书局 1986 年版，第 343 页。

② 陈魏：《光复会前期的活动片断》，《辛亥革命回忆录》第 4 集，文史资料出版社 1981 年版，第 128 页。

③ 陶成章：《浙案纪略》，《陶成章集》，中华书局 1986 年版，第 343 页。

麟与陶成章、龚宝铨商量,考虑到东浦办学阻力较大,有诸多不便,决定在绍兴城内办学。徐锡麟、陶成章和龚宝铨遂前往谒见徐贻孙,商借豫仓办学事宜。武备学堂最后选定绍兴古贡院前,以山会两邑豫仓作为校舍。

徐锡麟最初选定大通桥旁的通济禅寺作为武备学堂的校舍,故名"大通武备学堂"。由于清政府规定私人不得创办武备学堂,所以,陶成章建议"改成师范学校,设体操专修科,不论其为何府何县人,皆可入学"。陶成章通过绍兴知府熊起蟠办了公文,以奉旨办学为名,向浙江学务处递交申请,请求转达三司,声称"东西洋各国尽征民兵,号曰国民军,然皆系中学校及高等小学校卒业者,兵式体操习之有素,故一行号召,即能成军。照我国目前情形,不能不行征兵之制,然市民村农妄识步伐,据生等意以欲行征兵,须先创办团练以为基础。今特设立大通师范学校,内设体操专修科,凡有志者均可入学。六月毕业,即行各归本乡,倡办乡团,以为征兵预备"①。清吏为陶成章冠冕堂皇的理由所迷惑,批准了创办师范学堂的申请。于是,"大通武备学堂"遂改称"大通师范学堂",简称"大通学堂"。戊戌政变以后,西太后废除光绪皇帝的变法措施,但各地创办的私人学堂却仍如雨后春笋,遍地开花。《辛丑条约》签订以后,各地大臣纷纷上书,要求停止科举,设立学堂。清政府迫于压力,不得不实行"新政",颁布兴学诏书,鼓励各地兴办学堂。

1903 年,张百熙和张之洞等拟定《奏定学堂章程》,由清政府下诏在全国推行,结束了二千多年的教育体制,在教学中开设体操课,培养军国民教育思想,改变中国积弱状态。1905 年,孙中山在日本东京成立资产阶级革命政党同盟会,革命浪潮势不可挡。袁世凯、张之洞奏请停止科举,以推广学堂,咸趋实学。清廷诏准自 1906 年始,所有乡会试一律停止,各省岁科考试也即停止,中国延续 1300 年的科举制度最终被废除,倡导各省开办师范学堂。大通师范学堂"其所以如此命名者,恐引起当时官吏之疑,而以此掩护而已"。然而,"名为师范,但不授教育学科,而以军事训练为中心"②。1906 年,徐锡麟再次提出创办武备学堂的申请,遭

① 陶成章:《浙案纪略》,《陶成章集》,中华书局 1986 年版,第 344 页。

② 沈光烈:《大通师范学堂之特殊教育》,《绍兴文史资料选辑》第 2 辑,1984 年版,第 90 页。

到断然拒绝。两江总督在致军机处的电文中，曾提及："查逆匪徐锡麟籍隶浙江山阴，其父开有绸缎店，与前江西巡抚俞廉三系属姻亲，徐匪为俞廉三之表侄，曾中副贡，并游历东洋数次，在绍郡地方开设大通学堂，旋请改为武备学堂，经浙抚驳饬未准，去岁始捐道员，到安徽省，并捐二品衔。"①徐锡麟公开以武备学堂名义招收学员，进行军事训练的努力，终因浙江巡抚的反对而未成。

大通学堂取得办学合法地位以后，徐锡麟、陶成章和龚宝铨等人开始准备开学事宜。原先存放府学堂的枪支弹药被转移到豫仓，竺绍康带来的二十名会党成员也来到豫仓。徐锡麟承担修缮房屋、辟建操场、购置教具、聘请教习和登报招生等工作。徐锡麟"邀集同志，筹集经费，订定章程，呈请立案，并拨到山会豫仓为校舍。到了房屋修竣，校具齐备，教师聘定，登报招生，开学典礼告成的那一天，他想洗足了，不料皮鞋已不能脱下，因为他一意办学，各处奔走，两个月中没有很好地睡觉，两足肿溃流脓也不知道"②。陶成章等人则奔赴浙江各地，通知会党成员入学。"成章遂偕味荪、熊祥由山阴出诸暨，道东阳，欲至巍山。闻赵永景兵起，乃由安文镇改道入永康，至缙云之壶镇，寓于熊祥家，遍招各处会党头目，入绍兴大通学校练习兵操，授与名片，以为纪号，给与川资，以资其行。其返也，则由壶镇至永康，由永康至金华，寓于徐顺达家。于是熊祥亦遂与顺达相识。成章欲邀顺达至大通，因正在新婚不果。再从金华至兰溪，由七里泷水道趋富阳，循诸暨而返绍兴府城。"

由于徐锡麟和陶成章计划捐官赴日入军事学校学习陆军，急着赶回绍兴，没有前往衢州和严州，以至于其会党首领没有到大通学堂接受培训。至于温州和台州也因无暇前往，其党徒也没有到大通入学者。所以，大通学堂的学员，仅限于金华、处州以及绍兴三府的会党。大通学堂乃是皖浙起义的中心，起义主力即为金华、处州和绍兴三府的会党力量，其他诸府仅仅受到牵动，稍有影响而已。各会党成员入校后，陶成章又作出

① 《徐锡麟安庆起义清方档案》，《辛亥革命》第3册，上海人民出版社1957年版，第147页。

② 朱赞卿：《大通师范学堂》，《辛亥革命回忆录》第4集，文史资料出版社1981年版，第143页。

"约法三章",第一,"凡本学堂卒业者,即受本学校办事人之节制,本学校学生咸为光复会会友";其次,"凡党人来,仅习兵式体操专修科,均以六月毕业,文凭由绍兴给发,面上盖有绍府及山〔阴〕、会〔稽〕两县印,又盖大通学校图章于末,背面则记以秘密暗号";第三,"其开校及卒业时,悉请本城清吏及各有名士绅到校,行开学及卒业式,设燕飨之礼。官绅学生同照一相,送府县署及各学校留为纪念"①。大通学堂学生大都是会党成员,成了草泽英雄聚会的渊薮。大通学堂举行开学典礼以及毕业典礼时,邀请绍兴府及山阴和会稽官吏以及著名士绅参加,并摄影留念,以此挟制官场和绅学界,确保办学的顺利进行。

徐锡麟计划举行开学典礼时,邀请绍兴的清吏参加,然后发动武装起义,将他们一网打尽,并要求陶成章通知浙江各地会党,届时群起响应。陶成章持有异议,提出"浙江非冲要地,欲在浙江起事,非先上通安徽不可,并以暗杀扰乱南京不可"②。刚刚组建的光复会,革命力量过于薄弱,也缺乏武装斗争的经验。浙江也并非中心地区,应发动长江中下游各省同时起事,革命才能成功。因此,徐锡麟认为言之成理,遂放弃仓促的武装起义计划。1905 年 9 月 23 日,大通学堂举行开学典礼,礼堂高悬一幅楹联,上联为:"十年教训,君子成军,溯数千年祖雨宗风,再造英雄于越地";下联为:"九世复仇,春秋之义,愿尔多士修麟养爪,毋忘寇盗满中原"。由于语涉忌讳,楹联数日后即撤去。大通学堂由徐锡麟和陶成章负责,钱保荪任总教习,陈魏任总监。大通学堂设有董事会,设有名誉董事、常务董事以及董事,负责学校的行政和经费。由董事会公举一名总理,由德高望重的资深者担任。学校具体事务则由总理提名的督办(襄办)负责,另设有学监、司账、庶务等管理人员。从此,光复会的大本营也由上海转移到绍兴,大通学堂成了浙江资产阶级革命活动的总机关。

五、训练学员

徐锡麟亲自出任大通学堂的教员。大通学堂实行特殊教育,教师由

① 陶成章:《浙案纪略》,《陶成章集》,中华书局 1986 年版,第 345 页。
② 同上书,第 344 页。

三部分人构成，“一是光复会成员兼任，如徐锡麟、秋瑾、王金发等；二是学堂聘请的文化教员、军事教练；三是学生兼任”①。大通学堂办学的短短二年时间，据不完全统计，在校任教的教职员至少有33人，其中专任教师22人，先后出任大通学堂总理者有6人，任督办、学监者3人。大通学堂第一期的办学经费由许仲卿承担，从第二期开始，经费由同人共同筹集。由于经费拮据，教师薪俸微薄，光复会员兼任教师者皆尽义务，聘请的教师半尽义务，月薪也只有20元。师生同吃同住，生活艰苦，亲如家人。徐锡麟“对待学生象亲生子女一样，往往在夜深人静时，轻轻地走到学生宿舍，见有手脚外露的，为之盖好被褥；蚊子相扰，为之掩好床帐”②。徐锡麟“于绍兴府设大通学堂，专重兵式体操，以树革命之基础”③。大通学堂既然冠以师范之名，也开设师范生所必需的国文、英文、日文、算术、测绘、舆地、历史、理化、博物、伦理、教育、琴歌、图画等课程。徐锡麟曾往日本考察，陶成章和龚宝铨也是留日学生，大通学堂尽管没有名正言顺地冠名武备学堂，却是仿照日本振武学校的模式，课程设置以体育为中心，特别重视军事体育，包括兵式体操、器械体操、夜行军、爬山、泅水以及军号等。学校除了购置军事演习用的枪支弹药外，还专门购买天桥、溜木、平台、铁杆、木马、秋千、铁环等体育操练器械。体育课的课时超过清政府颁布的《奏定学堂章程》规定的时数。学校订有《革命军》和《浙江潮》等革命书刊，供学生阅读。学校还经常举行时事演讲会，由徐锡麟和陶成章主讲。徐锡麟每当讲到清政府腐败无能、列强肆意侵华时，均挥拳击桌，声泪俱下。

光复会员出任大通学堂教职工一览表④

姓名	籍贯	所任学科或职务	姓名	籍贯	所任学科或职务
陶成章	绍兴	学堂创立者兼教员	竺绍康	嵊县	襄办
徐锡麟	绍兴	学堂创立者兼教员	俞英崖	绍兴	教员

① 焦学智：《大通师范学堂简史》，《绍兴文史资料》第8辑，1993年版，第174页。

② 朱赞卿：《大通师范学堂》，《辛亥革命回忆录》第4辑，文史资料出版社1981年版，第143页。

③ 《当代名人事略·徐锡麟》，《满清稗史》（中），中国书店1987年版，第14页。

④ 谢一彪：《光复会史稿》，人民出版社2009年版，第115页。

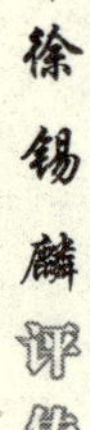

续表

姓名	籍贯	所任学科或职务	姓名	籍贯	所任学科或职务
龚宝铨	嘉兴	学堂创立者	陈　魏	绍兴	监督兼体操
秋　瑾	绍兴	学堂督办兼教员	贾锦蕃	绍兴	英文
曹钦熙	绍兴	第一任总理	张光耀	绍兴	琴歌
秋誉章	绍兴	舆地	顾延坤	不详	琴歌
姚勇忱	吴兴	国文	唐冬生	杭州	军号
余静夫	不详	第二任总理	陈超苏	不详	监学
陈培之	不详	日文	程　毅	河南	职员
朱　襄	不详	舆地兼历史	沈光烈	绍兴	数学
姚　麟	嵊县	第三任总理兼教育和伦理	吕东升	缙云	总理
范震亚	不详	博物　理化　算术	黄　怡	绍兴	总理
王金发	嵊县	体操	孙德卿	绍兴	总理
单鹿恩	永嘉	兵式体操	赵　卓	缙云	司账兼学监
董建侯	永嘉	兵式体操	魏励劲	嵊县	体操
徐世佐	杭州	器械体操兼庶务	张　健	杭州	体操
许之华	绍兴	琴歌	蔡禄农	不详	伦理

徐锡麟创办大通学堂的初衷为培训会党骨干，准备发动武装起义。所以大通学堂的学员，大都是平阳党及其别支乌带党和龙华会的徒众，也招收一部分社会进步青年入学。学员分为特别班与普通班两种，特别班均为会员成员，主要进行军事操练，普通班也有部分会党成员以及部分社会进步青年，除教授师范类的课程外，也以军事和体操课为主。曾任大通学堂数学教师的沈光烈回忆："学生分特别与普通二班，特班尽竺〔绍康〕、吕〔熊祥〕弟子，管理训诲，二君负其责，军事操练以前，不教任何学科；普通班一部为竺〔绍康〕、吕〔熊祥〕子弟，一部在本县招致，年龄较轻。所教学科，有国文、史地、数学等科，仍侧重体操与军事，数学一科，曾命光烈承乏，自编教材，凡四则、分数、小数、比例及浅近代数、三角以至测量，题材悉与军事相联系。一年教毕，其进程之速，不可想象。"①而大通学堂的"管理训育，则望以军事部勒"②。大通学堂的学生均过着军事化的生

① 沈光烈：《大通师范学堂之特殊教育》，《绍兴文史资料选辑》第2辑，1984年版，第90页。

② 同上。

活，徐锡麟用部队的标准要求学生。学生的起床、熄灯、上课和下课都用号角，学风严肃认真。学生也仿照正式陆军编制，每天有三操四讲堂。即使遇上大雨，也不中断。另外还有各种器械体操，以及野外爬山、泅河、夜行军等操练。“同学中水乡人少，山乡人多。奉〔化〕、诸〔暨〕、新〔昌〕、嵊〔县〕的同学说一是一，说二是二，大有‘瘠土之民好义’的风气。起床、熄灯、上课、下课都用步号，清越可听。催起号角一鸣，立即把被褥捆好。鞋子一律放在门外，不得在室内穿脱。除星期日外，每天第一课起，三课兵式体操，要跑到几里路以外的大校场去操练。有时朝露未干，青草没胫，教师喊五百、六百米达卧倒、豫备放，学生们不问马尿牛粪，毫不犹豫地卧倒下去，并假想敌人在前，眼亮手准地动作起来。遇到大雨就在饭厅上操击枪柔软或在走廊四周做跑步。”大通学堂学生所用的枪乃是从俄国买来的老毛瑟枪，分量很重，所以，操击枪柔软也最累，左手将枪托在手上，伸直作瞄准姿势，教练不喊放下，不许缩转过来，手臂酸得受不了。“还有跑步，开步大不行，小也不行；慢不行，快也不行。教师说一分钟走多少步等于几里，要这样作战时才有用，这两项课程最吃不消。此外，还有一、三、五的一小时器械体操，有很高的天桥，极长的溜木和平台、铁杠、木马、秋千、铁环、跳远等种种设备，应有尽有。”①如果开步走得不规范，教师就用未开刃的指挥刀敲学生的腿。如果是夜间行军，学生爬不上山，教师就在后面推。若是泅河，学员不敢下水，教师就将学生推下去。徐锡麟对训练一丝不苟，严格要求。“一日的下午，天气热闷，正操到一半，下了倾盆的大雨。体操教员带了一班学生，如飞的跑进学堂里。先生〔徐锡麟〕问：‘为何钟点未到，就不操了。’教员说：‘你不见天下大雨吗？’先生毅然道：‘你们将来上战场，天一下雨，就不打而跑回吗？’教员不说，全体学生也都对着先生呆看。只见先生一言不发，自己跑到操场上，在大雨下面，笔直的立着。于是，教员和学生，也仍旧回到操场上，操完了四点钟的课程。”②每项训练均一再进行，直到熟练为止。有时，也进行真枪实弹演习。大通学堂的学员经过专门的训练，增强了体质，加强了组织纪律

① 朱赞卿：《大通师范学堂》，《辛亥革命回忆录》第 4 集，文史资料出版社 1981 年版，第 145 页。

② 王叔梅：《徐伯圣先生轶事》，《绍兴文史资料选辑》第 2 辑，1984 年版，第 83 页。

性,接受了较为系统的军事教育。

参加光复会的部分大通师范学堂学生名单①

姓名	籍贯	姓名	籍贯	姓名	籍贯
陈伯平	绍兴	堵福铣	绍兴	周　鹏	绍兴
萧　钺	绍兴	许之贞	绍兴	冯　翊	绍兴
蔡祖新	诸暨	吴　剑	诸暨	金　镳	绍兴
徐友林	诸暨	周兆南	嵊县	李祖风	诸暨
李煦春	绍兴	张传冕	绍兴	罗　瑛	绍兴
史佩铭	嵊县	张　佐	嵊县	王显临	绍兴
潘　藩	余姚	吴均一	嵊县	夏　治	嵊县
郭启唐	嵊县	詹祖翼	诸暨	吴咏古	嵊县
冯　瑞	嵊县	樊鹏冲	绍兴	张庆滏	绍兴
楼子祥	诸暨	俞　奋	诸暨	王如纶	新昌
蔡　恺	绍兴	俞梦春	嵊县	朱家峻	萧山
沈光烈	绍兴	童杭时	嵊县	童济时	嵊县
屠越亭	绍兴	沈志熙	嵊县	张庭萱	嵊县
张庭显	嵊县	冯　苏	嵊县	胡士俊	嵊县
胡竞思	嵊县	王增运	嵊县	吕　衡	嵊县
王根荣	嵊县	王潜庵	嵊县	王贯雄	嵊县
王规法	嵊县	王敬祥	嵊县	周炳生	嵊县
周杞园	嵊县	陈邦达	嵊县	周梦生	嵊县
余　灿	不详	秦吉人	不详	许畏三	不详
应卫击	不详	沈世芳	不详	俞季椿	不详
周志由	嵊县	胡笑樵	不详		

① 谢一彪:《光复会史稿》,人民出版社2009年版,第118页。

第五章　赴日学军

徐锡麟等人考虑到通过大通学堂培养军事人才，远远无法满足推翻清政府的需要，必须捐官赴日学军事，回国直接掌握军队，以倾覆封建专制统治。徐锡麟遂通过家境富有的许仲卿资助捐官费用，徐锡麟负责向俞廉三疏通，为徐锡麟、陶成章、龚宝铨、陈志军和陈魏五人捐官。但徐锡麟等人赴日学习军事却受到严重挫折，遭到清政府驻日公使和留学生监督的破坏，未能如愿进入军事学校。徐锡麟与陶成章等人商量，决定开展三部分的工作，徐锡麟回国谋求分省候补，待掌握大权以后，再安排其他同志；留日同志由陶成章负责，改学与军事有关的其他学校，配合徐锡麟在国内的革命活动；另由徐锡麟物色负责人，主持大通学堂的工作，继续培养革命骨干力量。

一、捐官计划

清政府鉴于国内此起彼伏的农民起义，国外列强的不断入侵，而原有的正规军，无论是八旗兵和绿营兵，还是湘军和淮军，均已无法维持其专制统治，迫不得已组建近代化的军队。1895 年，淮军集团的胡燏棻募集五千人，编成十营，驻天津马厂，随即移往小站，是为“定武军”，为清末新军之始。甲午战后，定武军由袁世凯接办，为“新建陆军”。《辛丑条约》签订以后，清政府加紧编练新军的步伐。1903 年，中央设有练兵处，由奕劻为总理，袁世凯为会办。1905 年，练兵处制定陆军军制，并在各省设督

练公所，将编练新军的活动推向全国。新军完全模仿德国和日本的军事制度和训练方法，使用新式武器，士兵多为知识青年和破产农民以及手工业者，新军军官大都是国内武备学堂的毕业生，一部分为国外留学归来的青年学生。大通学堂不可能公开招兵买马，像正规军一样进行训练。大通学堂训练的革命骨干分子，毕竟数量有限，也不是日益庞大的清朝新军的对手，难以完全承担推翻清政府的专制统治，建立资产阶级政权的重任。新军官兵大多接受革命的熏陶，不满清政府的腐败统治，痛恨列强的入侵，能够争取为革命的同盟军。早就试图打入清军军界的陶成章"见绍兴同志中颇有资本家，于是，又偶议捐官学习陆军，谋握军权，出清政府不意，行中央革命及袭取重镇二法，以为捣穴覆巢之计"①。陶成章提议由光复会员中家境殷实的资本家捐钱买官，取得官费留学生资格，赴日学习军事，回国后到新军中任职，以掌握新军武装，成为革命党人的武装力量，将清政府的统治支柱，变成其掘墓人。徐锡麟赞成陶成章的建议，深感"在野无以措手，必稍得政权而后可"②。徐锡麟认为要取得革命的成功，非掌握军队不可。徐仲卿也表示赞同，因为"绍兴偏小，断难有力，不如从仕途入学"③。徐仲卿支持赴日学习军事的建议，并提供捐官经费。

徐锡麟与陶成章相约，徐锡麟、陶成章、陈志军、陈魏、龚宝铨五人学习陆军，"以年齿高下，锡麟为长，成章次之，志军又次之，德穀又次之，味荪居末。由锡麟运动许仲卿出资"④。徐锡麟说服许仲卿提供五万元的捐官经费。其中，"徐烈士锡麟捐的是道台，填的是步兵科；陶烈士成章捐的是知府，填的是步兵科；陈志军捐的是知府，填的是炮兵科；陈魏捐的是同知，填的是骑兵科；龚宝铨捐的是同知，填的是工兵科"⑤。具体的捐官事宜也由徐锡麟通过表伯父俞廉三打通关节。徐锡麟的祖姑母徐氏，适山阴县安昌俞星若，生子俞廉三，字廙仙。曾祖圣文，祖父芳亭，父亲若

---

① 陶成章：《浙案纪略》，《陶成章集》，中华书局 1986 年版，第 345 页。

② 《龚味荪自叙革命历史》，《浙江辛亥革命回忆录》，浙江人民出版社 1981 年版，第 104 页。

③ 《许克丞与徐烈士之关系及被难情形》，《徐烈士碑传录》，第 11 页。

④ 陶成章：《浙案纪略》，《陶成章集》，中华书局 1986 年版，第 345 页。

⑤ 陈魏：《光复会前期的活动片断》，《辛亥革命回忆录》第 4 辑，文史资料出版社 1981 年版，第 129 页。

均均为名幕。俞廉三自幼端重如成人，肆力学问，不屑于制艺，但求有裨实用。俞廉三师承父业，日习判读，学业有成。年逾弱冠，入晋戎幕，参与军政及防河之役，因积功由武乡县知县代直隶知州，升宁武知府，调任太原知府。1889年，俞廉三擢补翼宁道，历署按察使、布政使。旋升湖南按察使，晋头品顶戴、山西布政使。1898年，又迁任湖南布政使。俞廉三全力襄助湖南巡抚陈宝箴推行新政，卓有成效，擢升湖南巡抚，兼理学政。1903年，俞廉三迁山西巡抚，以疾告归。途经武汉，为湖广总督张之洞挽留，遂居江夏，以折奏幕僚。1907年，俞廉三因通晓新旧法律，特命赴京以侍郎充任修订法律大臣，协理开办资政院事务。1908年，赐紫禁城骑马。1909年春，补授仓场侍郎，内剔仓储之弊，外恤转运之艰，兼筹并顾，内外称善。1911年，俞廉三奏请辞去差缺。1912年卒于天津。俞廉三的母亲徐氏，以子德封一品夫人。俞廉三每次省亲，必遵母命，赴东浦祭祖，祭祀礼仪隆重，并携带银元、铜板和铜钱，馈赠徐氏族人。俞廉三每次到东浦，均下榻表弟徐凤鸣家，兄弟俩情深意合。"盖徐氏与湘抚俞廉三有葭莩谊，烈士听鼓皖垣，亦廉三为之道地，始为皖抚恩铭所信任。民国四年，廉三之孙奉棕归葬于集庆乡，梅生犹健在，躬往执拂，年逾花甲，而腰脚弥健，识者谓为寿徵，越两稔，遽返道山，颇以为异也。"①

徐锡麟接受捐官的任务后，"遂往湖北，往见其姻、原任湖南巡抚俞廉三。是时廉三正欲得浙江铁路总理之职，又素以顽固为人所唾弃，思欲一雪其耻。锡麟知其隐衷，即以此两端铦之。廉三中其说，因代为纳粟捐官，复致函介绍于署浙抚满将军寿山。锡麟即归浙江，遂造抚院谒寿山，觇知其愚而贪，乘其言词吞吐之际，即纳贿三千金。寿山嘱其幕友批准五人学习陆军之禀，复为致一函于驻日使臣杨枢。新浙抚张曾敭从湖北起辕时，廉三复再三重托之，谓锡麟系其表侄，余人则均为其好友"②。徐锡麟前往湖北，说服表伯父俞廉三同意代为纳粟捐官，并致函浙江将军满人寿山，为徐锡麟等人赴日学习军事给予方便。浙江将军寿山乃是满族权贵庆亲王奕劻的女婿，也是安徽巡抚恩铭的连襟。徐锡麟带着俞廉三的介绍信谒见寿山，贿以重金。寿山遂批准徐锡麟等五人赴日学习军事的

① 萧岳：《徐锡麟轶事》，《绍兴文史资料选辑》第4辑，1986年版，第110页。

② 陶成章：《浙案纪略》，《陶成章集》，中华书局1986年版，第345页。

禀文,并致函驻日公使杨枢予以疏通。新任浙江巡抚张曾敭乃是湖广总督张之洞的叔父,张曾敭从湖北起程赴杭州时,俞廉三又再三拜托关照表侄徐锡麟。

二、负笈东渡

为了组织更多的人赴日留学,徐锡麟又作了多方动员。陶成章和陈志军先期赴日筹备。陈伯平、马宗汉、范爱农、沈钧业以及妻子王振汉和侄儿徐学舜等人都在徐锡麟的感召下,负笈东渡。陈伯平"入大通师范学校,勤于学问,沉默寡言笑,甚为徐锡麟所敬重"①。陈伯平,浙江会稽平水人,名渊,号伯萍。因父亲陈芷湘在福州游幕,陈伯平于1885年生于福州,1898年入福建武备学堂肄业。1901年与兄长陈墨林同入福州蒙学新舍肄业。"家贫,少时伏居里闾,发愤读书,孜求经史诸子百家之学,旁及诗古文辞,精研覃思,俱有心得,以故入闽中学校,于各科学外,于国学为特长,铺藻摛辞,恍若夙构,每一篇出辄惊其曹,即其校师亦为之舌挢而不能下,咸叹为非凡儿也。"②陈伯平生于官宦之家,幼小聪颖,勤奋好学,成绩优异。从小接受中国传统文化的熏陶,五岁就钻研深奥的诸子百家,明末清初爱国志士黄宗羲的《明夷待访录》和顾炎武的《日知录》以及王夫之等人抗清复明的思想,对陈伯平影响很大。陈伯平生活在半殖民地半封建的中国,帝国主义列强在中国胡作非为,清政府却腐朽没落,丧权辱国,内忧外患,促使少年陈伯平萌生救国之志。

陈伯平目睹帝国主义列强的无尽贪欲,清政府的软弱无能,不禁义愤填膺,拍案而起,"大丈夫当战死沙场,报效国家,何惧区区性命!"于是陈伯平遂改名,将自己名字中的"佰"字去头,变成"伯",志在推翻实行封建专制统治的清王朝;"萍"字去掉草字头"艹"和三点水"氵",意为杀尽满贼,进行排满革命;自称"光复子",表达与满清王朝誓不两立的革命斗志。陈伯平胞妹原名陈沅,改名陈挽澜,取"力挽狂澜"之意,在陈伯平的引导下,也成了辛亥革命的女革命家。陈伯平"血性过人,平居当酒阑灯

---

① 陶成章:《浙案纪略》,《陶成章集》,中华书局1986年版,第374页。

② 高旭:《陈墨峰先生传》,《会稽平水陈氏家谱》。

灺时，意恒忽忽不自憀，惨凄悲怀泣数行下，或与之道国家兴革事者，则又激昂忼爽之概，现于眉间，山阴徐锡麟见而大奇之，推食解衣，引为同调，遂携之同往东瀛”①。徐锡麟与陈伯平一见如故，相见恨晚。

陈伯平又介绍好友、余姚的马宗汉随徐锡麟赴日留学。马宗汉，名纯昌，字子畦，别号宗汉子，1884 年 3 月 30 日，出生于余姚柯东乡马家路村一户号称“朝盛”的大家庭里。马家乃是当地的名门望族，马宗汉“天姿英发，童时见乡民捉一人来，实良善，即入求祖庭出，一言立解。长，成诸生，意气自期”②。马宗汉从小受到家庭的熏陶，少时即见义勇为，爱憎分明，“闻人诵岳鄂王词，欣欣若有得，曰：长大亦当如是。及长，读史传，益感慨以破虏自誓，潜结少年有志者数人”③。15 岁入余姚县城的达善学堂读书，由于博览群书，见闻日广，对清政府的政治腐败和外侮迭起的内忧外患感触颇深，经常与有志同学纵谈国事，点评时弊，以推翻清政府相砥砺。马宗汉坚持以铁杆、跳高、跳远锻炼身体，能够跨越小河，如履平地。还悉心攻读英语，以期了解国际形势。马宗汉曾在《己亥课程》作七言绝句，在诗的前面记述：“己亥岁仆游学达善堂，堂中休息之期，例以清明前后五天；因我侪拜扫祖茔当谷雨之际，是以休息之期欲改为谷雨，在堂诸执事一闻‘六才子’定欲改期，不得不从，遂以是更改之。诸君闻之，皆作诗以自喜，仆亦因作此以自负。”④马宗汉在诗中展示其不同寻常的抱负：

抬头唯有月孤明，左右无人独举觥。
自想长途多胜景，如何了却只生平。

世上英雄原不亏，雄才亦许常人为。
如吾夙负平生志，当使声名千古垂。

非因小可便奇奇，一事从心百事宜。
今后皆能如此去，焉知大业不吾为。

---

① 高旭：《陈墨峰先生传》，《会稽平水陈氏家谱》。

② 杨积芳：《余姚六仓志》（下），杭州出版社 2004 年版，第 622 页。

③ 陶成章：《浙案纪略》，《陶成章集》，中华书局 1986 年版，第 375 页。

④ 史月廷：《有关马宗汉的二份珍贵资料》，《浙江学刊》1981 年第 4 期。

1902年，马宗汉前往镇海学习英语，并与兄长马宗周同往杭州，考入浙江大学堂，开始接触革命思潮，结识不少热血青年。马宗汉“又习英吉利语，入浙江高等学校，罢归”。1900年冬，浙江求是书院改名为浙江大学堂，聘请劳乃宣为总理。劳乃宣聘请戴克恭为稽查，襄办练军文案，小有才能。戴克恭又引进妻舅屠光甫为监舍，行同无赖。戴克恭与屠光甫狼狈为奸，营私舞弊，挟嫌报复，终于引发浙江大学堂的学潮。全体学生愤而退学，马宗汉也罢课退学回家。1904年，马宗汉勉从祖父和父亲之命，考取甲辰年秀才，终因无志仕进而归来，在离家不远的三山高等小学堂任教达二年之久。马宗汉“与同志设立之山蒙学校，自督教之，诏之亡国之痛，异族之祸，弟子皆泣下，莫能仰视。常购近人言光复书，散之内地。浙江所以多义旅者，宗汉与有力焉”①。马宗汉常以“异族之祸，亡国之痛”督教学生，并多次从外地购求革命书刊，散发乡里，扩大革命影响，传播革命火种。

王金发应徐锡麟之邀，到大通学堂任教，并被带往日本留学。“徐锡麟对王金发特别赏识，为之捐了一个都司衔。”②王金发随徐锡麟一同东渡赴日，进入日本大森体育学校学习，以考试第一名的优秀成绩毕业，留学界均以此为荣。徐锡麟“见金发英武，大加赞赏”。王金发“入大森体育学校，及至试验成绩，竟以第一人高标毕业，谈者皆荣之，以大森体育会学员至夥，非可以侥幸成名也”③。徐学舜乃是徐锡麟的侄子，弟弟徐锡麒的长子，也随徐锡麟负笈东渡。已有身孕的妻子王淑德得知徐锡麟等人要赴日学习军事，坚持要求同行。徐锡麟理解并接受王淑德的要求，向她说明此行的目的，并介绍王淑德参加光复会，还为她改名王振汉，即“振兴汉族”之意。

1906年1月，徐锡麟、龚宝铨、陈魏、陈伯平、马宗汉、王金发、沈钧业、范爱农以及王振汉、徐学舜等一行13人在上海会合后，一起出发。徐锡麟为了安置妻子王振汉，先在神户上岸，改乘火车前往东京。秋瑾赶到

---

① 陶成章：《浙案纪略》，《陶成章集》，中华书局1986年版，第375页。

② 裘孟涵：《王金发其人其事》，《浙江辛亥革命回忆录》，浙江人民出版社1981年版，第57页。

③ 谢震：《王季高君行述》，《嵊县文史资料》第5辑，1987年版，第14页。

东京火车站迎接徐锡麟夫妻，并悉心照料王振汉的生活。陈志军约正在东京的鲁迅赶到横滨迎接。鲁迅后来与范爱农在绍兴重逢，范爱农提起当年鲁迅不断摇头，瞧不起自己的留学同乡。原来这是一场误会，鲁迅当年自然无法预知其中的许多人后来成了著名的革命党人，他们为了推翻满清朝政府的专制统治，有的洒尽了最后一滴热血。

> 我略略一想，记得的，虽然是七八年前的事。那时是子英来约我的，说到横滨去接新来留学的同乡。汽船一到，看见一大堆，大概一共有十多人，一上岸便将行李放到税关上去候查检，关吏在衣箱中翻来翻去，忽然翻出一双绣花的弓鞋来，使放下公事，拿着仔细地看。我很不满，心里想，这些鸟男人，怎么带这东西来呢。自己不注意，那时也许就摇了摇头。检验完毕，在客店小坐之后，即须上火车。不料这一群读书人又在客车上让起坐位来了，甲要乙坐在这位上，乙要丙去坐，揖让未终，火车已开，车身一摇，即刻跌倒了三四个。我那时也很不满，暗地里想：连火车上的坐位，他们也要分出尊卑来……自己不注意，也许又摇了摇头。然而，那群雍容揖让的人物中就有范爱农，却直到这一天才想到。岂但他呢，说起来也惭愧，这一群里，还有后来在安徽战死的陈伯平烈士，被害的马宗汉烈士，被囚在黑狱里，到革命后才见天日而身上永带着匪刑的伤痕的也还有一两人。而我都茫无所知，摇着头将他们一并运上东京了。徐伯荪虽然和他们同船来，却不在这车上，因为他在神户就和他的夫人坐车走了陆路了。①

三、学军受阻

清政府面对严峻的内忧外患，除加强训练新军外，还派遣留学生赴日学习陆军。1898 年，浙江首派四人赴日学习陆军，后来，江苏和湖北等省也陆续派遣学生赴日学习军事，由日本陆军部委托成城学校进行预备教育，监理委员长为陆军中将福岛安正。但未成为正式政策。1904 年，出使日本的大臣杨枢奏请兼管学务情形，称赞日本陆军的成效，力陈每年派

① 鲁迅：《范爱农》，《鲁迅全集》第 2 卷，人民文学出版社 1998 年版，第 313 页。

遣一二百人赴日学习军事的必要。练兵处根据杨枢的建议，制定《陆军学生分班游学章程》，清政府分年派遣赴日学习陆军的学生，以四班为一轮，每年派遣一班。清政府决定每年各省选派100名年龄在18岁以上22岁以下的学生东渡日本进入振武学校和士官学校学习陆军。

陆军学生分班游学章程①

一、选派学生须分年派往，拟以四班为一轮，每年选一班，每班一百名，至第四年四班送齐后，如须变通办理，届时另行核议。

二、选派学生各省须有定额，京旗、直隶、江苏、湖北、四川、广东各六名，奉天、山东、河南、安徽、江西、浙江、福建、湖南、云南各四名，山西、陕西、甘肃、广西、贵州各三名，江宁、杭州、福州、荆州、西安、宁夏、成都、广州、绥远、热河、察哈尔、密云、青州十三处驻防各一名，计共一百名为第一班。以后三年均照第一班办理，如各省旗愿多派者亦可，但不得倍于原派之数，以示限制而免纷歧。

三、凡已设武备学堂各省旗，其学生应在该学堂内选派，若未设学堂之处，则于文武世家子弟内选派，但须合以下所订之格方准派往，如选不及额，即由练兵处就近选派补足，以符定数。

四、所选学生必须身家清白，体质强壮，聪明谨厚，志趣向上，并无暗疾嗜好，于中学已有根柢，武备各学已得门径，年在十八岁以上，二十二岁以下者为合格。其未设武备学堂之处，于武事本未谙习，而经史时务之学必须优裕。选定后，由各省旗开具各生姓名、年籍、三代、履历、学诣、品格与已习武备之生一并咨送练兵处考验，合格者由练兵处汇送驻日大臣，转送学校肄业，不合格者遣回。

五、选送学生须有定期，各省旗均应预计程途远近咨送，务于每年七月初旬齐集练兵处以便考验派往，于八月间到日，应免暑假中虚耗时日之弊。

六、咨送各生应由练兵处选派一监督专司考查约束，即作为驻日使署武随员，归本国驻日大臣节制。

七、第一轮学生共计四百名，其往返川资每名约需银二百两，常年经费每名每年约需银三百两，开办第一年学生仅百名，以后额数逐

① 舒新城:《近代中国留学史》，中华书局1933年版，第62页。

年递加，款也递增，计第一年共需银四万两，第二年七万两，第三年十万两，第四年十三万两，第五年又减为十万两。以后每班毕业生逐渐回国，费即递减。如有资质超异，学业精勤，能考入陆军大学校及各专门学校者，尚须加给经费，应需若干，临时筹济。

八、学生川资学费由练兵处筹五成，余五成由各该省旗筹备，须指定专款，以免贻误。其款定于每年七月前解交练兵处，汇付驻日大臣转交各学校，及陆续支付各生。

九、学生用费各省旗选派若干名者，第一年即按若干名额应摊之费解交，以后第二三四五等年，按数递为增减。其留入大学校及各专门学校者另计。至各旗中如有实在款项支绌，万无可筹者，则统由练兵处发给，惟各生治装费来京川费，及不合格者遣回川资，均由本省本旗发给。

十、各生除学费外，每名月给杂费银五元，按月亲赴练兵处所派之驻日监督寓所支领，其有考入大学校及各专门学校者，由练兵处酌量加增，如随队习旅行野操及秋后大操一切费用则由驻日大臣督同监督临时酌定，咨明练兵处发给。

十一、学习兵事，专为国家振武之用，自应由官遣派，不得私自往学，其有现时业经在日习武之自费生，应由驻日大臣及监督察其志趣向上，学业精勤，年限未满者随时咨明练兵处，贴给旅费，改为官费生以资造就。自此次定章后，凡赴日学习武备之自费生，即行禁止，以归一律。

十二、驻日大臣有督察学生之权，须随时悉心考校各学生之品行学业，按年督同监督，造册咨送练兵处，以备查核。

十三、此次咨送学生及以前公私费各学生尚有堕行废学者，由驻日大臣随时儆斥，如仍不知改，即声叙该生行径，咨回练兵处惩办，并追缴官发历年经费，其有实系才力不及，难望有成者，亦随时咨由练兵处遣回原籍，免其缴费。

十四、查日本振武学校专为中国学生而设，其间规模教育如有未尽美备事宜，应由驻日大臣商同日本在事各官酌量修改，如有应需零星款项，亦由驻日大臣咨由练兵处筹给，并由驻日大臣商订中国学生充见习士官后入大学校及各专门学校章程。

十五、振武学校教习应由中国筹给津贴，其余各学校教习，应于每班学生毕业后由中国给予优奖，其津贴数目及奖励规条由驻日大臣与日本在事各官商酌办理。

十六、学生在日本士官学校毕业充见习士官期满，除考入大学校及各专门学校外，其余回国由练兵处就其历年所学一一考试。最优者奏请授职守备，次者授千总，次者授把总。此项武职即作为该学生等出身，开写履历，均按授职之年系以某某年守备千把出身字样，俾与保奖武职示有区别。如该学生本有官阶，即照其原有之官晋一秩，若系文职亦照原品晋一秩，入营带队，以相当之武职借补，而其出身仍均系以守备千把等职。其由大学校及各专门学校毕业回国者，则比照此例，分别加升。其应考各员授职后，即分别咨回各本省以营队官及陆军学堂教习酌量录用。

徐锡麟等人原拟进日本振武学校学习，为将来学习陆军打下基础。振武学校校址位于东京牛込河西町，专门从事陆军士官学校或陆军户山学校的预科教育。以前，凡是准备进陆军学校学习的中国留学生，均由中国驻日公使担保，进入成城学校学习。1902 年，由于驻日公使拒绝担保九名申请进成城学校学习的自费生入学，留日学生义愤填膺，闯进使馆强迫蔡钧盖章同意。蔡钧拒不盖章，并通知日本警察逮捕中国留日学生。后由东亚同文馆居中斡旋，日本政府与清政府驻日公使达成协议，由日本参谋本部于 1903 年 7 月开设振武学校，成城学校全体学生转入该校就读，10 月，应清政府驻日公使杨枢和留学生监督汪大燮请求，振武学校又开设文科生班。凡是入振武学校的学生，均须填写誓约七条："一宜照规专攻学术，决勿稍惑世论干涉政事；一宜以顺上为要道，常克遵守纪律以昭敬顺；一宜常养耐劳苦之性，以期缓急并克胜任；一宜尚威重，起居有节，进退有度。衣帽必整，仪容必肃，凡浮靡惰漫之习一切力怯以重体面；一本校所有功课即为军学之门，均应一意讲求，勿敢私议功课轻重；一阖校学生均是同国之士，自应敦睦厚谊，互相规劝，庶为致乖切偲辅仁之道；一凡方有遇本校将校教官职员等官，无论何处，均当照式起行敬礼。"①

1904 年，练兵处首次派遣学生百名入振武学校就读，修业期限开始

① 舒新城：《近代中国留学史》，中华书局 1933 年版，第 64 页。

为一年三个月，后来延至三年，课程分为普通学与军事学两种，其中普通学为日本语文、历史、地理、数学、物理、化学、博物、图画等科目；军事学为徒手教练、枪械教练、部队教练、测量以及战术等科目，主持校务者为福岛安正、尾野实信、三原辰次等人。振武学校创办初期在校生仅有一百七八十名，1907年增至300人。1904年第一届毕业生有49名，1905年第二届毕业生有121名，1906年第三届毕业生有202名，毕业生大都升入日本士官学校。振武学校为中国近代培养了一批著名的军事人才。“二十年来中国军界之重要人物底姓名，几十之九可以从明治四十〔1907〕年《振武学校一览》之学生名册中查出，其影响于中国军政界者可谓大矣。”①“陆军生”在日本士官学校毕业，见习士官期满，由练兵处进行考试，选取品行兼优者，奏请授予守备千总、把总等武职，作为“陆学生”的出身。如果“陆军生”原有武职官阶，即照其原有之官职晋升一秩，如原系文职，也照原品晋升一秩，入营带队，授予相当的武职。凡是振武学校学生学业期满，考取日本各大学校以及各专门学校毕业回国者，也分别加升，其应考各员授职后，返回各省以营队官以及陆军学堂教习录用。

振武学校一年零三个月的《课程概要》

日本语	300节	日本文	222节
算术	182节	代数	147节
几何学	110节	三角	474节
地理地文	28节	历史	23节
生理卫生	32节	化学	53节
物理	71节	图画	不详
典令教范	165节	体操	278节

徐锡麟一行到清政府驻日使馆办理振武学校的入学手续时，却遭到意想不到的障碍。由于驻日公使杨枢已经调离，继任驻日公使为汪大燮，陆军留学生监督为王克敏。清政府唯恐革命党人进入日本军事学校学习，推翻其封建专制统治，与日方达成协议，凡是入军事学校的中国留学

① 舒新城：《近代中国留学史》，中华书局1933年版，第64页。

生,不仅必须是政府的官费生,而且应由驻日公使和留学生监督担保。“其时负笈东瀛者,自费生不准入法政、入陆军,系鄂督张南皮所建议,清政府利用之,以遏制革命思潮,烈士知此制限,本已爽然,惟犹有自费生认作官费生得以入学之通融办法,乃由东洋电恳伊戚俞廉三转电浙抚张,据情函商驻日钦使而事遂偕,其时俞卸湘抚职,适在鄂为寓公也,顾烈士此行本志在陆军,拟由成城入联队,而进士官学校,为将来回国以武力从事地步,讵意投验身格,以目力短视不予入,乃益嗒焉若丧,废寝馈者累月,不得已浪游三岛,结纳彼邦人士。不半载,折回鄂垣,旧囊中无长物,只赢得军用地图数幅,出口大将刀一柄,二者均属彼邦禁物,不知从何得来,烈士真神乎技矣。”①振武学校有专门的限制《规则》,以防止具有革命思想的青年入校。“申请入学本校者,年龄须16岁以上,具备适当学历,连同入学申请书及下列文件,经清国政府派驻东京留学生总监督,呈交清国学生监理委员长。”这些文件包括:“一、清国各省负责官员之咨文;二、驻京留日学生总督之保证;三、学生东渡前后之履历。”②练兵处派有留学生监督,作为驻日公使的武官,受驻日公使节制,专门负责考察约束赴日的“陆军生”。无论是驻日公使,还是留学监督,均有权考察“陆军生”品行学业,每年造册谘送练兵处,以备查核。凡是“堕行废学者”,由驻日大臣随时予以警告。如仍不改悔,立即上报其行径,由练兵处予以惩办,并追缴官发历年经费,确属才力不及,难于成才者,也应随时报告练兵处,遣回原籍,免其返还官费。

浙江将军寿山给杨枢的介绍信不再起作用,甚至起了反作用。陈魏回忆:“当我们报到时,王克敏对我们就有怀疑,因为我们一举一动都像学生,使他看不入眼。”徐锡麟转而活动日本官方,通过日本外务省通商局局长石井菊次郎介绍,求见日本陆军省少将福岛,请求进入日本联队学习。可福岛却坚持中国留学生必须先入为留学生专设的陆军预备学校振武学校,然后才可以进入日本联队。徐锡麟万般无奈,不得不硬着头皮再次求见王克敏通融办理。王克敏搪塞:“根据规定,不是官费生是不能进

---

① 章境尘:《为友人述徐先烈轶事书函文》,《绍兴文史资料选辑》第4辑,1986年版,第114页。

② [日]实藤惠秀:《中国人留学日本史》,三联书店1983年版,第49页。

振武学校的。你们是自费生,可以进其他学校。如要进其他学校,我可以立即送你们入学。"①尽管徐锡麟再三说明属于浙江官费派遣赴日学习军事,但王克敏不予认可,无济于事。于是,徐锡麟致电俞廉三转告浙江官府,电告驻日使馆,说明徐锡麟等人确属浙江官费生,请依惯例保送到振武学校学习。经过俞廉三的疏通,新任浙江巡抚张曾敭致电汪大燮,通报徐锡麟等人已改为浙江官费生,请其立即保送五人到军校学习。可王克敏仍不卖账,又借故推托,声称:"五个人不能开一班,俟奉天一批学生到后,一起送学吧!"②然而,当徐锡麟等人随奉天来的官费生一起前去检查身体时,却又被告知"身体都不及格,不能入学"。按照练兵处规定,赴日学习陆军的官费生必须身家清白,体质强壮,聪明谨厚,志趣向上,没有暗疾嗜好,已有一定的文化基础。徐锡麟直接与振武学校校长福岛交涉,福岛如实相告:"这是你们监督处的意见。"③一切真相大白,全是王克敏和汪大燮从中捣鬼,他们怀疑徐锡麟等人"图谋不轨",欲颠覆大清江山。

徐锡麟抵日后,致信张月楼取得官费留学生资格赴日学习军事:"麟临行日,惠赐许多,谢谢。抵东后,诸事尚觉顺手,大约正月中旬进校,但目下日本陆军战胜后,更觉严肃无比。麟现与陆军省福岛少将(此人单骑游历欧、亚两洲)尚觉要好,此人由雨宫晋次郎绍介,日后交接,颇能于军务得力。阁下在绍,谅有新得学问维持学界。窃有一言相告:务请收拾琐务,集资游学,始为上策,否则岁月日增,徒多虚糜,甚可惜也,乞阁下深长思之。"徐锡麟特别提及:"目下进日本陆军,如登天难,绍地如欲学陆军者,必须官费,有志者颇觉费手,可恨可恨!"④徐锡麟等人进入振武学校遇到出乎意料之外的困难,浙江巡抚张曾敭的电报也不起作用,但徐锡麟并不气馁,仍鼓励张月楼设法取得官费留学生资格,立即赴日学习军事。"前奉一函,想已收到矣。现在日本学校情形,入陆军非常名贵,且

① 陈魏:《光复会前期的活动片断》,《辛亥革命回忆录》第4集,文史资料出版社1981年版,第130页。

② 陈魏:《光复会点滴回忆》,《浙江辛亥革命回忆录(续辑)》,浙江人民出版社1984年版,第133页。

③ 陈魏:《光复会前期的活动片断》,《辛亥革命回忆录》第4集,文史资料出版社1981年版,第130页。

④ 徐锡麟:《致张之梁函》,《徐锡麟集》,中国文史出版社1993年版,第52页。

自费生不论各省督抚如何说项,万万不能进去。因中国后来之整顿,全在陆军之发达也。阁下其动心乎?麟以为如阁下之才,久居家乡,甚属可惜,如有志陆军,麟为阁下代设一法:阁下出洋五百元(捐入府学堂),托钟生先生交府尊,名为官费,送省学务处入振武学费,大概已足,未知阁下以为然否?"①由于徐锡麟等人未能如愿进入振武学校,张月楼也未赴日学习军事。

四、分头行动

徐锡麟进入军事学校的计划受挫,与陶成章商量后,决定回国活动,再作努力。徐锡麟"先回上海,至湖北见廉三,又归浙江见寿山,寿山为之介绍于其岳庆亲王奕劻,廉三又为锡麟言之于张之洞,之洞亦为介绍于袁世凯"②。徐锡麟途经上海时,沪上盛传清政府官吏贿赂狱卒欲毒杀因"苏报案"关在上海外国租界监狱的章太炎。1903年,章太炎赴爱国学社任教,参加拒俄集会,宣传反清革命理论。章太炎撰写《驳康有为论革命书》,揭露清政府"尊事孔子,奉行儒术",纯粹是为了"使其南面之术,愚民之计",并痛斥光绪皇帝乃"载湉小丑,未辨菽麦"。"癸卯春,四川邹容由日本至上海,著《革命军》,章炳麟为之序。而陈范所倡之《苏报》与章炳麟有连,亦日日声言'排满',大为清政府所注目,令两江总督魏光焘与上海各国领事交涉,封禁《苏报》,逮章炳麟、邹容入狱。"③章太炎被判处三年有期徒刑,即将期满出狱,清政府唯恐纵虎归山,欲斩草除根。"是时,炳麟系上海狱三岁,罚作限且尽,或言虏欲行贿狱卒毒杀之,上海大哗。锡麟为之奔走调护,设百计以谋出之不得。"④徐锡麟深知清政府对革命党人恨之入骨,必欲除之而后快,对章太炎这样的著名反清志士,更是不择手段予以加害。徐锡麟遂决定在上海作短暂逗留,为营救章太炎奔走呼吁,还亲自到监狱探望章太炎。章太炎与徐锡麟的好友陶成章相

① 徐锡麟:《致张之梁函》,《徐锡麟集》,中国文史出版社1993年版,第53页。

② 陶成章:《浙案纪略》,《陶成章集》,中华书局1986年版,第346页。

③ 同上书,第329页。

④ 同上书,第373页。

识，与徐锡麟却素昧平生，并不清楚其来意。徐锡麟欲向章太炎介绍自己的有关情况，却遭到狱卒的呵斥，双方无法深谈，徐锡麟只得怏怏作罢。章太炎回忆徐锡麟探监的情况，“余在狱时，尝一过省，未能尽言也”。清政府也慑于舆论界的巨大压力，不敢贸然对章太炎下毒手。随后，徐锡麟孑身前往湖北，向俞廉三诉说了日本的遭遇，请求俞廉三帮助。俞廉三也表示无能为力，建议徐锡麟接受王克敏的意见，到其他学校学习。徐锡麟见俞廉三不愿再帮忙让他就读军校，又提出进京引见，谋求官职的设想。俞廉三表示支持，愿意向湖广总督张之洞“通关节”，并请张之洞写信引见直隶总督袁世凯。徐锡麟接着又到杭州，求见浙江将军寿山，探听寿山的意见。寿山对徐锡麟中途回国，表示诧异，询问发生了什么事。徐锡麟轻描淡写地解释，他们要他剪辫子，他不愿意，所以提前回来。寿山听了，大为赞许。徐锡麟见时机成熟，提出想进京引见，请求分发任用，以征求寿山的意见，寿山也表示支持。徐锡麟打入官场已有一定眉目，决定再次返回日本，商讨下一步对策。

徐锡麟返回日本后，总结留学陆军失败的经验与教训，主要原因在于“王克敏是为了升官发财而故意破坏我们；我们则因做事不密，使人起疑，妨害了会务的进行，是应自责无能的”①。徐锡麟与陶成章等人商量争取进入其他有关军事的学校学习，“谋入陆军经理学校，复不得”。留学陆军不成，大家一时无所适从。徐锡麟建议“以警察权代，并谋陆军学校及军正司令等差使”。可陶成章却持有异议，坚持“非直接统军不可，否则行团体暗杀，以扰乱北京，亦是一计”②。陶成章主张组织暗杀小组，北上京城，刺杀王公大臣，伺机起事，实行“中央革命”。大家议论纷纷，意见一时难于统一。由于除徐锡麟没有剪发外，陶成章、龚宝铨、陈魏、陈志军等人都剪了辫子，给回国从事革命活动带来诸多不便，如果“要回国谋分省做官，思想上都感到困难”。于是，大家经过反复商讨，决定分三部分来开展工作。第一部分由徐锡麟“回国谋分省候补，待掌握了大权，再安排同人，布置一切；又以安徽虽是小省，是南京的门户，距浙江不远，

① 陈魏：《光复会点滴回忆》，《浙江辛亥革命回忆录（续辑）》，浙江人民出版社 1984 年版，第 133 页。

② 陶成章：《浙案纪略》，《陶成章集》，中华书局 1986 年版，第 346 页。

在太平天国时，是一个重要的战场，乃兵家必争之地，宜谋分发安徽为上策”。第二部分则由陶成章负责，留在日本学习，配合徐锡麟在国内的革命活动。“既来日本，可以改学其他重要部门，以待徐烈士函招；留在日本的，归陶成章主持一切。陈志军是改学政治，陈魏是改学警政，陶〔成章〕、龚〔宝铨〕拟去南洋活动筹划经费，以为徐烈士分省候补用款。”陈魏进入日本东京警监学校警务科学习警务，陈志军则改学政治。第三部分为继续办好大通学堂，培训革命骨干。“绍兴大通学堂，当时因主持人员欠当，内外都有不满，这个重要的部分，是由徐烈士选择较好的人员前去主持一切。”①大通学堂因徐锡麟、陶成章和龚宝铨的离开，一时群龙无首，谣言四起，由徐锡麟另选他人主持大通学堂的工作。

徐锡麟立即着手回国前的准备工作，进入东京巢鸭东斌学堂学习军事技术。由于清政府禁止自费生学习军事，东斌学堂专门接收被振武学校拒绝的中国自费留学生。“东斌学堂却有不同的作风。该校收容被振武学校拒诸门外而有革命思想拟习军事的自费中国青年。这是寺尾亨博士激于侠义心肠而创办的，可说是私立的振武学校。”②东斌学校创建于1903年左右，由于寺尾亨博士经济拮据，难以为继，学校仅仅维持五年，熊克武和陈铭枢均是东斌学校的毕业生。徐锡麟考入“私立东京巢鸭东斌学校，专习军事，研劈刺骑射之术”③。徐锡麟还请石井菊次郎协助留日同志学习造币技术，以便将来发动大规模的起义后，制造纸币以支付革命军的军饷。徐锡麟嘱咐：“军兴饷匮，势将钞略，钞略则病民，亦自败，洪秀全事可鉴也。今计莫如散军用票，事成以次收之。然军用票易作伪，宜习其彫文织镂，今难作易辩，子勉学之。”④徐锡麟回国时，有人劝徐锡麟将妻子王振汉留在日本，万一因革命工作受到挫折，免得连累妻子。可徐锡麟却义无反顾，认为人人皆有妻子，岂有可能全部留在外国，毅然带王振汉一同回国。

---

① 陈魏：《光复会点滴回忆》，《浙江辛亥革命回忆录（续辑）》，浙江人民出版社1984年版，第133页。

② ［日］实藤惠秀：《中国人留学日本史》，三联书店1983年版，第50页。

③ 潘赞华：《徐锡麟刺杀皖抚恩铭》，《绍兴文史资料选辑》第4辑，1986年版，第94页。

④ 陶成章：《浙案纪略》，《陶成章集》，中华书局1986年版，第373页。

徐锡麟临行前，又请已入巡警学校的陈伯平和早稻田大学预科的马宗汉一起回国从事革命活动，他俩毫不犹豫地辍学随徐锡麟回国。马宗汉在东京毅然剪去辫子，表示反清到底的决心。马宗汉截辫时，望北戟指三次，意即从此与满清进行坚决的斗争，继又向西鞠躬三次，诵吟身体发肤，受之父母，有所不忍。有的同志嘲笑其狂妄，也有的同志讥其迂腐。但孙中山闻之则感慨而言："宗汉纯孝天成，公私兼顾，诚可人也。"①马宗汉"从徐锡麟赴日本，欲阴求豪杰，所过多大言自矜，宗汉大失望"②。马宗汉义无反顾地从早稻田大学预科退学，随徐锡麟开展革命工作。

陈伯平"本有志于陆军也，以厄于清例，凡留学生私费者，不得习陆军，弗获已，乃改入警察"③。陈伯平赴日学习军事，驻日公使以自费留学生必须有督抚咨送才能保送陆军，而军校则以体检不合格为由拒绝接受。万般无奈之际，陈伯平不得不入警察学校。陈伯平居日期间，中国留日学生抗议日本文部省颁布《清国留学生取缔规则》。日本报纸以"放纵卑劣"肆意诋毁中国留日学生，陈天华愤不欲生，投海自尽，以此激励留日学生。陈伯平骤闻噩耗，悲愤不已，奋笔疾书，写了《吊陈星台》一诗。

扶桑噩耗几回惊，一片雄心郁不平。
泽畔何人悲屈子？岛中有客哭田横。
牺牲我愧输先著，珍重公还负盛名。
后死未忘天赋责，神仙岂必是蓬瀛！

陆沉大地谁为主？蓬梗飘零剩此身。
尼父抱经思王鲁，仲连蹈海为抗秦。
鲲鹏无力搏沧溟，宝剑何年斩佞臣！
太息萧萧大森水，中原满地正胡尘。④

陈伯平在诗中高度评价陈天华为国牺牲的精神，表达自己为革命献身的决心。1906 年 5 月，徐锡麟决心回国筹划革命工作，陈伯平毅然从

① 存义：《先烈马宗汉截辫》，《绍兴文史资料选辑》第 2 辑，1984 年版，第 106 页。
② 陶成章：《浙案纪略》，《陶成章集》，中华书局 1986 年版，第 375 页。
③ 高旭：《陈墨峰先生传》，《会稽平水陈氏家谱》。
④ 陈伯平：《吊陈星台》，《辛亥革命烈士诗文选》，中华书局 1962 年版，第 132 页。

警察学校退学,随徐锡麟和马宗汉一起离日回沪。

徐锡麟回国前夕,沈钧业、二弟徐伟在早稻田大学召开欢送会,为徐锡麟、陈伯平和马宗汉等人回国饯行,并合影留念。

五、调解纷歧

徐锡麟夫妇与陈伯平、马宗汉等人返回上海,准备在上海呆两天处理有关事务后一起回绍兴。徐锡麟在上海立即给东京的陶成章等人写信,告知平安抵沪消息,表达共同携手、誓死推翻专制统治的信心:

□□同命仁弟台鉴:

麟于中历闰四月初一抵上海,路上平顺,忽念。麟在上海速了事务,大约停两天即回绍矣。墨峰、子贻两君均好,拟同回绍。吾弟如有事通信,可寄府学堂□□□君转交,笔墨须谨慎为是。吾弟思想以及交际均臻完善,麟当视为长城之靠者也。在日同志团结必须坚固,且宜推己及人,忠恕之道,麟有志未逮,然欣慕之忱,时时有之。麟自思之,与吾弟相交已及四年,无一毫介意处。以后交情断断不致中变,麟堪自信,兼可信吾弟者也。所望联成热血以达目的,事成后共处一堂,欣然喜色,坐谈前事,岂不快哉!余容后告,

即　请

侠安!

小兄徐锡麟谨上

徐锡麟等人在上海逗留了一个星期才返回绍兴,马宗汉因祖父病逝匆忙赶回余姚,王振汉返回东浦,徐锡麟和陈伯平则直接住进大通学堂。陶成章等人托徐锡麟带回的家信,徐锡麟已派人送往陶堰等地。徐锡麟将有关情况,向陶成章作了简单通报:

□□同志仁棣侠鉴:

麟于阴历闰四月初八日抵绍,一路平顺,请勿念。□□□□弟及□□□兄托带诸信,统着人去送矣,请转知勿念。□□之事,麟已与□□先生接洽谈过矣,但匆匆晤面,未及细谈,后见面宜提及。款项寄东〔京〕之事,□□弟目下如支绌,吾弟祈力为设法。留东〔京〕诸君,祈代为转告麟平安。余容后告,

即　请

侠安！

小兄麟上言①

徐锡麟等人赴日前，曾委托曹钦熙出任大通学堂经理，负责学校的一切事务。陶成章则将金华和处州会党学生事宜，委托吕逢樵代为全权处理。陶成章原来决定"六月毕业后体操班即行停止，届期诸生咸如约归里，或办体育会，或开团练局"。大通学堂也"乘时闭歇，以免日后之破露"。陶成章计划会党成员经过6个月培训后，立即返回各地，以创办体育会或开办团练局名义，组织革命力量，准备武装起义。大通学堂待第一届学生毕业后，立即解散，以免日后生变，暴露革命的目标。但徐锡麟却持有异议，坚持继续以大通学堂作为革命大本营，培训会党分子，聚集会党力量。陶成章"与锡麟等意见又不洽，而〔竺〕绍康、〔吕〕熊祥、〔赵〕卓等咸欲藉此以广招徕，均不愿闭歇此校，于是再由〔竺〕绍康、〔吕〕熊祥、〔赵〕卓各自转招其徒党来大通学校，再开体操班，一仍前日之旧"。陶成章因病偕龚宝铨到杭州西湖休养，吕熊祥从绍兴赶来相见，陶成章再次表达自己的观点："欲兴革命军，非可以学校为大本营者，学校不可为造就人材计，今人材已足用，不若归乡倡办团练。"但吕逢樵"诺之而去，然终不能践其言也"②。大通学堂第一届毕业生均如约回归故里，处州府城以及缙云与壶镇等地，相继创办体育会或团练局以及半日学堂等多种形式的机构，积聚革命力量。

1906年春，竺绍康、吕逢樵和赵卓等人又招收各地会党成员，开办第二期培训班。然而，自从徐锡麟等人离开绍兴后，大通学堂由于缺乏坚强有力的领导，内部产生意见分歧，绍兴学界一些顽固分子也肆意攻击大通学堂，给大通学堂带来一些困难。竺绍康、吕逢樵、曹钦熙、许克丞等人竭力挽留徐锡麟留在绍兴，主持大通学堂工作。但徐锡麟已与陶成章等人约定，徐锡麟回国设法打入军界，相机掌握军队，以便发动武装起义，而陶成章则留在日本，配合国内光复会起义。徐锡麟没有答应竺绍康等人的要求，准备以道员身份，进京引见，以谋取官职。徐锡麟在绍兴收到陶成章从

① 《徐锡麟遗札二》，《浙东三烈集》，第15页。

② 陶成章：《浙案纪略》，《陶成章集》，中华书局1986年版，第346页。

日本写来的回信,得知在日诸同志极为顺利。他也回了一封长信,通报大通学堂有关情况以及自己的进京计划,还为东京同志积极筹措经费:

□□仁弟同志侠鉴:

前奉一函,想已侠鉴矣。正思作函,忽奉手书,得悉吾弟学问与办事两端,均臻极点,钦佩!钦佩!□□先生之卓识达见,麟所师事。□□兄之勇于任事,秉公无私,麟所兄事者也。足见吾弟之卓见,看人不差,可喜!可喜!伏祈吾弟时时往来,商量大事。□□弟等诸同志均无恙,麟甚慰。□□一节,麟已与□□先生接洽过,上半年二百元,麟拟二十左右动身至上海,由正金银行汇票汇至吾弟处,转交□□同志。以后□□之学费,宜与□□对分,此等事已与□□弟面说矣,勿致变卦,请勿念。尚乞吾弟等弗介意于□□弟为要。和好如初,以全交谊。来示云□□弟来东〔京〕,吾弟竭力照料等语,足见吾弟顾全大局,不胜欣慕!麟如可落手,定即电告吾弟,回国共商办法。承示遇事待人格外注意。此二语,麟当书绅弗忘。马子贻君系热心好人,麟当时时注意,□□□同志弟,麟已往过伊之家中,据说在陡门学校,麟拟明日一走,探其意见如何。如不同往北京,麟当在绍为之设法,办一可着手之事。如何布置,相机而行。墨峰同志准同往北京,大约在闰四月廿外动身。外务部石井菊次郎已有来信,麟另纸录奉。□□事已成就,陆军事尚有希望,望祈吾弟与石井菊次郎往来交接。学习造□□一节,麟到上海拟在商务中运动,如有头绪,即当飞报。麟有事回国,与石井见面时代为谈及。麟如有事,拟电达吾弟,告□□回上海一次,无甚紧要,不过略通信息,兼作几端小事而已,请弗念。麟受府校□□先生之托,拟转托□□兄聘请理化教员,修金每月百元。回信可径寄府校□□□君收,此事便与□□兄接洽,大约从暑假后订起,一切请□□兄斟酌。现绍兴学界□□□、□□□、□□□等恶劣之人,颇为专权,弄得□□先生名誉有伤。麟到绍后,切实对□□先生告语,请其远小人,近君子,如□□先生、□□先生等诸正人,同为商量学务,□□先生颇以为然,后学务或有起色也。适麟到绍时,各人意见甚重,交涉极多,现已稍稍平静矣。总之,作事有小人在内,势必破裂,此一定之理也。麟已深悟,吾弟高见,谅早已烛此。余容后告,

特请

侠安!①

六、赴鄂周旋

6月中旬,徐锡麟偕陈伯平、曹钦熙、许克丞等人离开绍兴,准备北上谋取官职,同时考察全国革命形势,联络革命志士,并顺便为留日志士解决一些经费困难。徐锡麟一行途经杭州时,为了解决在日本警监学校学习的陈魏等人的学费,要求从绍兴积谷捐内,每年拨付1500元作为学费。徐锡麟抵上海后,在光复会秘密联络点周昌记客栈收到陶成章从日本寄来的二封信,并在上海逗留三四天。徐锡麟等待陶成章按约定从日本送来军用地图和给在日志士送款,但原定从日本回国的同志去了杭州,未能如约来沪。徐锡麟往杭州和绍兴拍发电报,催促来沪相见。他关心狱中章太炎的有关情况,曾向《中外日报》馆探听,得知有许多人关照,并无生命危险。徐锡麟发现上海商界的爱国运动极为活跃,商界蕴藏巨大的民主革命力量,也是革命党人争取的对象,拟在商界开展革命活动。然而,他与商界向无联系,一时难以打开局面。他将赴沪的有关情况,向陶成章等人作了通报:

□□仁棣同志侠鉴:

在昌记连接两次手书,谨悉。麟到沪,□□弟适往杭,不遇为怅!大约麟在沪坐待三四天,不能再迟。一面发两信于杭州,又发一电于绍兴,催其速来沪勿缓,因其二百元之学费拟面交也。□□□弟学纸币一节,俟麟北京回来,如何样子,再作计议。在日诸事,全赖吾弟办理,且能实践而行,麟实钦佩无已。总之,吾辈作事,眼光宜放大,魄力宜雄壮,而谨慎之心,尤不可少(在日同志必格外亲密为要,□□兄等祈见面道及)。规我数言,谨守不敢忘。军器、舆图,可寄□□□转交麟处。麟此次北京一走,成败如何,不可预知。而直道而行,不容退后,诸事大概已安排妥惬。麟之作事,不得于上,必欲达目的于下。□□一事,吾弟于歇夏时办之,甚善,日后必有大效也。余

① 《徐锡麟遗札三》,《浙东三烈集》,第17页。

容后告，

即　询

侠安！

小兄麟上言①

徐锡麟原拟将200元学费当面交给回国的同志，并转告不便在信中提及的一些话。可徐锡麟在沪上左等右等总不见其来沪，而徐锡麟一行又不便在沪久等，心中异常焦急。徐锡麟在沪给陶成章发了第二封信，表示不达目的，决不罢休的决心：

□□仁棣同志侠览：

顷接手书，并图一组，均收领，请勿记念。语吾弟寄□□弟书，得悉□□弟遇盗难一事，麟读之，记念万分。此事详细情形，究系若何？祈寄北京□□弟转交为要。麟此次同往北京者，□君□□、曹君醴泉、陈君墨峰，皆同志也，一切请弗锦注，麟当见机行事，顾全大局。□□弟尚未来沪，不胜记念。麟未到沪时，恐□□弟相左，先嘱陈墨峰弟到□□□等候，不料□□弟住在别处客栈，来找寻时与墨峰弟不遇，即回杭矣。麟到沪时发两电，一至杭州红门局□寓，一至绍兴府学堂。且发多信，麟思□□弟经费奇绌，□□之二百之款当面奉，且有许多语与吾弟接洽，托□□弟口传□□，弟仆仆数千里之遥，未得见面，焦心万分。一面有同伴多人，未克久居上海，两难之事，奈何！奈何！章君麟已向《中外日报》馆□君问过，颇多招待之人，麟始得安心。麟前日本动身时，向□□借日洋一百元，兹托正金银行汇奉，到时祈转交为托。吾弟具特识，多爱情，且任劳不嫌烦，麟实钦佩无已。现时作事，苦心不可言状，日后事成，当相聚一笑，乐何如之。总之，我辈志愿必达到目的而后已，否则，虽死亦不瞑目矣！凡事愈苦，其志愈坚，□□、□□等同志，可谓可与共患难者矣。前示二人，必使联络，此言甚善。绍兴学界不比于前，□君□□与□君□□有冲突，大概在学堂经费上，多年交情，一见钱财，当即变脸，可叹！可叹！余容后告，

即　请

侠安！

---

① 《徐锡麟遗札四》，《浙东三烈集》，第18页。

麟上言①

徐锡麟急于赶到湖北请俞廉三疏通赴京任官事宜，没有继续等候由日回国同志从杭州过来相见。他留信周昌记客栈，嘱咐从日本回国同志到指定地点取款，陶成章托人带回的军用地图，也吩付寄往湖北。他一行于7月初赶到湖北，住在俞廉三家中。徐锡麟与陈伯平等人商量引见分发问题，徐锡麟仔细地分析湖北革命形势，研究湖北地理环境，认为湖北有发动武装起义的诸多便利条件，计划引见后分发湖北。他“原拟指分湘鄂，冀有作为。讵鄂省正停分发，即偕许〔克丞〕赴武昌运动俞廉三，并查勘鄂地形势，每夕归寓，必向许〔克丞〕陈说，欣然以鄂为用武地”②。徐锡麟获悉湖北暂停分发，遂改赴安徽。俞廉三提出云南、四川和安徽，徐锡麟可任选一地。俞廉三建议：“滇督李〔经羲〕、川督锡〔良〕、皖抚恩〔铭〕皆与有旧，而亦爱才，君自择之，当举不避亲也。”徐锡麟思虑再三，“滇本边陲鞭长莫及，川省又闭关自守地，非进取地，惟皖则昆连东浙，温台健儿、越中君子呼应较灵，遂决计分皖”③。徐锡麟鉴于“其时大通生徒程度日高，魄力较大，徐〔锡麟〕复拟绍中举义，集同志商议。总以壤地偏小，不足迴旋为虑。许〔克丞〕复力阻之。惟既不得到鄂，计不如权时改省，再时相机而作，彼时皖抚恩铭，系俞廉三旧属，遂决计改省皖江”④。时任安徽巡抚的恩铭，任山西知府时，深得山西巡抚俞廉三重用，双方结下深厚的师生情谊，而且恩铭又是浙江将军寿山的连襟，利用俞廉三和寿山的关系，争取分发安徽的可能性较大。“本欲需次湖北，因安徽巡抚恩铭在山西为知府时，颇得廉三青目（廉三旧任山西巡抚），相结为师生，又系奕劻之婿，与寿山为连襟，故遂改省分发安徽引见。”⑤于是，徐锡麟吩咐陈伯平和许克丞先到安徽芜湖一带进行考察，自己则和曹钦熙乘火车北上京城斡旋。由于京汉铁路黄河大桥被洪水冲毁，需要一星期时间才能修复，徐锡麟只得等候大桥修通后再赴京。他将到湖北的情况，一一向

① 《徐锡麟遗札五》，《浙东三烈集》，第20页。

② 《许克丞与徐烈士之关系及被难情形》，《徐烈士碑传录》，第11页。

③ 章境尘：《为友人述徐先烈轶事书函文》，《绍兴文史资料选辑》第4辑，1986年版，第114页。

④ 《许克丞与徐烈士之关系及被难情形》，《徐烈士碑传录》，第11页。

⑤ 陶成章：《浙案纪略》，《陶成章集》，中华书局1986年版，第346页。

陶成章作了通报：

□□仁弟同志侠览：

麟于五月十三日到湖北，寓俞中丞家中，一路平顺，请勿锦注。□□弟，麟在上海待之数日未来，只得动身赴湖北，因同伴多人，未能久居一面。□□弟二百之款，麟留书在周昌记，嘱其往□□去取。吾弟托其携回军图，嘱其寄湖北，恐劳记念，特此奉闻。麟本拟乘火车即赴京，现因铁路在黄河被河水冲坏，只得于廿一日始得乘车。麟此次赴京，自问于大局或有关系，成败不敢预料也。

特　请

侠安！

麟上言①

徐锡麟在湖北一呆就是十多天，可被冲毁的黄河大桥并未如期修复，无法从湖北乘火车北上，不得不折返上海，再赴北京。徐锡麟到周昌记客栈寻问，从日本回国同志仍未到沪，可能已回绍兴，陶成章托其带回的军用地图仍未收到，许多肺腑之言也无从转告。徐锡麟又匆匆从上海给陶成章写了一封信：

□□同志弟侠览：

麟本拟由汉乘火车进京，后因火车不通，在俞中丞家中耽搁十数天，仍回上海。拟乘新济轮于初四日赴京不误。恐劳记念，特此附闻。嘱□□弟交来之图，尚未收到，大约伊随带回绍。如仍带到日本，或由日本直寄□□□□亦可。与□□弟面晤时，可接洽也。麟前连发三电与□□弟，始终相左，不见一面。可慨！可慨！麟所以急急于□□弟者，因有许多肺腑语难以笔述，托□□弟面详吾弟。麟大约于七月底可以卜成败，如在上不成，定当从下做。容后再告，

即　请

侠安！

麟顿首②

① 《徐锡麟遗札六》，《浙东三烈集》，第21页。
② 《徐锡麟遗札七》，《浙东三烈集》，第22页。

第六章　奔赴安庆

徐锡麟回国后，立即奔赴京城，周旋于清朝上层统治集团以及满族权贵之间。徐锡麟持浙江将军寿山的介绍信，到中央练兵处求见军机处领班军机大臣奕劻，但奕劻对徐锡麟疑虑重重，交谈片刻即告退，以后也拒不相见。徐锡麟持湖广总督张之洞的介绍信，通过其绍兴幕僚多次求见中央练兵处会办袁世凯，也无果而还。徐锡麟打入中央练兵处，掌握清政府的军队的目的没有达到，只得按照原定计划，分发安徽任用。徐锡麟持俞廉三的介绍信，得到安徽巡抚恩铭的重用，由陆军小学堂会办，改任安徽巡警处会办兼巡警学堂会办，掌握了巡警学堂的实权。徐锡麟利用巡警堂作为阵地，宣传革命理论，发展光复会员，积极开展革命活动。

一、京城斡旋

徐锡麟和曹钦熙离沪北上，寓居北京宣武门外南半截胡同山会邑馆。这是个南北胡同，北边即为北半截胡同，其出口乃是著名的菜市口，系清政府处决犯人的地方，八年前，谭嗣同等戊戌六君子就在菜市口遇难。山会邑馆由绍兴府所辖的山阴和会稽两县在京做官的人出钱建立，凡有同乡举人到京应试，或同乡官员到京候补都借住邑馆。邑馆面积很大，仅南半截胡同四号一处，就有大小房间 84 间。正屋为仰蕺堂，纪念山阴先贤刘宗周而命名。明末刘宗周曾在绍兴蕺山书院讲学，外号蕺山先生，弹劾过太监魏忠贤，力阻起用佞臣阮大铖，清兵入关后，徒步走回绍兴，杭州失

守，绝食23天而亡。刘宗周乃是一位具有民族气节的学者，绍兴人为此而自豪，邑馆每年分春秋两季择星期日举行公祭。此外，还有晞贤阁、修禊堂、碧阴簃、藤花馆、补树书屋等厅轩，其名称均与所在的景色以及绍兴的掌故有关。邑馆订有严格的馆规，凡逢会试年，只允许会试人居住，非会试人必须移居。若非会试年，在京乡试与候补候选的同乡官员可以居住，但不得携带内眷。凡是应童试觅幕馆以及部院从事医卜杂技者，不准居住。应试者雇人誊写诗文，所雇之人无论是否同乡，均不允许入住。馆中严禁优伶以及缝衣妇女出入，违者严惩。亲朋往来也是人之常情，但不能住馆者不得连日款留。严禁开馆聚赌，吸食鸦片，违者勒令搬出，送官查办。跟随人员应各自约束，不得在门房、厨房等地群聚喧哗，不得随意挪用房间器物，不得在大厅坐卧作践。凡入住者均应遵守馆规，以"肃规范而杜事端"。徐锡麟刚抵达京城，就给陶成章写信：

□□同志弟侠览：

麟于六月初十日到北京，寓南半截胡同山会邑馆，后有信寄此处，询及□□弟因歇夏回绍，麟日后如何办事，如何手段，缓几日再当报告。知关注念，特此奉闻，

顺　询

侠安！

小兄麟上言①

徐锡麟在山会邑馆还收到秋瑾寄来的信，介绍徐锡麟与吴芝瑛的丈夫廉泉相见。秋瑾与丈夫王子芳从湖南北上京城，曾居住南半截胡同，与王子芳的同僚廉泉夫人吴芝瑛一见如故，亲如姐妹。秋瑾与王子芳琴瑟异趣，有时就留居吴芝瑛家。秋瑾"徙南半截胡同，与吴芝瑛女士结邻，始阅新书、新闻纸"②。廉泉字惠卿，号南湖，又号岫云、小万柳居士。1894年中举人，1895年在京会试时，参与康有为的"公车上书"。廉泉擅长诗文书法，嗜好书画金石，并以诗文书画与达官显贵交往。1896年，廉泉得到尚书怀塔布的赏识，出任户部主事。1897年，荐任户部郎中。廉泉在北京绳匠胡同开设文明书局，出售新学书刊。戊戌变法失败后，廉泉

① 《徐锡麟遗札八》，《浙东三烈集》，第22页。

② 徐珂：《秋瑾赋诗乞书》，《清稗类钞》第8册，中华书局1986年版，第3962页。

认识到欲发愤图强，必先开启民智，遂出资赞助兴办无锡竢实学堂、三等学堂和竞志女学，还让出私宅作为女学校舍。廉泉还与日人中岛裁之在京城创办东文学社，讲授日文。廉泉寓京期间，结识苏曼殊、徐锡麟、吴禄贞、李煜瀛、秋瑾等革命党人，曾被指控为“附逆”。徐锡麟接信后，复信秋瑾表示感谢：

竞雄同志侠览：

顷接手教，谨悉壹是。同志之热心热力，真情规我，字字药石，语语针砭，麟当书绅不忘。总之，我辈所作之事，必须从速成就，迟则恐有阻碍也。酌仙、逢樵、宏甫等诸同志，常变如一，麟视之必可靠，万万不会改厥宗旨，想同志高见必以为然。如同志者，有英雄之气魄，神圣之道德，麟实钦佩之至，毕生所崇拜者也。麟到京后，当奉命而行，请勿记念。介绍廉〔泉〕君一信已收到。

即请

侠安！

弟麟上言

酌仙、逢樵、宏甫诸同志，同代致意。①

徐锡麟初次到北京，了解了北京学界、报界等社会各阶层的情况，深感京城在清政府的封建专制统治下，思想闭塞，政治空气沉闷。徐锡麟也曾一度产生在北京创办报刊，宣传新思想，传播反清革命的设想。但徐锡麟此次进京的目的在于引见，求得分发任用，他经常奔走于清朝上层统治集团以及满族权贵之间。徐锡麟持浙江将军寿山的介绍信，到中央练兵处求见奕劻。奕劻为晚清重臣，乾隆皇帝第十七子永璘之孙，辅国公绵性长子。1884 年，西太后罢斥恭亲王，得以接任总理各国事务衙门总理，主持外交事务，并进封庆郡王。1885 年，设立海军衙门，受命会同醇亲王奕譞办理海军事务。1894 年，西太后六十大寿，懿旨封为庆亲王。八国联军入京后，西太后和光绪皇帝仓皇西逃，奕劻和李鸿章留京与各国议和，签订《辛丑条约》，改总理各国事务衙门为外务部，仍任总理大臣。1903 年，荣禄病死，入军机处任领班军机大臣，旋又管理财政处和练兵处事务，集内外大权于一身。奕劻为人贪鄙，与其子载振和大臣那桐卖官鬻爵，时

① 徐锡麟：《致秋瑾》，《徐锡麟集》，中国文史出版社 1993 年版，第 54 页。

人讥为“庆那公司”。尽管徐锡麟持有其女婿的介绍信,但奕劻仍然满腹狐疑,与徐锡麟交谈片刻即告退,以后也拒不相见。

徐锡麟又持俞廉三请湖广总督张之洞写的介绍信,前往天津求见中央练兵处会办袁世凯。1901 年李鸿章死后,袁世凯接任直隶总督和北洋大臣。袁世凯大力襄助新政,支持废除科举,奉命督办新军,建立新式学校,鼓励发展工商,并在天津建立中国第一支新式警察队伍。1903 年,袁世凯出任中央练兵处会办,负责编练新军。徐锡麟请袁世凯的绍兴幕僚予以通报,以便求见袁世凯。徐锡麟获悉端方刚抵北京,心情不好,又“欲以计杀铁良不得”①。徐锡麟在北京接到从日本回国的同志从绍兴发来的陶成章的信,得知东京同志精诚团结,很是欣慰。他又将在北京周旋的有关情况,向陶成章作了简单通报,告知已向新任浙江巡抚张曾敭递交禀文,请求每年从绍兴积谷捐内拨付 1500 元,作为陶成章等人留学日本的学费,张曾敭已点头允诺。即将刑满出狱的章太炎在沪得到多方的关照,生命安全没有问题,请陶成章等人放心。并对陶成章在信中提出患难与共,生死相与,表示由衷的赞赏:

□□同志弟侠览:

麟到京后,接到由□□弟交来手书,均读悉。□□弟已回绍,不晤。□□兄袁〔世凯〕有调至北洋法律馆之信,未知伊欲就否?北京情形,下等人颇有进步,而在上者仍如故也。学界中无甚思想,报界中也无关切议论。大抵京中经营者,多在利禄。留学回国办事者,无甚权力。保定、天津等处已去过,一切运动虽未十分得手,尚不致陨越。现时多与满人之有权力者常常往来,良某在松叶胡同,已调查明白,麟时谋进步;袁〔世凯〕,已托□□君(系袁之幕友)介绍,未知能得见否?端〔方〕于昨日到京,闻不悦于色,因伊之谋未遂也。麟此次到京,奔走终日,无片刻之暇,大约安徽兵权或可到手。吾弟等在东〔京〕,闻知十分和洽,可敬!可爱!□□、□□两弟由□□分拨学费,如何办法,祈吾弟斟酌为是。麟前在绍时,与□□弟说过,嘱其日本不必出去,余款不若改与□□、□□两人,伊即允洽,因府校有留□□意也。前在浙省城中晤到张中丞,面递一禀,内系□□〔锡麟〕、

① 陶成章:《浙案纪略》,《陶成章集》,中华书局 1986 年版,第 346 页。

□□〔成章〕、□□〔宝铨〕、□□〔陈魏〕、□□〔志军〕五人学习警察，由绍兴积谷捐内每年拨洋一千五百元，作五人学费，此款由绍兴办警察之□君□□拨交，张中丞晤面时，颇以为然，以后如何，尚无信息，念念！恐防绍兴腐败劣绅，因麟不在绍，有意阻挠也。墨峰弟在湖北，时与□□同往内地运动去矣。立早君〔章太炎〕，麟在沪得悉伊欲往芜湖，麟之心中颇为记念，现在日本可以放心矣，断不致有意外之变。来信云生死患难与共一语，麟读之十分起敬，不觉兴致勃勃。麟之辛苦亦分内事，断不灰心。麟在京身体尚好，知念附闻。

顺　询

侠安！

小兄麟上言①

徐锡麟还进一步获悉上层统治集团的一些内部消息，慈禧太后在推行"新政"的幌子下，创办贵胄学堂和贵胄女学堂，并专门为贵胄女学堂捐赠了十万两白银，以博取倡导"新学"的美名，实际上主要搜罗满族权贵子女，培养皇室亲信和爪牙。以铁良、良弼和端方为首的满族权贵，假借"预备立宪"之名，以收取"地方督抚之权"，进一步集权中央。在满族权贵的排挤下，汉族大官僚赵尔巽有辞去盛京将军之意。而一些"假新党"的官僚，却趋炎附势，阿谀奉承，竟无耻地吹捧铁良等满族权贵。京城的大批汉族官僚无权无势，整天过着醉生梦死的生活。徐锡麟将北京官场情况，向陶成章作了通报：

□□同志仁弟侠览：

□□、□□两弟想已安抵东京矣。麟两次到天津运动，事虽未十分得手，然尚有头绪。袁之幕府□君□□常常见面，然无甚宗旨，祇得以缓进步。□□□君不在天津，已向督辕内问过。袁之次子昨日由奉回津，赵〔尔巽〕有辞办东三省之意。端〔方〕昨日在北洋公所演影戏，几乎遇害（因电机炸裂），而同坐之客有王某、何某、姚某者均殒命，而受伤者五六人，端〔方〕不觉放声大哭。王、何两君系北洋当差，姚某系出洋随员，演影戏之人，系端电天津海关道嘱其特请之员。贵胄学堂有观秋操之说，学堂内汉人祇二名，其余统系满人。皇族定

① 《徐锡麟遗札九》，《浙东三烈集》，第24页。

例不准出京，现有准其出京游历之消息。皇太后现捐银十万两，开贵胄女学堂，满洲人可谓通晓时务者。汉人在京当差者，每月拿二、三十两至七、八十两，一月用用，今日或嫖，明日或吃馆子，后日或打麻雀，计算何日可以补缺。□□诵赞铁军机之政声好得很，此等情形，可悲！可痛！而内地假新党往往见利忘义，狼心自负，口出大言，较之骗贼小窃犹不如，可叹！可叹！麟所交之友，真挚者十居八、九，尚堪自喜。世态红羊，人情苍狗，想吾弟高明早已见此。余容后告。

即　请

侠安！

麟上言①

二、考察东北

徐锡麟向来重视社会调查，以此增长见识，拓宽视野。他利用在京候见的空隙，与曹钦熙一起赴东北进行短暂考察。徐锡麟在致陶成章等人的信中，曾提及这次旅行："麟于七月初五日由北京动身，往山海关、营口、奉天等处一走，以观风土人情。诸事尚觉顺手，不过稍缓耳。七月廿余拟回南，然尚未一定也。□□、□□两弟谅已来东矣？"②东北地理位置重要，资源丰富，成了沙俄和日本两个帝国主义觊觎的目标。1900 年沙俄出兵侵占东北，《辛丑条约》签订后，又拒不从东北全部撤兵。日本曾向沙俄提出共同瓜分中国东北权益的要求，沙俄置之不理。1904 年 2 月 8 日，日本舰队向驻扎旅顺和朝鲜仁川的沙俄舰队发起突然袭击。日俄战争在东北大地上进行，中国宣布"中立"，俄国战败，日俄签订《朴茨茅斯条约》，沙俄被迫将南满铁路、旅顺和大连的租借权转让给日本。徐锡麟将东北所见所闻向陶成章作了简单的描绘：

麟于初七早到奉天，日人势力颇大，营口到奉天铁路，尚系日管束，颇严。麟拟各处乡村游览，以观人情，于作事或可稍有裨益，然亦不可料也。此上□□仁弟同志台览。诸同志代告无恙。

---

① 《徐锡麟遗札十》，《浙东三烈集》，第 25 页。

② 《徐锡麟遗札十一》，《浙东三烈集》，第 26 页。

兄麟上言①

日俄战争给东北人民带来无穷的灾难，日俄侵略者纵兵肆虐，烧杀奸掠，东北广大民众遭受空前灾难，父子兄弟哭于途，夫妇亲朋呼于路，令人痛心疾首，惨不忍闻。无数平民百姓颠沛流离，无家可归，形同饿殍，生灵涂炭，苦不堪言。成千上万东北人民在战火下无辜丧生，村舍被夷为平地，赤地千里，荒无人烟。徐锡麟到东北，恰好是日俄战争结束的第二年，战争的残迹历历在目，各地残破不堪，战乱受害严重的辽东地区，社会处于极度混乱和不安状态，盗匪四起，民不聊生。

徐锡麟“特至满洲，见马匪魁首冯麟阁”②。他深入彰武一带的农村，进行深入细致的社会调查。日俄战争以后，东北的民族矛盾和阶级矛盾异常尖锐，政治局面也极为混乱。辽河下游以及辽东各县匪患最为严重，少者数十人一伙，多者千百人一股，往来各地，纵横驰奔，出没无常。雄踞辽河两岸的绿林队伍，主要有冯麟阁、张作霖、杜立三、金寿山等股匪，其中以活动在盘山、辽中、台安、锦州、彰武一带的冯麟阁最为强大。冯麟阁的队伍最多时，能够啸集几千。冯麟阁的资格也最老，金寿山拜冯麟阁为大哥，成为其一支别动队，张作霖和杜立三均为晚辈，张作霖与冯麟阁结为盟兄弟，杜立三称冯麟阁为老前辈。“马贼”的成员极其复杂，各人所抱目的极不相同，他们恣意抢掠，伤害无辜；“马贼”以“劫富济贫”为旗号，打击贪暴，反抗官府，扰得清政府焦头烂额，东剿则西窜，此灭则彼出，地方官吏发出“防不胜防，剿不胜剿”，“剿抚两难”的哀嚎。

“马贼”同样打击日俄侵略者，四处破坏铁路，劫获军粮，割断电线，烧毁仓库，袭击军队，日俄侵略者也大伤脑筋。冯麟阁，原名冯德麟，名玉琪，字麟阁，又字阁臣（阁忱），1866 年生，海城县龚家地人，17 岁即投身绿林，驰驱辽西旷野近 20 年，成为一方霸主。1900 年，充任招抚局辽河两岸十六局总巡长。1901 年，奉调赴辽阳大高岭一带剿匪，受日人指使，率队破坏东清铁路工程。俄方以设酒酬功为名，在辽阳城将冯麟阁逮捕。1902 年，冯麟阁由西伯利亚逃回奉天，与沙俄结下深仇大恨，与日本间谍结下不解之缘。日俄战争爆发后，冯麟阁受日本间谍的邀请，出任“东亚

① 《徐锡麟遗札十二》，《浙东三烈集》，第 26 页。

② 陶成章：《浙案经略》，《陶成章集》，中华书局 1986 年版，第 346 页。

义勇军”统领，曾在新民、辽阳、镇安、彰武、法库、康平、昌图等地与俄军作战，冯军炸桥梁、扒铁路，袭击俄军。冯麟阁和金寿山在辽阳首山的战役中，攻俄不备，迫使俄军从首山败退，日军转败为胜，决定整个战局。冯军为日军立下汗马功劳，日军屡次予以奖赏，冯麟阁获得天皇颁发的宝星勋章。日俄战争结束后，日本满洲军总司令部参谋福岛安正少将多次面晤盛京将军赵尔巽，“建议”清政府收抚冯麟阁。清政府迫于日本帝国主义的压力，将冯麟阁的军队 1538 人，改编为奉天巡防营，冯麟阁自任统领。

徐锡麟在彰武拜访冯麟阁，两人一见如故，畅谈反清革命大业，相约南北呼应。徐锡麟赋诗言志，表达一个革命者义无反顾的献身精神：

军歌应唱大刀环，誓灭胡奴出玉关；

只解沙场为国死，何须马革裹尸还！①

徐锡麟在东北进行十多天的考察活动，如期返回北京。他赴京的上策乃是打入中央练兵处，在中央腹地开展革命。时任中央练兵处的督办为满族权贵奕劻，会办为袁世凯。奕劻为了独揽中央练兵处的大权，处处排挤和打击袁世凯。而袁世凯也不甘示弱，与之明争暗斗。徐锡麟一度希望利用二者的矛盾，打入中央练兵处，开展光复会的“中央革命”。到达天津，他送上张之洞的介绍信，可生性多疑的袁世凯却拒不相见，仅仅派幕僚虚与委蛇。尽管徐锡麟与袁世恺的幕僚多次相见，却无果而还。徐锡麟“曾至天津谒直督袁慰帅。慰帅不为礼遇。徐〔锡麟〕因幕府中有绍兴同乡某君介绍，愿为效力。并言宫保如用我，我能解散日本留学生中之革命党，尽变其宗旨，为宫保效死命，否则，团体坚固，虽宫保难免有意外之虞”。但袁世凯“以其言不伦不类，置之不理。徐又上说帖，亦无效力，遂拂衣去之皖”②。徐锡麟打入中央练兵处的计划最终失利。他将东北考察的所见所闻以及京城交涉的情况，向陶成章详细地作了通报：

□□仁棣同志侠览：

顷接七月三日所发来信，已悉壹是。麟于十五日由新民府乘车赴北京，于奉天彰武一带，已游历一过。该处有一人，名麟角，姓冯，

① 徐锡麟：《出塞》，《辛亥革命烈士诗文选》，中华书局 1962 年版，第 129 页。

② 毕志社编：《中国革命党大首领徐锡麟》，新小说社 1907 年版，第 4 页。

前与俄国打仗，常常获胜，系该处统帅，前即马贼之大头目。人颇节俭，身穿布衣，单娶一妻，其人极有威名，麟宜与时时信札往来。该处风俗尚武，无迷信，少经营性质，有盗案，无窃案。所居之屋多土泥造成，无门户关闭者居多，荒地极多。内地行路颇难，时时有胡子窥伺。麟仆仆风尘，较苦于南方，然身体尚健，堪慰锦注耳。总之，我辈作事，如水银入地，有路必钻，必达到目的而后已。然麟近日之阅历所得，有数语为吾弟告。宗旨要守定不移，办事必须有阶级可寻，切勿出做不到之无因大话。古人云：言之匪艰，行之维艰。此二语必当切记。麟日后拟在安徽经营，吾弟于七月廿五日后来信，可交绍兴□□、□□转交，然言语要谨慎，防有人拆看。麟之办事，以练兵为目的，或达到亦未可知。端〔方〕到两江，周〔馥〕到闽、浙，赵〔尔巽〕不久居东三省。现袁〔世凯〕颇与政府反对，而政府亦出其反对之力抵之，故政府以集权中央为主，处处有收取督抚之权，南北会操（恐停止未可知），练兵处欲握全权，袁〔世凯〕不以为然。赵〔尔巽〕与袁〔世凯〕亦不甚合意，日后之情形，再当报告。俞廙仙中丞之子号梦丹，麟嘱其在京于警部办事，已有头路。麟现思到练兵处办事，然恐未能达到，不过有此理想耳。在东〔京〕诸同志及诸友人，代告麟之近况。曹〔钦熙〕、□两君在京，意气颇合。□君亦往安徽。特此附闻。

顺　请

侠安！

小兄麟上言。①

徐锡麟打入中央练兵处，开展中央革命的上策没有达到预期目标，不得不按原计划分发安徽——

□□仁棣同志侠览：

麟在京运动尚得手，抵安徽办事，预料不致十分窒碍，请弗记念。麟拟廿五、六出京，由鄂一转，再行回绍，小住数日，即赴安徽。麟现思浙江全省矿务办理尚无其人。俞廙仙中丞即廉三，现在两湖仕学院做监督，正可担任此职。副理则□君□□，祈与□□接洽，庶几此事成

① 《徐锡麟遗札十三》，《浙东三烈集》，第28页。

就，亦系浙江自治地步。同乡京官及全浙绅耆，麟拟遍告。即此，

顺　询

学安！

小兄麟上言

一、浙矿有人担任，可杜外人觊觎，

一、俞君与浙抚有交情，办事必能得手（张中丞系俞之旧属员）。

一、□□□君与俞颇莫逆，路矿齐办，亦甚相宜。①

徐锡麟赴京引见时，浙路风潮正风起云涌。1898年，中英订立《苏杭甬铁路借款草约》，商订苏杭甬铁路由英国怡和洋行贷款并修筑，但条约订立多年，英方迟迟没有修路的行动。1903年，浙商呈请自办铁路，要求英方废除草约，英方置之不理。1905年，清政府允许浙江自办江墅线铁路，并成立浙江铁路公司。英国公使照会中国外交部，要求商订苏杭铁路正约。沪杭甬铁路为长江下游门户，江浙人民锐意经营，杭沪段已通车，杭甬段正在勘测，而英方却强以借款草约，硬要重利借外债筑路。英方企图霸占沪杭甬铁路的罪恶行径，引发捍卫国家主权的浙路风潮。徐锡麟提议浙江路矿均归商办，由俞廉三出任浙江矿务总理，以免浙江矿藏落入外人手中。

三、相约举义

徐锡返回北京后，得到清政府分发安徽任用的通知。他领了通知，安排年长体弱的曹钦熙乘火车到天津转赴上海。徐锡麟则于9月14日离京南下，辗转直隶、河南和湖北等地，调查沿途山川地理和风土人情，结交革命志士。抵河南驻马店时，他已囊空如洗，身无分文，一日不食者数次，但他仍然早上四点半即起程，晚上七点才住歇。徐锡麟之所以忍饥挨饿，披星戴月，不辞辛苦，长途跋涉，是革命的理想和抱负支撑着他义无反顾地奋勇前进。他在致陶成章的信中，备述旅途艰辛：

□□仁弟同志侠览：

麟于廿六日出京，于直隶、河南、湖北等处一游，以观世态人情及

① 《徐锡麟遗札十四》，《浙东三烈集》，第29页。

风俗地理之关系，于阅历上或稍有进益。若学问二字，麟实有退无进，所仰望于吾弟及诸同志者也。麟大约八月初十外回绍，小住数天，拟再往河南看大操，九月底必在安徽，容后再告。此请侠安！麟上言。

□□兄及醴泉先生由天津至上海矣，麟由湖北乘轮至上海相会。麟到安徽或督练公所总办谋得到手，吾弟卒业回国时，正达到目的之日。麟此次之游，系一人独行，早上每日四点半钟启行，晚上七点宿夜。孤灯作书，以抒吾弟等之纪念。①

徐锡麟辗转来到汉口，在俞廉三家中住了三天，告知北京活动的有关情况。鉴于北京思想界沉闷，徐锡麟拟在北京开设报馆，并提出主编人选，以开展革命宣传。他十分同情东北同胞的遭遇，拟筹集资金30万或百余万元，在东北设立垦务公司，以开垦荒地，既可改变战后东北贫穷落后的面貌，提高东北人民的生活水平，又可寓兵于农，造就一支抵御帝国主义入侵，保卫国家安全，进行资产阶级民主革命的武装力量。徐锡麟将自己的设想，写信与陶成章商量：

□□仁弟同志侠览：

麟于初三日到汉，在俞廙仙中丞家中住三天，商及在北京开一报馆，请□□先生主笔，已有函寄伊处矣。又思在奉天组织一垦务公司，资本约三十万至百万，如能多集更妙，办法系寓兵于农，未识高见亦为然否？麟于八月底或九月初可到安徽，特此奉闻。

顺　请

侠安！

小兄麟上言②

徐锡麟在汉口未作过长时间的逗留，立即风尘仆仆地赶回绍兴。北上不久，儿子徐学文就出世了。他望着产后虚弱的妻子和可爱的儿子，心中既高兴，又内疚不已。他急于奔赴安庆，以实现打入官场，掌握军队的目的。但徐锡麟对革命的大本营大通学堂也极为关注，作为革命的基地，也有着特别重要的意义。竺绍康、吕逢樵和赵卓等人再次盛情挽留徐锡

① 《徐锡麟遗札十五》，《浙东三烈集》，第30页。

② 同上。

麟留在大通学堂，培训革命骨干力量，这让他左右为难。徐锡麟拟解决大通学堂的领导乏力问题，再前往安庆。他将自己的设想，非常隐晦地告知陶成章：

□□仁弟同志侠览：

麟于十五日到绍，尚平顺，本拟即赴安徽，现因绍郡学界、商界公留办警察三月，去留尚未决定。□□、□□两弟想必均好。□□已来绍城。前奉诸函，想已收到。近来在日诸友身体安好否？念念。专此奉告。

顺 请

侠安！

麟上言

当今之世，人心叵测，所谓人面兽心者颇多，凡交友不可轻信，至要！至要！麟当初之视天下人无一不可交，无一不可以诚感，于今思之，竟有出人意外之事，恩将仇报，此等人虽比之禽兽，犹不若也。盖古今之成大事者，皆从道德耳。①

大通学堂最大的问题是缺乏一个强有力的领导人，徐锡麟想到刚从日本回国的秋瑾。秋瑾由徐锡麟介绍加入光复会以后，又于1905年由冯自由介绍加入同盟会，并被推为同盟会评议部评议员和浙江省主盟人。日本政府应清政府的要求，颁布歧视中国留学生，压制革命活动的《取缔规则》，秋瑾怒不可遏，奔走呼吁，表示严重抗议，并强烈主张全体中国留日学生罢课回国。秋瑾经过陶成章和褚辅成的介绍，到南浔浔溪女校任教，与校长徐自华及其妹妹徐蕴华建立深厚的感情，并介绍姐妹俩加入光复会和同盟会，走上革命道路。秋瑾离开南浔以后，又赴沪创办《中国女报》，以开通风气，倡导女学，联络感情，组织团体作为办刊宗旨。《中国女报》由陈伯平任总编辑，秋瑾集总务、印刷、发行、编辑和撰稿于一身。秋瑾以犀利的文笔，揭露中国妇女地位的低落，阐明男女平等的思想，痛斥迫害妇女的封建买卖婚姻制度，谴责封建纲常名教。《中国女报》成了封建社会中国妇女争取解放的号角。徐锡麟认为秋瑾是大通学堂最合适的领导人选，委托在大通学堂任教习的王金发赴沪邀请秋瑾主持大通

① 《徐锡麟遗札十七》，《浙东三烈集》，第31页。

学堂的校务，并相约到杭州白云庵相见。王金发奉命赴沪转达徐锡麟的邀请，并简单地汇报了当前的行动计划。秋瑾欣然接受徐锡麟的邀请，并为徐锡麟的革命活动取得可喜的进展感到由衷的高兴。

徐锡麟偕三弟徐锡麒如期抵达杭州，住在革命党人经常集会的白云庵。位于西湖南屏山下雷峰塔夕照寺旁的白云庵，虽然托名为庵，却极少做佛事。白云庵占地不广，结构古朴，湖光山色，风景清丽，亭榭假山，杂莳卉木。清末有老僧带徒弟游方到此，爱其清幽而隐居下来。老僧名智亮，俗家原籍绍兴，乃雍正戮尸诗人吕留良的后裔。徒弟名意周，俗家原籍淮北，相传为太平天国李秀成的后代。师徒均任侠好义，往嵩山少林寺习武多年。曾阅读《大义觉迷录》，为之扼腕叹息不已。师徒闻海内外志士倡言革命，极为同情，白云庵成了与绍兴大通学堂、嘉兴温台处会馆并列的浙江革命党人三大秘密据点。蔡元培、章太炎、陶成章、敖嘉熊、褚辅成、王文庆、魏兰、徐锡麟、秋瑾、谢飞麟、龚宝铨以及浙东秘密会党首领沈荣卿、周华昌、竺绍康、王金发、张恭等人到杭州，多在白云庵商讨光复大计。黄郛、陈英士也曾三次借白云庵传达同盟会东京总部的指示。"徐烈士伯荪、秋烈士竞雄、陶焕卿等来杭开会，师徒竭诚招待。陈英士、章太炎、蔡鹤卿曾多次来庵集议。蔡松坡由桂省游杭亦在此庵与顾子才、吕戴之、黄元秀共谈数日，借商策略。"①

秋瑾依约先期赶到杭州，住在荣庆堂里的小客栈。她获悉徐锡麟已抵杭州，便与吕占鳌一起赶到白云庵。徐锡麟向秋瑾介绍往返南北的所见所闻，分析目前日趋高涨的革命形势，还谈到赴皖的计划，准备打入清政府的官场，掌握地方军队，组织革命队伍。并希望浙江方面由秋瑾主持大通学堂的校务，以加强大通学堂的领导。两人还交换发动皖浙起义的设想，大力发展革命组织，组建革命武装力量，在安徽和浙江两省同时发动武装起义，一举倾覆清政府。秋瑾完全赞同徐锡麟同时发动皖浙起义的设想，毅然表示不辜负徐锡麟的期望，但也为徐锡麟的安全而忧虑。徐锡麟慷慨激昂地表示："法国革命八十年始成，其间不知流过多少热血。我国在初创的革命阶段，亦当不惜流血，以灌溉革命的花枝。我这次到安

① 黄元秀：《西湖白云庵与辛亥革命之关系》，《辛亥革命回忆录》第4集，文史资料出版社1981年版，第150页。

徽去，就是预备流血的，诸位切不可引以为惨，而存退缩的念头才好。”① 徐锡麟安排好大通学堂的工作以后，直奔安庆而去。

徐锡麟的临别赠言，深深感动了秋瑾和吕占鳌。秋瑾对即将到来的革命高潮豪情满怀，以咏秋风为题，抒发革命必胜的信念：

秋风起兮百草黄，秋风之性劲且刚。
能使群花皆缩首，助他秋菊傲秋霜。
秋菊枝枝本黄种，重楼叠瓣风云涌。
秋月如镜照江明，一派清波敢摇动。
昨夜风风雨雨秋，秋霜秋露尽含愁。
青青有叶畏摇落，胡鸟悲鸣绕树头。
自是秋来最萧瑟，汉塞唐关秋思发。
塞外秋高马正肥，将军怒索黄金甲。
金甲披来战胡狗，胡奴百万回头走。
将军大笑呼汉儿，痛饮黄龙自由酒。②

吕占鳌也为徐锡麟的革命精神所触动，摒弃廪贡生涯，改名吕公望，表示不辜负徐公所望，毅然投入浙江抚署卫队。吕公望在呈文中声称：“揆之初度，本自桑弧蓬矢而来；念厥前途，还当马革裹尸而去。”浙江巡抚张曾敭大加赞赏，重用吕公望。“公望得入抚署卫队，遂密运词锋，先后有许多人表同情，如司务孔昭道、洋枪队长陈绍槎、什长刘崇贤等，为其中最有用的几个。辛亥年秋，光复军进攻抚署，卫队全部反正，就在这个时候植其根的。”③吕公望也效法徐锡麟，打入浙江官府，策反地方武装，开展革命活动。

四、宜城安庆

安庆是历史悠久的文化古城，早在公元前 21 世纪，大禹就将中国分

① 吕公望：《辛亥革命浙江光复纪实》，《浙江辛亥革命回忆录》，浙江人民出版社 1981 年版，第 158 页。

② 秋瑾：《秋风曲》，《秋瑾集》，上海古籍出版社 1991 年版，第 83 页。

③ 吕公望：《辛亥革命浙江光复纪实》，《浙江辛亥革命回忆录》，浙江人民出版社 1981 年版，第 158 页。

为九州，安庆隶属《禹贡》扬州之域。三国前后，安庆相继修建山口城和吕蒙城。相传晋代的郭璞站在盛唐山上，看到安庆地势险要，宜于战守，赞叹“此地宜城”，故名“宜城”。南宋绍兴十三年(1143)，称为安庆军，后升为安庆府，直属朝廷管辖，府治设于潜山。宋嘉定十年(1217)，安庆知府黄干将安庆府由潜山迁到皖口。黄干为了抗击金兵的入侵，动员全城人民，花了半年的时间，建筑初具规模的安庆城。迄南宋景定元年(1260)，正式建成。以后，历代均加以修整，建成周围九里十三步，有十个城门的安庆城。自安庆正式建城，迄今已有七百多年的历史。

安庆也是一座英雄的古城。元朝末年，著名红巾军领袖赵双刀在安庆大破元军，驻守安庆的原淮南省左丞余阙自尽而死。太平天国时期，安庆是太平军的重要基地，太平军将士浴血奋战，进行了四次英勇的安庆保卫战。1853 年 2 月 24 日，石达开部一举攻克安庆，守城清军除总兵王鹏飞和参将嵩瑞单骑逃往桐城外，其余全部被歼，巡抚蒋文庆也被斩首。由于太平军未派重兵留守，旋被清军夺回。3 月 19 日，西征太平军由胡以晃、罗大纲、赖文光、石祥贞率领，从天京出发，6 月 10 日，攻克安庆，从此，安庆成为太平军经营大江南北的重要基地。1854 年 8 月，石达开以安庆为基地，出兵援救九江，挫败曾国藩和罗泽南的陆军主力。1855 年，清军相继占领安庆的外围，安庆受到严重威胁。天京内讧以后，太平天国军事上遇到了严重的危机，安庆得失关系天京的安危。1857 年陈玉成和李秀成领兵夹击清兵，取得桐城大捷，安庆转危为安。1858 年，清军两路进犯安庆，10 月，陈玉成和李秀成联合率兵进击三河，歼灭清军李续宾部，再次解救安庆之危。太平天国后期，武昌和九江相继失守，安庆成了太平军在长江中游保卫天京的最后一道屏障。1859 年 11 月，清军三万余人分四路向安庆大举进犯。太平军将士进行长达二年的安庆保卫战，守城的 16000 多名太平军将士全部牺牲，谱写了太平天国战史上悲壮的一页。

安徽近代革命的第一声，也是由安庆藏书楼的演说会发出。1902 年春，陈独秀由日本返回安庆，联合潘晋华、潘赞化、葛温仲、何春台、张伯寅等进步青年知识分子，在安庆北门大拐角的藏书楼发起演说会，鼓吹新思想。还在藏书楼开辟阅览室，陈列从东京和上海带回的《时务报》等进步书刊，任人阅读。又在张伯寅家中组织青年励志学社，每周进行集会，以

交流思想，砥砺意志。一时风声远播，参加者日众，尤为安徽大学堂的学生最为踊跃。安庆藏书楼的第一次演说会旨在宣传爱国主义，并没有反清革命的口号，但在清朝官员看来，凡是敢于自行集会，与官方唱反调之人，均是大逆不道之徒。于是，两江总督端方电令安庆巡防营统领韩大武，声称青年励志学社与东京互通声息，实为排满，而且密布党羽，希图大举，务将陈独秀等人缉拿归案。陈独秀等人预悉电文出逃，安庆第一次爱国民主运动刚刚萌芽即被扼杀。

1903 年 4 月，陈独秀与潘赞华从日本返回安庆，联络葛温仲、张伯寅等人，筹组安徽爱国会，举行爱国演说，积极发动安庆地区的拒俄运动。5 月 17 日，陈独秀等人在安庆藏书楼举行第二次演说会，安徽高等学堂、武备学堂和桐城、怀宁等学堂学生三百多人到会。陈独秀首先发表演说，逐条批驳俄国提出的七条无理要求，揭露东三省人民在俄国殖民统治下的悲惨生活，并提出反抗俄国侵略应做的三件事，第一，广泛宣传俄国永久侵占中国大块领土的野心；第二，对民众进行爱国主义教育；第三，锻炼体魄，准备保家卫国。接着，王国桢、潘晋华、柏文蔚等二十余人也相继发表演说。演说结束后，陈独秀提议建立安徽爱国会，其宗旨为“发爱国之思想，振尚武之精神，使人人能执干戈卫社稷，为恢复国权的基础”。第二次安庆藏书楼的演说，在省城安庆有广泛的影响，推动了安庆拒俄运动的蓬勃发展，引起清政府的恐慌。陈独秀再次遭到通缉，安庆藏书楼也被封闭，柏文蔚等十多名进步学生也被开除，安徽的拒俄运动遭到镇压。由于安庆藏书楼演说会再次被查禁，迫使一大批单纯从爱国心出发而投入拒俄运动的青年知识分子猛然醒悟，清政府已经成为帝国主义统治中国的奴仆，因此，拒俄必须反清，爱国必须革命。第一次藏书楼的演说，乃是在爱国民主义旗帜下进行的资产阶级民主革命宣传。第二次藏书楼的演说则明确地提出“不受异族之侵凌”的反清口号，发出“革命第一声”，标志着安徽爱国志士已结开始集结于资产阶级革命旗帜下，为建立革命团体奠定初步的思想基础。

安庆新军中的革命核心是革命团体岳王会。安徽革命志士早在 1904 年就在新军中成立反清革命团体同学会，1905 年夏又成立了主要以新军为发展对象的革命团体岳王会。1904 年春，安徽巡抚诚勋招募新军 300 人，大多为知识青年，并由武备学堂首届毕业生训练，名为武备练军学堂。柏文蔚、倪映典、熊成基、张汇滔、程恩普、范传甲、张劲夫、石德宽、郑赞丞、杨譬龙、冷御秋、胡万春等一大批青年志士均集结练军学堂。柏文蔚在练军学堂中组织同学会，散发《猛回头》、《革命军》、《警世钟》、《扬州十日记》、《嘉定屠城记》、《中国魂》等进步书刊，团结志同道合的学生，以“推翻清廷，恢复汉土，革除恶政，拯民水火”为宗旨。武备练军学堂的同学会，成为后来安庆岳王会的基础。

1905 年，柏文蔚与陈独秀、常恒芳等人联络安徽公学及速成师范学堂中的进步学生，成立秘密革命组织岳王会，“盖岳武穆抵抗辽金，至死不变，吾人须继其志，尽力排满”①。岳王会继承岳飞抵抗辽金，至死不渝的遗志，以反清作为宗旨，并订立反清章则，在芜湖关帝庙举行第一次会议，宣读誓约。岳王会成立后，使芜湖安徽公学的革命力量和安庆新军中的革命力量联成一体，成为安徽革命力量的中心。10 月，柏文蔚应赵声之邀，前往南京发动新军起义，常恒芳也应邀赴安庆任尚志学堂训导主任。岳王会便一分为三，总部仍设于芜湖，由陈独秀任会长；南京和安庆设有分部，分别由柏文蔚和常恒芳任分部长。由于孙毓筠在南京谋刺端方事发，清政府搜捕甚急，柏文蔚被迫避走东北，陈独秀则东渡日本，岳王会仅存安庆一部。岳王会安庆分部有二十余人，大都是新军中原同学会会员。常恒芳还在安庆成立岳王会的外围组织“维新会”，常备军第二标第三营，俗称“老三营”，几乎全部加入“维新会”。1906 年秋，安徽督练公所成立步、马、炮、工、辎五种弁目训练所，训练新军下级军官。“老三营”的人员均被编入各所训练。常恒芳、范传甲、袁家声、薛子祥等岳王会核心成员，均在弁目训练所中广为联络，发展会员。凡是新军中稍有血性者，无不加入岳王会，每当宣传满清王朝的残暴祸国，无不愤激涕零，同呼效死。安庆成了岳王会活动的基地。

安庆也有同盟会员开展革命活动。1905 年冬，同盟会员吴旸谷奉命回国组织同盟会安徽分会。吴旸谷先到南京与岳王会南京分会取得联系，与柏文蔚、倪映典、胡维栋、龚振鹏等人在鸡鸣寺举行秘密集会，吸收南京的岳王会员加入同盟会。随后，吴旸谷又到合肥组建同盟会安徽分

① 柏文蔚：《五十年经历》，《近代史资料》1979 年第 3 期，中华书局 1979 年版，第 8 页。

会，发展李诚安、沈瑞麒、张久章等十多人入会。为了防止一旦暴露牵连东京同盟会总部，遂定名为“江淮别部”，又称“武毅会”。接着，吴旸谷又到芜湖，秘密传播同盟会的纲领等文件以及革命书籍，青年学生纷纷加入同盟会，其中，安徽公学就有张树侯、常恒芳，孙万乘等八十多名师生入盟，由革命志士江彤侯主持的徽州公学以及张伯纯主持的赫山公学，也有一百数十人加入同盟会。吴旸谷又到安庆弁目训练所，发展炮营弁目训练所的吴介麟入会，并且与安庆新军中的同盟会员熊成基、常恒芳等人潜通声气，秘密开展革命活动，从炮营发展到各营以及各军事学堂，发展会员一百多人。吴旸谷的活动很快被安徽巡抚恩铭察觉，吴旸谷被迫出走寿州，潜居芍陂学堂。他折返合肥，成立革命组织合肥学会，以学会的名义宣传革命，发展同盟会员，并组织暑期学术研究所，广泛联络各地有志于革命的青年学生。吴旸谷在安徽广泛联络革命志士，发展大批同盟会员，对同盟会在安徽的发展有重要贡献。

五、初入虎穴

安庆乃长江中游的锁钥，金陵上海的保障。安庆自康熙元年(1662)至1937年抗战爆发，将近三百年的时间，一直是安徽省的省会，安徽的政治、经济和文化中心。徐锡麟到达安庆时，形势异常严峻，安徽官府加紧搜捕革命党人。1905年8月，中国同盟会在东京成立后，派遣革命党人回国，积极开展革命活动，长江中下游地区的革命运动风起云涌，安庆也是斗争最尖锐的地区之一。清政府先后派遣恩铭出任安徽巡抚以及端方出任两江总督，以镇压革命党人。1906年4月，恩铭上任伊始，立即暗中派出侦探四处查缉革命党人，同时，加紧编练新军，设置巡警，加强地方封建统治机器。徐锡麟没有被气势汹汹的封建顽固势力所吓倒，反而认为正是发展革命力量，配合革命运动，给满清政府以致命打击的极好机会。徐锡麟到安庆后，立即持俞廉三的介绍信，到抚署拜谒安徽巡抚恩铭。

恩铭为于库里氏，庆亲王奕劻的女婿。恩铭字新甫，满州镶白旗人，盛京锦州驻防。恩铭于1873年中举人，后来即以举人身份捐资为知县。1883年，黄河山东段发生自1855年以来最大决溢灾害，山东巡抚陈士杰调恩铭办理河工。1886年，以劳绩保免选本班，以同知不论双单月选用。

旋遵例捐指山东试用，办理皖省宿州督销事务。时宿州境内贩运私盐以及土产硝盐猖獗，恩铭指示地方官员欲禁私盐，必须先办官盐之法，其弊自绝。1890 年，张村等处决口合龙，恩铭叙绩免补本班以知府优先补用。1891 年，又以河工抢险出力，保加三品衔。1892 年，又报捐花翎，署兖州府知府。白茅坟漫口合龙，山东巡抚张曜又上报其功，奉旨免补本班，以道员遇缺题奏，并加二品顶戴。恩铭办理河防赈务，事必核实，款无虚发。“抚臣廉其能，遂以明白河务，留心地方政治，堪备任使之选，入告。”①1893 年奉上谕交军机处存记。

1895 年，升为太原知府，后来，晋任山西按察使。1900 年，北方爆发声势浩大的义和团运动，从直隶漫延到山西，恩铭劝告抚臣饬令所属官员保护教士，袒护洋教，压制拳民，严禁人民的反洋教斗争。1900 年恩铭补授归绥道。义和团运动期间，口外七厅屠杀教士四十余人和教民二千余人，另有二万余教民急待安抚，时值饥荒，赈事急不可待，恩铭乃请求拨发币金十万两，发放七厅仓谷，为劳来安集之计。时联军进抵大同，百姓望风而逃。恩铭指示教士前往劝阻，并出示以前所搜获的逃军与蒙古相约焚毁教堂的檄文，联军相信恩铭能够保护教堂和教士，乃撤兵而去，归绥得于免遭联军骚扰。甘肃阿拉善蒙古民族相约屠杀教民，三道河教堂主教闵清告急，恩铭檄令包头号镇马队驰赴三道河，蒙民早已蠢蠢欲动，骤见大兵压境，均敛械一哄而散。“教士感其义，陈于法使，以恩铭保护教堂，不分畛域，求外务部请奖。恩铭闻之，亟请抚臣岑春煊咨部力辩，冀杜外人干预内政之渐。”②1902 年，恩铭调任口北道，时口北十三厅自义和团之乱以后，民生凋敝，教民气焰嚣张，进行疯狂反攻倒算。宣化县天主堂华人教士率众携带洋枪，逼迫民众入教。恩铭日以调和民教冲突为务，延请郡城洋教士至署，晓之以理，动之以情，经过反复辩论，约定教士不得勒逼民众入教，也不得擅自砍伐平民树木。于是，凡从前被迫入教者，皆得出教，其附教为非作歹者，均交由洋教士严加管束，口北教民得以相安无事。口北保甲久已裁撤，但每年仍收费千金，练勇冒领马群生息银九万余两，积弊已久，恩铭一概予以蠲除。

① 《清吏列传》第 16 册，中华书局 2005 年版，第 4876 页。
② 同上书，第 4877 页。

山西巡抚岑春煊以恩铭从前办理赈务奏请从优议叙，擢任浙江盐运使。1903年，恩铭补授两淮盐运使，年底又晋迁江苏按察使。

1905年，两江总督周馥奏称："恩铭才长心细，用人理财，综核精密，于杜绝灶私，清理场垣，及催运筹销诸事，不避劳怨，实力整理，销数渐畅。请旨从优议叙。"恩铭改授江宁布政使。陕甘总督升允也以山西协饷出力请求朝廷予以奖励，恩铭被授予头品顶戴。1906年，又补授安徽巡抚。时皖北洪水泛滥成灾，恩铭上奏朝廷，增拨国库所藏帑金10万两，蠲免或缓交丁漕钱粮，请求开设七项常捐，另拨奉天捐钱20万两，作为官赈之费。"复筹劝募，延义绅放义赈，先后共得数百万金，设法赈恤，必期民无流亡而后已。"安庆东部的广济圩向有安徽粮仓之称，绵延50里，为安庆最大的抵御长江水患的防洪堤。恩铭赴任时，正是汛期，加上暴雨致使江水狂涨，几乎将整个圩淹没。恩铭派人昼夜巡视，严防死守，并组织民夫协力防守，广济圩得以安然无恙。恩铭曾残酷镇压建德红莲会和霍山鄂籍民众的反洋教斗争。红莲会从江西波阳长驱直入浙江建德，焚毁数处法国教堂。恩铭发兵前往护卫，另派清兵防守祁门、婺源，红莲会寡不敌众，遁入时山。恩铭穷追猛打，越境进剿，歼击红莲会首领，将俘获会众分别监禁，皖南会党绝迹。寄居霍山县的湖北籍民众，与法国教堂发生纠纷，查办大员均护教抑民，以至民怨越积越深。寄居霍山的湖北籍民众怒不可遏，聚众焚毁法国教堂，会党也起而响应。"恩铭调兵防剿，击散麻城、罗田诸匪，缉其首恶，解散协从，举劾地方官之酿祸者数人，事遂平。"①恩铭剿抚并施，平息霍山的民教冲突。

清政府假惺惺地表示要实行预备立宪，赴任伊始的恩铭也想在安徽有所作为。"朝廷预备立宪，警察一事尤所注意。恩铭以皖省旧设警务学堂，规模简陋，乃推本求源，详定条章，一以教巡官、巡弁，一以教巡长、巡士，筹划咸得事宜。"在教育方面，除了安徽陆军小学堂、安徽高等巡警学堂外，还催促创办安徽陆军测绘学堂、安徽讲武堂、安徽绿营警察学堂、安徽将校研究所，并分别创办马队弁目、炮队弁目、步兵弁目以及工辎弁目等训练所。恩铭对安徽师范学堂也费尽心思，曾向朝廷大声疾呼欲以小学为基础，培养小学教员，创办师范学校，以振兴教育。恩铭对师范学

① 《清吏列传》第16册，中华书局2005年版，第4879页。

堂事无巨细，都要躬身过问，规定每年筹拨银四万二千两作为常年办学经费。“自新政日增，财用日绌。恩铭乃循旧例清丈各州县沿江洲地，分等缴价，按年收科。皖、江一带河洲，尽成粮地，又为之务垦牧，谋树艺，利源辟而时政因之咸举。”恩铭奏请蠲缓各属钱粮漕粮，清政府均予照准。清政府鉴于列强谴责酷刑竣法，参考东西各国法律，简派法律大臣，制定民事和刑事诉讼法，命令各省将军、督抚、都统等体察民情，悉心研讨，其中有无不妥之处，即行条分缕析，据实呈报。“恩铭以皖北民情强悍，赖有旧法严以绳之，行新法适足以滋桀骜者之诪张，因择其不便施行者六条奏陈之。”①恩铭对废除旧法持有异议。

六、父子情深

徐锡麟虽然有俞廉三介绍，恩铭对徐锡麟的言谈也颇有好感，但对新来的属下仍怀有戒心，不肯轻易委以军政重任。徐锡麟将初到安庆的有关情形，向父亲作了简单通报。徐凤鸣来信叮嘱徐锡麟耐心等候，并告诫不要再与大通学堂有任何瓜葛。大通学堂创建时，由徐锡麟和陶成章等人主持工作，学员纪律严明，绅学两界交口称赞。可徐锡麟等人赴日后，校务交由老夫子曹钦熙代理，曹钦熙不识会党情形，不能妥善处理，但萧规曹随，延至第一届学生毕业，也没引起大的风潮。然而，第二期学生开学后，由于竺绍康和吕逢樵均非绍兴人，与本地学界不甚融洽，校内学生也产生主客之嫌。曹钦熙辞职后，由余静夫代理，由于余静夫并非光复会员，被排挤出校。竺绍康又介绍姚定生出任总理，姚定生对会党情形也不熟悉，校内学生形成对立的两派，“其始则口舌相争，争之不已，竟至执刀械斗。继乃持刀出校，横行街市，各自寻仇斗殴”②。官绅学界莫敢过问，直到姚定生辞职，风潮才略为平息。因此，大通学堂被称为“强盗学校”。徐锡麟极为关心大通学堂的内部团结问题，竺绍康和吕逢樵也曾竭力挽留徐锡麟留在绍兴主持大通学堂的工作。徐凤鸣却一再叮嘱徐锡麟既入仕途，就不要再管大通学堂的“闲事”：

① 《清吏列传》第16册，中华书局2005年版，第4879页。
② 陶成章：《浙案纪略》，《陶成章集》，中华书局1986年版，第347页。

九月十八、廿八日接汝十二日、廿一日所发禀函两件,均照收悉。本月十二,交邮局寄至名利栈内智字号房间,交汝收启一信,约计十九日可以送到,而该栈并不将信转交,定必私自拆破,难以交付,殊堪痛恨,还须再向该栈查明为是,或向邮局一问,有无此信交与该栈。绍兴府学堂全班散学,大通停课多日,本属与汝无干。倘若有人属汝回绍兴调处,切勿攘臂下车,复为冯妇。盖汝已入仕途,兼蒙恩中丞契重,不久即有差委。士为知己者用,切勿请假回籍。我虽不出门,而寰宇之遥,颇通志气。盖情相隔理相同也,不必仆仆道途,而始可增识见。叔荪在外无事,亦当练习笔墨,切勿专讲应酬。凡事终须实在,勿以虚文是尚,不知汝等以为然否?接信后,即日照实照复,因祖母大人十分记挂故也。此付知悉。①

徐锡麟为了适应官场的陋习,租赁安庆小南门二廊巷的查姓房屋,建起"徐公馆"。徐锡麟雇用五名轿夫,两名亲兵,还带了两名家人,一位厨子。徐锡麟的薪水有限,可必需的排场开支又大,常常入不敷出。徐锡麟向父亲通报了安庆的日常起居情况,并希望能够得到家中的接济,还准备将妻子王振汉母子俩也接过来。徐凤鸣接到徐锡麟的来信后,立即复信告诫为官之道,应轻舆减从,节省开支,既不能挪用公款,家中也不能接济。并叮嘱徐锡麟吩咐徐锡麒回绍兴,接王振汉母子来安庆:

本月初九,托曹荔泉兄带出一信,并衣箱一只,想已检收。十七日,接汝初八日所发禀函,知汝公馆业已租定,并用轿夫五名、亲兵二名、家人三名、厨子一名,共计十一名。每名每日工食钱三百文计算,则每月开销已在百元之外。又况加以屋租以及一切酬应宴会,非二三百元一月不能敷衍。汝薪水只有杖朝之数,则不敷甚巨。公款万万不可挪移,家资亦断断不能接济。家中费用浩繁,几有入不敷出之势。祖宗省食俭用,立此基业,为子孙者,理宜肯堂肯构,以承先志,一旦化为乌有,何以见祖宗于地下?东西洋均尚预算,抑何不思之甚耶!据我意见,汝从大夫之列,不可徒行,平常出门,轿前用红伞一顶,伞夫一名。如该省候补道班不用,汝亦可以不用。轿夫二名,不

① 《徐锡麟之父谕子书》,《辛亥革命浙江史料续辑》,浙江人民出版社1987年版,第375页。

必坐四人轿以示威阔，坐挑轿足也。盖轻舆减从，为做官之美谈。际此国家多故，正主忧臣辱之秋，如何痛自折损，挽末俗而振颓风，为士夫所衿式。用家人二名，一司门上接帖，一司服役。至于亲兵一层，在轿前护卫，以备不测。然汝并不独揽大权，于人无所德怨，可省则省。万一风气不靖，不能不用，汝在外相时而行，不必拘定我言也。厨子可兼茶房，每日伙食若干，定一适中之则，饬其包办，按月给付，以归简便。若应酬一节，除能干首要各员外，有以请托干谒者，均可挡驾，俾得专心办公，以报知遇之恩。一若办事无误，则明年可得优差，或可署缺。只须中丞意气相投，可以操券。汝妻到皖，家中无人伴送，可着叔荪回家来接。叔荪何日动身回家，务须预先写信通知，俾免祖母大人挂念。此信到后，我之言语有无差误，著即据实声复，切勿迟延为要。此付知悉。叔荪在上海发来一信已到。①

徐锡麟因患严重的痔疮入顺天医院治疗，将近一个星期无法进食，未能及时给父亲复信。徐凤鸣闻讯后，极为心痛，立即来信慰问。并再次叮嘱徐锡麟切勿插手大通学堂的棘手事情。大通学堂创办时，由许克丞提供办学经费，光复会员孙德卿给予一定的资助。大通学堂从第二期开始，经费由同人筹集，经济异常拮据，光复会教员大都尽义务，不支薪金，家庭困难者，也半尽义务，每月以20元为限。秋瑾接任大通学堂督办以后，办学经费更加紧张。秋宗章回忆："绍兴大通体育师范学堂，为先大姊及徐伯荪先生所创办。既乏固定资金，又鲜补助经费，左支右绌，竭蹶时虞。伯荪先生去皖，先大姊独肩重担，以一手一足之烈，设法张罗，孤诣苦心，非言可喻。惟内部团结甚坚，教职员类皆光复会同志，坚忍卓绝，共维危局。月支极少数之生活费，间或一钱莫名，略无酬报，亦数见不鲜之事。伯兄徕绩，曾在大通执教鞭，知之甚悉，尝举以告人，非訾也。迨光复军组织成立，筹饷购械，益难为继。先大姊个人，固已悉索敝赋，不足，则益以典质借贷。无论新雨旧雨，凡处境稍裕，可呼将伯者，罔有佚漏。久而久之，仍达山穷水尽之境。纵诸人愿与环境奋斗，而枵腹从公，几有陈蔡之

---

① 《徐锡麟之父谕子书》，《辛亥革命浙江史料续辑》，浙江人民出版社1987年版，第376页。

厄。”[①]徐锡麟离开绍兴以后，仍然关心大通学堂的经费问题。可徐凤鸣却要徐锡麟赴皖后，与大通学堂一刀两断：

正月初三日寄去一信，由浙江会馆转交，已收到否？汝等近日安否？若何行常，若何阅历，若何官场礼节，曾否谙练熟悉？学界魔鬼曾否断绝清楚？大通学堂闻已费绌停办，而竺酌仙、吕凤樵一流人物，形同流氓，无处栖身，倘若流至安徽，切切勿可收留。因彼等一身以外，素无长物，兼且出言不检，不顾身家。此外如留学生之踵门叩谒者，终以不与交往为妙，缘若辈均不知敬君尊孔故也。倘以我言为然，著即遵谕实行，则汝之前途正未可限。前接仲荪来信，知伊因患痔疮，在顺天医院疗治，饮食不进者七日，备尝艰苦，现已全愈，约于正月初五、六出院，同胞人闻之，其亦为之心戚乎。家中自祖母大人以下均好。此信到后，著即速行照复，免得祖母记挂。此付知悉。[②]

徐锡麟并不赞同父亲徐凤鸣的观点，学界人才济济，思想活跃，应与之保持密切的联系。而官场则腐败不堪，贪污盛行，尽是追名逐利者，不屑与之往来，也不愿与之同流合污。徐锡麟表示要以先知觉后知，以先觉觉后觉，怀抱救国救民的大志。但徐凤鸣却不以为然，再次来信告诫徐锡麟：

正月二十，接汝十三日所以禀函，详叙现今一切大势，却系真情，我早知道。第以学界权力虽大，而作事颇不满于人意，因若辈类皆结党营私，毫无公德，口中都声声讲公德，其实何公之有？不过扰乱一番而已。老眼无花，汝试观之。盖官场虽多腐败，而内中岂无一二杰出之彦，何以仕与学不相联络也？如是洵乎学优则仕，仕优则学，盖古者仕与学合而天下治，今也仕与学分而天下乱。夫官，管人不法者也。乃官不能管人不法，而反为人所挤轧，大局尚可问乎？至于地方自治，自表面上观之，系属美名，无如民智未开，试问我国四百兆众，其尊君亲上者能有几人？其公正不阿者能有几人？即如日本为当今第一强国，其法治全用压力，其压力愈重，则百姓皆范围于法律之中，

① 秋宗章：《六六私乘》，《秋瑾史料》，湖南人民出版社 1985 年版，第 77 页。

② 《徐锡麟之父谕子书》，《辛亥革命浙江史料续辑》，浙江人民出版社 1987 年版，第 376 页。

而不敢自为其风气。我国苦于压力不重，而创自治者一派，创革命者一派，创保种之说者又一派。种种悖谬，棼如丝乱，然穷其弊，将有不堪设想者矣。孔子大圣，生于春秋之季，周游列国，不能挽既倒之狂澜，以故尝为委吏，尝为乘田，恃禄养以赡身家，亦无所损其盛德。汝即入仕途，似当确守官箴，勿使鼎之覆悚，锦之学制焉！而于该省学界中人，不几与他冲突。如来禀所云，见学界中人，则以学界之情形遇之；见官场之人，则以官场之官貌处之，所谓无可无不可，此合于时圣之一端也。窃恐汝未能有此权变，或者阅历已深，处世则因应咸宜，此我与祖母大人所深望于汝，而不可必得者。今既得之，殆祖宗灵爽式凭，而有以玉汝于成也。父母爱子，岂不愿子之为圣、为贤，以增光我门户？汝可知尧舜之道，孝弟而已矣。我愿汝以孝弟之道觉斯民，使天下之民皆孝弟之民，则汝之荣名与天地并寿矣。即汝所谓以先觉觉后觉，以先知觉后知者。下次则效毛义之捧檄，而喜形颜色为亲屈可也。祖母大人均常安好，余亦平顺。此付知悉。信到后即速照复。美姓阿姐家中均好，二少奶奶及羲炎、阿月均好，著即传谕该妇知悉。①

徐凤鸣苦口婆心地劝导徐锡麟与学界的“魔鬼”断绝关系，对于时下盛行的“自治说”、“革命说”以及“保种说”，不屑一顾。孔子作为圣人，尚且无法挽回既倒之狂澜，不得不为生计四处奔波。现在既然踏入仕途，就要遵守官场规则，权宜应变，不得逾矩，以便有朝一日飞黄腾达，光宗耀祖。

七、出任会办

太平天国被镇压以后，长江各省的湘军被裁撤，迄光绪年间，均以巡防营取而代之。防营编制以营为单位，营以下设哨，哨以下设千总和把总，最下设棚。营以上设有统领，有三营统领，也有五营统领，最大为十营统领，均直属于巡抚。每营兵数有五百人大营，三百人小营，但实际兵力

① 《徐锡麟之父谕子书》，《辛亥革命浙江史料续辑》，浙江人民出版社 1987 年版，第 378 页。

均不足数，均被军官吃去兵额，名为吃空名。武器为大刀和长矛，也有土造单打火枪，以及大土炮。士兵服装为黑布对襟短服，头裹黑布巾，名曰包头，足穿布鞋。军官服装为对襟黑羽绫服，头裹黑绸纱巾，足穿布靴，又名快靴。所居为平营房，军官睡铺板，名曰“高单”，士兵则稻草铺地，名曰“地单”，间有睡高单者。士兵来源大都为无业游民，许多官兵吸食鸦片，没有什么战斗力。江面设有小炮船，每船也有几个士兵担任游弋和缉捕，维持水上治安；城市没有警察，由巡防营担任防护，夜间派队巡查。甲午中日战争中国大败于日本，签订《马关条约》。八国联军入侵北京，又签订《辛丑条约》，清政府实行“新政”，编练新军，安徽也设立督练公所作为最高军事机关，设有总办和科，归巡抚节制。

1904 年，安庆武备学堂第一届学生毕业后，安徽巡抚招募新军 300 人，由学生训练，称为“武备练军”，有不少知识分子投军入伍。1905 年，安徽开始筹办新军，停办武备练军。1906 年秋，安庆督练公所又成立步、马、炮、工、辎五种弁目训练所，新军均分别编入训练所。“由各县招来的新兵，都比老巡防营的兵质量好。新兵里头不识字的不多，间有文武秀才，应招当兵，每到夜间，电灯下琅琅书声达于营外。营房名曰营盘，都是新盖的房屋，床铺也是新置的，上下各睡一人。兵吃大厨房，军官有小厨房，兵士服装都是灰布或黄布，军官都是兰呢制服，皮鞋裹腿俱全。武器全用汉阳兵工厂小口径步枪，大炮则买自德国或日本，也在蒙古买马，操法和战法先学德国，后完全学日本，军容焕然一新，不是睡稻草的巡防营了。”①全国新军共有 36 镇，每镇两协，每协两标，每标三营，每营四队，每队三排，每排三班，每班兵 14 人，一营约合 500 人。一镇为步、骑、炮、工、辎五种兵组成，约合一万人。除京都六镇护卫京师以外，其余 30 镇则按省的大小分摊，其兵权完全操纵于陆军部，各省如有事，可临时调往外省作战。安徽时为不大不小的省份，仅能成一个混成协，上不设镇，比镇里的协大，镇里的协仅为步兵。至于混成协，则步、骑、炮、工、辎五个兵种均有，实际为半个镇的编制。混成协为步兵两标，炮和骑各一营，工程和辎重各一队。安徽编练的新军初名为安徽步兵第一标和第二标，骑、炮兵各

① 龙松鳞：《辛亥革命前后安徽军政概况》，《安庆文史资料》第 1 辑，1981 年版，第 34 页。

一营，旋奉陆军部令，改编为第三十一混成协，步兵第六十一标、六十二标，骑、炮兵各一营，工程、辎重各一队。“步兵第一标，由老巡防营改编充数。第二标是征集的新兵（其中文化程度不等），训练严格，思想新颖，拥护孙中山先生的革命主张。”①正因为安徽新军刚刚组建，缺乏战斗力，所以，徐锡麟选择安庆作为武装起义的据点。“徐锡麟之所以发难皖省者，预料皖省空虚。虽有常备军两标，其第一标虽已操练，而未发枪械。第二标又悉初征之兵，更不谙操法，缉捕、巡防各队，兵单人少。其余绿营，不足为惧，故勃然兴起，相机而作耳。”②徐锡麟希望能够谋取安徽督练公所总办的位子，以此为基础，掌握全省军队，为发动武装起义作准备。他将初到安徽的一些设想，告知陶成章：

□□同志侠览：

麟在皖于军事有着手处，大约在参谋处当总办。该省军务中人颇觉接洽，日后必有生色，可以达到目的，此事勿为门外人道。

即　请

侠安！

麟上言③

过了两个多月，恩铭才任命徐锡麟为陆军小学堂会办。甲午战争中国败于日本，特别是八国联军入侵北京，亡国灭种危机迫在眉睫，清政府不得不实行“新政”，编练新军，诏令各省选派优秀青年赴日学习军事，各省相继创办武备学堂，或将弁学堂，或陆军学堂，以培养军官。安徽也于1902年和1903年分别创办武备学堂和练军学堂。1907年，恩铭又奉清廷上谕，创办陆军小学堂。“这个学堂的毕业生可升陆军中学，升陆军军官学校，非比各省所办军事学校是速成性的。”④陆军小学堂位于安庆北门外南庄岭下，只有一年级学生133人，学生年龄也小，又无枪械。徐锡麟也深知陆军小学堂会办没有实权，恩铭对自己仅是虚与委蛇。但徐锡

① 张绩亭：《安徽新军参加辛亥革命与成立“皖省维持统一机关处”始末》，《安庆文史资料》第1辑，1981年版，第44页。

② 毕志社编：《中国革命党大首领徐锡麟》，新小说社1907年版，第6页。

③ 《徐锡麟遗札十八》，《浙东三烈集》，第31页。

④ 龙松鳞：《辛亥革命前后安徽军政概况》，《安庆文史资料》第1辑，1981年版，第34页。

麟并没有因此而掉以轻心，仍认真对待。“时皖抚为满人恩铭，徐〔锡麟〕有才干，且得湘抚俞廉三之荐，益器重之，遂有徐小道之称，以徐〔锡麟〕年少而最能也。任陆军小学堂会办，督课甚严，每出操训练，虽烈日暴雨，行不张盖，衣履尽湿，不顾也。”①徐锡麟以此作为进入军界的阶梯。他将拟实行的计划，向陶成章作了简单的通报：

□□同志侠览：

兄于十一月初三日由抚台委札与藩台冯会办陆军小学堂(此事兄费心极多，足见办事之难，与陆军部直接)。现在堂内学生一百三十三人(系第一年生)，明岁拟招二年生。兄现时往来多系在陆军上者，宜极力经营，然初入军队中，一切办事，亦当时时留意。来书云□□一节，恐防□□窥破，此实光明正大之词，兄前言不过为一时计耳，非正办之法，足见吾弟之心术，虽小节亦不苟。钦佩！钦佩！吾弟如有来信，必须谨慎。余容后告。

即　请

学安！

兄麟上言②

旅皖的浙籍同乡于1907年春创办浙江旅皖公学，慕名推举徐锡麟为校长。王迈常悉心协助徐锡麟办理公学，曾深情地回忆有关情况：“徐锡麟字伯荪，绍兴人，以试用道需次安徽，短小精悍，言不妄发，顾眉目清秀，善气迎人，喜交结，非崖岸自高者。余原随沈寐叟师在南昌，光绪三十一年之秋，寐师任安徽提学使，余亦来皖。寐师以安徽学务公所图书课课长一职嘱余承乏。三十二年春，浙人之官于安徽者创立浙江旅皖公学，公推伯荪为校长，余因公学事数数与伯荪商谈。余对于校事有所贡献或推荐教员，伯荪未尝不欣然接受焉。惜乎纳交未及半年，而伯荪大去矣。”③王迈常提出的有关校务以及推荐教员事宜，均为徐锡麟所接受。

徐锡麟到安庆后，仍与北京保持密切的联系，并利用自己的社会关

① 潘赞华:《徐锡麟刺杀皖抚恩铭》,《绍兴文史资料选辑》第4辑,1986年版,第94页。

② 《徐锡麟遗札十九》,《浙东三烈集》,第32页。

③ 王迈常:《徐锡麟枪杀恩铭见闻回忆》,《文史资料选辑》第11辑,中华书局1960年版,第89页。

系，想方设法为陶成章谋取陆军部的职务，以便有机会掌握全国军队，实行中央革命。徐锡麟与陶成章信件来往不断，共同商讨开展革命活动的计划：

□□仁弟同志侠览：

顷悉□□□□，不胜欣幸！足徵吾弟学问之有实际，办事之可靠。兄近来竭力与陆军中人联络，预备后来任事地步。陆军中有可为吾弟相当地位，即当飞电达报。□□在京任教科亦好，多一个朋友在中国任事，可少一分阻力。□□同志弟目下光景如何？兄常常记念，复思有吾弟为之运筹，可以无虑。□□兄现想仍在学铁路否？念念。

即　询

侠安！

小兄麟上言①

徐锡麟已有一月没有接到陶成章的来信，非常想念在东京的同志。他对陆军小学堂会办这个有名无实的差使，也很不满意。加上薪金微薄，难于应付官场的往来酬酢。徐锡麟孤身一人在群魔之中周旋，感到极为孤独和寂寞，希望有革命同志一起战斗。他写信邀请陈伯平和马宗汉前来安庆，共同开展革命活动。徐锡麟也没有放松与北京的联系，以便为陶成章谋取陆军部的职务。他在致陶成章的信中，诉说了自己的苦闷，展望革命的未来：

□□同志弟侠览：

将及一月，不见手书，麟十分记念！未知吾弟在东〔京〕如何情形？麟在皖无别事，不过日与军界中人联络耳。陆军学堂不过面子上事，其效缓，无甚实权，不久麟或可到军队上作事，握全省军务，然勿对外人道也。去年底，陆军部派哈汉章、良弼二人来查军务，皖省大约正月底可到。马〔宗汉〕君、陈〔伯平〕君，大约二月初由余姚动身来皖，吾弟位置，麟当斟酌，非在军队不敢告吾弟回国，况吾弟卒业不远耶。麟拟有把握时，再告吾弟，然办事随时机会不同，亦不能拘执。大约麟之意见愈速愈妙，未识高见以为如何？在东〔京〕诸君现

① 《徐锡麟遗札二十》，《浙东三烈集》，第32页。

各如何？祈便中示及。

此 请

旅安！

小兄麟上言。①

八、主办警校

徐锡麟并不满意陆军小学堂会办这个没有实权的差使。陆军小学堂学生“多数为十余岁之青少年，一时不易接受革命教育。烈士考虑，要想在安徽建立革命活动基地，必须掌握安徽巡警学堂实权，才能开展工作，同时了解该校有少数进步学生在内活动，有较好武器（每个学生有九响毛瑟枪一枝），便于起义”②。徐锡麟再次求助俞廉三，向恩铭说情。俞廉三又致信恩铭，称赞徐锡麟才华横溢，要恩铭加以重用。“徐锡麟初到皖省，谒皖抚恩新帅，即纵谈军政，为新帅所器重。又徐为俞廉帅表侄，乞俞作书说项，即委充陆军小学堂总办。本年二月，改委巡警处会办，兼理学堂事务。并于赈捐案内，加捐花翎二品顶戴。既办警务以来，颇能实心任事，学界亦同声称道，新帅更视之不疑，尝语人曰：徐道办事颇有才气，其在学堂事事认真，学生习练，徐〔锡麟〕每自着军服，亲入队中同操，自为领队，部勒学生颇严肃。每于夜晚，必严查学堂，即厕所小便之处，亦亲自往查。学生诧之，然均以其办事勤慎，且嘉许之。”③恩铭经过一段时间的考察，对徐锡麟也非常满意。于是，恩铭于 1907 年 2 月改委徐锡麟为安徽巡警处会办兼巡警学堂会办。“徐锡麟既需次安庆，得武备学校差使，然每月所入，不过数十金，不敷所用，乃遣归其妻王氏，并非有他谋也。又以未娴官场陋仪，屡为其同室所窃笑，欲联结兵营，则又口操绍兴土音，事多隔膜，郁不自得，屡思归浙，同乡僚属劝留之。锡麟亦以浙抚张曾敭交涉已稍有破裂，恐归杭城，亦复难收效果。正在徘徊观望间，俞廉三又以函嘱恩铭，称锡麟有才，务加重用。恩铭答廉三以‘门生正欲重用之，毋

① 《徐锡麟遗札二十一》，《浙东三烈集》，第 33 页。

② 凌孔彰：《徐锡麟烈士革命事略》，《安庆文史资料》第 1 辑，1981 年版，第 25 页。

③ 毕志社编：《中国革命党大首领徐锡麟》，新小说社 1907 年版，第 5 页。

劳老师悬念’等语，遂即改徐〔锡麟〕为警察会办，俸金所入较多，锡麟因得稍行布置。寻恩铭又加授锡麟于陆军学校监督之责。”①徐锡麟经过多方活动，终于如愿以偿地掌握巡警学堂的大权。

安徽巡警堂是清政府实行“新政”的产物，目的在于加强清王朝的封建统治，专门培养其统治的御用工具——警察的学校。巡警学堂由恩铭创办，校址位于安庆城东北角百花亭街。百花亭高踞城墙之上，正对盛产菱藕的菱湖，登临俯眺，百花尽收眼底，故名“百花亭”。学堂分为官生和兵生两个班，官生100名，兵生200名，每期训练三个月。徐锡麟出任会办时，已改成两年制。每个学生配备九响毛瑟枪一支，武器装备较好。清政府对安徽巡警学堂极为重视，控制异常严格。自开办以来，历届总办以及巡警会办均由满人担任，从不让汉人染指。学生不准干预国政，如有犯规者，学堂即照章严惩，绝不姑容，免滋流弊。

尽管清政府对巡警学堂严加管制，但处于风雨飘摇状态的清廷已无法阻挡资产阶级民主思潮的激荡和冲击。前来巡警学堂入学的学生成分极为复杂，有的仅为混碗饭吃，也有的从中寻找出路，有的作为升官发财的阶梯，也有诚心爱国者。学生也有多元的思想倾向，封建正统派拥护三纲五常思想，资产阶级改良派拥护光绪皇帝的维新思想，资产阶级革命派主张排满革命。新旧思想尖锐对立，巡警学堂内“士习浮嚣，或腾为谬论，妄行干预国政”②。怀远籍学生宋豫琳是早期同盟会会员，时为赵声驻皖军事秘密联络代表。广德籍学生杨允中也是同盟会会员。六安籍朱蕴山和朱检之均考入巡警学堂的“官生班”，徐锡麟看到朱蕴山年轻，将其编入“兵生班”。朱蕴山因思想激进，表现突出，深为徐锡麟所器重，并亲自介绍朱蕴山秘密加入光复会。朱蕴山晚年曾深情地回忆那段峥嵘岁月：“1906年，即清光绪三十二年秋，我随宗兄朱检之、朱笃之离开家乡六安，来到安庆。笃之考入陆军测绘学堂，我和检之考入徐锡麟主办的安徽巡警学堂。我俩都考入该学堂的官生班。徐锡麟见我年轻，把我从官生班挑出编入兵生班。当时列入兵生班的还有宋玉琳、杨允中等人。分到兵生班后，

① 陶成章：《浙案纪略》，《陶成章集》，中华书局1986年版，第353页。

② 李正西、洪啸涛：《朱蕴山》，黄山书社1988年版，第15页。

除学习有关军事、警务科目外,还进行步兵操练。”①徐锡麟将巡警学堂作为传播资产阶级民主革命思想的阵地,培养反清武装起义骨干的基地。

徐锡麟利用巡警学堂会办的特殊身份,暗中开展武装起义的准备工作。他关心爱护学生,尽管自己经济拮据,还经常变卖自己的衣服,接济困难的学生。徐锡麟经常在晚上宴请学生和新军官兵,向学生揭露清政府昏庸无道,散发革命书刊,宣传振兴民族、热爱国家的思想,课余时间也找学生谈话,分析国内外形势,启发学生的爱国感情与思想觉悟。有时,徐锡麟利用周末休息时间,带着朱蕴山等人驰马郊外,以游览石马湖、龙珠山、观音阁等地为名,指导学生观察和熟悉地形,并送给学生和官兵子弹。朱蕴山回忆,徐锡麟“经常秘密把我们召集在一起,痛斥清廷无能,要推翻清廷,光复汉室”。徐锡麟常常告诫:“你们不要入官生班。不要去做官,要革命。”②宋豫琳、杨允中、朱蕴山等人时常相聚,纵论天下大事,关心国家命运。学员对徐锡麟非常敬仰,对他的火热的爱国热情及其与满清政府誓不两立的革命精神非常崇拜。

徐锡麟得到迅速的提拔和重用,又暗中开展革命活动,引起各方的注意。兼任巡警学堂总办的臬司世善更是对徐锡麟处处掣肘,百般刁难。旗人世善突然得暴病死亡,有人怀疑是徐锡麟下的毒手。徐锡麟从事革命的目标在于推翻清王朝的封建专制统治,“徐〔锡麟〕之目的如是,故徐〔锡麟〕之布置无往而非欲达其目的之方法。徐锡麟之分发到省在去年秋间,适有改良警察之议,已故世〔善〕臬台为督办,引徐〔锡麟〕为会办,即设警察学堂。徐〔锡麟〕乃多引其同乡武备毕业生以为己助。盖其蓄谋极久,今年春间世〔善〕臬台忽以暴疾死。未死之先,曾饮于徐〔锡麟〕所。议者谓世〔善〕年富力强,素无疾病,其暴死之原因,殆徐〔锡麟〕有以致之”③。徐锡麟“任教时最厌恶的是世善,他居心险恶,歧视烈士,遇事刁难”。徐锡麟曾对学生凌孔彰抱怨:“世善是革命的对头,此人不除,工作难做。时时想杀世善,后请世善吃饭,在酒里下了毒药。这件事非常机密,都说世善暴疾病故,其实是中毒身亡。世善死后,烈士想谋代他的职

① 朱蕴山:《我的老师徐锡麟》,《纪念朱蕴山文集》,中国文史出版社 1987 年版,第 118 页。

② 同上。

③ 毕志社编:《中国革命党大首领徐锡麟》,新小说社 1907 年版,第 8 页。

务，未得恩铭许可，以首道毓秀继任了。”①世善死后，徐锡麟谋取臬司和巡警学堂总办的位置，由于清政府处处歧视汉人，因此未能成功。恩铭提拔原安庐滁和道毓秀出任臬司兼巡警学堂总办，由于毓秀并不到巡警学堂办公，徐锡麟实际主持了巡警学堂的工作。“世臬死后，继任者无徐〔锡麟〕之精明，徐〔锡麟〕得为所欲为，暗中运动军人为己用。以故徐〔锡麟〕之在皖，极意联络军界中人。惟徐〔锡麟〕操浙绍土音，语多不通达意，且徐〔锡麟〕以皖省军界中人程度太低，每有格格不入之叹。”②尽管徐锡麟掌握了巡警学堂的实权，但对徐锡麟的诬陷和攻击并没有平息，他们继续散布日本学生多阴谋的谣言，恶语中伤徐锡麟。巡警学堂收支员顾松是清王朝的一只鹰犬，暗中监视徐锡麟的一举一动，并私拆徐锡麟的来往信件，尽管信中全是暗语，抓不住什么把柄，可他仍向恩铭密报徐锡麟不可靠，应严加防范。众口铄金，积毁销骨，恩铭也对徐锡麟产生怀疑，曾当面责问徐锡麟，有人控告你是革命党人，请好自为之。徐锡麟惊出一身冷汗，只得以“请大帅明鉴”予以搪塞。

九、与狼共舞

光复会在安徽的活动中心主要集中在芜湖和安庆。芜湖是安徽辛亥革命的策源地，芜湖革命活动的中心则在安徽公学。1904 年，李光炯将安徽旅湘公学迁往芜湖，改称“安徽公学”，由李光炯和邓绳候担任监督。1905 年，安徽公学增设速成师范班，聘请刚从日本回国的房秩五主持。安徽公学聘请不少学界名流前来任教或讲学，其中有光复会员，也有同盟会员。“最著名的有刘申叔（名师培，江苏人，化名金少甫）、陈仲甫（即陈独秀，怀宁人）、柏烈武（名文蔚，寿州人，后曾任安徽都督）、陶焕卿（名成章，浙人，光复会领袖）、张伯纯（名通典，湘人）、苏曼殊（名子谷，粤人），还有谢无量、周震麟、江彤侯、俞子夷等。”③革命党人教师暗中指导学生传阅革命书刊，发展师生加入光复会和同盟会。安徽公学的教员，不少也

① 凌孔彰：《徐锡麟烈士革命事略》，《安庆文史资料》第 1 辑，1981 年版，第 26 页。

② 毕志社编：《中国革命党大首领徐锡麟》，新小说社 1907 年版，第 9 页。

③ 《辛亥革命前安徽文教界的革命活动》，《辛亥革命回忆录》第 4 集，文史资料出版社 1981 年版，第 379 页。

是岳王会员。

1905年底，光复会员刘师培曾托安徽公学教员胡渭清送交一百余名光复会新会员名册上交上海光复会会长蔡元培。安徽公学以培养革命骨干、散播革命种子作为宗旨，教师经常在课堂上讲授革命道理。刘师培在校内公开地宣传反清思想，引起清廷东南疆吏的注意。两江总督端方曾责令道台蒯光典，逮捕安徽公学中的革命党人。经过蒯光典婉言解释，端方才不了了之。但革命党的活动却因此受到严重影响，刘师培等光复会会员不得不相继离开芜湖。“是时皖省尚无光复会之组织，军学界中赞成革命者，寥寥可数。独芜湖有安徽公学，始创于甲辰年冬，刘光汉、陶成章、龚宝铨、张通典、段昭、柏文蔚、陈由己诸人先后讲学其间，提倡民族主义，不遗余力，皖人之倾向革命，实以该校为最早。锡麟莅皖时，张通典方任芜湖中学监督，皖中党员咸假该校为活动机关，以故锡麟在安庆进行诸事亦大得其力。”①

徐锡麟与芜湖的革命党人也保持联系。“徐锡麟莅皖后，以见知于恩铭，迭获军政要差，方谓权势日重，大有可为。然转不见谅于光复会各同志，盖陶成章、龚宝铨等以锡麟求进太速，疑为功名心重，宗旨不定，渐非议之，而成章反对尤力。锡麟不为少动，仍进行不辍。”②安庆“有湘人张柏寅者，世居安庆，与锡麟为莫逆交，有大宅在城内，锡麟每次开会，常假张宅为会场。皖省同志如兵备处提调胡维栋、马营排长常恒芳、督练公所学员龚镇鹏、兵弁孙希武诸人，皆与往还。惟锡麟作事深沉，机不外露，以同志陶成章等之见疑，益滋戒惧”③。陶成章和龚宝铨等人怀疑徐锡麟为功名富贵所迷惑，革命意志消退。徐锡麟面对陶成章等人的误解，复信予以解释：

□□同志弟大鉴：

接浙绍所发之书，读悉。麟自去岁在横滨别后，而所抱之宗旨，千辛万苦，仆仆道途，终欲达其目的（在河南驻马店，行之半途，而钱已用完，一日不食者数次。此等苦况，麟自知之）。而前所心印之同

① 冯自由：《中华民国开国前革命史》（中编），良友印刷公司1928年版，第28页。
② 同上书，第27页。
③ 同上书，第28页。

志，刻刻在心，即间有不通信者，亦无时或忘，盖公义而兼私情也。吾弟为学问计，预备后来办事地步，麟极力赞成，盖建设之不可无人也。然麟则抱孤愤以往，终不变初志也。以忍耐二字与世相接。浙江军事现有□□〔秋瑾〕回浙主持，麟可安心在皖经营矣。麟或者于四五月间来日本一次，亦未可知。相别一年，记念甚深，渴欲一见，以抒积悃。

即　请

学安！

小兄麟上言①

徐锡麟踏入官场后，进一步看清官场的腐败，充斥毒心狡诈之人。他也时时告诫自己要"谨慎敏捷"，以免遭人毒手。他高瞻远瞩，赴日时没有轻易剪辫，便于回国继续从事革命工作。他也有意识地与道署中负责镇压革命党人的两位候补道交"朋友"，及时了解安徽官府镇压革命的动向，并获悉萍浏醴起义失败后，各地官府肆意搜捕革命党人。徐锡麟"居皖半年，对于光复会事务从未实行推广，会友之投皖相助者，亦只陈伯平、马宗汉两人，每值星期日虽常召集巡警学堂教员学生于讲堂为爱国之演说，然其意在灌输最新知识，以激荡思潮，而于种族大义特隐隐流露于词气之间而已。校中生徒闻其纵谈时事，莫不奋发，然亦多莫明其宗旨之所在。盖锡麟办事与秋瑾不同，秋瑾性情豪迈，不畏人言，主持大通学校不过数月，而校中生徒及所联络之会党头目，皆令一律入光复会，故会务进步极速，而革命之风潮大露。锡麟则条理细密，措施审慎，其初对于安庆军学界中同志，以关系尚浅，既不敢与商机密，即在光复会旧友，除在浙之秋瑾等数人外，亦鲜与联络"②。徐锡麟在安徽官场飞横腾达，而光复会工作却未见起色，致使陶成章等人对徐锡麟的误解越来越深。陶成章屡次来信劝诫徐锡麟，责之以革命大义。徐锡麟在致陶成章的长信中，再次表明坚持革命到底的志向：

□□仁弟同志侠览：

接书感触时事，百忧莫解。自问生平遇最苦之境地，值最难之际遇，而麟出于无形之运动，期曲折以达目的，其中忍耐坚苦备尝之矣，

---

① 《徐锡麟遗札二十二》，《浙东三烈集》，第34页。

② 冯自由：《中华民国开国前革命史》（中编），良友印刷公司1928年版，第28页。

可为知己道也。麟自早至暮，无一念或忘，无一事不从此着想，纯然以诚心待人，但世途之险诈不可言状。麟一入官场，见毒心狡谋之人，不一而足，吾同志等终当以"谨慎敏捷"四字抵当之。吾弟此时未处办事之地，其中曲折，亦可随时忆度，切勿徇情作事，受人毒手。麟现时官场消息，处处灵通，见之作事，不得不谨慎一二。麟到日〔本〕不去辫发者，至今作事较易一层。凡事当观于后，未可计目前之成败可否，未知高明者以为然否？回忆在日〔本〕时，与吾弟讨论办事，长予见识，今则相隔数千里，思之不觉闷闷。来书询萍乡之事，已烟消云散矣。而官场对于该党之人，尚觉紧要，无处不密查，无处不防备，而吾有好友二人系道班，当巡查该党之事，其中情形，麟知之深矣。不入官场，不谙此事。古人曰："知己知彼，百战百胜"，此言不欺我也。□□先生现值如何境遇？祈代转知麟之无恙。□□兄不通消息已四月矣，现在何处？祈一查为托。诸同志在日〔本〕好否？念念！余姚马子贻同志，祈即写信请其从速来皖，信内不必多言，到浙江会馆一问便知，然由上海动身，必须乘招商船，其余船上岸不便，信内要言明，免得临时不便。言不尽意。

即复

询侠好！

麟上言①

---

① 《徐锡麟遗札二十三》，《浙东三烈集》，第36页。

第七章　筹划起义

秋瑾与徐锡麟相约共同发动皖浙起义，但浙江会党不待起事日期到来，就提前发难。嵊县的平洋党裘文高在西乡廿八都树起革命军的旗帜，遭到优势清军的攻击，退入东阳而去。武义的刘耀勋不慎泄露武装起义的消息，清军大兵压境，龙华会的力量遭到严重挫折。金华的龙华会也因起事消息泄露而遭到严重破坏，龙华会的主要骨干遇难。兰溪的龙华会也因蒋继云的破坏，力量被严重消弱。清政府加紧镇压长江中下游的资产阶级革命运动，革命党人叶仰高在上海被捕，叶仰高供认革命党人已打入安徽官场。两江总督端方将革命党人名单电告安徽，恩铭指令徐锡麟按名单逮捕革命党人，徐锡麟的别名光汉子列于首位。安庆局势紧张，一触即发。徐锡麟处变不惊，毅然决定发动安庆起义。

一、秋瑾发令

秋瑾与徐锡麟在杭州分手后，立即走马上任，主持大通学堂的工作，加紧武装起义的准备工作。秋瑾整顿校务和学风，扩大招生规模。大通学堂设有董事会，有名誉董事、常务董事和董事。“在董事会里最重要的人物是秋瑾，她是同盟会会员，在反清活动及学校的发展上起了很大的作用。孙德卿，绍兴孙端镇人，是个当商，据说他是一个捐班官，学堂经费由他负责。姚定生、黄怡、竺绍康、王金发等，都曾为徐锡麟创办大通师范学

堂出过力。姚勇忱大概也是其中的一员。"[①]1906 年,徐锡麟将设在绍兴府学堂的体育会移往诸暨册局,秋瑾扩大体育会,自任会长。秋瑾从绍兴、金华和处州三府招收会党骨干到诸暨册局体育会进行军事训练。秋瑾"乃多招金〔华〕、处〔州〕、绍〔兴〕三府党会头目数十人来体育会学习兵操,学生群至野外练习开枪,于是二万之子粒骤减至六七千粒"[②]。另在《绍兴白话报》刊登《大通师范学堂第二次招生广告》:"本校已于二月初十日开校,十三日开课,尚不敷额。如有年在十八岁以上,三十岁以下,果欲来校肄业者,务于二月三十日前到本校报名,随交墨银两元。限三月初二日上午八句钟,各持照片至校,投考逾限截止。"[③]秋瑾亲自担任教练,委派赵卓为司账兼学监,张干为体育教员,训练大通学堂的学员。秋瑾"自着男子体操洋服,乘马出入城中。士绅咸不欲〔秋〕瑾所为,群起而与之为难。〔秋〕瑾有众学生后援,与诸士绅力争,士绅虽不能敌,而其恨益滋矣"[④]。范文澜回忆大通学堂的操场就在他家的对面,中间隔着一条小河,他与同伴一听见嘹亮的军号声,就跑去看秋瑾带学员背洋枪上操。

秋瑾还屡次前往浙江各地,联络秘密会党。秋瑾骑马或步行,穿行于诸暨、金华、东阳、永康、缙云等地的山间小路,日行七八十里。"秋瑾以丙午十二月十九日偕王军到金华兰溪,见蒋乐山,是为运动秘密会党之始。"为了响应革命党人发动的萍浏醴起义,秋瑾偕光复会员王文庆到离兰溪县城 70 里的水阁塘村,与龙华会党的首领蒋鹿珊商讨武装起义事宜,临别时还赋长诗《赠蒋鹿珊先生言志且为他日成功之鸿爪也》相赠,与浙江的秘密会党建立联系。1907 年"正月下旬,〔秋〕瑾再施秘密会党运动,由诸暨道义乌至金华府城,见徐买儿,买儿远之(即徐顺达小字)。寓于四品一世(即金阿狗家)。欲往见张恭,不果而去。三月初旬,复出诸暨,道东阳过永康以入缙云,寻归绍城,以函招金〔华〕、处〔州〕各会党首领入绍兴计事,并令在体育会学习兵操,前后相继至者凡百余人。

① 朱赞卿:《大通师范学堂》,《辛亥革命回忆录》第 4 集,文史资料出版社 1981 年版,第 144 页。

② 陶成章:《浙案纪略》,《陶成章集》,中华书局 1986 年版,第 348 页。

③ 逸莺、听莺:《关于绍兴白话报与"万卷书楼"》,《辛亥革命绍兴史料》,1981 年版,第 61 页。

④ 陶成章:《浙案纪略》,《陶成章集》,中华书局 1986 年版,第 348 页。

〔秋〕瑾所最信任者，为义乌吴琳谦及金华徐买儿、武义周华昌，卒得三人之力，因之呼吸灵便"①。吴琳谦是义乌吴店人，秋瑾在义乌得到吴琳谦的大力支持。徐顺达是浙江金华人，擅长拳勇，以信义为乡里所推重，担任龙华会的红旗职务，负责金华、兰溪、浦江、汤溪四县的军事工作。周华昌乃缙云人，随伯父到武义壶山以开饭店作为掩护，广交各路豪杰，被目为"梁山酒店"。周华昌与沈荣卿、张恭相约共同组织"龙华会"，周华昌任龙华会副会长，分管武义分部，负责武义、龙游、衢州一带会务，金华府属八县接应起义的工作，也交由周华昌总管。龙华会成了浙江起义的主力军。

秋瑾也重视争取学界和新军，成为革命力量。"正、二月间，〔秋〕瑾屡往来杭、沪，运动军、学界，其方法不外藉会党之声气以鼓舞军、学界，复以军、学界之名义歆动会党，而以大通学校为其中枢。"②驻杭新军主要有步队二标作为基干，第一标驻杭州城北笕桥，标统李益智属于旧派人物，标内各级军官不少为武备学堂学生。第二标驻东南郊望江门外海潮寺，由日本陆军士官学校毕业生蒋尊簋担任标统。蒋尊簋是光复会员兼同盟会员，标内大部分军官为浙江武备学堂及其附设弁目学堂毕业生。秋瑾在新军发展的光复会员，"督练公所有许耀，南京陆师学堂毕业；夏超，浙江武备学堂毕业；虞霆，举人，浙江武备学堂速成科毕业；武备学堂有黄凤之、张敢忱、吕公望。第二标有朱瑞；叶颂清，队官，南京陆师学堂毕业；周凤岐，禀生，浙江武备学堂毕业；俞炜，浙江武备学堂毕业"。秋瑾在杭州建立秘密组织，由光复会的骨干分子吕公望、朱瑞、顾乃斌、蒋鹿珊、刘三春、张巷、程士毅、龚宝铨、楼其志、徐拱禄、朱健哉、蒋馔、王子经等十多人组成，由尹锐志和尹维俊姐妹往来联络，互通消息。驻杭军校浙江武备学堂，乃是同盟会和光复会活动的主要据点，杭州的同盟会员和光复会员，大都是武备学堂的学生。秋瑾到杭州发展革命组织，也以武备学堂的学生作为重点。杭州另一军校为蒋尊簋第二标统附设的弁目学堂，有许多学生原为大通学堂的学生。"秋瑾在弁目学堂的学生中，起初吸收的人数较多。后来有些人发生了动摇，到最后巩固下来的有徐光国、吴斌、吕

---

① 陶成章：《浙案纪略》，《陶成章集》，中华书局1986年版，第350页。

② 同上书，第378页。

和音、徐雄、柯制明、潘知来、裘绍、周亚卫、邢复等。"①秋瑾在杭州曾入住军桥荣庆堂客栈，有时在西湖刘果敏公祠内的镜清楼，有时则在白云庵、紫阳山顶或将台山顶、西湖船中，或到徐自华家开设在大井巷口的悦济衣庄等地召集光复会员开会。秋瑾也曾去过上海由革命党人主持培养军事干部的启东学校，委托该校的光复会员杨旭东负责运送军火。

秋瑾统一浙江各地革命力量，将光复会员编为十六级，以"黄祸源溯浙江潮，为我中原汉族豪。不使满胡留片甲，轩辕依旧是天骄"的七绝诗作为表记。从黄字以迄使字，皆有表记。"例如：黄字为首领，首领五人，即以推〔徐〕锡麟等。祸字为协领，无定员，〔秋〕瑾自居协领。源字为分统，以洪门首领任之。溯字为参谋，以洪门红旗等任之。浙字以下为部长、副部长等职，各职员均以金指环为记，指环中文字即以已职衔之代名词嵌入之，或以 ABC 等英文字母代之，其势力所及，上达处州之缙云，亘金华全府，而下及于绍兴之嵊县，金华府之金华、兰溪、武义、永康、浦江五县，实为其中心。"②秋瑾还将浙江各地会党力量编为八军，用"光复汉族，大振国权"八字作为八军记号，各军分设大将、副将、行军参谋、行军副参谋、中军、左军、右军、中佐、左佐、右佐、中尉、左尉、右尉 13 个军职。如"统带光字军大将，统带光字副将、行军参谋、行军副参谋、光字中军、光字左军、光字右军、光字中佐、光字左佐、光字右佐、光字中尉、光字左尉、光字右尉"③。光复军肩章用白月中书左右字样，并标号码。自大将以至左尉皆用胸带，尤如西洋悬挂宝星的斜胸带，以黄、白和浅蓝等颜色区别等级。光复军的旗帜用白色，中间大书黑色"汉"字。光复军的顺旗用小三角形，内书"复汉"二字，黄地黑字并盖图印。光复军的钤记暂用长方形木制代替。光复军用竹牌行令，共有八支，上面写有"光复汉族，大振国权"八字的合同，两支合写一支，由统带执掌一支，由本营执守另一支，以证传令的真假。光复军往来文书用暗码，紧急事情用电码加五十号，以防泄密。

秋瑾为了发动浙江起义，制定了光复军檄文，即告全国同胞书。她指

---

① 周亚卫：《光复会见闻杂忆》，《辛亥革命回忆录》第 1 集，文史资料出版社 1981 年版，第 627 页。

② 陶成章：《浙案纪略》，《陶成章集》，中华书局 1986 年版，第 378 页。

③ 同上书，第 395 页。

出：目前中华民族处于亡国灭种的严峻时刻，但腐败的满清政府却仍然实行封建专制统治，对内横征暴敛，贪污腐化，对外媚外卖国，割地赔款，呼吁汉族同胞拿起武器，一举倾覆清王朝，恢复汉族的一统江山——

嗟夫！我父老子弟，其亦知今日之时势，为如何之时势乎？其亦知今日之时势，有不容不革命者乎？欧风美雨，澎湃逼人；满贼汉奸，网罗交至。我同胞处于四面楚歌声里，犹不自知。此某等为大义之故，不得不剀切劝谕者也。夫鱼游釜底，燕处焚巢，日夕偷生，不自知其濒于危殆。我同胞其何于异是耶？财政则婪索无厌，虽负尽纳税义务，而不与人以参政之权；民生则道路流离，而彼方升平歌舞。侈言立宪，而专制乃得实行；名为集权，则汉人尽遭剥削。南北兵权，统操于满奴之手；天下财赋，又欲集之一隅。练兵也，加赋也，种种剥夺，括以一言，制我汉族之死命而已。夫闭关之世，犹不容有一族偏枯之弊，况四邻逼处，彼乃举其防家贼、媚异族之手段，送我大好河山？嗟夫！我父老子弟，盖亦一念祖宗基业之艰难，子孙立足之无所，而深思于满奴之政策耶？

某等眷怀祖国之前程，默察天下之大势，知有不容已于革命，用是张我旗鼓，歼彼丑奴，为天下创。义旗指处，是我汉族，应表同情也。①

秋瑾又制定光复军的起义文告，作为出师前的檄文。秋瑾以振聋发聩的言辞，控诉汉族沉沦二百年的屈辱史，胁肩于异族统治者之下，失去自己的土地，丧失自己的财赋。满族统治者处处以“家贼”提防汉族，美其名曰“立宪”，实则集权中央。今为大义所系，共举义旗，以雪二百年满族统治者奴役汉族的耻辱，建立崭新的中华新帝国，以光复旧业——

芸芸众生，孰不爱生？爱生之极，进而爱群。盖种族之不保，则个人随亡，此固大义了然，毋庸多赘者也。然试叩我同胞以“今为何时？”则莫不曰“种族存亡之枢纽也”。再进而叩以“何以可以免此存亡之问题？”则又瞠然莫对，否即以政治改革为极端之造化矣。嗟夫！欧风美雨，咄咄逼人，推原祸始，是谁之咎？虽灭满奴之族，亦不足以蔽其辜矣！

---

① 秋瑾：《普告同胞檄稿》，《秋瑾集》，上海古籍出版社1991年版，第21页。

夫汉族沉沦二百有余年，婢膝奴颜，胁肩他人之宇下，有土地而自不知守，有财赋而自不知用，戴丑夷以为主，而自奴之，彼国傥来之物，初何爱于我辈。所何堪者，我父老子弟耳！生于斯，居于斯，聚族而安处，一旦者瓜分实现，彼即退处藩服之列，固犹胜始起游牧之族，奈何我父老子弟乃听之而不问也。年来防家贼之计算，着着进步，美其词曰"立宪"，而杀戮之报，不绝于书；大其题曰"集权"，而汉人失势，满族枭张。呜呼！人非木石，孰不爱生而爱群，逼于不获已，则只能守一族之利益矣。彼既弃我种族置之不问之列，则返报之道，亦所当为，奈何我父老子弟见之不早也？

某等菲薄，不敢自居先知，然而当仁不让，固亦尝以此自励。今时势阽危，确见其有不容已者，为是大举报复，先以雪我二百余年汉族奴隶之耻，后以启我二兆方里天府之新帝国。宗旨务光明而不涉于暧昧，行军务单简而不蹈于琐细。幸叨黄帝祖宗之灵，得以光复旧业，与众更始。所有遣派之兵马，晓谕如左。是我汉族，自当共表同情也。①

二、会党起事

浙江各地会党缺乏组织纪律性，不待武装起义的号令发布，就先期起事。缙云、武义和永康首起风潮。大通学堂第一届学生毕业后，均返回各地创办团练。返回缙云壶镇创办团练的会党与县官范传衣发生冲突，范传衣恼羞成怒，不问青红皂白，直奔学校捉拿一无辜学生，杖之数百，引起学界一片哗然。省城杭州接到起事报告，唯恐因此激起民变，立即下令撤去范传衣的县令。学生群情激愤，群起围攻县署，必欲除之而后快。范传衣惊慌万状，连忙披蓑戴笠扮成农夫，凭借夜色的掩护，逾墙出逃，失足跌入深渊，扭伤左脚，隐匿农家，潜往府城。恰逢处州府催课吏下乡骚扰民众，龙华会分部首领吕嘉益大怒，集结龙华会党徒围攻课吏，执而杖之，毁其文书，并驱逐出境。课吏向处州知府萧某控诉龙华会的抗捐行为，萧某胆小怕事，撤去课吏差使，以谢缙云民众。新任缙云县令也恐慌异常，不

① 秋瑾：《光复军起义檄稿》，《秋瑾集》，上海古籍出版社1991年版，第22页。

敢轻举妄动，乃指使其子与吕逢樵讲和。“〔吕〕熊祥等复欲试杭城清兵之强弱，召台州应师杰义师入伐缙云，及永康道杀解饷清吏，并守汛地兵数十名。杭城清吏派兵至，与师杰军战，互有杀伤。”浙江清吏尚不知此事乃革命党人所为，以为地方官不善抚驭所至，撤去赵某的永康县令之职，应师杰也奉吕逢樵之命，退入仙居，解散部属，归兵于农，以待时机。“其后赵卓复至武义一带运动，以符节召周华昌至，与之商议，举本城绅士刘耀勋督办党军事宜，而以武举某为副。耀勋不能谨慎其事，遂至讹言繁兴。既而复有杭城征兵官青田徐则恂来，〔秋〕瑾托其带信数封，一交沈荣卿，一交张恭，一交周华昌，一交耀勋，盖嘱诸人预备一切也。周华昌既接〔秋〕瑾函，即与徐某游行街市，某军衣佩剑而行，〔周〕华昌也执刀随其后，沿路演说革命之事，由是武义之风潮大起。”①浙东革命风潮迭起，此起彼伏。

秋瑾原定7月6日（农历五月二十六日）发动浙江起义，并通知安庆的徐锡麟。秋瑾亲自到杭州，运动学界和军界，部署武装起义事宜。因准备不及，又将起事日期改为7月19日。可各地会党，相继提前发难。“皖浙案情，先由浙牵连及于皖，继复由皖牵连及于浙。浙之案情，发自绍兴，先由绍兴牵连及于金〔华〕、处〔州〕，继复由金〔华〕、处〔州〕牵连及于绍兴。皖案之发，主之者徐锡麟；浙案之发，主之者秋瑾。然为皖浙两省之串联线者，陈伯平其人也；为绍〔兴〕、金〔华〕、处〔州〕三府之串联线者，则吕熊祥其人也。”②嵊县会党首先发动起义。嵊县西乡王金发的密友沈乐年曾随徐锡麟东渡日本，入大森体育会学习，毕业回乡后，与王金发共同创办团练，卓有成效。同乡许振鹏与竺绍康共事不睦，转赴宁波，由王金发介绍，潜入大岚山，结交绿林豪杰。宁波镇守兵官陆某之子与许振鹏共事，一称陆路总办，一称水路总办，大放厥词，倡言革命，以至于风声四起，牵动竺绍康和王金发所办团练。但清吏并未得到平阳党和乌带党谋反的证据，不敢轻举妄动，只是严加防备。1907年春夏之交，“绍康与裘文高相结，文高不待绍康命令，遽召台州义勇，由东阳至嵊县，扎营于西乡廿八都村，树革命军旗帜，因与清兵战，杀死清军哨官李逢春等数名，兵士

① 陶成章：《浙案纪略》，《陶成章集》，中华书局1986年版，第350页。

② 同上。

数十名。杭城清吏派精兵数百来防守嵊县，文高率众退入东阳而去”①。于是，清军悬赏通缉竺绍康和王金发，但竺绍康和王金发有会党掩护，行走自如，清吏也无可奈何。

武义原来就风潮迭起，自秋瑾发布7月6日起事的号令后，龙华会的刘耀勋即派遣中军官周华昌前往绍兴，与秋瑾共商起义事宜。刘耀勋则亲自赴宣平，与龙华会副会长张恭相约共同起事，并告知武义已是山雨欲来风满楼。张恭表示：“若此，清吏必上省请兵，安能待二十六日之期；不若先下手为强，且袭杀武义县官，使清兵有所顾忌。”②张恭欲提前发动武装起义，刘耀勋感到很为难。刘耀勋离开宣平，中途获悉清军已驻兵武义，遂避居山中。原来刘耀勋不戒于言，武义盛传革命党人即将起事，武义居民惊恐不安，纷纷将家中值钱之物典于当铺，换成现钱，致使当铺倒闭。居民还抢购干粮，食盐被一扫而空。武义县令钱宝镕急电省城请兵援助，清吏命令已革参将沈棋山统兵驰援。刘耀勋一无准备，沈棋山得到密告率兵围剿。刘耀勋且战且走，不幸被捕，解往武义。知县钱宝镕亲自审讯，刘耀勋坚贞不屈，惨遭杀害。沈棋山又纵兵下乡，肆意搜捕革命党人，残杀逃难者数十人，奸淫掳掠，无恶不作。清兵偶遇城中二位卖小菜的商贩，沈棋山逼问：“土匪何在？”商贩反唇相讥：“此地并无土匪，汝等行为如此，恐土匪不久至矣。”③沈棋山闻言恼羞成怒，执二人而杀之，武义绅民均愤愤不平。钱宝镕恐慌异常，连忙出资抚恤死难者家属。是时，金华乡间又有人持大通学堂军行信符号召义军，声称武义革命军已起事，诸兄弟速往援助。顷刻之间，有八九十人聚结。可到达武义以后，天已漆黑，寻遍革命军的大营，空空如也。骤闻刘耀勋已遇难，众人皆逾垣而去。沈棋山乃遍搜客舍，凡携刀棍旅客，均指控为“匪徒”而杀之，无辜遇难者达三十余人。不久，沈棋山领兵开赴东阳，钱宝镕见清兵杀戮无辜，唯恐兵去后人民趁机报复，也告病解印而去。

金华的龙华会也因事机不密而受损。徐顺达为秋瑾所依重，曾任张恭永庆戏班司账，被介绍加入龙华会，历任红旗职务，专门负责金华、兰

---

① 陶成章：《浙案纪略》，《陶成章集》，中华书局1986年版，第351页。
② 同上书，第381页。
③ 同上书，第352页。

溪、浦江、汤溪四县军事工作。徐顺达与龙华会员的感情深厚,“凡会中兄弟,一闻猛伍哥命,市者无不即弃筐筥,耕者无不弃耒耜,竭蹶踊跃以从事”①。秋瑾赴金华与徐顺达相见,特别赏识徐顺达的才能,专门授权徐顺达管理金华光复军事宜。1907年春夏之交,徐顺达因与豪绅争夺田产,被捕入狱。龙华会员均以徐顺达蒙冤受屈而愤愤不平,屡次欲劫狱相救。秋瑾发布浙江起义的日期后,金华龙华会员均喜形于色,奔走相告。光复会交通部长倪金特地赴狱中通报浙江起义消息,并携带数百银元到布店采购黑布,准备响应起义。布店老板因黑布并非常用之物,遽然大批采购,大为惊讶,连忙询问其用途。倪金以“将作党军号衣告,并言缀‘汉’字于肩上,以为标式”②。店主惊骇异常,以为倪金精神失常。倪金怒不可遏,与店主争执不已。金华知府嵩连闻讯,立即命令警察官祝连元前去拘捕倪金。祝连元乃倪金授拳门徒,受命后故意拖延,并遣人向倪金通风报信。倪金遂不及通告其他党徒,而自行出逃。嵩连又遣使逮捕倪金,与徐顺达一起斩首示众。王汝槐、吕观兴、吕荣等二十多名龙华会员均受到牵连被捕遇难,龙华会副会长张恭也被悬赏1000元通缉,张恭被迫化装出逃宣平山中,金华龙华会势力受到沉重打击。

兰溪的龙华会力量也因蒋继云破坏而遭到严重削弱。蒋继云自幼不容于乡里,被家庭驱逐出去,从此游荡江湖,善作欺诈之言。蒋继云与龙华会的吕逢樵相识后,老于世故的吕逢樵也被蒋继云的花言巧语所蒙骗,得到吕逢樵的信任。吕逢樵写信向秋瑾推荐,蒋继云得于协办大通学堂事宜,并奉秋瑾的命令,分驻兰溪,寓居半日学校,得到学校教职员工和学生的信任,一切事情唯蒋继云之命是从。蒋继云赴绍兴返兰溪后,即以信符召集龙华会诸管事,声称:“余自绍兴奉秋〔瑾〕协领令,运到新式快枪二百杆,寄贮于附郭之某半日学校,速集兄弟二百人前往去取,就便破兰溪城,以接应金华义师。”诸管事见蒋继云持有信符,信之不疑,即时集结一百余人。因听说有枪可取,所以,大家不携带任何武器,均赤手空拳。行至中途,管事人诘问:“果有枪否!”蒋继云怒喝:“系余亲手运至,汝何得如此多疑?”义军接近半日学校,蒋继云却突然不见踪影,众人以为已

① 陶成章:《浙案纪略》,《陶成章集》,中华书局1986年版,第381页。
② 同上书,第382页。

先入校。时天色已晚，百余人排队进入学校，教职员工和学生均大感意外，以为强盗前来洗劫学校财物，争相走避，报告兰溪县令。是时，金华早已宣布戒严，兰溪也有清兵驻守，县令急忙吩咐守城官兵，严加防范，喧扰通宵达旦。义军寻遍半日学校，既找不到蒋继云的踪影，也找不到一杆枪一粒弹。义师欲攻兰溪县署，却又手无寸铁，无法作战，众皆散去。“兰溪令及城守官兵兢兢守城达旦，并无事故，乃遣使四出侦探，始悉其事。杭城亦派沈棋山来援。于是分头搜乡，凡家有担石之贮者，莫不指为党人，而抄其家，并涉及各寺院。”①汤溪和浦江各县的龙华会也因此被波及，受到严重挫折。

三、伯平赴皖

徐锡麟只身在安庆开展革命工作，极需革命党人相助。徐锡麟函招陈伯平和马宗汉到安庆，协助筹划安庆起义。陈伯平赴日时，秋瑾曾款待徐锡麟夫妇，并与陈伯平相识。秋瑾回国后，参与创建中国公学，并推荐陈伯平出任中国公学教员。“上海有中国公学者，本系取缔规则归国学生所倡设，〔秋〕瑾于此校助力甚多，由是〔秋〕瑾之信义，著于遐迩。会稽陈伯平本为大通学校学生，尝偕〔徐〕锡麟游日本，因与〔秋〕瑾识，志愿暗杀，〔秋〕瑾因荐为中国公学教员，居中联络。”②陈伯平崇拜历史上的英雄豪杰，诗人刘大白在《白屋遗诗》中称颂陈伯平有荆轲刺秦王及类似古代斗士的意志，并对刘大白表示：“我辈当以暗杀为反清第一义！”秋瑾曾与陈伯平和张寄涯三人租上海北四川路祥经里一栋二层砖木结构的住房，门口挂上“蠡城学社”的招牌，专门研制炸弹。张寄涯回忆：“社中共事者，除女侠外，惟陈伯平暨余二人，不以仆，一切操作，躬身亲之。而浣衣之职，女侠独任其劳。”③“蠡城学社”的邻居乃是以“湘学社”名义作为掩护，开展革命活动的湖南革命党人宁调元和陈家鼎。宁调元因急于赴

---

① 陶成章：《浙案纪略》，《陶成章集》，中华书局1986年版，第353页。

② 同上书，第377页。

③ 张寄涯：《秋侠遇难前的遭遇小记》，《秋瑾研究资料》（上），宁夏人民出版社2007年版，第80页。

湘发动武装起义，到“蠡城学社”商量有关炸弹事宜。秋瑾、陈伯平和张寄涯应宁调元的请求，加紧研制炸弹，三人因饮酒过量，失手造成炸弹爆炸。张寄涯回忆：“陈〔伯平〕好酒，且饮必醉。一日，午餐甫毕，湖南宁调元来谋商弹。时适炸药尚未实弹。于是，赶为装置。陈〔伯平〕之酒气馊未销也，手握弹壳，承以小玻璃漏斗，以炸药倾注之，药塞，不得入，陈〔伯平〕骤取桌上玻箸，欲拔，余当时喝曰：不可！不觉已触手稍猛，而弹逆裂，声震遐迩，耳为之聋。陈〔伯平〕两手碎，血溅四壁。乃予面若沸，秋〔瑾〕则未及，急舁入医院诊治。一星期后，创渐复，无性命忧。以医院费大，归寓修养。惟手臂犹缠绕绷布，窄袖蛮衣，未能脱换裕如。乃以秋侠衣衣之，秋〔瑾〕与陈〔伯平〕体格相若，盖女之衣袖仍较大于男也。”①陈伯平伤重晕倒，张寄涯仅受轻伤，秋瑾仅手有轻伤。陈伯平“在上海与同志数人踞小阁，日陈爆药试验，秋瑾与焉。一日迸发，声玲玲动数十步，〔秋〕瑾伤手，〔陈〕伯平伤目，兼伤及身，甲错如鱼鳞，幸同志多为之舁诣病院治疗”②。由于事起仓猝，陈伯平乃白面书生，秋瑾急中生智，连忙用自己的衣服裹住陈伯平的头，送往附近医院抢救。陈伯平因满头血污，医生也分不清男女，连忙询问受伤原因。秋瑾以女学生进行化学试验，配方错误，以至不慎引起爆炸予以搪塞。由于医院治疗费用过大，也不安全，陈伯平伤情略有好转，就头缠纱布提前出院。数月后已近年关，陈伯平返回平水老家。母亲询问何以这么长的时间没有回家，陈伯平以天下皆为家，儿以国为家相告。陈伯平的革命意志，爱国之心，昭然若揭。

1906年10月31日晚，陈伯平回顾当年在日本与东奔西走的战友不约而逢，在“蠡城学社”写下慷慨激昂、感人肺腑的诗作，抒发壮志未酬的怅恨，表达不惜为国献身的誓言：

天涯一把袂，岁月逝如飞。不意数年别，还来三岛依。雪泥看落冥，鸿爪认依稀。天外春来草，王孙归未归。

聚散诚何定，三千与大千。一身常落魄，三岛又留连。云物怀乡国，生涯异往年。不堪重回首，肠断夕阳天。

---

① 张寄涯：《陈伯平小史》，《秋瑾研究资料》（上），宁夏人民出版社2007年版，第82页。

② 陶成章：《浙案纪略》，《陶成章集》，中华书局1986年版，第374页。

忆昔逢君处，秋窗对话时。联床听夜雨，把酒论新诗。慷慨前程事，陆沉故国悲。岁华曾有几，短鬓又丝丝。

如君诚皎皎，愧我太庸庸。断梗原无定，飘萍偶又逢。别离常有日，聚首岂无从。珍重他年事，风云起卧龙。①

秋瑾租居上海虹口北四川路厚德里91号，创办《中国女报》。报社只有3个办刊人员，总编辑为陈伯平，校对徐小淑，秋瑾则集总务、印刷、发行、编辑、撰稿于一身，主要撰稿人有黄公、钝夫、燕斌、陈志群、徐自华、吕碧城等，陈伯平的妹妹陈挽澜也在《中国女报》第二期发表《女英雄独立传》。秋瑾拟将《中国女报》办成中国女界的"总机关"，既是"迷津伐"，又是"暗室灯"。

陈伯平"至是而排满思想益急，且以为排满非笔舌鼓吹所能奏功，遂挟其自制炸弹数枚，拟径赴南京。时端方正督两江，君以为擒贼先擒王，此其时矣。同侪知之，泥其行，劝其徒杀身，直匹夫之勇，毋畀大局，盍留此身以有待乎？君始废然而返，返而仍制炸弹弗稍辍，且加勤焉"②。陈伯平拟携炸弹北上，刺杀满清王公大臣，被徐锡麟劝阻。陈伯平"欲北上以杀铁良，锡麟止之。常语人曰：'革命之事万端，能以一人任者，独有作刺客。'刻印称'实行委员'以自厉，梦寐辄呼铁良、端方，其用心专一如此"③。陈伯平应徐锡麟的邀请，赴安徽协助筹划安庆起义。"光复会中的人物推陈伯平最有语言天才，他生长于福州，除了擅长福州话以外，闽南话(漳州话)也说得很好，又会讲日语、上海话、北方话，因此，对外交涉及联络等事务，差不多由他担任。"④陶成章称赞陈伯平"善方言，喜作诗，诗多亡矣"⑤。陈伯平特具语言天赋，专门负责联系各地革命党人。秋瑾通过陈伯平向徐锡麟传递浙江会党提前举事的消息，"绍兴会党过早地暴露目标，武义、金华等地会党相继败露，清政府大肆搜捕革命党人，各交通要道和旅店都有人搜查，革命党人的联络活动受到了阻碍，运输军火、

① 裘士雄：《陈伯平及其佚诗》，《社会科学》1981年第1期。

② 高旭：《陈墨峰先生传》，《会稽平水陈氏家谱》。

③ 陶成章：《浙案纪略》，《陶成章集》，中华书局1986年版，第374页。

④ 陈鹤鸣：《辛亥革命烈士陈伯平事迹简介》，《绍兴文史资料选辑》第11辑，1991年版，第31页。

⑤ 陶成章：《浙案纪略》，《陶成章集》，中华书局1986年版，第374页。

组织力量都有困难”①。陈伯平经常往来于安徽、上海和浙江之间，沟通徐锡麟与秋瑾之间的联系。陈伯平离开上海赴安徽前，曾给友人致信：

□□先生大同志钧鉴：

暌违旬月，燕子不来，北海彩云，瞻望伫立，想迩者砚余多益，著叙绥佳，定符下颂。〔陈〕渊道途仆仆，未有所成，以故临别，虽承谆属，而鱼书久阙，负辜良多。唯别后于伯师处两读来函，悉知尊况，想渊生涯何似，伯师当已久报左右矣。□□自东返棹，已抵春江，惜彼不寓周昌记，又未能略待，致与〔陈〕渊等相左，刻虽各处函电交发，未见即来，不知必将返绍否也。□□回绍，亦未之见，不知何若？前托□□代购《佛和辞典》，未知购就否？如已得，即速寄舍下。□□处有地址，如尚未，请转促之，无任盼祷！明日之夜，〔陈〕渊等即将由沪出发矣。匆布。

即　请

旅安！

后学陈渊顿首②

四、宗汉相助

马宗汉也应徐锡麟之邀，到安庆筹划武装起义事宜。1906 年 3 月，徐锡麟与陈伯平和马宗汉一起从日本坐三等舱返回上海，寓居周昌记客栈。马宗汉接家信获悉祖父病重，立即从宁波返回慈溪。马宗汉原计划在家略作休息，再去德国学习陆军。由于祖父病逝，无法成行，从此深处陋巷，难有作为，自称如热锅上的蚂蚁，心急如焚。马宗汉以教师职业作为掩护，进行反清的宣传和组织工作。清政府为了缓和民意，分化革命力量，声称准备实行立宪，马宗汉挺身而出，撰文揭露其名为立宪、实则专制的阴谋，还与地方上层人士进行公开辩论，其言辞犀利，锋芒毕露。马宗汉“欲赴德意志学习陆军，诸少年留宗汉，欲有所规画。会遭祖丧，遂不

① 陈鹤鸣:《辛亥革命烈士陈伯平事迹简介》,《绍兴文史资料选辑》第 11 辑,1991 年版,第 31 页。

② 《陈伯平遗札一》,《浙东三烈集》,第 37 页。

行。是时虏廷下诏立宪，宗汉作书辨其妄，然士人多幸爱虏。宗汉发愤疾作。锡麟在安庆，伯平召宗汉偕往”①。徐锡麟于1906年底致信马宗汉，告知已任陆军小学堂会办，催促马宗汉前往安庆相助。1906年11月6日，马宗汉致信友人，拒绝再次赴日的劝告，认为国内才是革命的用武之地，明确表示坚持反清到底，不惜献出自己的生命：

□□公同志兄大鉴：

屡赐教益，备聆一是，足下契我勉我知我信爱我深矣。汉于阴五、六月间曾两上书，谅登记室，内地情形及种种事迹已略述其中。运动一端，一时虽未敢实行，然阴阴中颇有影响，无如此辈故态不泯，日甚一日，致反对者益严，噬脐之防，不得不筹。近因先大父去世，人心稍稍向背，事益难为，诚如君云，作事大抵不如意者多，终不识是何故。外观各方面之举动，则如是如是；近验己身之运动，亦如是如是。迩来悲愤交集，真似日坐薪火之中，以致二竖长随，脑灵断塞，记忆力之消化，甚至前一刻事，后一刻忘，现此怪象，奈何奈何！且深处陋俗，最足消磨壮志，所闻者均不入耳之言，所睹者皆无意识之举动。又如君云，在家必甚乏味，汉自归国以来，未尝得一日快。蒙嘱重游东国，一以藉资相商，二以积些学问，君诚契我爱我，汉亦屡作是计，不但言论自由稍舒我怀，且日得君磋磨之力，以广我知识，以壮我志气，较之身入黑暗，动生肝火，何异天堂地狱。然不即出者，一则汉所以归国之目的未达，二则先大父新丧余烈未熄，闾里之不平者，尚来赴诉于汉，冀藉此以复前业，以为收服人心之起点，终思实行必须内地，他国究非用武之地，不过暂时寄迹，预备学问而已。日来各处均访拿革命党，上海亦曾严密查拿，岂果有革命党在其中耶？据闻因有孙文党羽散布各地，致有此举，此人亦太胡闹，不自量力，连累他人，真是可恨。蒙示徐公来函云，汉心稍慰，愿从此事事得手，预为祖国前途庆。南北大操，□□亦在其职，此人留东有年，思想颇富，学问颇博，想必竭其心力；袁督习练多日，冀必为祖国生色，不料操事毕矣，机会失矣，仍旧不过如此，殊深痛惜，未识究属何因。陈君墨峰谅早在东，在申曾研究一种科学，必与君面谈多日，上海新闻已在洞鉴中

① 陶成章：《浙案纪略》，《陶成章集》，中华书局1986年版，第375页。

矣。陈君少年英侠，担任实行，胆识俱壮，汉曾以谨慎小心嘱之，愿君更以虚心勉之。□□、□□其心未测，其言颇大，现在曾否在东？至汉之游东游申，须俟来岁再卜，年内且专注意运动，效与不效，虽不敢信，终以我尽我心而已。（近日三山学堂徐君蕴甫物故，伤我运动一健将，痛哉痛哉！）明庚家严曾令汉在家自创润德学堂司教，汉思所事不成，定不家食自甘，必须远游别地，已嘱家兄微示出外不任教职之意矣。所云□□、□□诸君学问赅博，热心从事，惟于大问题上终少明决，□□更薄，然我辈宗旨已定，自然坚持到底，死而后已，不以他人而怀贰也，尊见以为何如？蒙赐佳号，谨敢遵守，自愿以名符实，不负我君厚望而已。本应从早奉告，第以目的未达，无善可陈，又恐久失音耗，有劳锦注，捉笔一书，竟有许多苦衷，不禁尽都出来。又因贱躯染有微恙，草草成书，不尽言意，还祈我君时赐教益，毋使汉深处陋俗，顿有茅塞之虑，两地有好消息，更当互相告慰。

此　请

侠安！

弟汉上，菊秋二十日①

徐锡麟又来信召马宗汉赴皖，协助徐锡麟会办陆军小学堂事宜。马宗汉临时因故不能起程。1907 年 1 月 25 日，马宗汉复信友人，表示临时因故不能起程：

□□同志侠鉴：

顷接来函，知徐伯荪师相招，已明一切，但未识究在何时，我兄可否回国？汉本拟速赴，缘年内为时无多，款亦难筹，准于阴正月赴皖，未识可及否？伯师处亦专函相问（寄安徽省城浙江会馆转递），未识可投到否？此信即发回信为要！汉意欲偕□□同行，可乎？复此。

即　请

筹安！

弟汉上，阴十二月十二日②

徐锡麟出任安徽巡警学堂会办，再次函召马宗汉赴皖，以实行安庆起

① 《马宗汉遗札一》，《浙东三烈集》，第 42 页。
② 《马宗汉遗札二》，《浙东三烈集》，第 42 页。

义计划，马宗汉原计划5月上旬起程，因病一直拖延行期。马宗汉临行前与诸生告别，毅然表示："吾此行不能灭虏，终不返也。"①马宗汉离家与妻子岑氏作了诀别，叮嘱："吾此行无论事成与否，必难生还，然求仁得仁，固吾素志，无庸为我悲也。二子其善视之，异日成人，嘱其毋忘乃父之志。"②岑氏强忍悲痛，慨然允诺马宗汉的嘱托，并将自己陪嫁的私蓄赠予丈夫，以壮行色。1907年5月18日，马宗汉假借赴沪参加浙江铁路公司股东会的名义，到上海与陈伯平相见。陈伯平告知徐锡麟已任巡警学堂会办，邀请马宗汉一起前往安庆。马宗汉对从事巡警工作有些迟疑，认为警察于革命并无帮助，陈伯平回复徐锡麟安徽声名卓著，深得安徽巡抚恩铭的重用，可以办警察作为掩护，开展革命工作。马宗汉因病留沪医治，病愈后即随陈伯平赶往安庆，加紧部署武装起义事宜。1907年6月17日，马宗汉从安庆给友人复信，告知抵皖后的有关情况：

□□同志兄侠鉴：

汉自三月初访兄于府，畅谈终日，是晚分袂，登舟疾作，旋里后，长为二竖所扰，兼有蔽明之患，三月底赴皖之约遂失。旋接兄邮片，知墨峰有同行之志，俟疾稍愈，遂于前月初七日赴申，不料目疾大加，几至失明，幸遇西医，日获光明，逗留至三十日，始偕墨峰乘轮起程，本月初三日抵皖，寓伯荪先生公馆内。伯公现任会办全省警务，此地已安排得整整齐齐，汉等近日别无所事，惟由伯公介绍与各同志相结识而已。我兄在东，学问才识定必深高无限，将来整顿必借重于兄，汉不禁为无量颂，生无量慕焉。专此。

顺　颂

文明进步！

阴五月七日，弟宗汉上

在东诸同志，汉久不通消息矣，我兄相遇时，均祈代为问候。③

---

① 陶成章：《浙案纪略》，《陶成章集》，中华书局1986年版，第375页。

② 诸焕灿：《马宗汉被捕后的招供状》，《慈溪文史资料》第1辑，1986年版，第85页。

③ 《马宗汉遗札三》，《浙东三烈集》，第42页。

五、风云突变

徐锡麟获悉浙江会党发生变故，于是，加紧安庆起义的筹备工作，准备联络安庆新军各营，作为起义的主力军。徐锡麟联络驻北门外的步兵营长薛哲，西门外马营营长倪映典，炮营队官熊成基、常恒芳，陆军常备营排长范传甲，相约一旦起事，互相救应。徐锡麟“在武力方面考虑到仅恃巡警学堂二百余师生力量，实感不足，必须联合在安庆由汉人领导的军队参加起义，则摧毁抚台衙门卫队和反抗军队就比较容易。当时在安庆的军队有陆军六十一标和六十二标。六十二标标统是旗人，六十一标标统是汉人，经数次与六十一标标统联系，终于得到他们全标所属管带，拥护烈士领导起义。”凌孔彰回忆：“某日晚由烈士约他们到对江大渡口芦柴滩里秘密集会，喝雄鸡血为盟，共同立誓：同心协力，推翻清政府，参加起义，永不背叛。”①新军炮营队官常恒芳也回忆：“当时有浙江人徐锡麟任警察训练所所长，岳王会里有个石人俊，和徐〔锡麟〕相识，被徐〔锡麟〕请去任教。石人俊的武术很好，听说他在日本读书的时候，日本有个大力士，在日本国内几乎是没有对手的，有一次与石〔人俊〕比武，居然为石〔人俊〕所败，石〔人俊〕的声誉因此益高。那时我们的军队，共有步、炮、骑三营，徐〔锡麟〕常请我们这些营长们吃饭，意思是在联络感情，到必要时可以帮助他。”②安庆新军刚刚编成，驻守安庆新军仅有步、马、炮各一营，工、辎各一队，大多为徒手兵。徐锡麟过高地估计新军的力量，以为登高一呼，必定群起响应，取得革命的胜利。

秋瑾和徐锡麟筹组皖浙起义的同时，清政府也加紧对长江中下游资产阶级民主革命的镇压，在南京和上海肆意逮捕革命党人，破坏南京新军暴动，逮捕谋刺两江总督端方的革命党人杨作霖和会党人物叶仰高，徐锡麟的化名“光汉子”被泄露。叶仰高激于民族大义，东渡日本谋入武备学堂，毕业于日本弘文学院，并加入革命组织光复会。叶仰高从日本回国拟

---

① 凌孔彰：《徐锡麟烈士革命事略》，《安庆文史资料》第1辑，1981年版，第26页。

② 常恒芳：《记安庆岳王会》，《辛亥革命回忆录》第4册，文史资料出版社1981年版，第440页。

刺杀两江总督端方,在上海被捕,关入南京监狱。叶仰高出狱后,因“党嫌”受到革命党人排挤。但叶仰高并没有因此而气馁,参加光复杭州的秘密策划,率领尚武队攻打浙江抚署衙门。陈其美以叶仰高熟悉南京,委任为联军司令参谋官。叶仰高建议先攻紫金山,占领天堡城,攻克南京。他奉命率尚武队攻打天堡城,并于是役阵亡。为了纪念叶仰高的战功,其英名被列入浙军攻克金陵阵亡将士纪念碑的第一位。南京临时政府成立后,临时大总统孙中山曾赐祭吊和抚恤叶仰高,浙江都督将叶仰高的遗骸运葬杭州西湖,并立碑勒名纪念,以表彰其功勋。《叶氏宗谱》载有叶景元撰写的叶仰高简历:

君讳仰高,字芝峰,处州景宁人。祖文芸,父秀横,以正直为乡里引重。君年十一,其兄世昌设帐青田八都,携君就读。君秀气英发,见者多许为远到之才。后其兄改馆青田北山,时青田学陆军者多,新学输入特早。君偶于友人案间见《黄帝魂》一书,读之感慨激昂,不能自已。适杜君志远,自金陵陆师学堂归,劝君学陆军。君大悦,即装束赴安徽,入练军营,寻入武备学堂,毕业。丙午东渡,学于宪兵队。日京为我国志士渊薮,革命排满之风最炽。君之热忱益进,往往露于词色。时满贼端方督两江,缇骑四出,严拿党人。君抵沪,侦探者即捕君去,囚禁金陵。寄书安徽宋君梓臣曰:“士可杀,不可辱。果若辈以我头颅为邀功具,有何足惜!愿君弗念也。”后以计得免,浪游各省,北之黑龙江,南之粤东,均以党嫌无所遇。

本年光复军兴,君由粤返浙,在杭秘密运动光复杭城。时君率尚武队,会攻抚署,光复后,举为司令部执法官,继为尚武队管带。旋又弃去,单身赴沪,商功南京。陈都督以南京形势君最熟悉,特委为联军司令部参谋官。君到部即建议当先攻紫金山,上天堡城。该部不听其言,屡攻南京不下,后始用其计,派尚武队往攻三日,又不下。君乃与青田张君兆辰曰:“非我二人分队往攻不能下也!”乃各领一队而行。张率队由山后攻其南,君率队走山巅攻其东。东路较南路近五里,故君先至,即由上猛攻,战十二时之久。敌势不支,乃诈诱。待君至,开机关枪击之,君于是役阵殁。张君所率之队闻君死,军心大愤,猛攻而入。天堡城既得,南京遂由此而光复。

论者谓:天堡城不夺,南京决不能破,即破,而城内受机关枪之糜烂，亦不堪设想。

君死为十月十一日，闻者莫不哀悼敬仰。近日群议为君立铜像于天堡城，以表其功，君功亦可谓不朽矣！

君生于光绪庚辰，得年三十有二。母杨孺人在堂，妻瞿氏为母所不喜，君性孝，出之，继娶杭州金氏女，本年生一子，名耀奎。时在民国元年冬月上浣。①

叶仰高与处州同乡吕逢樵相识，了解光复会的有关情况，并供认已有别名“光汉子”的光复会党人打入安徽官场。“沪上侦探捕获党人叶仰高，仰高，景宁人，吕熊祥之同乡也，因与熊祥有交，得略识光复会秘密内情。既为侦探所获，递解至南京，端方派员讯问，仰高将所知者姓名供出，且言已入官场。然仰高之所供，又非其人之真名，乃系会友函件往来及外人交涉所假定之别号，是为店名，并非人名，然又取其与人名相近似者。端方不知其故，即将此等名姓电告恩铭，嘱其严拿。恩铭以锡麟为警察会办，召与商议，即以端方之电文示锡麟，而不知其间之一人，即系锡麟之别号。乃佯为不知，即辞恩铭归堂，召巡警数名，授以恩铭所授一纸人名，使其细为察访。”徐锡麟见自己的别名已列入黑名单，惊出一身冷汗。他保持冷静的头脑，从容地辞别恩铭，并指派数名巡警，前去缉拿。他回复恩铭：“职道已派人察拿去矣！”②恩铭信之不疑。叶仰高被捕供出徐锡麟的别名，成了皖浙起义的导火线。徐锡麟仓促起事，“原因于捕党太严。先江督在上海获党人叶某，叶尽将同党人名录呈，并谓多猬集于皖，而为首者乃徐锡麟，但举其别名言之。江督当即电嘱恩抚，严密侦探。时徐〔锡麟〕为侦察长，故皖抚特邀请协商，并相倚重。徐〔锡麟〕阳诺之而阴畏之，恐一旦事露，且有不测，故先发制人，遂有五月二十六日之举”③。安庆的局势顿形紧张，一触即发。

徐锡麟接到赴沪的陈伯平和马宗汉来信，告知秋瑾决定7月6日发动浙江起义，浙江各地会党因提前起事或因事机不密而暴露，相继遭到破坏，革命力量受到严重挫折。“〔陈〕伯平偕〔马〕宗汉返沪，〔秋〕瑾自绍

① 叶景元：《尚武队管带叶君仰高事略》，《景宁文史》第1辑，1985年版，第64页。
② 陶成章：《浙案纪略》，《陶成章集》，中华书局1986年版，第354页。
③ 毕志社编：《中国革命大首领徐锡麟》，新小说社1907年版，第5页。

兴来告〔陈〕伯平，以危机已露，并订二十六日师期。〔陈〕伯平即以函告锡麟。"①由于"浙东义师将起，势将牵及大通学校，秋瑾命(陈)伯平赴安庆告〔徐〕锡麟，〔徐〕锡麟知事已露，势难复掩，急与诸练军结，欲仓卒取安徽大吏，令军心乱，乃举事"②。徐锡麟深知"时机已迫，稍一退步，前功尽弃，屡欲乘机起事，既闻浙江之约，乃遂决计杀恩铭以求一逞"③。徐锡麟遂决定于7月8日安徽巡警学堂举行毕业典礼之际，邀请安徽所有清吏参加，届时发动安庆起义，予以一网打尽。"徐锡麟以暗杀主义实行革命，满其所欲，固不仅杀一恩抚已也。盖徐〔锡麟〕蓄志排满已十余年，至今日始以杀恩抚为下手之方，寻及于皖省之满员，此外文武可以不鞭而驱，不策而驰。命上溯江流，直下南京，而后徐定大计，或竟兴汉灭满。"④此乃徐锡麟起事之目的。徐锡麟急忙召集巡警学堂总教习潘缙华和六七个学生以及安徽新军中的倪映典、薛哲和周家煜等人，在大渡口芦苇洲上召开秘密会议，商讨安庆起义的计划。"在7月8日安庆巡警学堂举行毕业典礼时，邀请巡抚和各司道都来参加，在会上先枪杀恩铭，造成群龙无首，然后，薛哲等在城外发动新军起义，占领安庆。成功后，会合秋瑾和皖北的两处起义军，进攻南京。"⑤

于是，徐锡麟求见恩铭，报告安徽巡警学堂将于7月8日举行毕业典礼，届时请恩铭前往主持。恩铭已答应7月8日参加自己的总文案张次山母亲八十大寿诞辰庆祝活动，要求提前举行毕业典礼。"盖皖省巡警学堂兵生五月间已届三个月毕业之期，连日校中考试将竣，照章应由抚宪亲临大考，以便拨充站岗，为试办东西两区巡警地步，恩新帅乃择期二十六日莅堂，看各兵生卒业大操。"⑥徐锡麟因准备武装起义过于仓促，声言"为时太促，赶办不及"。恩铭传顾松询问毕业典礼准备情况，顾松则回复"一切齐备"。徐锡麟"本拟二十八日起事，忽改期二十六日者，以恩抚之改期阅操也。恩抚之改期，以欲为某君太夫人寿也。然则某君太夫人

---

① 陶成章:《浙案纪略》,《陶成章集》,中华书局1986年版,第354页。

② 同上书,第373页。

③ 同上书,第354页。

④ 毕志社编:《中国革命大首领徐锡麟》,新小说社1907年版,第8页。

⑤ 鲁尧贤:《安庆在辛亥革命时期的重要地位》,《安庆文史资料》第1辑,1981年版,第5页。

⑥ 毕志社编:《中国革命大首领徐锡麟》,新小说社1907年版,第11页。

之寿，适以促恩铭之寿。不然，恩抚之寿犹得苟延二日也。然而促恩抚之寿者，适以增全省官吏之寿，并以增全中国人民之寿。不然，使徐之初计得行，援军及至，横行天下，吾恐糜烂将遍于全中国也。就令不至，若是而皖省之官吏之被戕者，不止此二三人而已也。然则恩抚已矣，不得为某君太夫人寿，然则，阖城官吏即相率为某君太夫人寿，谁曰不宜。”①徐锡麟的起事计划遭到顾松破坏，对顾松恨之入骨，遂决定安庆起义后，将顾松除去。

六、制定告示

1907年6月13日，陈伯平与马宗汉一起赶到安庆，寓居徐公馆。徐锡麟与陈伯平商讨革命大计，发动武装起义刻不容缓。6月30日，徐锡麟吩咐陈伯平和马宗汉赴沪购买武器，仍下榻周昌记客栈。陈伯平和马宗汉采购印刷机器，还购买六支七响快枪。马宗汉为将武器运往安庆感到忧虑，现在长江中下游防守严密，万一被查出，后果不堪设想。陈伯平却不以为然，认为枪乃防身之物，不能不备，只要隐藏得当，绝对查不出来，并让马宗汉在行李箱夹层藏一支快枪。7月5日，陈伯平和马宗汉从上海赶回安庆，徐锡麟正在巡警学堂筹备起义，陈伯平约徐锡麟回徐公馆。徐锡麟与陈伯平略微交换意见后，就同到马宗汉房间，徐锡麟布置武装起义计划，明天恩铭到巡警学堂检阅兵生大操时，就开枪将恩铭击毙，发动安庆起义。马宗汉觉得过于仓促，没有思想准备。徐锡麟却充满信心地表示万事俱备，只欠东风，不必瞻前顾后。只要将恩铭击毙，文武官员乃囊中之物，不难一网打尽。随后，再占领军械局、电报局、制造局和督练公所，清军既无兵符，又无军械，也没有电报通讯。待南京得知起事消息，革命军已进抵南京。所可虑者，只是巡警学堂的学生参差不齐，难以承担重任。并叮嘱马宗汉将门口守住，关上大门，瓮中捉鳖，大事可成。徐锡麟大无畏的革命精神，深深地感染陈伯平和马宗汉，他俩都拥护徐锡麟作出的关于发动安庆起义的决定，并表示要与徐锡麟“生死与共”，共履艰难。徐锡麟还召开部分巡警学堂的学生开会，宣布“明日是本会办带领全体同学起义救国之日，全校师生都要同心协力，患难与共”。他强调：“同

① 毕志社编：《中国革命大首领徐锡麟》，新小说社1907年版，第6页。

学有难,本会办被发缨冠而救,本会办有难,请同学也要竭力相助。”[1]徐锡麟与陈伯平和马宗汉进行安庆起义的最后准备工作,三人反复讨论后,由陈伯平起草起义文告,徐锡麟在文告末尾加上五条“杀律”:

光复军告示

为晓谕大众,翦灭满夷,除暴安民事:维我大汉民族,立国千年,文明首出,维古旧邦。乃自满夷入关,中原涂炭,衣冠扫地,文宪无遗。二百余年,偷生姑息,虐政之下,种种难堪,数不可罄。近则名为立宪,实乃集权中央,玩我股掌,禁止自由,杀戮志士,苛虐无道,暴政横生,夭夭扰扰,民无所依,强邻日逼,不可终日。推厥种种罪由,何莫非满政府愚黔首,虐汉族所致。以是予等怀抱公愤,共起义师,与我同胞共复旧业,誓扫妖氛,重建新国,图共和之幸福,报往日之深仇。义兵所临,秋毫无犯,各安旧业。我汉族诸父兄子弟各安生业,无庸惊疑。如本军军士有来侵犯者,可首告军前,本□□当治以应得之罪,勿稍宽纵。至若有不肖匪徒,妄讥义师,结众抗衡,是甘为化外,自取罪戾,当表示天下,与吾汉族诸父兄子弟共诛之。此谕。

共和二千七百五十二年　月　日给

一、满人从不降者杀。

一、反抗本军者杀。

一、乘机打掠者杀。

一、造谣生事妨害治安者杀。

一、仍为汉奸者杀。[2]

《光复军告示》复印一张后,因字体过小,错别字也多,由陈伯平改正。马宗汉帮助印制《光复军告示》,共印四五十张。徐锡麟又写了三十封“密函”,拟安庆起义发动后,分送安庆新军中的革命党人,以便响应起义,参加战斗。徐锡麟和陈伯平又拿出五支约六七寸长的手枪,每枪装五发子弹。陈伯平将子弹装好以后,递给马宗汉一支,以及一盒子弹。其余四支手枪,由徐锡麟和陈伯平分别带在身上。夜半,徐锡麟回巡警学堂住宿,陈伯平和马宗汉则留住徐公馆。

---

① 凌孔彰:《徐锡麟烈士革命事略》,《安庆文史资料》第1辑,1981年版,第26页。
② 陶成章:《浙案纪略》,《陶成章集》,中华书局1986年版,第393页。

第八章　安庆起义

徐锡麟原计划于巡警学堂举行毕业典礼之际，刺杀安徽巡抚恩铭，发动安庆起义。由于恩铭欲参加幕僚张次山母亲八十大寿庆典，要求提前二天举行毕业典礼，徐锡麟在来不及通知安徽新军的革命党人发生变故的情况下，也相应地提前安庆起义的时间。他引导恩铭及安徽文武官吏进入巡警学堂第三进礼堂，与陈伯平和马宗汉朝恩铭开枪，恩铭被抬回抚署后，旋即一命呜呼。徐锡麟指挥巡警学堂部分学生，占领军械局，与前来围剿的清军进行四小时的激烈枪战，终因众寡悬殊，孤立无援，陈伯平英勇牺牲，徐锡麟和马宗汉被捕。徐锡麟视死如归，大义凛然，被砍头而死。马宗汉在监狱被折磨五十多天，也被杀害。

一、枪杀恩铭

1907 年 7 月 6 日早上 5 点，徐锡麟就召集全体巡警学堂学生在简易棚子搭起的阴雨天也能出操的雨操场集合，进行训话。他操着浓重的绍兴口音，发表慷慨激昂的演讲。他声如洪钟："我此次来安庆，专为救国，并非为功名富贵到此。诸位也总要不忘'救国'二字。行止坐卧，咸不可忘，如忘'救国'二字，便不成人格。"徐锡麟滔滔不绝，反复阐明救国的道理，闻者悚然。他话峰一转，接着声明："余自到校以来，为日未久，与诸君相处，感情可谓和洽。余于'救国'二字，不敢自处于安全之地位，故有特别意见，再有特别办法，拟从今日发见，诸君当谅余心，务祈有以佐余而

量力行之,是余之所仰望于诸君子也。"①一番肝胆相照的话,让学生听了振奋异常,但其隐晦的言语,又让学生不知所云。徐锡麟训完话后,学生散开原地休息。

上午8点左右,安徽省的抚、藩、臬、道、府、县以及六十一标和六十二标标统等官员五十余人陆续到达巡警学堂,恩铭也乘着八抬大轿前来,徐锡麟身穿黑羽纱警官制服,站在门口迎接。恩铭笑着挥手招呼,称赞徐锡麟所穿戎装神采奕奕。徐锡麟也微笑回复:今天乃学生毕业大典,大帅亲自阅操,衣着应该庄重严肃。徐锡麟陪同恩铭到巡警学堂正厅略作休息。原计划先举行宴会,再进行阅操,发动安庆起义,并于宴会之时,引爆炸弹,将合城文武官员一网打尽。"方其行刺之前数日,无日不大宴宾客,费七百余金。此次阅操,阖城文武官员,徐〔锡麟〕皆亲自衣冠诣请,期其必到,以施一网打尽之计。及至二十六日也,又设盛宴于花厅,预埋炸药于厅下,请各官宴毕阅操。其所以布置,将欲使恩抚以下尽为灰烬于樽俎之间,而孰意新帅有先阅操后设宴之令,于是,徐〔锡麟〕知其布置之徒劳,且疑计已外泄,自料击恩抚亦死,不击恩抚亦死,与其不击而死,孰若击而死,此枪击恩抚之所以急急也。"②谁知发生变故,旗人顾松向毓秀密报:"徐道不是好人,请转告大帅不要在这里吃酒。"毓秀如实相告,恩铭满腹狐疑,不敢在巡警学堂久待。于是,恩铭便对徐锡麟吩咐:"我今天身体有点不舒服,不在这里吃酒了。"徐锡麟心知有变,不露声色,巧妙应对:"大帅不吃酒,就请到礼堂行过毕业典礼再走吧!"③恩铭点头允诺。

上午9点,安徽各官员齐集巡警学堂,徐锡麟召集学生到讲堂内听训。恩铭嘱督练公所总办宋芳宾致词。随后,开始举行毕业典礼,首先考试兵生体操。恩铭准备升座,先阅外场演操。徐锡麟却请恩铭先阅内场功课,并引导恩铭等文武大员进入第三进礼堂。恩铭居中,左首为藩司冯煦,学司沈寐叟,右首为臬司毓秀,道府县官员则分坐两旁,文武巡捕鹄立座后。官、兵两班学员列队肃立廊下,徐锡麟率众教习站立阶前,陈伯平

---

① 陶成章:《浙案纪略》,《陶成章集》,中华书局1986年版,第354页。
② 毕志社编:《中国革命党大首领徐锡麟》,新小说社1907年版,第10页。
③ 凌孔彰:《徐锡麟烈士革命事略》,《安庆文史资料》第1辑,1981年版,第27页。

和马宗汉列堂侧。先由官生前进五步行三鞠躬礼，恩铭答礼。官生左退转至后方。继应由兵生前进行三鞠躬礼，徐锡麟突然前行向恩铭行举手礼，将学生花名册呈于案上。徐锡麟遽然声称今天有革命党将要起事。此乃徐锡麟与陈伯平和马宗汉预定的起义暗号。恩铭惊愕不已，急忙询问徐锡麟从何处得到此讯。恩铭话未讲完，陈伯平上前朝恩铭投掷一颗炸弹，不幸的是炸弹并未爆炸。恩铭从座位上惊起，准备出逃。徐锡麟见状，连忙安抚恩铭不要惊慌，他将去捉拿这个革命党。恩铭惊问革命党是谁？徐锡麟立即俯身从靴统内抽出两支手枪，恩铭惊骇茫然，还问徐锡麟何故持枪，难道要呈上检验？恩铭的话尚未讲完，文武巡捕摇手予以制止，徐锡麟左右开弓，朝恩铭射击，并回复在下便是革命党。徐锡麟原想一枪击毙恩铭，再左击藩司，复向右击臬司，陈伯平和马宗汉再分杀两旁侍坐的各道府州县官员。可是，徐锡麟有高度近视，不能确定是否命中恩铭，遂举枪朝恩铭乱放。陈伯平和马宗汉也跟着朝恩铭齐射。恩铭身上七处受伤，其嘴唇、左手掌、右腰际以及左右腿均中弹，但均未致命。文巡捕陆永颐和武巡捕车德文护卫恩铭，徐锡麟枪击恩铭时，陆永颐以身掩护，身中五弹，均命中要害。观察巢凤仪的腿也被子弹击中。太守龚镇湘背部也被子弹击伤。乘徐锡麟弹尽回室内装弹之际，侍从人员背负恩铭企图出逃，陈伯平从后面补上一枪，从恩铭的尾间上穿心际，击中要害。藩司冯煦命令戈什哈将恩铭背入轿内，两足尚拖在外面，狼狈从前门逃出。八个人抬起轿子，几个戈什哈托着轿杆，飞奔而去。恩铭尚能大声呼喊务将徐锡麟逮捕入狱，指令由巡防营管带杜春林负责逮捕徐锡麟，并命令立即关闭城门，严防死守。

文武官吏趁乱争相逃命，有的由后院翻墙逃去，也有的从前门落荒而逃。徐锡麟追杀臬司毓秀，毓秀藏在乱草中，被舆夫找到，拖置轿中逃走。事前徐锡麟命门卫关闭大门，以便瓮中捉鳖。但门卫拒不从命，致使文武官员趁乱出逃。徐锡麟怒不可遏，举枪将门卫击毙。顾松告密致使安庆起义遭到破坏，徐锡麟下令将顾松枪毙。顾松已逃往门外，被马宗汉提回。徐锡麟命令顾松跪下，顾松叩头如捣蒜，乞求饶命。徐锡麟怒喝："你是怎样泄露我的秘密的？"顾松早已吓得面如土色，结结巴巴地回答："日本平时给会办来信，都是用胶水封口的，有几次来信因胶水遇潮退性，封口裂开，我就偷看了，因此知道会办是革命党，今天看到会办气势严

肃,防备出事,才向臬台说会办不是好人,请抚台注意。”①徐锡麟长叹一声,朝顾松连劈数刀。顾松拼命挣扎,马宗汉又补上一枪。顾松浑身鲜血淋漓,倒在地下,奄奄一息。少年潘学固目睹安庆起义的整个过程,曾回忆遇见顾松身受重伤的情境。潘学固“途经铁佛庵,右边有个小巷,名插竹巷,巷口有个茅棚,棚外一只小凳子上坐了一个人,身穿蓝色纱袍,头戴红缨卫斗,一望就知是抚台的戈什哈。走近身旁一看,他胸前有面盆大一块血迹,里面衬衫鲜红,再朝脸上一看,原来就是我在尚志小学的同学顾大嘴的父亲,名叫顾松。我想扶他到附近的医院去,他挥着手,上气不接下气地说:‘快跑回家去吧!’”②潘学固不敢久留,急忙离去,顾松因伤重气绝身亡。

恩铭被抬回抚署后,神志清醒,声音洪亮,下令文武员弁分头严防,缉拿徐锡麟严加惩处,并命令家人请教会办的同仁医院英籍医生戴璜前来抢救,取出所中子弹。戴璜检查恩铭的伤势,发现除左手、右腿和腹部三处受伤外,左右胯骨及下腹部有枪伤四处,均前后洞穿。特别是腹部子弹过深,未能取出,上攻心际。戴璜表示非剖腹不能取出子弹。恩铭不得已同意。恩铭临开刀前,自知伤重难测,还不忘向其子咸麟口授遗嘱,向朝廷报告事件经过:

> 奏为奴才受创甚重,难冀生痊,伏枕哀鸣,谨口授遗折,仰祈圣鉴事:窃奴才以庸愚之资,叠荷圣恩,擢膺疆寄,自上年三月抵任后,深维时艰孔亟,非奋发不足图强,故将兴学、练兵、巡警、实业诸要政,同时并举,业经迭次奏陈。适值皖北大灾,筹赈筹捐,辛苦经营,十阅月甫能告竣。本年沿江一带,枭会各匪遍地充斥,加以孙党勾结,时虞蠢动。奴才迭派员弁,四出侦缉。五月望后,探得孙党密运火药,经由浙江、皖南等处,当经电知督臣端方,一体严拿。奴才特派专员按照所由道途,密为搜捕,并面谕文武各员,力加防范。谆告会办巡警处试用道徐锡麟,令其缉拿革命党首。讵本月二十六日,巡警学堂甲班学生毕业之期,奴才于辰刻率同司道亲往考验,方整齐行列之际,

① 凌孔彰:《徐锡麟烈士事略》,《安庆文史资料》第1辑,1981年版,第28页。

② 潘学固:《徐锡麟刺杀恩铭目击记》,《绍兴文史资料选辑》第4辑,1986年版,第88页。

突见徐锡麟率领外来死党各数人，皆手持双枪，向奴才连环轰击，相距不及五尺，声称今日起革命军。奴才受伤甚重，随同之文武员弁死伤各数人。奴才当即回署，仍示以镇静，以安民心。一面谕饬各营队分途严防。讵徐锡麟遁入军械所，又复添队围击，业将大概情形电奏。奴才受伤虽重，而神志颇清，语音亦朗，犹冀不至于死。乃经西医启视，除左手、右腿、腹部三伤外，左右胯首及下部复有枪伤四五处，皆已前后洞穿，而腹部一伤，枪子未出。奴才自觉子往上行，将攻心际。西医云非开腹不能取出。奴才今年六十有二矣，奏刀之际，生死尚不可知。特令奴才之子咸麟至前，口授此折。奴才死不足惜，顾念当此世变，多方人心不靖之时，不得竭尽心力以报国恩，奴才实不瞑目。徐锡麟系曾经出洋分发道员，思其系前任湖南抚臣俞廉三之表侄，奴才坦然用之而不疑，任此差甫两月，勤奋异常，而不谓包藏祸心，身为党首，欲图革命，故意捐官，非第奴才之不防，抑亦人人所不料。可见仕途庞杂，治弊滋多。出洋之学生，良莠不齐，奴才伏愿我皇上进用之时慎选之也。奴才身当其祸，或足以启发圣明。至于奴才在安徽所议各事宜，法政师范各学堂次第毕举，所练混成一协步队，编成骑炮工辎各营队，亦克期可以就绪，军械马匹尚须添购。奴才又订购兵轮一艘，正在估价绘图，垦牧树艺及丈量沙地两事，大利所在，已有端倪。继奴才任者，当能匡所不逮，无俟奴才赘言。奴才自在山西行在获觐两宫，仰承圣训，而后迭蒙迁擢，均未召令来见，犬马念主，从此更无重见天日之期，望阙长辞，此恨何极，伏枕哀鸣，不胜梗咽凄怆之至，伏乞皇太后皇上圣鉴。谨奏。①

戴璜切开恩铭的腹部，用铜器撑开肚皮，没能找到子弹，旋即用线缝上。戴璜又切开恩铭的腿检查，也没有找到子弹。时恩铭的妻妾痛哭流涕，均阻挠戴璜动手术。司道以此乃恩铭之意，任戴璜所为。由于恩铭年老体衰，身中数弹，难以承受手术的折磨，待麻药去后，恩铭未能再醒过来。原来恩铭所中铅弹，早已融化，恩铭遂一命呜呼。端方请求军机处对恩铭进行优恤："恩铭由举人知县洊保道员，前东抚福以明白河务、留心地方政治保奏，奉旨存记，历署山西河东道、冀宁道及臬司各缺。二十六

① 陶成章：《浙案纪略》，《陶成章集》，中华书局1986年版，第409页。

年拳匪滋扰，力主剿办，强压地方，保护教堂，于大局极为裨益。以山西巡抚锡以办理防务深资匡助奏保，奉旨被补授归绥道。二十八年调补直隶口北道，补授浙江盐运使。二十九年调补两淮盐运使，在任两年，整顿鹾纲，剔除积弊，课增而商不扰。旋擢宁藩，升授皖抚。到任以来，讲求吏治，添练新军。去年皖北水灾，力筹振济，深得民心。适值萍醴匪乱，长江一带党羽充斥，安徽当上下游之冲，督饬巡防，地方获以安堵。其平日办事忠勤，持躬廉介，早在圣明洞鉴之中。此次变起仓卒，竟尔因伤出缺，阖城咸为感泣，僚吏尤切痛伤。查同治九年总督马新贻在两江任内被刺，因伤出缺，朝廷悯念劳臣遇害，恩恤加优。恩抚勤勩素彰，死事最惨。仰恳天恩准予从优赐恤，伏候圣裁。伊子咸麟系指分山西候补道，合并声明。"①清政府为恩铭的惨死哀叹不已，下令予以抚恤："照总督阵亡例从优议恤，灵柩回旗时，著沿途地方官妥为照料。"②恩铭被赐谥"忠愍"，其子山西候补道咸麟即以道员任用——

> 安徽巡抚恩铭由举人知县保升道员，历任监司，均能认真整顿，洊膺疆寄，忠勤廉介，克尽厥职，此次因公仓促被害，深堪悯恻，着加恩予谥照总督阵亡例从优议恤，任内一切处分，悉予开复，应得恤典，该衙门查例具奏，灵柩回籍时，沿途地方官妥为照料，伊子山西候补道咸麟，着以道员即补。③

二、短兵相接

恩铭遇刺后，清吏纷作鸟兽散，徐锡麟立即拔刀冲出礼堂，拍案呼吁，抚台已被奸细所刺杀，诸位马上跟随我前去捉拿奸细，赶往军械所保护。诸生不知所以，惊愕无从。徐锡麟偕同陈伯平和马宗汉，左手执刀，右手持枪，向着学生大喊："立正！左转，开步走！"大部分学生趁乱散走，仅有少部分学生追随。徐锡麟率领学生拟先至抚署，骤闻已有防备，乃折回，

① 《两江总督端方致军机处电》，《辛亥革命》第3册，上海人民出版社1957年版，第123页。

② 《清吏列传》第16册，中华书局2005年版，第4880页。

③ 毕志社编：《中国革命党大首领徐锡麟》，新小说社1907年版，第31页。

改往军械所。安庆军械所位于安庆邓家坡上，临近北门，南接大珠子巷，为安庆唯一的制高点，居高临下，可以控制全城。徐锡麟在前领队，马宗汉居中，陈伯平殿后。徐锡麟一行由少年潘学固带往军械所，潘学固曾有过详细的回忆：

> 我正在走着，忽然后面有人在我肩头上一拍，回头一看，是两个素不相识的人，一人瘦而长，穿着青灰色实地纱斜方块花纹长衫，戴着眼镜，一人比较矮胖，满面风尘，黑里带红，穿了黄色马裤、黑马靴，黄布上装白衬衫，领口敞开，未打领结。两人操着江浙口音说："小弟弟，我们要到军械所，如何走法？"我将手直向大路指去，他们说："这个我们晓得，我们要抄小路走得快些。"我一想，只有从城墙上跑过去来得快些，他们表示很好，拉着我的手，要我带路，我带着他们爬上城墙，一直向前跑，不多远到了北门城楼，一所大屋前的旗杆上黄色龙旗迎风飘展，他们二人停住脚问我是什么地方，我说是北正署（警察北门分署），就在这屋后下去，对直穿过去，地名小珠子巷，走出巷口，横过北门正街，进入大珠子巷，不过数十步向右一拐，便是军械所大门。他二人连连点头说："好，好，我们知道了，你快回家吧，迟了恐怕路上不好走了。"那黑胖子跑了几步，还回过头来，向我挥手，意思要我快跑回家。①

潘学固所言穿中装者乃陈伯平，黑胖子即马宗汉。徐锡麟带着三十多名学生来到军械所，守卫军械所的总办周家煜事前答应打开库门，取出枪械弹药，支援革命。可他听说徐锡麟组织巡警学堂学生起义，打死抚台恩铭，却临阵退缩，带着库房钥匙从后门溜走。军械所乃是地库，上面覆盖钢板，外加洋锁，坚固异常，无法打开。唯有西边库房未锁，内有大炮五门，炮弹若干箱。徐锡麟命令陈伯平守卫前门，马宗汉看守后门，命令学生打开库房，取出枪弹。"哪知该所存的捷克造马维尼枪多已锈坏，子弹又不能合膛，等于废物。这些是当年李鸿章率领淮军在江苏打太平军剩

---

① 潘学固：《徐锡麟刺杀恩铭目击记》，《绍兴文史资料选辑》第4辑，1986年版，第88页。

下的洋枪。"[①]又取出五门大炮,装上炮弹,因机铁被卸去一块,无法开炮。徐锡麟原计划取得军械所的武装,发动安庆起义,不料发生意外变故。徐锡麟又"派人出城,通知新军薛哲、倪映典前来接应。不料城门已闭,送信人不能出城,和城外无法联系"[②]。徐锡麟派遣巡警学堂学生兰昆林和参加毕业典礼的新军炮营士兵杨完贞等突围出城求援,但没有成功。徐锡麟部署安庆起义时,曾与新军中的革命党人相约共同起事,由于起义日期提前,又未能及时通知,致使安庆起义未能得到新军中的革命党人支援。

出逃的藩司冯煦和臬司毓秀立即组织军队进行反扑,派遣安庆巡防营统领刘利贞、缉捕营管带杜春林、稽查局候补知县劳乃琦,带领兵勇前来围攻安庆军械所。徐锡麟再次命令陈伯平杀出重围,前往新军求援,无奈城门紧闭,无法突围,迫不得已返回。徐锡麟指挥学生与清军激战,自中午十二时迄下午四时,陈伯平阵亡。"光复子者,陈姓名澄,又名渊,字伯平,号墨庚,浙江会稽人,徐锡麟之党也,即在军械所拒捕时,为勇捕击毙。"[③]陈伯平的好友刘大白骤闻陈伯平殉难的噩耗,悲愤填膺,泣不成声。刘大白赋诗七律四首,沉痛悼念陈伯平:

陈郎挺挺号奇男,心事曾闻话酒酣。
暗杀预言君果践,壮游未附我犹惭。
求仁已得生何恋,举义无成死不甘。
岂必汉家难再造,九泉遗恨莫长含。

一回相对一潸潸,小影长悬复壁间。
岂意春初成死别,忽从梦里睹生还。
精魂有日填沧海,侠骨何年葬故山。
却报群胡齐胆落,血痕飞溅皖江殷。

---

① 朱蕴山:《我的老师徐锡麟》,《纪念朱蕴山文集》,中国文史出版社 1987 年版,第 118 页。

② 鲁尧贤:《安庆在辛亥革命时期的重要地位》,《安庆文史资料》第 1 辑,1981 年版,第 6 页。

③ 毕志社编:《中国革命党大首领徐锡麟》,新小说社 1907 年版,第 79 页。

英雄成败莫轻论，铁血无灵暂抱冤。
他日买金应铸像，此时剪纸且招魂。
大仇未复终难瞑，遗墨犹存不忍翻。
注重实行曾勖我，自惭一札托空言。

一跃居然上舞台，革新树帜早相推。
掷身无奈拼孤注，矢志终期倒独裁。
论定国殇慈母慰，灵降野祭故人哀。
积深井里同居者，闻道成名愧不才。①

安庆的形势异常危急，马宗汉建议焚毁军械所，与清兵同归于尽。马宗汉视死如归，“虽死，安庆城中必半烬，接应者可从中起，他人继我辈，后事犹可为也”②。徐锡麟表示反对，予以劝阻：“我辈所欲杀者满人，若焚去军械局，则是不辨黑白，全城俱烬矣。”③清兵破墙而入，缉捕营勇死者三人，伤者数十人，学生战死一名，受伤者数人。由于军械所库房坚固，未能打开，双方相持不下，安徽督练公所悬赏3000元缉拿徐锡麟。但清兵慑于革命党人的声威，不敢上前。冯煦派道员黄润九命令劳之奇督战，清兵依然畏缩不前。重赏之下，必有勇夫，冯煦又将赏金增至7000元，旋又升至万元。清兵在重金的诱惑下，才战战兢兢地冲上来。徐锡麟弹尽援绝，无法再战，遂命令学生先分散突围，又命令马宗汉突围，以便东山再起。马宗汉不忍离去，徐锡麟厉声催促，才逾墙而去。马宗汉在军械所第三重室内，被清兵查出被捕。巡警学堂的二十多名学生也不幸被捕。徐锡麟最后一个离去，清兵进入军械所时，已空无一人，只有徐锡麟留下的军帽戎衣，徐锡麟显然已易装换服离去。“报至抚署，众皆失色，或曰此必徐之奸计，冯方伯深以为然，一面仍饬严搜，一面出示加赏，能知徐锡麟下落报信者，赏五千元。因拿徐锡麟中枪身死者，赏二千元。”④徐锡麟逾墙越屋，到达大珠子巷方姓住宅时，被清兵发现。徐锡麟腿已中弹受伤，

① 刘大白：《哭陈烈士伯平》，《白屋遗诗》，书目文献出版社1984年版，第29页。
② 陶成章：《浙案纪略》，《陶成章集》，中华书局1986年版，第375页。
③ 同上书，第356页。
④ 毕志社编：《中国革命党大首领徐锡麟》，新小说社1907年版，第17页。

毅然从屋上跳下，昂然就缚。

徐锡麟被捕后，清兵搜查徐锡麟在巡警学堂的宿室，"搜出白布旗一面，上书四言韵语，无非起事之意，子弹四箱，风炮多枝，革命大元帅文凭一件，伪示百余张，及未镌成之伪印一方，剪刀三十把，并逆党往来书信八件，多有谋皖之语，并有运动奉天巨匪冯麟阁之意，徐匪胞弟徐伟致徐匪家书，有浙皖办事，兄自酌定等语"。接着，又搜查位于小二郎巷的徐公馆，也"搜出私信甚多，相片百余张，上有油布一条，并书革命大元帅字样"①。徐公馆共有五进，徐锡麟住后二进，前二进分别由候补道徐景兴和东南段总巡候补道朱树住，均无眷属。徐景兴和朱树于7月6日请假五天，于是谣言四起，纷传徐某和朱某事先闻风远飏。

三、皖江喋血

徐锡麟被捕后，藩司冯煦、臬司毓秀以及幕僚张次山，立即在抚署旁的督练公所大堂，对徐锡麟进行严刑逼供。清吏如临大敌，大队清兵持枪侍立两侧。徐锡麟尽管遍体鳞伤，行走艰难，仍身着王振汉为他缝制的白色官纱背心，昂首缓步走进刑庭，席地盘腿坐在地下。毓秀气势汹汹地喝令徐锡麟跪下，徐锡麟不屑一顾，谴责毓秀还扬扬得意，如果再慢逃一步，早就成了刀下之鬼。冯煦喝问恩铭乃徐锡麟的恩帅，徐锡麟刚到安庆，就委以重任，充当陆军学堂会办，旋又加封为巡警学堂会办以及巡警学堂堂长，依为左右手，可徐锡麟竟恩将仇报，枪杀恩铭。徐锡麟回击，恩铭待我不错，我心中有数，但这是个人私情。至于刺杀恩铭，乃出于天下公愤。冯煦又追问徐锡麟是否孙中山的同党。徐锡麟断然予以否认："孙不足以指挥我，此事仅我与我友光复子、宗汉子所为，其附和我之学生，实不知情，当时我以枪迫之，不得不如此。我之罪，我一人当之，即数学生之罪，亦我一人当之，寸磔我身，幸毋累及他人。"徐锡麟反问恩铭是否已死，冯煦回复没死，仅受轻伤，经过西医治疗，已经完全愈合，明天当亲自审讯徐锡麟。徐锡麟骤闻此言，沮丧不已，垂首不语。冯煦责问徐锡麟是否知道自己罪大恶极，明天将处以剖腹挖心的酷刑。徐锡麟仰天大笑："然则新

① 毕志社编：《中国革命党大首领徐锡麟》，新小说社1907年版，第19页。

甫死矣！新甫死，我志偿。我志既偿，即戮我身为千万片。区区心肝，何屑顾及。”①徐锡麟用手指着毓秀，声言便宜了毓秀。毓秀闻言大惊失色，惶恐异常。徐锡麟嘲弄毓秀，杀之也无济于事，不杀也无伤大雅。原拟先杀恩铭，再杀端方、铁良、良弼。冯煦百思不得其解，徐锡麟平时常常谒见恩铭，为何不在巡抚衙门刺杀，而延至今日才动手。徐锡麟解释巡抚衙门乃是私室，巡警学堂乃公共场所，大丈夫做事光明磊落，不必偷偷摸摸。冯煦盘问革命党人有多少，徐锡麟沉默不语，拒绝回答。冯煦又逼问巡警学堂的教习中，有哪些是革命党人。徐锡麟矢口否认，教习乃为生计而奔波之人，无一人堪与同谋。冯煦递上纸笔，要徐锡麟自书供词。徐锡麟侃侃而谈，阐述了革命大义：

我本革命党大首领，捐道员到安庆，专为排满而来，官本是假的，使人无可防备。满人虐我汉族，将近三百年。徐观其表面立宪，不过牢笼天下人心，实主中央集权，可以澎涨专制力量。满人妄想立宪便不能革命，殊不知中国人之程度不够立宪。以我理想，立宪是万万做不到的，革命是人人做得到的。若以中央集权为立宪，越立宪的快，越革命的快，我只拿定革命宗旨，一旦乘时而起，杀尽满人，自然汉人强盛，再图立宪不迟。我蓄志排满，已十余年，今日始达目的。本拟杀恩铭后，再杀铁良、端方、良弼，为汉人复仇，乃竟于杀恩铭后，即被拿获，实难满意。我今日之举，仅欲杀恩铭与毓钟山耳。恩铭想已击死，可惜便宜了毓钟山，此外各员，均系误伤。惟顾松系汉奸，他说会办谋反，所以将他杀死。赵廷玺他要拿我，故吾亦欲击之，惜被走脱。尔言抚台是好官，待我甚厚，诚然，但我既以排满为宗旨，即不能问满人作官好坏。至于抚台厚我，系属个人私恩；我杀抚台，乃是排满公理。此举本拟缓图，因抚台近日稽查革命党甚严，他又当面叫我拿革命党首领，恐遭其害，故先为同党报仇，且要当大众将他打死，以表我名。只要打死了他，此外文武不怕不降顺了。我直下南京，可以破竹，我从此可以享受大名，此实我最得意之事。尔等再三言我密友二人，现已一并拿获，不肯供出姓名，将来不能与我大名共享不朽，未免可惜。所论亦是，但此二人，皆有学问，日本均皆知名。以我所闻，在

① 毕志社编：《中国革命党大首领徐锡麟》，新小说社 1907 年版，第 21 页。

军械所击死者,为光复子陈伯平,此实我之好友;被获者或系我友宗汉子,向以别号传,并无真姓名。若尔等所说已获之黄福,虽系浙人,我不认识。众学生程度太低,无一可用之人,均不知情。你们杀我好了,将我心剖了,两手两足斩了,全身砍碎了,均可,不要冤杀学生,是我诱逼他去的。革命党本多,在安庆实我一人,为排满事,欲创革命军助我者,仅光复子、宗汉子两人,不可拖累无辜。我与孙文宗旨不合,他也不配使我行刺。我自知即死,可拿笔墨来,将我宗旨大要,亲书数语,使天下后世,皆知我名,不胜荣幸之至。①

徐锡麟说完,冯煦要求他在供词下面写上官衔。徐锡麟表示自己并不是官,仅签"徐锡麟"三字。他要求提供纸笔,将自己所述录下,以便传之后世,千古留名。冯煦给徐锡麟递上纸笔,他挥毫泼墨,题写气壮河山的《绝命词》:"为排满事,蓄志十几年,多方筹划为我汉人复仇,故杀死满人恩铭后,再杀端方、铁良、良弼等满贼,别无他故,灭尽满人为宗旨。"②徐锡麟最后署名"光汉子徐锡麟"。

刑讯完毕,摄影师照例为徐锡麟照相。徐锡麟以照片没有笑容,要求重照。徐锡麟提出:"倡大义者,以色相示人,使后世当知有所从也。"毓秀探身缩颈地发出疑问:"时至此,还可笑耶!"徐锡麟横眉怒目,声色俱厉,举手戟指喝斥:"今日事便宜尔矣!"③毓秀吓得面无人色,魂飞魄散。两江总督接到安徽方面的来电后,立即加派江宁盐巡道朱恩绂会同安徽藩司和臬司,"再提复审明确,即行明正典刑"。安徽官府商议处置徐锡麟的办法,毓秀等满族官吏应恩铭妻妾的要求,援引张文祥刺马新贻案剖腹挖心的惯例,提议先挖心后斩首。张文祥乃是太平天国侍王李世贤部下的一员骁将,太平天国失败后,张文祥与曹二虎、石锦标一起投奔捻军,活捉安徽革职知府、庐江郡各乡团练头目马新贻。马新贻被捕后,劝说张文祥等三人投奔清军,并歃血为盟,结为兄弟。马新贻后来升为两江总督,竟奸污曹二虎的妻子王梅香,并诬指曹二虎私通捻军,予以捕杀。张

① 《徐锡麟法庭宣言》,《浙东三烈集》,第13页。

② 徐锡麟:《绝命词》,《徐锡麟集》,中国文史出版社1993年版,第86页。

③ 潘赞华:《徐锡麟刺杀皖抚恩铭》,《绍兴文史资料选辑》第4辑,1986年版,第95页。

文祥激于义愤，刺杀马新贻，旋即被剖腹挖心处死。冯煦对此持有异议，唯恐因此激怒革命党人，于己不利，主张按照“国法”办理。冯煦声称：“斩首国法也，挖心私刑也，以私废公，恐遭廷议。斩首后再行挖心。”①最后定为“先斩首后挖心”。冯煦遂电告端方：“恩抚未刻出缺，印信封存，省城罢市，人心惶惑，恐有余党劫犯，徐锡麟未便久稽显戮，公商将该犯立予正法，援张文祥例，剖腹致祭。”②安庆起义后，安徽风声鹤唳，草木皆兵，清吏唯恐革命党人再次起事，劫狱救人，匆忙决定立即杀害徐锡麟。

7月7日凌晨，监斩官宋芳宾和劳文琦率领大队官兵和刽子手，用人力黄包车将徐锡麟运往安庆东辕门外刑场。朱蕴山、宋豫琳、杨允中、姚向甫等被捕学生，两人一拷，也被押往刑场陪斩。徐锡麟大义凛然，视死如归，当他看到学生也被押赴刑场时，厉声责问监斩官，杀恩铭与学生无关，累及无辜不仁。并勉励学生满清王朝必将灭亡，汉族必定强盛，烈士在安徽洒下一滴鲜血，必定开出无数自由之花，推翻清政府，光复中华大地，为时不远，拭目以待，切不可做满清政府的奴隶。徐锡麟临刑言语激昂，毫不畏惧。“功名富贵，非所快意，今日得此，死且不恨。”③刽子手喝令跪下，徐锡麟昂首挺立，声称不能对满虏下跪。刽子手惊恐不已，将徐锡麟的头一刀砍下，鲜血如泉上涌，刑场上的人悚然色变。刽子手又手持钢刀和七寸盘，残忍地剖开徐锡麟的胸膛，取出心脏，祭于恩铭的灵前。恩铭的妻妾还指使恩铭的卫队，将徐锡麟的心烹而食之。徐锡麟就义时，年仅35岁。端方和冯煦在致军机处的电文中，也惊呼：“临刑面无惧色，悍厉至此，实所罕见。”④陪斩的朱蕴山半个世纪以后回忆徐锡麟就义时的情景，依然历历如绘：

> 徐锡麟乘车，头插亡命旗，绑赴刑场。徐师在东洋车上傲然挺坐，一路高呼：“满虏必灭，汉族必兴。我今在此流下一滴血，势将开

---

① 《徐锡麟枪毙恩铭·清人逸史》卷八，《清朝野史大观》第3册，上海书店1981年版，第91页。

② 《两江总督端方致军机处电》，《辛亥革命》第3册，上海人民出版社1957年版，第116页。

③ 毕志社编：《中国革命党大首领徐锡麟》，新小说社1907年版，第26页。

④ 《两江总督端方安徽巡抚冯煦至军机处电》，《辛亥革命》第3册，上海人民出版社1957年版，第134页。

花结果。必有无数革命志士踏着血迹而来！推翻虏廷，光复华夏，为期不远了！”徐师的呼声在空中震荡，他的背影随着车轮远去。我等也被押随行。一路上行人目睹此景此情，莫不为之感动流泪。徐师到达刑场，刽子手要他下跪。他昂首拒不下跪，大声斥骂：“我不能对满虏下跪！”说毕，大笑数声，延颈待戮。他高声喊道：“要杀就杀，在此开刀！”刽子手一下把徐头砍下，鲜血如泉上涌，刑场上的人顿时悚然色变。刽子手手持钢刀和七寸盘，剖腹挖出心脏。①

四、宗汉遇难

清兵将军械所围得水泄不通，马宗汉建议焚毁军械所，与清兵同归于尽。马宗汉已做好牺牲的准备，表示死不足悔，安庆半个城市也将化为灰烬，革命者将前仆后继，继续未完的革命事业，革命一定成功。徐锡麟却予以制止，让众人尽量避免不必要的牺牲，保存革命力量，以便东山再起。马宗汉在徐锡麟的再三催促下，开始突围，行及中途，被清兵逮捕。马宗汉化名黄福，以掩饰自己的身份。冯煦一再追问徐锡麟黄福是否同党，徐锡麟并不知道马宗汉被捕后用了化名，所以并不清楚。但马宗汉突围脱险的可能性不大，若一旦被捕，生还的可能性也没有。徐锡麟坦然承认发动安庆起义只有自己与陈伯平和马宗汉三人，学生皆受胁迫参加。马宗汉被带往军械所认尸，马宗汉指认陈伯平的遗体为马宗汉，以便不再追查自己。后来，马宗汉的身份暴露。“宗汉子者，姓马，名子畦，浙江余姚人，亦徐锡麟之党也。在军械所当场缉获。本年二月间，有人由日本寄来密函一通，报告革命党姓名甚详，其中即有宗汉子名字。当时政府以来函系属匿名，恐有挟嫌诬告情事，故未追究。乃此次竟实有其人，并于身畔搜获宗汉小印，直认不讳，现已由江督皖抚议定治以死罪。”②端方指示对马宗汉进行刑讯逼供：“祈饬司道速提宗汉子马子畦，悉心研鞫，务将逆谋始末，死党名数并姓氏、年貌、籍贯及分布何处？逐一究明。”如果“马

---

① 朱蕴山：《我的老师徐锡麟》，《纪念朱蕴山文集》，中国文史出版社 1987 年版，第 120 页。

② 毕志社编：《中国革命党大首领徐锡麟》，新小说社 1907 年版，第 79 页。

匪狡不吐实，似宜仍用中国旧法，量加研讯。案情重大，万难稍涉含糊”①。马宗汉遭到严刑逼供，“穷问党与，拷掠楚毒，宗汉佯为逊言抵拦，卒不得一人名”②。马宗汉不为所屈，毅然承认被捕时化名黄福，并非贪生怕死，乃是掩人耳目，现在身份既然已经暴露，唯有一死而已，何必多言。马宗汉并不否认安庆起义过于仓促，曾经提出异议，但徐锡麟和陈伯平坚持起义，他也全力以赴予以支持。并为被捕的学生开脱，学生事前并不知晓，事发后才被逼迫参加。至于追问光复会的有关情况，以及光复会党人的名字，马宗汉则以并非光复会党人为辞，拒绝回答。审讯官详细记录马宗汉的供词：

马宗汉，即子畦，年二十四岁，浙江余姚县人。胞伯祖马斌，系两榜进士，补广东德庆州署鹤山县殉难。祖名道传，祖母徐氏。父名云骧，曾入学。母陆氏。祖父已故，父母俱存。娶妻岑氏。兄弟两人，兄名宗周。我二十一岁，蒙陈学宪考取入学，我是三十一年岁底出洋到东京，进早稻田大学预备科，去岁三月，因接家书，祖父病重，即乘轮回浙，与同里的陈伯平结伴，同坐三等舱。陈伯平又名渊，字墨峰，现改名陈澄，字伯平。适徐锡麟亦坐该船头等舱，徐锡麟向与陈伯平相好，我由陈伯平介绍，始认识徐锡麟，彼此交谈。他主革命，为汉复仇，劝我亦持此宗旨，我面允而心未许。至上海，寓周昌记栈。次日，我先由甬回家，他们说欲回绍，以后未曾会面。至上年岁底，徐锡麟来一函云，会办陆军小学堂，叫我即来皖。我未答。今岁四月初七日，我至上海，应浙江铁路公司股东会，又遇陈伯平，他说徐锡麟现在会办警察，有函叫他去，以襄警务，约我同去。我说未习警务，去有何用。他说徐锡麟在皖声名颇著，恩抚亦重之，即非警察，亦有别事可就。我遂同陈伯平于五月初三日到皖，寓于徐锡麟公馆内，徐锡麟与陈伯平密语，不过说革命是这样好，那样好，不得不革命而已。十二日，徐锡麟叫陈伯平往上海购物，我因在此无事，即与陈伯平同往，仍寓周昌记栈。有一天，陈伯平叫我同去买印字机器。至念一夜间，我

① 《两江总督端方致安徽巡抚冯煦电》，《辛亥革命》第3册，上海人民出版社1957年版，第136页。

② 陶成章：《浙案纪略》，《陶成章集》，中华书局1986年版，第375页。

回栈，见陈伯平适藏手枪，我问何用，他说卫身必须，遂收藏衣箱内。念五日午前到皖，径至徐公馆，陈伯平着人至学堂请徐锡麟回，密语多时。徐锡麟后到我房，陈伯平亦同来，徐锡麟说明天恩抚台至学堂看操，可开枪打死他，就起革命军。我说怕不能，他说都布派好了，你不要怕，你到此地，不由你不答应。并说打死抚台后，他就是抚台，逼他们投顺，他们亦不得不服从。他又说打抚台后，可占军械所、电报局、制造局、督练公所，他们无兵符，无军械，无说可通。及南京得知，我们已早到南京矣。所惧者，打死恩抚台后，学生逃散矣。我只要将门口断住，不许他们走散，就可成事。排满告示是陈伯平做的，杀律是徐锡麟拟的，告示先印一张，嫌字小，错字亦多，又由陈伯平改作的。每件印刊四五十张，我亦帮同印的。陈伯平与徐锡麟拿出五支小枪，约六七寸长，每枪装子五粒，陈伯平拿一支枪，将子安放好，递给我藏在身上，又将枪子一盒，其余四支枪是徐锡麟、陈伯平分带身上。徐锡麟夜半回学堂宿，陈伯平和我在徐锡麟公馆宿。念六日九点钟时，陈伯平约我同到学堂，先到潘教习房，潘因天热，叫我们脱大衫，我们恐露出裤带内手枪，说要见会办，不肯脱。复到石教习房，石也叫我脱衣，我们也不脱。坐谈一会，并吃点心。那时恩抚台就到了。徐锡麟叫我同陈伯平到东边房内，恩抚台到堂上来，我合陈伯平站在房门外，闻有枪声，知是徐锡麟开放，陈伯平遂拖我衣，令我跟他一同出来。陈伯平也把枪开放，我害怕不敢开放，此时恩抚台已被打倒，只见跌跌倒倒，纷纷乱跑。徐锡麟向大众说不要怕。他即将那戴金顶的又罚跪，说他是奸细，并拿出几封信说是害谋恩铭的凭据。旋由陈伯平收纳怀中。学生们问此人是谁？徐锡麟说他是刺客，打恩抚台的，遂拿出洋刀，将此人砍伤，陈伯平又打一枪，登时就死了。徐锡麟就唤学生们跟他来，听他号令。到大堂拿出枪来，每学生给枪子一把，先唤他们归队。学生们不愿去，复使陈伯平手拿双枪，把学生们赶来，才有四五十人，也有拿枪没领子的，也有几人没持枪的。徐锡麟言我们警察有保护治安责任，唤学生跟他去，不能私逃，逃者即杀。徐锡麟手持洋枪，在前督队，我在中间与学生们同走，陈伯平在后押队，同到军械所，除沿途私逃，约剩学生二三十人。锡麟言守住军械所，事即可成，即派几个学生拿枪守住大门，不准人出入。陈伯平在前门，因我胆小，令与无子弹学生守后门，复闻开枪声，我出视，外面兵到，知不能敌，见学生们皆有怨言，旋皆逾墙而走。我也害怕，亦逾墙跑去，被兵役拿获，约在一点多钟时候。以后徐锡麟、陈伯平，我均不知。念八日，大帅命我至军械所认尸，始知陈伯平已被兵丁打死了，又知徐锡麟已正法了。我被执时，改名黄福者，自知罪大，恐累及家族耳。及认尸时，先言马子畦者，希望不再追究马子畦耳。至于徐锡麟革命同党、光复会名目，我均不知情。现获之徐伟、卢宗岳，我皆在日本会过的。徐伟是徐锡麟胞弟，卢宗岳是锡麟作绍郡学堂教习门生，于五月初十日间锡麟发电唤来，为谋警察差事，我亦知道的。今蒙严讯，所供是实。①

马宗汉在安庆东门鹭鸶桥监狱被折磨五十多天，遍体鳞伤，始终不屈。8月24日，马宗汉在安庆遇难，年仅24岁。马宗汉就义前，以隐晦的语言，写下致光复会友人的绝命书。

□□君赐鉴：

自前月二十六日以后，遂与君咫尺天涯，虽曾见君数次，不敢呼君一声，回忆昔日，能不惨然。汉缧绁狱中，饥寒交迫，因苦万状，除一身单衣服外，余惟链镣而已。每日两膳，终难永饱，既无衣以御寒，又无分文买食物以充饥，人生之厄，莫甚于是。昔者文王囚羑里而著易，管仲释囚而为霸佐，原不必以一时之辱为愁苦；然汉既不敢上希文王，又无鲍叔其人，正不知命在何时，想如君者亦必为之酸心。前月二十六日，汉在贵□曾有鹰银一封，约七八十元，烦君代藏，今为狱中急需，特嘱□君□□密来领取，以便料理一切，免生受诸苦，君虽未出己资，汉亦当拜君之赐。凡汉从前□□□相遇时，务望代候。肃此。

专　请

侠安！

难弟马宗汉谨上②

① 陶成章：《浙案纪略》，《陶成章集》，中华书局1986年版，第399页。
② 《马宗汉遗札四》，《浙东三烈集》，第44页。

第九章　力量受挫

徐锡麟遇难后，与徐锡麟来往信件最多的二弟徐伟受到牵连。徐伟在九江被捕，遭到严刑逼供，被判处有期徒刑十年。徐锡麟的父亲徐凤鸣骤闻长子遇难噩耗，悲痛欲绝，为了避免灭门之灾，主动到山阴县衙投案自首，声称对徐锡麟所作所为并不知晓，而且早已控告其忤逆不孝。徐凤鸣乐善好施，德高望重，由绍兴绅士作保，被无罪释放。徐锡麟创办的大通学堂也被牵连，清军包围大通学堂，秋瑾不幸被捕，在轩亭口英勇就义。与徐锡麟联系密切的光复会员陶成章等人，也被重金悬赏通缉，出逃国外。徐锡麟曾联系过的秘密会党遭到严重破坏，平洋党首领竺绍康、乌带党首领王金发以及龙华会首领吕逢樵均通缉在案，被迫亡命山泽。徐锡麟创办的热诚小学以及由光复会员创办的学堂，遭到严重摧残，资助徐锡麟办学的孙德卿也被勒索巨款。皖浙起义失利，光复会的力量遭到严重挫折。

一、徐伟被捕

徐锡麟被捕后，搜查徐公馆，从中查出许多往来书信，其中二弟徐伟的来信最多，徐伟在信中批评徐锡麟不够谨慎，行事草率以及浙皖办事，兄长自己酌定，不敢妄加评论等事，还有“墙头小草吹犹劲，抱石清泉阻亦流”以及“做事切勿鲁莽疏略”等语，被认定为“同谋”。徐伟“屡与其兄通信，然信内所言，实非革命事宜，不过含语暧昧，不曾明晓，遂为清吏

所疑及之耳。未几，清吏获一卢宗岳，宗岳亦锡麟之门徒，其来皖城，实由锡麟召之，然召之者，欲使办警务，非办革命也，不期适逢其会，遂遭拿问。宗岳与伟同来，伟实欲见俞廉三于湖北，求为介绍于端方，欲谋出身之路，舟至大通，闻锡麟闯事，过安庆，不上岸而去，被获于九江"①。原来徐伟于6月29日从神户搭神奈川丸船，于7月3日抵上海，准备前往武昌，请表伯俞廉三引见，以便毕业回国后能谋取一官半职，并携带了送俞廉三的水晶图章。因改做中装和预定船票在上海耽误四天，遇上同在日本留学的卢宗岳，得知卢宗岳应徐锡麟之邀拟赴安庆办理警察事宜，于是，徐伟便临时决定顺便与卢宗岳同行，看望兄长徐锡麟。徐伟邀卢宗岳同往周昌记客栈，以便结伴同行。因卢宗岳手头拮据，徐伟遂帮他买了船票。7月7日，徐伟与卢宗岳登上新丰二号轮船西进，骤闻安徽巡抚恩铭观操被枪击伤，起初两人以为被学生放枪误伤。轮船到达大通，徐伟获悉恩铭被人刺杀，刺客为徐姓道员，并被捕枪毙。徐伟断定必是徐锡麟所为，唯恐因此受到牵连，不敢再往安庆。徐伟询问卢宗岳何去何从，卢宗岳表示既然已到安庆，就在安庆上岸，一来了解徐锡麟遇难的情况，二来探望刘启文老伯。卢宗岳原本没有盘缠，又从徐伟处借了50元，作为回浙费用。卢宗岳在安庆被捕，供词暴露了徐伟的行踪。

卢宗岳年仅22岁，刚进安庆南门，就遭到门卫盘查。卢宗岳直言无讳，声称自己受徐锡麟的召唤而来。门卫检查卢宗岳的行李，除简单的衣物外，只有一本日记，数部有关警察的书籍、自著二本言情小说和侦探小说而已，并无犯禁之物。起初，卢宗岳尚未拘捕，入住佛照楼客寓，门卫报告当局后，才将卢宗岳拘往巡警处。卢宗岳供认："系浙江诸暨县人，先徐锡麟在浙办师范学堂时，伊即在该堂肄业，为徐〔锡麟〕所深契，因家贫，徐〔锡麟〕助以资本，令往东京学习警务，迄今数载。"②卢宗岳为徐锡麟的学生，徐锡麟曾资助学费，入东京警监学校肄业，这次受徐锡麟之召前来安庆。

卢宗岳被带到巡警处审讯，清吏指控卢宗岳为"徐党"，逼问徐锡麟要卢宗岳来安庆干什么。卢宗岳断然予以否认："余非徐党。先时余曾

---

① 陶成章：《浙案纪略》，《陶成章集》，中华书局1986年版，第357页。

② 《徐锡麟枪杀恩抚全案》，第25页。

托锡麟为我谋一嗷饭所。继渠有函招余,余因时未毕业曾拒之。复于五月十日电招余,时值校中大考,故延至五月十七日始由东京返国,二十三抵沪,二十七启行来皖,拟面询锡麟电余来此奚为。启行时略闻锡麟刺皖抚,至大通始知其伏法。”此次登岸,实乃“心不释然于锡麟,特讯查详细情形”。现在不知何故被逮捕。清吏追问卢宗岳与徐锡麟师生情谊深厚,一定知悉徐锡麟的“机谋”,与徐锡麟属于“同党”,如果如实招供,可以从宽处理。卢宗岳仍坚持原供:“余非徐党,余焉能知其机谋。”清吏又以严刑相威逼:“卢宗岳,尔连日狡辩,尔须知今日文明世界,吾等不曾刑讯尔,尔坚不直供,吾等亦无他法,舍用刑无由,尔既为革命党,乃大英雄,大豪杰,何亦畏事乃尔。”但卢宗岳不为所动,于是,清吏黔驴技穷,“尔坚不承认,是尔自逼吾等不能不出于野蛮手段矣”①。于是,指使皂吏用皮鞭朝卢宗岳的背上鞭打五十,卢宗岳连呼冤枉,哭声达于室外,惨不忍闻。卢宗岳供认“有同学刘某之父现宦皖省,与伊相识”。清吏立即召刘启文前来对质,刘启文承认卢宗岳确与自己儿子在日本同学,至于“其品行则非所知”。卢宗岳后来被无罪释放。卢宗岳在供词中,供出“与徐之弟徐伟同船来皖,在大通闻徐已加害,深为诧异,又不得不前来调查究竟,而徐弟因不便进城,就原轮驶赴汉口”。冯煦获悉徐伟由上海乘新丰轮上驶汉口的消息,立即电告九江海关:“徐锡麟之弟由申乘轮上驶,希即查拿。”②九江江防同知严家炽带领营弁登上新丰轮搜查,将徐伟带回九江警察局。

徐伟在九江警察局供认为“浙江山阴生员,留学日本法政大学,今放暑假归国,拟赴汉口访亲戚前湘抚俞廉三,且携有他人托致俞廉三之信,至其兄之事,则坚称不知”③。徐伟还致函表伯俞廉三,诉说自己虽与徐锡麟为同胞兄弟,其实并不和睦,此次沿江而上,也并非参加安庆起义,徐锡麟的所作所为,自己并不清楚,恳请俞廉三主持公道。

新任安徽巡抚冯煦指派李家澍带领巡防新军第一旗士兵,乘南琛兵轮前往九江,将徐伟押往安庆讯问。徐伟被指控既为徐锡麟之弟,此时回

① 人尹郎:《皖变始末记》,《绍兴文史资料选辑》第4辑,1986年版,第171页。

② 《徐锡麟枪杀恩抚全案》,第25页。

③ 同上书,第26页。

国前来安庆，显然是来协助徐锡麟起事，其中的底蕴，必知之甚详。徐伟则声称自己回国，并非看望兄长徐锡麟，而是要去湖北求见表伯俞廉三。清吏追问为何前往湖北求见俞廉三。徐伟表示在日本留学临近毕业，想请俞廉三为自己谋一官半职。但清吏并不相信，认为徐伟与徐锡麟为同胞兄弟，又同在日本留学，否认自己是光复会员，令人难以置信。徐伟辩解："余虽与徐锡麟为昆仲，然以志趣不一，早已分炊。名虽手足，实同路人。至于出洋之举，亦非锡麟之意，仅以科举既废，不得不赴东洋，投身学界，为进身之阶耳。"清吏推断既然不是"同党"，也是"同谋"，而且证据确凿。徐伟反驳，既然不是"同党"，怎么会是"同谋"，请出示证据。清吏提出事发前数日，徐伟曾致信徐锡麟，现在信已在清吏手中，岂敢抵赖。徐伟理直气壮，信中并无悖逆之语，岂能无中生有？清吏指出徐伟在信中批评徐锡麟写信不够检点，行事鲁莽，以此来看，比乃兄还更阴险。徐伟辩白："余所谓书信不甚检点者，盖余兄素日起居动静，散漫无稽。至谓行事卤莽，盖谓其待人接物往往暴戾，招人忌刻，故有是言。"清吏又提出徐伟在信中提到"皖浙之事，兄自主之，弟不敢妄参末议乎，此非指是案而何？"徐伟声言："前兄锡麟曾有函致余，询余安庆巡警学堂及浙绍学堂改良之办法。余因与兄意指素歧，即忠告亦不能见信，故有皖浙之事不敢妄参末议之言，此语何足为证。"清吏怒斥徐伟狡辩，将自己洗得干干净净，两人属于同胞兄弟，即使不是同谋，但对于徐锡麟来往的革命党人，必然有所接触。徐伟驳斥："余虽与渠为兄弟，然同居之时少，而分离之时多，其往来者，余焉能知悉？且锡麟在皖，其往来于政界、学界、军界中人不可以数计，余又安能知悉？当其在家时，与品行不端之人相交游，犹有余父为之约束。比及到皖，身为监司，虽余父亦末如之何，而况于弟。"①徐伟因徐锡麟发动安庆起义受到牵连，"深以此事恨其兄，乃更迁怒其嫂，供称其嫂王氏与秋瑾同主革命，伟既系锡麟弟，虽未与实谋，而其兄之行状，彼亦常得察出，因又供出锡麟同事人陶成章、龚味荪、陈志军、陈德谷及秋瑾，又另供出与锡麟有交之绅学界数十人"②。清吏动用老虎凳、火烙等酷刑折磨，判处徐伟有期徒刑十年。辛亥革命胜利后，徐伟才被释放出

① 人尹郎：《皖变始末记》，《绍兴文史资料选辑》第4辑，1986年版，第170页。

② 陶成章：《浙案纪略》，《陶成章集》，中华书局1986年版，第357页。

狱。徐伟作了长篇供述。

徐伟，年三十二岁，浙江山阴县人，住东浦。祖父已故，祖母易氏，年85岁。父亲凤鸣，字梅生，别号双呆主人，年五十二岁。母亲严氏年五十三岁，兄弟七人。长兄锡麟，号伯荪，癸卯本省乡试副榜生员。行二号仲荪，已亥年蒙文学宪考取入学，娶妻陈氏，生有一子，年尚幼稚。三弟锡麒，号叔荪，娶妻汤氏。四弟锡骥，号季荪，娶妻潘氏。五弟号培生，六弟号莱生，七弟名叫念一，均年幼。有四妹，仅二妹出嫁于张姓。大嫂是同县柯桥王倍卿之女，曾往出洋，改名振汉。生员家有田地一百亩，每亩值钱七八十千文，又在绍兴开设天生绸庄，资本约六七千两银子，是生员家独开的。

锡麟用钱过多，父亲把他分出，余产未分。锡麟于癸卯年同绍兴府学堂东文教习日本人名平贺深造到日本大阪，赴博览会，才认识陶焕卿、龚味荪。回国后，即放言无忌。父亲屡次教训他不听，所以把他分出。因锡麟曾出继于已故伯父为嗣也。

乙巳年，锡麟先办体育会，合绍兴学堂，每月会操一次。锡麟又办大通师范学堂，陶焕卿、龚味荪同住大通学堂。沈钧业即馥生任教科。有会稽人陈子英出资开办，陈俶南也从中襄助。生员见其时时演习兵式体操，心窃危之。锡麟常开演说会，主张民权。那年夏间，生员因科举已停，游学日本，进法政大学。锡麟与陶焕卿、陈子英、龚味荪、陈俶南、陈墨峰即陈渊到日本，初想进联队，不得进去。后想进振武，因体格不合，又未得进去，才倡革命排满等邪说。陶焕卿曾习日本催眠术，作有《中国民族消长史》，在各书坊销售。与龚味荪、陈子英、陈俶南、陈墨峰并锡麟散布邪说，尽人皆知。生员因宗旨不合，屡劝锡麟不听。锡麟自日本回国后，曾到东三省一次，至其商谋何事，至光复会情形，生员实在不知，陶焕卿、龚味荪、陈子英、陈俶南四人，谅无不知。此四人与锡麟交甚密，以革命为口头禅，按照革命拿办，明正典刑，决不冤枉。现在锡麟已诛，将来拿获陶焕卿等，若供有生员同谋入会事情，愿甘伏法无怨。大嫂徐王氏到日本后，改名振汉，与女学生秋瑾为友。秋瑾屡次演说，以革命排满为宗旨，振汉遂为所愚，亦主革命。上年三月间，大嫂同锡麟回国，锡麟才以道员分发安徽，屡次致书生员，皆有中国腐败，急须整顿等语。生员屡次劝

他切勿卤莽疏略，实因在此。在日本时，与沈馥生即沈钧业会过，他谈起接锡麟信，言锡麟在东三省亲见满汉不平，可以运动马贼应援等事。所以生员致锡麟信内，劝其与馥生通信，尤要留意等语。总以为空发狂论，竟不料作此乱臣贼子之事，牵累父母，万死不足蔽辜。生员委实无同谋知情等事。锡麟又有信云，“安徽军界、学界无可整顿，想回浙江办学堂，可以自由。”生员信内所称“浙皖办事，兄自酌定，生员不敢操末议’数语，即指军界、学界而言，实未预知谋为叛乱等事。生员于今年五月十九日到神户，坐神户神奈川丸船，二十三日到上海，与卢钟岳会遇，说接锡麟电，即来皖，他想来安省图一警察差事。生员本想往武昌，见表伯俞廉三，托其于毕业后谋一效力地步，带有水晶图章等物致送表伯。因便道安庆看望锡麟，才邀卢钟岳到周昌记栈房同住，以便结伴到皖。因卢钟岳无钱，生员帮他同写船票。二十七，坐新丰二号官舱上船时，即见新闻报内载安抚于二十六日看操被枪击伤，生员以为学生放枪误伤。船到大通停泊，听闻抚台被人谋害，凶手系道员姓徐，并说凶手已被拿获正法。生员知道必是锡麟闹事，恐被连累，遂不敢到安庆。问卢钟岳可上岸否？他说既到此，只可上岸，往看友人。生员知道他无钱，遂借洋五十元，备作回浙盘川。生员遂改买汉口船票上行，路过九江，经警局查拿，解到安徽的。听说生员父母，因锡麟事受累，如果蒙网开一面，生员愿以父母之罪，加于生员之身，虽死不辞。至现获之马子畦，在日本见过几次。他到安庆，先不知道，是到案后见面才晓得的。锡麟信内提及陈墨峰要到安徽，生员因墨峰素有多学名誉，故在锡麟信内提及的。墨峰本名渊，及生员到安徽，始知改名澄，字伯平。女学生秋瑾，绍兴人，前在绍兴府演说，主张民权，不愿立宪，并与陶焕卿等时相来往，是晓得的。若现在绍兴起事，实不知情。今蒙严审生员，历次亲书供单，均照此供。实不知锡麟光复会名目，并没预闻谋为叛逆及知情不发情事，家中父母们也不晓得锡麟所做事情，求恩典。再陶焕卿、龚味荪、陈子英、陈儆南、沈钧业、陈墨峰等，是锡麟革命同党，生员是知道的，将来拿获，可以对质。此外同学同乡，是不是革命党，不敢妄指，所供是实。①

---

① 陶成章：《浙案纪略》，《陶成章集》，中华书局1986年版，第402页。

二、徐父被拘

徐锡麟发动安庆起义事败被害的消息，上海多家报纸均予以刊登，并于1907年7月11日传到绍兴。这天下午，徐锡麟的三弟徐锡麒像往常一样到邮局给徐锡麟寄包裹，邮局职工看见包裹上收件人的名字，便悄悄告诉徐锡麒不必再往安庆寄包裹，徐锡麟在安庆出事，早已遇难身亡。徐锡麒如闻晴天霹雳，六神无主，惊恐万状。徐锡麒急着赶回东浦报信，但天色已晚，江桥头的埠船早已开走，连小划船也见不到。徐锡麒欲步行回东浦，不但要走羊肠小道，而且还有大树江拦住去路，夜里也无人摆渡。徐锡麒几乎彻夜未眠，次日凌晨就急忙赶回东浦，到达家门口时，两扇黑漆大门还未打开。徐锡麒急切地敲开大门，径直来到父亲的床前。徐凤鸣在梦中被叫醒，看见三儿子一早赶回家中，感到十分蹊跷。徐凤鸣获悉长子徐锡麟遇难的噩耗，犹如五雷轰顶，惊骇不已，悲痛欲绝，此乃大祸临头，有诛灭九族之灾。但徐凤鸣毕竟见过世面，很快冷静下来，急忙命令金妈通知所有的家人到"一经堂"集中。徐凤鸣向全家通报徐锡麟遇难的噩耗，全家老小悲切呜咽之声顿时四起。徐凤鸣当机立断，决定全家女眷，上自易老太太，下至各房儿媳，全部回娘家居住。儿子则避往南汇杭州湾一带的海里，万一风声过紧，立即逃往国外。考虑到徐锡麟的妻子王振汉的娘家也可能抄家，因此让王振汉化装后，带着刚满周岁的儿子徐学文，暂时避往徐学文的奶娘家乡下彭潭，后来因唯恐连累他人，又让在日本留学的徐锡骥陪同王振汉母子，逃往日本。徐家只留下徐凤鸣以及三女顺姑和看守大门的金妈，其余均逃走一空。人丁兴旺的徐家，顿时变得冷冷清清。

徐凤鸣认识到东躲西藏终不是长久办法，也不能从根本上解决徐家的生存问题，要确保全家性命，必须另想周全之策。徐锡麒与徐凤鸣经过反复商量，决定请师爷书写诉状，由徐凤鸣出面，用倒填年月的办法，控告长子徐锡麟忤逆不孝，将落款时间写在徐锡麟赴安庆之前，证明徐家早就向官府控告徐锡麟为"逆子"，现在徐锡麟果然东窗事发，干下大逆不道之事，并非父教不严之过，乃是屡教不改，且早已备案请求处理，以此来减轻罪责。7月12日，徐凤鸣以到杭州购买绸缎为名，雇了一条小船，带着

三女顺姑,前往山阴县衙投案自首。徐凤鸣声称:“子在外所作之事,概未闻知,今既犯罪,理应听候处分。”①顺姑到山阴县衙跪在山阴知县前面求情,表示愿代父坐牢受过,以免去父亲的牢狱之灾。山阴知县不允,下令将徐凤鸣交捕厅管押,关入山阴县狱,以听候传讯。徐凤鸣被传讯时,竭力申诉早已与徐锡麟断绝父子关系,并有诉状为证。还买通狱卒,以敦促法庭传唤三子徐锡麒出庭作证,此举竟然骗过山阴知县和绍兴知府。不久,安庆又传来消息,从徐公馆查获徐凤鸣屡次致信徐锡麟,告诫应知恩图报,勤职尽责,效忠上司,以建功立业。现在徐锡麟发动安庆起义,刺杀巡抚恩铭,乃是不听长辈逆耳忠言,其大逆不道的行为,与父亲毫无关系。“徐锡麟之父,号梅生,名凤鸣,山阴县附生,年六十余,性极顽固,反对新学,锡麟举止言动,素为梅生所痛恨,曾以忤逆诉县。捐道赴皖后,屡驰信劝诫,未事数日前,尚有家信一函,查阅该信,痛哭流涕,均教子以忠孝为本,宪恩高厚,应力图报称,并切戒不可与不正之留学生来往,贻害我六十老翁,语语规勉,阅者哀之。”②徐凤鸣入狱后,光复会员王子余心急如焚,又联合绍兴绅士杜子楙、袁翼、胡道南、徐维则、陈邦翰等人,联名上书绍兴知府贵福,鉴于徐凤鸣在地方上德高望重,与徐锡麟意见不合,屡次劝诫均无济于事,朝廷也有不知情者不连坐的上谕,请求准予保释,以免株连无辜。

具禀山阴劝学所总董杜子楙,府中学堂监督袁翼,会稽劝学所总董王世裕,前署长兴县教谕胡道南,江西候补知县徐维则,候选直隶州州判陈邦翰,禀为父被子累,环叩提讯确实,恩准暂予保释事。窃上月二十六日山阴徐锡麟在皖省巡警学堂遘变遭诛一案。伊父凤鸣以案情重大,于本月初三日亲赴山阴县投案,听候讯办。查徐凤鸣以诸生经理绸业,持躬谨饬,处事和厚,乡党间莫不称为长者。徐锡麟系伊长子,父子意见不合,致成相夷之势。徐锡麟赴皖以后,徐凤鸣常驰书勉以忠孝,此次变作,实非徐凤鸣志想所及。徐凤鸣家居东浦村,居民自闻投案之信,惊慌异常,以为邻里亲族必将株连,迁徙一空。伏查缘坐之律,光绪三十一年三月二十日奉上谕至缘坐各情,除

① 毕志社编:《中国革命党大首领徐锡麟》,新小说社1907年版,第90页。
② 同上。

知情者仍治罪外，余著悉予宽免等因。则徐凤鸣之当坐不当坐，知情不知情为断。子楙等明知事关党案，明哲之士当戒干预，然直道在人，不容畏祸而缄默，应请迅提徐凤鸣到案严讯，如果实不知情，可否恩准暂予保释，以免株连而安人心，实为公便。再如蒙俯允，开释之后，尚须复提，惟子楙等是问。合并声明，谨禀。

——《越郡绅学界上绍兴府公禀》①

徐凤鸣虽然被无罪释放，但不得远离，必须随时听候传讯。尽管徐家避免灭顶之灾，但并非平安无事。绍兴知府贵福亲自带领山阴县令李钟岳和会稽县令李瑞年，率兵查封徐家所开店铺，捕走店员，贴上封条。“绍兴府贵寿云太守接到浙抚排单，饬速严拿徐锡麟家属，搜抄证据等因，即传兵役饬县会营，突至水澄桥大街徐氏所开天生绸庄、泰生油烛栈两铺，守住门户，入内搜抄，所有箱笼物件，逐一登记发封。惟将信件纸张等类，带案查检，该绸庄经理陶某等二十余人，概行拘案发押。”天生绸庄和泰生油烛栈“两铺钉门发封，派役看管。约计徐家产业，共值十五万”②。山阴县衙门还查抄徐锡麟的东浦老家，抓走留守看家的金妈，大门也贴上封条。“地保之类，还是找上门来敲诈勒索，大吃大喝。”③徐锡麟的妻子王振汉家也未能幸免，“徐妻家系首当，家赀五十万，亦被株连”④。绍兴知府贵福妄想借此大施淫威，达到升官发财的目的，由于株连太广，引起绍兴人民的强烈不满，加上舆论界的强大压力，最后也就不了了之。

三、秋瑾遇难

徐锡麟发动安庆起义失利，致使秋瑾的浙江起义夭折。徐锡麟是大通学堂的创始人之一，相约与秋瑾共同发动皖浙起义，尽管徐锡麟只字未提及大通学堂及其负责人秋瑾，但徐伟供认徐锡麟创办大通学堂，与秋瑾

① 毕志社编:《中国革命党大首领徐锡麟》，新小说社 1907 年版，第 92 页。
② 同上。
③ 徐学昭:《徐锡麟事败之后》，《绍兴文史资料选辑》第 2 辑，1984 年版，第 86 页。
④ 毕志社编:《中国革命党大首领徐锡麟》，新小说社 1907 年版，第 94 页。

主张革命。清吏获悉大通学堂乃光复会在浙江的大本营，大通学堂的督办秋瑾正在筹划浙江起义。“皖之于浙，其事先由浙起，其后乃由皖及浙与绍兴之于金处，其党祸皆成一连环之形。”安庆发难后，两江总督端方立即致电浙江巡抚张曾敭，搜查大通学堂，逮捕革命党人。张曾敭电告绍兴知府贵福：“准江督电，大通学堂徐匪死党必多，祈速即掩捕。徐伟已在九江拿获，电到即行拿匪查堂，搜起证据。”徐伟被捕招供后，安庆方面又致电张曾敭，逮捕秋瑾等革命党人。张曾敭致电贵福：“准安庆电，据徐伟供，锡麟同党陶焕卿、陈志军、陈德谷、龚味荪、沈钧业、徐振汉与秋瑾同主革命，均应查拿。”并特别提到“该堂主持竺姓及王金发。校长秋姓，均应查拿”①。浙江会党起事以及安庆起义，均与大通学堂以及秋瑾相关。皖案发生后，平时与徐锡麟来往密切的学界中人，唯恐祸及自身，避之不及，甚至到绍兴知府告密。贵福获悉秋瑾即将起事的消息，立即赴省请兵。“大通学校为徐锡麟所发起，后已辞职矣。绍郡知府贵守本为满人，且又与恩抚为至戚，乃欲以徐党为词，勒停此校，计划既定，遂星夜上省，请命于浙抚，谓卑府之意，欲将大通学校勒令停止，惟恐该校中人起而抗拒，可否请予派兵示威，浙抚遂允其请。”②张曾敭指示贵福返回绍兴进行布置，并允诺发兵援助。

7月10日，秋瑾从上海的报纸得知徐锡麟遇难的消息，悲愤难忍，泣不成声。秋瑾赋诗表达对战友徐锡麟的哀思：“十日九不出，无端一雨秋。苍生纷痛哭，吾道例穷愁。”③由于浙江方面已将起义日期顺延至7月19日，所以秋瑾仍从容地布置有关武装起义事宜，拟等候嵊州的平阳党和乌带党的武装力量前来，再发动浙江起义。秋瑾“分遣体育会学生入杭城，以谋为日后之应援，于是藩篱遂尽撤去，而其势益孤”④。大通学堂学生提议提前发动起义，却遭到秋瑾的断然拒绝。7月11日，秋瑾给上海爱国女校的徐小淑寄去告别信：

痛同胞之醉梦犹昏，悲祖国之陆沉谁挽？日暮穷途，徒下新亭之

① 陶成章：《浙案纪略》，《陶成章集》，中华书局1986年版，第359页。
② 《徐锡麟枪杀恩抚全案》，第26页。
③ 秋瑾：《寄徐伯荪》，《秋瑾集》，上海古籍出版社1991年版，第88页。
④ 陶成章：《浙案纪略》，《陶成章集》，中华书局1986年版，第358页。

泪；残山剩水，谁招志士之魂？不须三尺孤坟，中国已无干净土；好持一杯鲁酒，他年共唱摆仑歌。虽死犹生，牺牲尽我责任；即此永别，风潮取彼头颅。壮志犹虚，雄心未渝，中原回首肠堪断！①

秋瑾处变不惊，并做好牺牲的准备。

7月11日，浙江巡抚张曾敭派新军第一标标统徐方诏带领清兵300人赶赴绍兴，围剿大通学堂。武备学堂学生获悉清兵出发的消息，立即派人密报秋瑾。7月12日，秋瑾得到密报，迅速作出应变部署。秋瑾焚毁机密文件，隐藏大通学堂武器，疏散大通学堂学生，派周亚卫通知嵊县的竺绍康准备起义。王金发冒雨从嵊县赶到绍兴，与秋瑾商议对策，劝秋瑾暂时避走，遭到秋瑾的断然拒绝。秋瑾"以己系女人，毫无证据，即被捕亦无妨，而催金发速行，与竺〔绍康〕等为后图。〔王〕金发不从，促之再四，声色俱厉，〔王〕金发不得已，逾墙远遁"②。7月13日，蒋继云来到大通学堂，以要盘缠为名，对秋瑾进行纠缠，秋瑾不予理睬。午后，侦探报告清兵已到，秋瑾遣人再探，回报清兵前往东浦，秋瑾信以为真。清兵已进城，学生集议对策，均劝秋瑾暂时避走，秋瑾没有同意。清兵旋即包围大通学堂，"是时学生之留者尚有十余人，于是有出后门而游泳以逸者，亦有出前门持军械以拒敌者，出清兵不意，为学生击死者数人，伤者数人，学生死者二人。瑾居内舍，为清兵所执，同时被执者六人，曰程毅，曰徐颂扬，曰钱应仁，曰吕植松，曰王植槐，曰蒋继云"③。清兵从大通学堂搜出秋瑾使用的一支六响手枪、四十一杆后膛九响毛瑟枪、一杆十三响后膛枪、五杆单响毛瑟枪、一杆前膛枪以及二千六百余粒子弹，另外还搜出秋瑾撰写的《光复军起义檄稿》和《光复军军制稿》等诗文。

7月13日晚，秋瑾被带到绍兴知府衙门审讯，贵福声称不必下跪，从实招供。秋瑾责问究竟犯有何罪，值得大动干戈。贵福指控秋瑾携带违禁武器，并责问何故将手枪带在身边？秋瑾轻描淡写地回复，乃为防身之用。贵福不解，男子不必带手枪，女子反而携带？秋瑾反驳，正因为是女子，才要带枪自卫。贵福持秋瑾的手稿责问，何故做此种悖谬之辞，秋瑾

① 秋瑾：《致徐小淑绝命词》，《秋瑾集》，上海古籍出版社1991年版，第27页。
② 谢震：《王季高君行述》，《嵊县文史资料》第5辑，1987年版，第15页。
③ 陶成章：《浙案纪略》，《陶成章集》，中华书局1986年版，第379页。

声言此乃文人笔墨,任意涂鸦而已。贵福追问为何有革命言语,秋瑾搪塞,此种思想,人人皆有。“予所主张者,系男女革命,而非满汉革命。”贵福逼问一介女子岂能出任大通学堂督办。秋瑾回复:“去年在大通学堂演说,大人赐赠八字,是既蒙大人嘉许,故敢为桑梓稍尽义务。”贵福查问是否与徐锡麟有信件往来,秋瑾辩解:“与徐某实属同乡,惟在上海时有一面之交,并无信札来往,即有之必是他人伪造,以诬我耳。”并否认知悉安庆事变,“此次事变,实不知情”。贵福逼问:“有无同党?”秋瑾则指控贵福亦常来大通学堂,曾题字“竞争世界,雄冠地球”相赠,并一起拍过照,亦是“同党”。贵福尴尬不已,下令将秋瑾钉镣收监。

7月14日,秋瑾又被押往山阴县署进行第二次审讯,山阴县令李钟岳同情秋瑾的遭遇,请秋瑾坐下,并询问:“女子何以要讲革命?”秋瑾再次辩解:“我是男女革命,不是种族革命。”①李钟岳要秋瑾将所作所为作个自述,秋瑾提笔挥毫,题写“秋雨秋风愁煞人”七个大字,作为最后的绝笔。贵福对李钟岳不肯动刑极为不满,又指使幕友余某对秋瑾进行第三次审讯,并动用天平架和跪火链等酷刑。秋瑾遭到百般折磨,双目突出,红丝乱转,但仍坚贞不屈,视死如归。秋瑾依然表示仅仅从事男女平等革命,并非“种族革命”,也未泄露任何革命党人的消息。贵福黔驴技穷,指使余某等人伪造了秋瑾的口供,强按秋瑾的手印结案。

> 山阴县人,年二十九岁。父母都故。丈夫王廷钧向与妇人不睦。妇人于光绪二十九年间与丈夫离别,出洋往日本国游历,会遇徐锡麟赵洪富,因此熟识。后来妇人游历回华,在上海开设女报馆。始于上年十二月间回到绍兴,由素识的蔡姓邀妇人进大通学堂,充当附设体育会教员。与竺绍康王金发都是素识,时常到堂。赵洪富前充体育会账房,已于五月二十四日走去。程毅到堂已有月余,也与妇人认识的。六月初四闻有营兵前来搜捕,妇人当即携取手枪并外国皮包,就想逃走,不料兵勇已到,不及逃避,堂内开枪,兵勇们也开枪,就把妇人连枪拿获,及论说稿数纸、日记手折一个。程毅们也被拿获解送到案的。今蒙督讯,手枪是妇人的,论说稿是妇人做的,日记手折也是妇人的,妇人已认了稿底,革命党的事就不必多问了,皮包是临拿时

① 《徐锡麟枪杀恩抚全案》,第31页。

丢弃在堂。至赵洪富、竺绍康、王金发们现逃何处不知道,是实。[1]

贵福唯恐夜长梦多,革命党人起来暴动,劫狱救出秋瑾,遂于7月13日晚上请示张曾敭立即就地处决秋瑾。"卑府星夜请兵,蒙派到郡。今日申刻,往大通学堂及嵊县公所起军火,该匪等开枪拒捕,兵队还击,毙两匪,并获秋瑾及余匪六人。起出后膛枪二十五杆,子弹数百枚,夺获秋瑾六门手枪一支。探得该匪等因徐匪刺皖抚后,谋俟竺匪纠党到开会追悼,即行起事。知其事者,惊惶万状。现讯秋瑾供,坚不吐实。查看该匪亲笔讲义,斥本朝为异族,证据确。余党程毅等亦供秋瑾为首,惟尚无起事准期。若竺匪一到,恐有他变。恳请将秋瑾先行正法,余匪讯有实据,再行电禀。"[2]7月14日深夜,贵福接到处决秋瑾的电令,立即札委李钟岳赴"监提该女犯秋瑾到案,当堂验明正身,绑赴市曹,监视处斩。仍将决过日期及监刑文武衔名具文通报,毋稍违延干咎"[3]。李钟岳奉命将秋瑾押往刑场,秋瑾深知最后的时刻已经来到,大义凛然,责问:"杀何妨?不过未曾问明何罪,岂能妄杀?"李钟岳无言以对,只是表示此乃奉命行事。"秋女士临刑之前,求官许其通书家族,官坚不许。秋女士谓事已至此,但求临刑之时,勿行裸体,并免枭示,此二节,官允所请。"[4]秋瑾血溅轩亭口,年仅32岁。1907年秋,与秋瑾订有"埋骨西泠"之约的徐自华,撰写秋瑾传略,为秋瑾因"皖案"遇害而鸣冤叫屈。

> 秋女士祖父为闽中太守,生七月,即赴台湾。父由幕改官,复宦游湖南,后居京师,愤庚子之变,破家庭范围东游。甲辰年,孑身航海,至东后,遂有名于学界。重兴共爱会,女士为会长。性慷慨,工词令,雄辩高谈,听之忘倦,登坛演说,舌灿莲花。八月十三日,为戊戌六君子成仁之期,留学同人设会公祭。女士演说之沉痛,闻者皆泣下,其爱国爱同胞之热忱,溢于言表。虽俄之苏菲亚,法之玛利侬,有过之无不及。常减省己之学费,助人学费。有某女士随父之东,父亡,无所归,女士为出学费,挈之返国。乙巳冬,为取缔规则事,女士恶外权强迫,拂衣竟归。返后,教育不遗余力。丙午仲春,至浔溪女

① 《秋瑾口供》,《秋瑾史料》,湖南人民出版社1981年版,第184页。
② 陶成章:《浙案纪略》,《陶成章集》,中华书局1986年版,第359页。
③ 秋宗章:《大通学堂党案》,《秋瑾史料》,湖南人民出版社1981年版,第101页。
④ 《徐锡麟枪杀恩抚全案》,第32页。

学担义务两月。国文既佳，科学尤精。夙患心疾，虽发亦必为之上课。诸生坚辞，不听，曰：岂可因我一人疾，荒大众功课。其热心也如此。故诸生对之感情颇富，常曰：虽枳棘不能久栖鸾凤，先生既来，暑假前不放去矣。三月间，姑苏陈君书来，延聘女士之爪哇，诸生闻之，环绕饮泣曰：先生何厚爪哇而薄我等。时将试验，甲班生不肯温课，声言秋师将去，我辈无心试验矣。女士慰谕曰：我非无感情，弃君等而去。此间只四十余人，吾去后，尚有明师在；爪哇百万人，地居热带，肯往者鲜。一样同胞，当思其大。人生岂鹿豕也而常聚乎？君等不肯试验，使我进退维谷，请好好温课，我试验后始去。若赴爪哇有期，再来与君等作别。再四婉言，诸生始温习。余妹小淑，女士爱同己妹，欲挈赴爪，曰：若肯偕往，学费若干，我一身担任。因堂上不允，遂作罢论。四月八日，女士临行，送至河干，莫不流涕。五月中，女士果践前言，来与诸生别。濒行，出盘龙翠钏为赠，余答以金链。曰：愿我二人盟言金玉。时甲班生吴君家贫，艰于学费，将半途辍业，女士慨然肩任。挈往，送入宗孟女校。女士驻沪后，有同学诸君，挽留组织《中国女报》，咸相谓曰：君所持宗旨，欲开通女界，今内地女界，现象黑暗，不思设法开通，而远赴爪哇。虽均是同胞，得毋舍近而就远乎？女士然其言，遂创办《中国女报》。将章程登诸《中外日报》，入股者寥寥，亦可见我女界同胞程度矣。经济问题，颇形支绌，女士由沪而扬，由扬而鄂，竭力经营。弱质驱驰，风霜憔悴，可谓不惮卒劳矣。十二月，闻母丧，仓皇返绍。今春二月，余晋省适遇焉。泛舟西湖，日暮犹徘徊岳王坟畔，不忍去。歌《满江红》词，泪随声下。余促之始归，谓余曰：首期《女报》，颇嫌草率，君能代我驻沪数月否？余以母病辞之。女士颇不悦，责余忘公益恋家，作诗规之。五月中旬，便道语溪，过宿余家，留连三日。余讶其瘦，问何为而若此，女士长吁曰：事多拂逆，臂助少人，家庭之中，无开通可共语者，痼疾愈发愈深。现办女子体育会，赴沪数日，当即返。临别，心疾大发，余谆谆相留病痊再去，女士不可。别未二旬，忽闻皖案起，波及受诛。呜呼惨矣！女士东游于前之历史不能详知，窥其诗稿，得一二梗概。盖绿衣黄里，抱卫庄姜之憾，故弃家求学，一子一女，有云系妾出，未知孰是？其生平喜读游侠传，慕朱家、郭家者流，任侠好义，挥金如土，广交游，诚女界之豪杰。所作诗词论说，感慨悱愤则有之，指为悖逆证据，则天下岂皆无目者也。①

四、会党受挫

皖浙起义被镇压后，凡是与徐锡麟往来密切的光复会员，均遭到清政府的通缉。曾与徐锡麟一起捐官赴日学习军事的陶成章、陈志军、陈魏、龚宝铨、沈钧业等人，成了通缉的主要对象。两江总督端方在致军机处的电文中，指控"徐匪同党为陶焕卿，陈子英、龚味荪、陈淑南、沈钧业五人，素倡革命排满之议"。电文对陶成章等人的情况作了详细介绍："沈钧业字馥生，浙江山阴西郭门外张墅村人，年 23 岁，现在日本早稻田学校，暑假患病，寓牛込町东乡方家；陶焕卿名成章，会稽陶堰人，年约 30 岁，面瘦削，剪辫，习日本催眠术，著中国民族消长史；陈子英名志军，山阴东浦人，年二十余岁，面瘦削，剪辫；龚味荪嘉兴人，年二十余岁，矮小，剪辫，现均在日本；陈淑南名德谷，山阴赏坊舜家楼人，年 20 余岁，面瘦削，身稍长。"②其年龄、相貌、籍贯以及地址均查证详实。陶成章曾与徐锡麟"相偕出洋，期入日本联队，肄力陆军，以偿素志，因考验体格不合，徐公归国，公仍留东"。现在"徐公刺恩铭起义于皖"，陶成章"以曾与徐公偕同出洋，遂被株连"③。于是，清政府在全国各地通缉与皖案有关的光复会员。其中，天津通缉的有蔡元培、陶成章、龚宝铨、童亦韩等 8 人，长江上下游各省通缉的有王振汉、沈钧业、方世钧、陶成章、陈志军、陈德谷、龚宝铨 7 人。处州府查拿者有陶成章、吕逢樵、赵卓 3 人，南京特电上海缉拿者有陶成章、龚宝铨等 3 人。南京特电山东查缉陶成章。东北三省也移文各省缉拿陶成章。许多光复会员遭到通缉，被迫出逃国外。周作人曾形象地描述流亡日本的光复会党人的窘迫状况，说到陶成章时写到："初见焕卿，在丙午夏，相遇上海，衣和服，草履左右异式，行马路上，见者疑为乞食

---

① 徐自华：《秋女士之历史》，《徐自华诗文集》，中华书局 1990 年版，第 6 页。

② 《徐锡麟安庆起义清方档案》，《辛亥革命》第 3 册，上海人民出版社 1957 年版，第 159 页。

③ 章乃毂、鞠僧甫：《民国浙军参谋陶君焕卿传》，《辛亥革命浙江史料选辑》，浙江人民出版社 1981 年版，第 352 页。

沙门。丁未六月，徐案发，君走东京，相见于本乡寓楼，落拓之状，固如旧也。"①光复会的力量受到严重挫折，光复会的活动中心也随之转移到日本和南洋地区。

光复会所依靠的力量主要是会党势力，特别是与徐锡麟保持密切关系的会党首领，也因皖浙起义受到通缉。地方政府悬赏重金，缉拿平洋党首领竺绍康和乌带党首领王金发。秋瑾命令"王金发、竺绍康等仍赴嵊县招集志士，占领地方，并出队经绍兴赴杭州，又一路赴皖增援"②。7月14日上午，竺绍康在嵊县南门外恒源兴过塘行集结部众，并吩咐周亚卫前往嵊南苍岩镇联系俞季椿的力量。下午，竺绍康获悉秋瑾被捕消息，及时奔走各地，通知会党成员分散待命。竺绍康还与王金发等人多方商议劫狱营救秋瑾，终因清军防范严密，敌众我寡，没有成功。

绍兴知府贵福担心平洋党和乌带党集结力量劫狱，匆忙将秋瑾押往轩亭口斩首，还张贴告示通缉竺绍康和王金发。"竺绍康、王金发两名，四面兜拿。拿到一名，赏他一千元洋钱。他们的机谋已经败露，想来反是造不成了。官绅都在这里严严的防备，你们百姓好好的安业，不要惊慌，包你无事。这班匪类，外面借大通学堂的名，内里勾结歹人，要想造反，所以拿办他的；并不是为得学堂不好，也并非因为大通学堂的徐锡麟戕毙安徽抚台，恨他的学堂才拿办的。实在为女子秋瑾同竺绍康、王金发等要造反的缘故。"③贵福责令清兵驰赴嵊县，追捕竺绍康和王金发。竺绍康处变不惊，直到清兵临境之际，才出走新昌，以图东山再起。"当是时，党人、非党人举次浙东豪杰者必首公。及徐烈士举义于皖，公奔走谋策应。皖事既坏，浙谋亦露，清吏以兵围大通。公适在嵊集所部计事，闻变作，不欲以无名死，随挈家走，行次新昌，亲知裹餱粮橐镪币驰而来赆者，一日得三千金，公辞之，皆曰：是岂徒为公哉。"④

竺绍康辗转来到上海秘密开展革命活动，陈其美、张恭以及张静江等

---

① 长庚：《怀陶君焕卿》，《周作人文类编·八十心情》第10册，湖南文艺出版社1998年版，第347页。

② 尹锐志：《锐志回忆录》，《辛亥革命浙江史料选辑》，浙江人民出版社1981年版，第486页。

③ 《绍兴府告示》，《辛亥革命史资料新编》第4卷，湖北人民出版社2006年版，第13页。

④ 于右任：《竺绍康事略》，《嵊县文史资料》第5辑，1987年版，第9页。

浙江革命党人赶来相继集议沪上，竺绍康议论风发，“凡事之有利于义军者，虽甚艰危，不惜冒百险以赴之。公长身隆准，音吐朗然，眉宇间卓卓有英气，而意志坚绝，临险不挠，尤有非常人所能及者，其在海上，清吏缉之甚严，公犹岁一潜归，抚辑其众，视罗卒警吏如无物，卒亦不为所乘。又常溯钱塘江而上严〔州〕、金〔华〕、处〔州〕诸郡，所至结其俊乂，备以为他日用，掉臂昂首，出入狼虎之群，其忘身急义有如此。公往来江浙，多识四方豪杰，民党义举，尤多赞画，党人有急需时，不惜解囊资之”①。尽管清政府屡次以“平洋党匪首”以及“徐、秋同党”密谋起事等罪名，以重金购捕竺绍康和王金发，竺绍康的处境极为艰难，但他仍以革命为己任，冒险奔波于新昌、奉化、余姚、宁波、上海、杭州之间，矢志不渝。浙江巡抚张曾敭派陈翼栋专程赴绍兴查办秋案，获悉竺绍康和王金发潜逃无踪，陈翼栋随即亲自赴嵊县查封竺绍康和王金发家产。

乌带党首领王金发从大通学堂出逃后，深夜潜回家里，将绍兴之变告诉母亲，催促家人从速逃避。母亲留恋家园，叮嘱王金发速去。正商议间，村民前来报告官兵已到村外，王金发随即仓促离去，母亲及两妻一女也仓皇出逃。清兵入村后，挨户查抄搜捕，却一无所获。王家原是嵊邑巨族，清兵以为必能发一笔横财，可翻箱倒柜也仅有一些衣服和粮食。清兵入村搜捕时，所有王姓村民均逃走一空。王金发的母亲及其发妻徐桂姑逃出，妻子沈雄卿中途被清兵捕去。沈雄卿在法庭上佯装发疯，胡言乱语，关到年底即被释放。王金发的母亲则逃至绍兴西郭门外杨望村黄介清家，后移居新昌明德庵藏匿。“锡麟铳刺皖抚，谋倾清室，事败被戮，狱连大通主任秋瑾女士，死之。君与绍康各率徒众亡命山谷，屡为清军所窘，从间道出上海，与杨侠卿、陈英士、姚勇忱会谋大举。是时，君之家产盖荡然矣。”②

秋瑾遇难后，贵福悬赏重金通缉，清兵侦骑四出，索捕甚严。大通学堂学生大都是嵊县人，秋案发生后，大部分学生逃回嵊县，一部分学生仍然追随王金发。乌带党党徒闻王金发逃回，亦大多前来相聚。王金发遂化名夏孑黎，率领乌带党党徒，栖身山林草泽，过起“强盗”生活。由于追

① 于右任：《竺绍康事略》，《嵊县文史资料》第5辑，1987年版，第9页。

② 蔡元培：《王君季高传》，《嵊县文史资料》第5辑，1987年版，第11页。

随王金发的人很多,亲戚朋友大都不敢或无力接济,生活一时成了问题。起初,王金发昼伏夜出,到村庄人家商借粮米,答应以后得志加倍偿还,但有借无还总是难乎为继。有时饿得没有办法,只得偷掘村民芋菜度日,也有入村民家强借粮食者。地主豪绅原本就看不惯王金发所作所为,乃奔走相告,王金发成了"强盗头子","金发强盗"之名不胫而走。若是王金发部下前来借银借米,立即鸣锣集众而攻之,勾引捕役前来搜捕。王金发怒不可遏,"一变善言相借,而为绑人勒索,或接户送票,票上写明借银若干,限某日某时送至某地,若不如期送到,即来绑人或烧房子。地主豪绅中平日暗害党人为官兵眼线者,均受到金发光顾,有时深夜逾垣而入,将人绑去,随即通知其家属以巨金来赎"①。一些富绅巨室提到王金发的名字,莫不谈虎色变。王金发将所得金银,"以四分之一散贫民,以二分接济党人机关,以一分自充旅费。尝于途中见有饥卧垂毙者,探质衣钱六百文与之,已与从者忍饥至于终日"②。王金发与竺绍康组织白竺起义时,需要筹集银钱购买粮食,磨制米干,作为义勇队的干粮。王金发亲自送票到舅妈的女儿徐梅姑家,写明送银600元到某地,若不送去,将挑煤油前来焚烧房屋。徐梅姑听说王金发送票子来了,当即喊着王金发的小名,急步追出门外。王金发摆手示意不必追赶,立即将钱送过去,否则一定前来烧房子。徐梅姑没有办法,只得于夜间派人送去500元。白竺起义失利后,清廷缉捕王金发甚急,革命党人鉴于王金发久伏山泽,可能发生意外,遂派杨侠卿将王金发接往上海。王金发在上海加入同盟会,与到达上海的竺绍康以及陈其美、姚勇忱、张恭、吕逢樵等革命党人,继续开展革命活动。

处州龙华会的首领吕逢樵也因皖案和秋案被清政府重金悬赏通缉。徐锡麟捐官赴日学习军事之前,将大通学堂的事务托付曹钦熙和吕逢樵办理。秋瑾接任大通学堂督办后,大通学堂校事也托吕逢樵负责。徐锡麟和秋瑾相约发动皖浙起义后,吕逢樵承担起联络绍兴、金华、处州三府会党的重任,为了筹划武装起义资金,吕逢樵几乎耗尽合盛南货店的全部

---

① 裘孟涵:《王金发其人其事》,《浙江辛亥革命回忆录》,浙江人民出版社1981年版,第60页。

② 谢震:《王季高君行述》,《嵊县文史资料》第5辑,1987年版,第16页。

财产，尽管家中儿女成群，生活困难，却无暇顾及。徐锡麟刺杀安徽巡抚遇难，清兵从省城出发围剿大通学堂，吕逢樵立即化装成农民，赶在清兵之前向秋瑾通风报信。秋瑾嘱咐吕逢樵前去嵊县催促竺绍康集兵援助，并准备为徐锡麟召开追掉会后起兵。然而，未待援兵到达绍兴，清兵便包围大通学堂，逮捕秋瑾。贵福唯恐竺绍康、王金发和吕逢樵率领会党前来劫狱营救，匆忙将秋瑾押往轩亭口杀害，并悬赏重金通缉吕逢樵等人。吕逢樵乃化装成学生，潜回处州组织力量。浙江巡抚急电处州知府："大通武备学堂分设，系吕逢樵所办，速即饬查的确，掩捕各匪，并察访有无藏匿军火。仍委妥员赴缙云严密查拿。"①

吕逢樵所创办的缙云半日学校被封闭，张曾敭加派李益智驰援缙云，会同丽水及缙云地方清军缉拿吕逢樵。已成惊弓之鸟的处州知府唯恐李益智离开处州后，吕逢樵卷土重来，请求张曾敭将李益智部队长驻地方。"查卑府并无大通学堂，缙云壶镇体育会半日学堂，一系吕习常，一系吕熊祥即逢樵，于四月开办。卑郡自月杪奉臬道密札，府县认真查访，凡有形迹可疑者，无不细加盘诘。所有府城体育会及私立之警察学堂，缙邑之体育二处，及吕逢樵所设之半日学堂，均于五月二十日勒令停止外人寄宿。李管带率勇到郡，丽水由黄令、缙云由宗令，会同严密查拿。惟各匪及赵宏甫均先远飏。至裘〔文高〕、张〔岳云〕二革匪，亦经四处线缉，获即锁解，卑府决不敢养痈贻患。壶镇素称匪薮，防队拟请永驻。"②吕逢樵与赵卓、丁荣等联合龙华会部分党徒，隐蔽于缙云和温州交界的山区，屡次巧妙地避开清军的搜捕，并且数次神出鬼没地偷袭缙云县城。吕逢樵鉴于革命处于低潮，及时退入偏僻的山区，以保存革命力量。他在离壶镇五里的芦西地区，开辟根据地，开荒种桑，集结革命力量。后来，又到横塘岸附近百步岣的东八宝山开辟另一根据地，从事农桑，筹集资金。他又前往天台，说服周云光的绿林武装成为光复军的一支劲旅。清政府的缉拿稍微松懈，吕逢樵又化装出游，往返于杭州、上海之间，与上海的陈其美、庄新如、褚辅成等革命党人保持密切的联系。

① 陶成章：《浙案纪略》，《陶成章集》，中华书局 1986 年版，第 360 页。

② 陶成章：《浙案纪略》，《辛亥革命》第 3 册，上海人民出版社 1957 年版，第 45 页。

五、学界牵连

清兵以查办皖案和秋案为名，肆意骚扰绍兴民众，抢劫掳掠。大通学堂原本假借豫仓旧址创办，适逢豫仓办理平粜，有数名舂米工人也被捉去，行走稍缓，即被清兵用枪刺其后股，沿途鲜血淋漓，见者为之酸鼻。嵊县公局有一位和尚因诉讼前来绍兴，也被无端逮捕。和尚经过某绅士公寓，哀求进寓寻觅保人。清兵蛮横不允，用军刀乱击其腕，受伤颇重。另有嵊县一书吏和一乡人，因嫁女到绍兴置办奁具，也被清兵无辜捕获，乡人携带大洋250元也被抢走。家住绍兴西郭门外的郭某，乃天成银楼股东，曾为王金发与沈氏作媒，也受牵连被捕。绍兴因此传言："不做媒，不做保，一世无烦恼。"绍兴一时谣言四起，人心惶惶。"曾记省兵未到之先，大有谣言，谓嵊匪已匿在绍，及绍郡有人陆续为匪党私运军火，在大通或嵊县公局及某某等处，计运有数千之多。此时此事，传入官署，官场焉得不惊。最可笑者，隔日第一标兵到城外时，绍协守城兵急报府中，连称安徽革命军已到。讯其何知？云因来兵皆著旧式学堂体操衣服，令旗大写徐字。后知省兵管带者系徐姓故也。"①绍兴各处城门均早开早闭，夜晚严禁出入。第一标清兵返回杭州时，绍兴城中无论客船还是民船均被强行征用。"闻大木桥河下，有乡间上城求医之病人船，突被该兵将船捉去，舟人连呼救命，行人咸集，颇露不平。该兵仍口中大骂，你们绍兴人的性命如狗一样的，不管有病人、没病人。又闻沿途所遇船中之船夫，随路虏去，情同盗贼，众目皆见，然受兹苦毒，未有人敢控诸上官者，不识何故?"②

徐锡麟的家乡东浦，更是鸡犬不宁。徐锡麟在安庆事败遇害，徐家全家外出逃难的消息很快传遍东浦，村民惊慌失措。"东浦村居人，得知杭垣派兵来绍消息，传说立刻要洗村，遂四处搬逃，人心惶恐，商市大震。"③

① 《浙江绍兴府查抄徐锡麟家属株连学界捕戮党人始末记》，《辛亥革命史资料新编》第4卷，湖北人民出版社2006年版，第3页。

② 同上。

③ 《徐锡麟枪杀恩抚全案》，第33页。

有的声称杭州来的清兵已到达绍兴，绍兴城内早已全城戒严；清兵已在霞川桥架起大炮，准备炮轰东浦，诛灭徐姓九族。东浦村民惶惶不可终日，街上店铺关门闭户，市面萧条。外地客商也唯恐受到牵连，裹足不前，不敢贸然进入东浦。凡是与徐锡麟关系密切的亲朋好友，均纷纷外逃。尤其是孙家溇村的村民，更是惊慌失措，四出逃难，有的在赤畈船上搭起凉棚，全家躲入船里，摇到田畈河沿避风。也有的摇到远离东浦的张墅等村庄躲避。孙家溇十室九空，冷冷清清。清兵到达绍兴后，东浦村民"以为必来剿洗村庄，一煞时全村鼎沸，携儿挈女，四散窜逃，哭声振动四野，其惊慌凄惨情形，当非楮墨所能尽"①。贵福迫不得已，由山阴和会稽两县张贴安民告示，下令"赶紧搬回，不要疑惧，但查拿徐匪供出之党人，断不株连"②。然而，直到派驻绍兴的省城清兵撤回杭州，逃难的村民才陆续返回。

光复会曾联络学界人士，又以大通学堂作为基地，培养革命骨干。受皖案和秋案的影响，"越郡谣言四起，谓尚有人曾与徐道同学同谋，均须查拿，而学界尤受影响，恐被株连，慄慄自危"。徐锡麟所创办的东浦热诚学堂也被波及，"经贵守委会稽捕厅往搜军火无着，惟校舍未见捣毁耳。然欲续设已觉甚难，因该校学生百余人，皆乡间子弟，前日学校被搜时，有将在校所读教科书急急焚化，为避祸计者"。徐锡麟曾任绍兴府学堂教习，后来又升任副监督，皖案发生后，绍兴府中西学堂学生唯恐受到牵连，不敢前往上学。绍兴府学堂举行考试，来者三三两两，大都裹足不前。三天报考，一年级学生只有160人，二年级学生63人，三年级学生19人，特别是参加三年级录取考试的学生，连博物的大意都不能回答。按此报考人数以及考试水平，预计欲招生160名，可能难以完成计划。徐锡麟曾指导世懋学堂的创办，"绍东乡哨吟村思懋学堂，被村中人捣毁。口称尔等现在皆当捕杀，势已倒落，今请趁早还我前次之庙宇。闻已告官，官置不理"。由曾任大通学堂总理的光复会员姚麟创办的震旦蚕业女校，学生也惊恐万状，纷纷前来退学，女校不得不关闭。姚麟不得不发表哀告学界书，说明女校关闭的苦衷。"麟不佞，上学期创办震旦蚕业女

---

① 《徐锡麟枪杀恩抚全案》，第36页。

② 《浙江绍兴府查抄徐锡麟家属株连学界捕戮党人始末记》，《辛亥革命史资料新编》第4卷，湖北人民出版社2006年版，第1页。

校，牺牲精力，消耗资财，其宗旨无非为国家开利源，为社会图公益，为女子谋自立，心良苦矣。”特别是“六月以来，女界一败涂地，发之辫者髻矣；足之放者裹矣；面目之素者涂泽矣；凡父母舅姑以女子读书为大戒。不及旬日，新旧学生咸来告退，靡有孑遗。呜呼！已矣！消灭矣！此非办事人无坚持心，实出于势之不得不然者”。

嵊县北乡的北山学堂被清兵假借搜查军火为名，抢掠一空。会稽县高等学堂拟招收预科生30名，但应考者只有2名。陶堰毓秀女学学生原本已放足，现在因为发生秋案，女生复又缠足。连专门招收堕民子弟的同仁学堂，也被牵涉其中。有人向贵福投寄匿名信，声称同仁学堂藏有军火以及革命党人。第一标标统陈翼栋不分青红皂白，立即命令两名清兵入校，声称乃弁目学堂学生到此游历。同仁学堂经理杨景时刚陪同清兵绕学堂一周，随即就有大队清兵呼啸而入，翻箱倒柜，揭开地板，打破墙壁，一无所获。“陈道督兵搜同仁学堂时，凡堂中衣物器具，多被抢劫。所有师生等衣物，该兵皆分着身上，外罩军服，身躯臃肿，极为可笑。有一兵手持大自鸣钟一具，排队过市，被一妇人指是校具，该兵乃当场掷碎。”①同仁学堂的校董、教员、来宾以及斋夫共8人被无辜逮捕，遭到严刑逼供。

热心教育事业，曾资助过大通学堂等学校，担任过大通学堂监督，与徐锡麟过从甚密的孙德卿，也被人控告私藏军火，作为“徐党”遭到逮捕。“热诚学校被搜之际，孙端竟成商业学堂、大端工艺女学校等，校董孙德卿家，亦有人诬称藏有军火，郡守特委会稽县令带同府署家人往搜军火无著，而孙〔德卿〕仍被捕。”②孙德卿被捕后，被指控“办学居心已不可问，况闻与徐〔锡麟〕往来，谓非同党，吾辈实不能信汝”。孙德卿辩解实因大通学堂经费支绌，无人接办，学堂同人举荐暂行经理，仅仅承担校外筹款责任，校内之事概未参与。“大通校去年系由姚定生君办理，因经费支绌，不能承办，去年放年假给凭时，贵守及学界中人均到，姚当场将大通明年不能再办情形，告诸大家，贵守先答曰：绍兴学界，若无师范学堂，大是缺点，众遂举孙接办，孙力辞不能胜任，众及贵府复再公举孙，孙不能辞，

① 《浙江绍兴府查抄徐锡麟家属株连学界捕戮党人始末记》，《辛亥革命史资料新编》第4卷，湖北人民出版社2006年版，第2页。

② 同上书，第3页。

遂承认筹办经费责任。”①至于查出毛瑟枪16杆，子弹1004颗，属于大通学堂抵充大洋1000元。大通学堂后来枪不敷用，又向孙德卿借去7杆。孙德卿担心与大通学堂的枪支相混淆，特于枪尾盖有英文钢戳相区别，迄今尚未归还。剩下的9杆枪，其中有一支被余姚冬防局借走，作为巡防之用，已责令该局就近缴余姚县转交。此外，并无其他藏匿枪弹以及与大通学堂交往之事。

由于孙德卿被捕，致使其所资助的竟成、又新、大端、日新、加励、明新等学校濒临倒闭。“绍郡富绅孙德卿，贵守目为徐锡麟余党，饬差妥拿，押在捕署，久不释放，人均冤之。现经绍郡学界，以孙某所办之孙端学堂，暑假后即须开校，而一切经费无着，学堂将有中止之势，挽绅力保。”②山阴和会稽劝学所绅董杜子楙、王子余等人，鉴于学校暑期假满，开学在即，诸事无人料理，呈请绍兴知府贵福，要求保释孙德卿。“查孙德卿即秉彝，赋性诚笃，公益之事颇知提倡。竟成、大端两校，系由伊独力兴办，校内组织尚有条理。向于又新等校，亦伊赞助之力居多。本年大通学堂因款绌，无人接办，秉彝以绍兴尚无师范学堂，不忍使其停闭，遂慨任筹款之责，并不在校任事。况嵊匪之案，系于出体育专修科，本在仓桥、诸暨册局，与大通实不相涉。徒以大通已放暑假，遂尔鹊巢鸠占。郡城学界中人，多能辨其界限。”③绍兴知府贵福迫于学界压力，假惺惺地回复同意保释孙德卿。“卑府伏查职员孙秉彝，经理大通学堂，仅认筹款，并不预闻校事，家藏枪械、子弹，亦已如数清缴，并无留匿。既据劝学所总董杜子楙等查明，代为吁求，自应准予取保开释，以顺舆情。除将枪弹暂行留府，拨发巡防队配用，事竣缴销，并饬取具保状送查。”④贵福以陈翼栋赴绍查办秋案，经费紧张，清兵也异常清苦为名，勒索5000元，才将孙德卿取保候审，但竟成商业学堂和大端工艺女校仍被关闭。

---

① 毕志社编:《中国革命党大首领徐锡麟》，新小说社1907年版，第108页。

② 《浙江绍兴府查抄徐锡麟家属株连学界捕戮党人始末记》，《辛亥革命史资料新编》第4卷，湖北人民出版社2006年版，第4页。

③ 《山会劝学所绅董上绍兴府禀》，《辛亥革命史资料新编》第4卷，湖北人民出版社2006年版，第17页。

④ 《绍兴府贵守禀各宪文》，《辛亥革命史资料新编》第4卷，湖北人民出版社2006年版，第18页。

第十章 惊破虏胆

皖浙起义的枪声，震动了全国，舆论界谴责封建专制统治，抨击一味采取镇压革命党人的高压政策，尤其是剖心切腹的酷刑以及株连九族的野蛮刑法。清政府迫于愈演愈烈的革命浪潮以及舆论界的强大压力，不得不废除夷灭九族之法，假惺惺地表示要加速实行君主立宪，并征求消除民族隔阂的方法。徐锡麟刺杀安徽巡抚恩铭，榜上有名的两江总督端方惊恐不已，惶惶不可终日。各地的封疆大吏也不安于位，风声鹤唳，草木皆兵，对江河日下的清王朝统治发出无可奈何的哀叹。革命党人没有被满清政府的血腥镇压所吓倒，他们踏着先烈的血迹，前仆后继，发动此起彼伏的武装起义。

一、舆论声援

皖浙起义得到广泛的支持与声援，舆论界严厉谴责封建专制统治。徐锡麟之所以铤而走险，刺杀安徽巡抚恩铭，实乃清政府实行封建专制所致。“徐锡麟之演剧于皖也，胡为乎来哉？实政府召之也。政府匪惟召之，且促之也。何言乎？以政府之举动，皆徐剧之原动力也。”清政府以专制的淫威，造成只有竭尽义务，不敢要求任何权利的民众。徐锡麟上演皖案，乃是专制体制下的副产物。暗杀事件不产于伦敦，也不产于华盛顿，而唯独产生于专制的中国。“徐氏之皖剧，实政府召之且促之。”以前清政府实行残暴的专制统治，其是非姑且勿论。现在号称预备立宪时代，

海内外人士满怀希望，以为从此民声可以上达，民困也能渐苏。但实际并不是如此，名为立宪实乃专制，一切不过阳予而阴夺，非仅阴夺，实乃阳夺。在此民不堪命，岌岌乎不国之秋，有识之士早已对清政府感到绝望，于是，革命党人乘此机会，争相奔走以号召天下。“徐氏突然而起，特其派中之急进者耳。”①人所欲者莫过于生，所恶者莫过于死。凡革命者必流血，流血必死，为何不恶？非但不恶，且于此为欲。不知彼欲于死里求生，别有不得已苦衷。欧美何以康乐和美？而中国与俄国何以杀机遍地？此中奥妙，实乃欧美为民主国家，而中国和俄国为专制政府。

舆论界对清政府采取高压手段、一味实行镇压革命党人的政策，也进行猛烈抨击。“轮船火车之汽锅，其涨热达百三十度以外，而压以钜重之铁板，则必爆裂而不可制；军用之炸弹，内藏猛烈之毒质，而外有层层生铁之裹束，则必一发而不可收拾，此无他，物之压制力愈强，则其爆发力必愈大。故善治水者，不筑逆流之堤，而引顺流之水，善治军者，不追困斗之兽，而网漏海之鲸。”②虽说革命党人破坏社会秩序，妨碍人民治安，固然在不赦之列，但现在的革命党真有能力革命者不过十之一二，毫无能力革命仅仅附和者为十之八九，现今捕押的革命党及附和革命者十居八九，其中真正具有革命能力者还不到十分之一。虽尽捕而杀之，也不过为革命党人不甚爱惜之人，对革命党人并无损害，尽管革命党不必为附和者复仇，但必欲为革命二字复仇，于是，革命党人蓄其十余之苦心，挟其一二人之死力，伏于肘腋之下，皖抚乃首当其冲。自从庚子以后，暗杀之风愈演愈烈。而清政府惑于一二佥佞之言，缇骑四出，警报频传，与革命党进行意气之争。革命党破坏亦死，不破坏亦死，反抗亦死，不反抗亦死，以致酝成皖案之惨剧。不仅如此，今日皖抚被戕，将来必定严密捕拿革命党人，革命党人的衔恨也必深，以此冤冤相报，循环无已，宁有终日。督抚大员前后左右至少有一二十人，岂能一一防之。流血五步，牝鸡四号，此等惊心动魄之惨剧，岂可一而再，再而三地上演？圣人云：“暴不可以易暴，水不可以济水，火不可以济火，杀不可以止杀也。”清政府的高压政策，无异于火上浇油，对于革命起了推波助澜的作用。

---

① 毕志社编：《中国革命党大首领徐锡麟》，新小说社 1907 年版，第 127 页。

② 同上书，第 123 页。

舆论界对清政府实行株连之法以及剖腹挖心的酷刑，进行强烈的谴责。皖案发生后，其株连之惨，比戊戌政变尤为残酷，比汉口唐才常自立会起义也有过之而无不及。“其始株连者，不过胁从之巡警学生而已，继而及于锡麟之弟伟，继而及于锡麟之父梅生，又继而及于大通学堂之学生，又继而及于明道学堂之女教员，又继而及于徐氏店铺之伙计。夺其生命不已也，又没收其财产。没收其全家财产不已也，又牵连及于徐之妻族、许氏之财产。”清政府号称处于预备立宪之时代，犹株守野蛮的刑法，以前关于官民各负责任的皇皇上谕，不过一纸空文而已。如果在上者肯负责任，那么对于徐锡麟一案的处理，应以文明的法律处罚，不应当施行野蛮的法律，如此才能确立天下的信仰，促进立宪的进行。如果阳执饼饵，阴挟利刃，名以恬之，其实则威之，则在上者先立于欺诈之地位。即使再延之十年二十年后，民众也无响应者。如果还借口民众的程度不够，是否反躬自问自己的程度够不够。所谓财产刑者，也仅剥夺犯人的财产。财产刑又分为三种，一为罚金，二为科料，三为没收。科料为违警罪的主刑，罚金为以金作为赎刑之制，为轻罪的主刑与附加刑。至于没收，凡文明的刑法，仅有特定的没收，并无全部没收。所谓特定没收分为三种：一为法律所禁止之物；二为供犯罪者所用之物；三为因犯罪所获之物。“事止于此而已，从未闻有因一人犯罪，全家没收者，更未闻有彼家没收，而戚属之家仍有牵累者。”徐锡麟被杀后，还被剖腹挖心炒食，更让舆论界口诛笔伐，同声谴责。刑法上的生命刑即为死刑，世界未至大同之前，死刑难以废除，各国也有共识，但也仅于夺其生命而已，因此世界文明国家，均以此义制定刑法，采取迅速的方法剥夺犯人的生命。“若生命既夺，而仍分死刑之等级，若者为斩刑，若者为绞刑，若者为凌迟刑，若者为枭示与戮尸刑，则为各文明国所不公认。至出于以上数者之外，又创出一种所谓剜心刑，则更为野蛮之尤者。”剜心刑载之清朝法律也无话可说，但查遍清朝刑法，除斩刑、绞刑、凌迟、枭示以及戮尸五刑以外，并没有所谓的剜心刑。清朝的剜心刑，始于张文祥刺马新贻，而沿用于徐锡麟刺恩铭。“是当道不过徇恩抚家属之言，而不知已陷于变乱刑法之罪戾也。”①号称处于预备立宪时代，沿用以上五等死刑尚不足以示信天下，还要变本加厉创

① 人尹郎：《皖案始末记》，《绍兴文史资料选辑》第4辑，1986年版，第179页。

造剜心的酷刑。

舆论界提出，只有改变封建君主专制，实行君主立宪，消除满汉隔阂，解决民族矛盾，才能消弭日趋高潮的革命风潮，挽救江河日下的统治。"庚子以后五六年间，暗杀之事亦多矣，五大臣之出京，虽不免为副车之中，巡警局之刺刀，究未忘其吞炭之心。当事者苟知仇宜解不宜结之一语，而实行立宪，而推诚相与，使彼党中具有能力之一二人，恍然与朝廷之与民更始，而无所用其破坏，无所用其反抗，则不但上下而无事，即中外亦相安。"因为革命党人中真有能力革命者不过十之一二，如果清政府真心实意实行立宪，"使一二具有能力之人，帖然安静，则不但暗杀之事不再见，虽欲使之为乱，而不可得已"。舆论界一相情愿地认为此举并非为革命党人开脱罪责，也不是为督抚一身的安全考虑，实乃为全国二十二省四万万人民共图安宁着想。目前外患日亟，革命风潮叠起，只要兄弟阋于墙外御其侮，同室之人不操同室之戈，"当事者憬然于前事之非，而亟亟焉实行立宪之预备，永绝革命之名号，则皖抚虽死，不可谓非吾国维新开幕之功臣也，然则，皖抚之死，岂寻常哉"①。似乎只要实行君主立宪，则革命风潮自然消失，恩铭之死也不冤枉，也是死得其所。然而，如果立宪实行，则官权必定削弱，民气伸张，一切烦苛之政令，颠倒之设施，也于无形中消除。清政府于皖变之后，立即下诏加速预备立宪，允许官民条陈宪法。由于内地官民程度不一，能识宪法纲要者乃凤毛麟角。而确能识宪法纲要者，均留学国外，为不受笼络之人。而徐锡麟正是留学日本，也是内地的官员。由于发生徐锡麟刺杀恩铭事件，致使清政府视留学生均为徐锡麟者，疑虑重重，畏惧异常，留学生即使有熟悉宪法者，也无济于事，不被重用。因此，仅仅实行立宪还远远不够，"欲救革命之祸，是在消融满汉之意见。以近事论之，婚姻通矣，满缺可用汉人矣，意见未尝不消融也。然观政府近日之意见，虽消融于其外，而未尝消融于其内。为今之计，内而枢垣，外而疆寄，似宜偏重汉人，稍抑满人，以救目前之弊，行之十年以后，而谓立宪不能实行者，吾不信也；而谓革命党犹有拼一死以事暗杀者，吾尤不信也"②。各国革命目的均在民权，而不在种族。而中国之

① 毕志社编：《中国革命党大首领徐锡麟》，新小说社 1907 年版，第 126 页。

② 《皖抚被戕后感言》，《绍兴文史资料选辑》第 4 辑，1986 年版，第 181 页。

革命,目的在于种族,而不在于民权。所以,立宪可以消灭革命之患,却不能消灭种族之见。种族之见不消,则革命之患不解,立宪也不可能成功。种族之见不平,仓促实行立宪,按照国事犯的国际公例规定,人民的集会自由不能侵犯,革命党人将予以利用,则悔之不及。所以,不立宪天下必乱,立宪天下仍乱,因此,"欲弭革命,须先平满汉。而平满汉只有二策:第一,使满人皆赐汉姓;第二,尽撤驻防,使满人与汉人杂处"①。唯有彻底消除满汉成见,实现民族平等,才能平息革命风潮。

二、京城震动

皖浙起义的枪声,动摇了清王朝的封建专制统治,慈禧太后接到徐锡麟刺杀安徽巡抚恩铭的消息后,"颇为惊讶,现已将园庭门禁,增兵驻守,严禁出入,以防不虞"②。她闻讯后痛哭不已,从此心灰意懒,得过且过。军机大臣建议西太后"驻海万勿驻园,情词恳切"。她强作镇静,予以训斥:"曾有汝辈如此小心惜命,何能办大事,似此愈中奸人之计谋,我固无惧。"③西太后特意由颐和园起程,赴万寿寺拈香,又绕道赴万牲园观赏狮豹,到倚虹堂用膳,仍回颐和园居住。徐锡麟"枪毙满贼恩铭,以为吾华族伸义愤。手枪一鸣,声达天下;伪廷震惊,奸魄飞褫"④。清政府鉴于革命党人的革命活动风起云涌,迫不及待地下诏征求各地督抚镇压革命党人的对策。各省督抚奉命上奏,提出六项应对之策:"(一)将首要及甘于附从之匪党,严查务获。(二)出示解散胁从,准其予以自新。(三)饬属随时戒严,认真探访。(四)某省得有消息,即时电知各省巡防,互相联络,使匪党无匿足之地,易于剿除。(五)严查私运军火。(六)严禁官弁无故惊扰商民。"⑤

此时,京城谣言频传,"革命党自从徐锡麟枪杀皖抚恩中丞后,愈提

---

① 人尹郎:《皖案始末记》,《绍兴文史资料选辑》第4辑,1986年版,第184页。

② 毕志社编:《中国革命党大首领徐锡麟》,新小说社1907年版,第44页。

③ 同上书,第34页。

④ 支航:《徐陈马三烈士入祠纪念辞》,《绍兴文史资料选辑》第4辑,1986年版,第117页。

⑤ 毕志社编:《中国革命党大首领徐锡麟》,新小说社1907年版,第35页。

倡暗杀之说，故不日必将再行暗杀内外诸大臣，是以连日会议对付之策，及各自免祸之法”。王公大臣惶惶不可终日，庆亲王“屡次自陈其告退之意”①。军机大臣召开紧急会议，唯恐引见人员中重演徐锡麟刺杀王公大臣事件，不得不商讨防患于未然之策，决定暂停引见，改由内阁钦派王大臣验放，并增调京旗练军入卫畿辅重地。从海甸至颐和圆的宫殿门口，卫兵分班驻扎。凡是值班的王大臣出入，均加强护卫，戒备森严。朗润园每月都要召开三次会议，不断加派卫兵以及巡警队驻扎防护。凡在颐和园值班的各军机大臣，也因安徽巡抚被戕事件的影响，加强防范，颇有谈虎色变的态势。京城的各大员，也怀有戒心。邮传部责令电报局，所有从安徽发来的商务电函，凡是密码者，概不收发，一旦发现可疑电文，收发委员必须立即检查。民政局特别饬令京城内外巡警，一律戒严，并严密搜查颐和园附近居民户口，添设侦探进行稽查，以示慎重。“陆军部铁尚书，闻刺死恩中丞之凶信，徐锡麟供出党羽尚多，有欲暗杀铁尚书端午帅之语，日来异常恐慌。”②铁良表面上若无其事，强作镇静：“革命党不过扰害治安而已，其力足以破坏中国，不足以保全中国，至该党与我为难，我既处此地位，亦复何惧之有，凡我权限内之事，我仍尽力而为，若权限外之事，我丝毫不过问。”③铁良致函民政部饬令巡警厅加派警察巡视三条胡同住宅，并特地从保定调京旗练军数十名赴京前后护卫，以防不测。自从皖变之后，京城惶恐异常，风声鹤唳，草木皆兵。

皖浙起义的枪声，迫使清政府改变封建君主专制统治，加快君主立宪的步伐。徐锡麟在供词中，揭露清政府的民族压迫政策，揭穿其表面立宪，实际上依然实行专制统治的真面目。徐锡麟提出中国必须推翻清政府的封建专制统治，实现民族主义，再实行立宪，建立资产阶级民主国家。清政府鉴于革命风潮愈演愈烈，责令民政部设法予以消除。民政部回复：“革命党之意见，并非有窥窃神器之思想，不过愤中国政治之腐败，故出此激烈举动而已，若政府能将政治切实整顿，则革命党风潮自然消灭，至于严密稽查形迹可疑之人，及查察客栈庙宇等项，自是保卫地方治安起

① 毕志社编：《中国革命党大首领徐锡麟》，新小说社 1907 年版，第 32 页。

② 同上书，第 46 页。

③ 同上书，第 35 页。

见，此乃民政部本分应尽之义务，即使无革命党风潮，本部亦应尽此本分。”①西太后颁布关于加紧实行预备立宪的上谕：“立宪之道，全在上下同心，内外一气，去私秉公，共图治理。自今以后，应如何切实预备，仍不徒托空言，宜如何逐渐施行，乃能确有成效，亟应博访周谘，集思广益，凡有实知所以预备之方，施行之序者，准各条举以闻。除原许专折奏事各员外，其余在京呈由都察院衙门，在外呈由各地方大吏，详加甄核，取其切实正大者，选录代奏，但不得摭拾陈言，亦无取烦文词费，只要切合时势，实在可行者，逐一具陈，以便省览而资采择。”实行预备立宪乃国家大事，官民均有责任，官民也均应参与，以使事事符合宪法，达到国家强盛之目的。徐锡麟预言清政府立宪的步伐越快，革命党人革命的速度也越快。相反，革命党人“革命的快，越立宪的快”②。

两江总督关于皖变的电文传到京城，徐锡麟的法庭宣言大义凛然，言辞锋利。军机大臣因徐锡麟的言词“悖逆”，不便呈送西太后阅鉴。但事关重大，又系两江总督要求代奏的电文，又不便隐匿不报。于是，庆亲王和醇亲王当即进宫亲自呈递，西太后震怒异常。西太后对于日趋高涨的资产阶级革命高潮忧心忡忡：“恩铭惨遭此祸，则各省督抚，谁不自危。”庆亲王乘机进言唯有实行立宪，才能消除革命党人的暗杀之患。“欲消弭革命，舍实行立宪，别无良策，盖此辈专以专制政策四字煽惑人民，若及早颁布实行，彼自无所藉口。”③醇亲王也奏请从速“实行立宪，以安人心而维大局”。于是，“次日有令内外臣民条陈立宪之谕，以期次第施行”④。肃亲王一相情愿地认为：“革命党中有为之人才甚多，且富于爱国心者亦复不少，故当此际宜亟布地方自治之制，使革命党身处政局，而立于有责任之地位，则自然渐次改变为良民，而革命党之祸可免矣。”⑤皖浙起义爆发后，清政府迫于压力，不得不抓住预备立宪这根救命稻草，妄图挽救江河日下的封建专制统治。

皖浙起义的爆发，也是民族矛盾激化的结果，清政府对此不能熟视无

---

① 毕志社编：《中国革命党大首领徐锡麟》，新小说社 1907 年版，第 34 页。
② 同上书，第 29 页。
③ 同上书，第 33 页。
④ 人尹郎：《皖变始末记》，《绍兴文史资料选辑》第 4 辑，1986 年版，第 165 页。
⑤ 毕志社编：《中国革命党大首领徐锡麟》，新小说社 1907 年版，第 33 页。

睹，不得不设法缓和愈演愈烈的民族矛盾。徐锡麟声言要刺杀铁良、良弼和端方等满清王公大臣，欲杀尽满人而后已。西太后迫不得已发表假惺惺的上谕，征求解决满汉民族矛盾的办法："我朝以仁厚开基，迄今二百余年，汉满臣民从无歧视，近来任用大小臣工，即将军都统，已不分满汉，均已量材器使，朝廷一秉大公，当为天下所共信。际此时势多艰，凡我臣民方宜各切忧危，同心挽救，岂可犹存成见，自相纷扰，不思联为一气，共保安全。现在满汉畛域，究应如何全行化除，著内外各衙门各抒所见，将切实办法，妥议具奏，即予施行。"①清政府惧于革命党人此起彼伏的起义，前仆后继的暗杀浪潮，不得不废除激化民族矛盾的夷灭九族的野蛮法律。安徽巡抚被徐锡麟刺杀的消息传到军机处，清政府的王公大臣均惊愕不已，军机大臣曾开会议决："宜处徐党以严刑，夷其九族，以戒后之为逆者。"肃亲王闻言，力持异议："夷灭九族，非文明之法制，而酷刑尤伤宽厚之德，彼革命排满之徒，已心甘鼎镬，不畏一死，酷刑重罚，已难禁其逆谋，何若将该逆正法外，其亲眷戚族，均勿连累，以示朝廷德泽之厚。"军机大臣不同意，肃亲王又游说醇亲王以及镇国将军载振，得到两人的赞同。三人遂联袂赴军机处，再次声言："夷灭九族之非计。"②庆亲王和吏部尚书鹿传霖遂同意废除夷灭九族之法，并电告两江总督端方从宽办理皖案，还电告各省督抚知晓。肃亲王善耆与铁良、端方等鉴于徐锡麟等革命党人频繁的暗杀行动，各自设法向革命党人施展"金钱政策"，派人到东京收买革命党人。"徐锡麟事起，铁良端方惧，铁良遣安徽人程家柽来东京求和于党人，愿出万金以买其命。"③清政府为革命党人视死如归的革命气慨所震慑，除了继续采取镇压的手段外，还实行收买政策，妄图分化革命党人，从内部瓦解革命力量。

三、端方惊恐

南京乃长江中下游的重镇，也是两江总督所在地。两江总督端方在

① 毕志社编：《中国革命党大首领徐锡麟》，新小说社 1907 年版，第 32 页。
② 同上。
③ 陶成章：《浙案纪略》，《陶成章集》，中华书局 1986 年版，第 364 页。

徐锡麟的暗杀名单中榜上有名，其惊惧自然可想而知。“自皖事出后，江督之警备益严。一日回辕时，先导至署，传呼伺候大帅回，久之寂然不见其人，忽传大帅回署，或言实由署右侧门趋入，故使人不觉也。江督近来神志不怡，大有挂冠之志，闻已电奏恳请陛见，并保岑云帅堪胜此任。”端方曾在江西庐山修建别墅，作为休假之处。兴工不久，尚未建成。据说端方责令工头加紧督促工匠日夜施工，以期早日完成，作为退隐之地。端方原本喜欢会见宾客，游山玩水，爱好美食。然而，现在“凡见新客，必先令巡捕搜其人之两袖衣襟，然后准其进见。至偶尔出辕，则马车之前后左右，皆有马队，层层拥护，宴客之举，较前大减。前曾招精于昆曲之毛孝廉，下榻商务局，本拟时时过从，与之研究音乐。自皖事出后，深居简出，并未涉足商园一伸顾曲之雅”。近来南京谣言颇传，革命党人将约期预埋炸弹，轰毁总督府。端方闻讯异常恐惧，特派人护送眷属乘坐怡和商轮上驶，再由汉口改乘火车。端言曾向铁良拍发长电，意为“吾等自此以后，无安枕之一日，不如放开手段，力图改良，以期有益于天下”①。恩铭遇刺消息刚刚传到南京时，一时谣言四起，端方唯恐革命党人乘机起事，鉴于总督府乃是关防重地，院墙后面荒僻空虚，为了防止革命党人行刺，命令巡警总监何黻章在衙署四周添派两队警兵，二名巡弁，轮流巡查，并责令何黻章带领参事股长不分昼夜，随时检查。

恩铭被刺后，端方震惊不已，屡次督饬清汰仕途人员，防止徐锡麟之类的革命党人潜入官场，伺机刺杀封疆大吏。端方为此专门传饬两江总督所属官员，派遣专门人员，检查捐纳官员，出具保结，凡无保结之人，立即停止差委，遣回原籍。所保之人不实，唯原保人是问——

照得关市必讥，所以严警察。什伍相保，所以清奸宄。官员到省，例有保结。旅客到舍，须登薄记。自故事奉行，美意寖废，时至今日，良莠相混淆，两江官界尤形冗杂，市井鄙夫皆得厕身冠带，流品不齐，于斯已极，甚至流传谬种，借言革命排满之人，纳赀入官，谋行不轨，颇闻有孙文逆党为此诡计者，如近日东洋游学副贡生徐锡麟捐纳道员，戕害皖抚之事，至堪骇诧。正法后，检得其父所寄家书，教以忠孝，力图报称，不可与不正留学生来往，告诫叮咛，甚为剀切，乃徐逆

① 毕志社编：《中国革命党大首领徐锡麟》，新小说社 1907 年版，第 50 页。

不知省悟，凶于家而害于国，蔑弃伦常，祸不旋踵。推厥所由，皆因近年海外叛党，自知为各教所不容，乃更始破败常经，别立邪说，于是，游学少年，血气未定，为所鼓动，喜其便于纵恣自由，相率横决，不可收拾，至演为种族主义，牺牲一身，不顾家人父子之谬论，不知父子且不相恤，更何种族之可言。满汉为中亚同种，自相排革，是恐为异族奴隶之不速，更以代促其驱除，同室操戈，古今奇变。我朝廷定鼎将近三百年，一视同仁，无分满汉。为此等邪说，乱党潜滋，稽查不容稍忽。凡本省候补道府州县佐杂各员，应由藩司于每省同乡遴委公正明练之员二人，切实稽考，所有各员，均应由同乡同寅同差之人，互出保结，声明言行纯正，并无劣迹字样，赍送存查。如无切保，即行扣停差委。查有不端，应即饬令回籍。如所保之人不实，一经发觉，惟原保人是问。其行迹诡诞，发见有据者，许各员指明凭据，禀究问实，予以优奖。若挟仇妄报，亦即反坐，应由藩臬两司明定章程，禀办以清仕途。至于军界，尤应整肃，所有营中上下官弁、教习、排长人等，概不得容留过往戚友，如实不得已，暂行留住，亦应将其人姓名、籍贯、事业开呈，必须宗旨纯正，不宜滥交比匪，沾染恶习。学堂斋舍，本学生肄业退修之所，尤不容杂住外客，以妨功课。其一切公馆住户市廛旅舍庙宇，寄住客人戚友丁役，遇有来历不清之人，不得滥行容留，如别有重情，即应举报，勿得隐匿，以至事发牵连，代人受过。查前据警察总监官等禀请，凡有形迹可疑者，应仿外国实行搜查之法，如各州县以上公馆，密禀督院，派员同往。如系军学两界，即会同提学使或宪兵司令部派员同往等语。本部堂以事近骚扰，批未允行，惟现在衡度时势，不得不防患未然。若待事迹已彰，即搜查也有不及，应照该总监官前禀办理。惟须事先查察，实有可疑，然后禀准搜检。督弁兵人等，严戒扰害，如侦探不确，便请搜查，或有挟嫌加害情事，当明定惩罪之条，以防流弊，应由警察妥定规则，禀定办理。总之，官界、军界、学界、警界，以逮农工商贾百执事，各有应尽之职分，无一不应整齐严肃。惟人人能思尽其职分，而后可以保治安。必人人先自止其内讧，而后可以御外侮。此古今不易之理，断不宜放言狂论，倒行逆施，匹夫按剑，自取灭亡，于国家种族之禁，无补丝毫，徒致扰乱秩序，召取外侮。应由官军警学各界官长统领总监等，随时剀切告诫，以正歧趋而端趋向，除分别谘行遵办外，合宜札饬，札到即便遵照。

——《为防维革命党事》①

江宁藩司接到端方的命令后，立即责令两员认真执行，凡是到南京多年的人员，历经差委，无须取结，以免纷扰。凡是1907年正月（以徐锡麟赴皖任职时算起）任职的官员，仍应予以稽查，互相出具保结，出保者须任职五年以上，严禁新进人员彼此互换保结。浙籍留学生在南京军界供职者为数甚多，均流露惊慌之色。南京督练公所三处总办以及十八协统等均为浙籍人士，深恐有不够谨慎之言，加深端方的猜忌，相约尽量少往总督府谒见。

南京军械局和火药局向来由各标营目兵轮流守卫，近来因谣言纷起，盛传革命党人有约期起事之说，而军械重地，关系重大，不得不格外注意，端方特饬巡警局临时募集巡警数排，分别派往军械局和火药局等重地，协同原派新旧目兵，严加守卫，以免发生变故。南京有刘家岗、鸡鸣山等三处存储火药，枪炮弹药另存汉西门军械所。端方为了确保军械安全，除旧式枪炮存储原有库房以外，添建干燥坚固的新库房，以存放新枪快炮，已由军械总办禀准，责令候补知县杨光震立即开工建设，考虑到军械所积弊甚深，看守营队未必周密，端方另派候补府钟楙稽查监督。南京城垣广阔，人烟稠密，为了防止革命党人藏匿其中，难于查缉，由巡警总局分派得力员弁逐户搜查，凡是职业、姓名、籍贯、人数、婢仆，均详细查验，记录在册，以便汇总，呈送总督府随时备查。凡是烟酒茶馆以及大小客栈，侦探密布，稍有言语不谨者，即遭盘诘，如形迹略涉可疑之人，立即提往审讯，轻则交保释放，重则扣押。凡是学生装束者，尤其容易受到诬陷。市民晚上十二点以后行走街市，往往有密探尾随其后。闾阎无知，窃窃私议，谣言频传，以为将有乱事发生，人心愈加惶恐。自安庆警报传来后，端方当即密饬电报局，除官电以外，不准传递密码电报，以防止革命党人传递信息。

巡警总监何黻章鉴于长江内河港汊密布，难保革命党人潜伏，非认真搜查，难以消除隐患，特具函详告端方，声称"长江水师长龙舢板止有十八艘，向多分散在厘卡火药局等处，驻扎保护，相沿已久。现当江面吃紧，

① 毕志社编：《中国革命党大首领徐锡麟》，新小说社1907年版，第58页。

整顿水巡之际,不能不稍事变通,拨调师船,以资查缉,除厘卡火药局等处应仍酌派护卫外,请准拨长龙舢板来加意梭巡,如遇私藏军火,形迹可疑之船只,立即拘获搜查严办”。端方责令何黻章会同长江舰队观察余大鸿以及提督程从周照办。端方还命令福安、汉广、崇安、一壶等兵轮驻泊下关,不时巡缉长江江面,另调保民兵轮到南京,听候差遣,以资防卫,烈字鱼雷也已抵达南京。端方还电奏北京:“谓南省匪党杂居,仕流一旦猝起,为患甚烈,请旨示谕办法。”并报告:“皖抚被刺后,扬子江一带匪党蠢然欲动,请速派三等炮船南下弹压。”[①]端方又派遣余大鸿统带鱼雷艇兵轮各舰,搜查长江沿江港汊往来船只,并迭次电檄,“饬令苏福狼三镇,暨淮运司海分司李镇定明、徐游击宝山,密饬缉私各营卡,严缉私枭,于通海崇明各海港钓渔艇,实力侦察。近日又据江南巡警路工总局,禀请饬派兵轮,在淞沪海赣等口驻扎防范,仍加派小轮沿江游弋,遇有可疑船只,即便跟踪盘查,一面饬下淮扬道暨盐捕营,随时遣散乱民,上紧缉私,务清内患”。端方督令余大鸿“督率兵舰,加意巡防”[②]。并饬淮扬海道,对于未归复的流民,随时予以遣散,切勿使之勾结。责令巡警局会同余大鸿等加强联系,内查外缉,务必使革命党人的军火,无法输入,应谨慎门户,安固堂奥,将隐患消除于萌芽之中。又命令盐捕营加紧查缉枭党首领,务必拿获,予以严惩。据传革命党人欲通过新加坡作为往来孔道,运送军火到南京起事。端方特派余仙洲到新加坡驻扎,予以周密缉查,随时电告有关消息,以便及早防范。

端方考虑到革命党人密布长江一带,革命浪潮迭起,发生刺杀巡抚恩铭事件实属防不胜防,所以,特地组织侦探队,侦察革命党人动态。由于侦探学在中国尚未研究,较难选择人员,责令宪兵司令官陶骏保从宪兵中选择较为优秀人员,暂时充任侦探之职,交由对侦探情形素有研究的米登魁和夏鸣皋负责。有人向端方建议,一旦秘密侦探局组织成立,应在上海设立总机关,在京津地区以及长江上下游各省会要地设立支部,如果日本以及欧美各国时机不成熟,则应密电中国驻所在国大使,选派得力干员,随时侦察,通过函电传递消息。陶骏保选择熟悉长江情形的一班宪兵,组

---

① 毕志社编:《中国革命党大首领徐锡麟》,新小说社 1907 年版,第 49 页。
② 同上书,第 54 页。

成侦探队，凡遇形迹可疑的军人，立即逮捕；即使遇到非军人而形似会党者，亦应不分畛域，尽力逮捕。督署的侦探队和巡警局的侦探队均以逮捕革命党人为专职，而宪兵则专门管理军人，向无侦探名目。有人批评陶骏保擅越权限，但陶骏保不为所动。

四、浙皖鹤唳

恩铭被刺身亡以后，安徽布政使冯煦暂时保管巡抚印信，遇有要事均电请两江总督端方办理。冯煦向北京报告恩铭遇刺事件的简单经过："安徽巡抚恩铭今晨被巡警学堂会办徐锡麟率外来死党轰击数伤，延至未刻出缺，徐锡麟拒捕，刻已就获，据供系革命党首，蓄志十余年，先杀恩铭，后杀端方、铁良、良弼，并无别语，徐锡麟未便久稽显戮，立即在抚辕前正法，援张文祥刺马新贻办法，剖心致祭，恩铭口授遗摺，另摺代呈，除将印信封存外，所有安徽巡抚因伤出缺，应请速赐简放。"①接着，冯煦又第二次致电清政府，报告皖案有关情况："昨日在场被击殒命者，有文巡捕陆永颐，巡警局收支委员顾松二人，被伤者有候补道巢凤仪，安庆府龚镇湘，武巡捕车德文三人。各官随从人役，亦多有受伤者，巡兵为徐锡麟协往军械所者，不过三四十人。省城人心汹汹，徐匪正法后，随即安帖。现张告示，专办罪首，不牵旁人，学界军界均尚安静，似可保安。"②端方保举王士珍或郑寿胥出任安徽巡抚，但庆亲王并不代奏，而以冯煦遭遇非常情况，能够临机处理，遂保举其继任安徽巡抚。冯煦下令紧闭安庆城门，加强市内巡查，严密监视停泊船只，缉捕革命党人，防止枪支弹药入城。徐锡麟租住的房屋位于小南门，因招商局的轮船也停靠小南门，为了防止革命党人往来，特派刘秉琦负责严密稽查，以防后患。安庆天主堂费总司铎致函洋务局，鉴于天主堂靠近军械库，恐有革命党人点火焚毁，危害非浅，请求增派清兵保护。冯煦当即指派刘利贞率领巡防第一旗清兵分住天主堂、圣公会，耶苏堂以及同仁医院等地，以资防备。巡警局门口有一高台，当即拆除。教练所教员因均系日本警察学校毕业生，都无发辫，也由总办

① 毕志社编：《中国革命党大首领徐锡麟》，新小说社 1907 年版，第 36 页。

② 同上书，第 40 页。

冯镜人全部辞退。军械总办周家煜具禀冯煦，请求加强军械库防卫。“窃自二十六日仓猝遇匪，兵勇寥寥，寡不敌众，卑府再四思维，非添募护兵，不足以资防卫。现拟添募护兵七十名，合原有护兵四十名，除制造局十名外，共成一百名，以八十名驻军械所，以二十名驻菱湖火药库，有事则饬哨弁等督率兵丁，日夜围护梭巡，无事则命演操，暨收检军装各件，一举两得，不致徒有虚名，糜费饷项。”①

两江总督端方也调派南洋兵舰南琛、南瑞和句和三艘驰援，后来，又增派征兵二营乘德和轮到达安庆，驻扎臬署左右官所以及义渡局新屋。端方又唯恐巢湖枭党乘机而入，又抽调炮队一营、步队二营赴安徽镇慑。鄂督也加派张彪带兵乘怡和公司下水轮船驶往安庆，驻扎东门外蜡烛庙。张彪所部登岸时，皖军本应排队恭迎，以尽地方之谊，但皖方并不知晓。张彪登岸后，所居地方潮湿，而且隘陋不堪，难以久居，而且受到皖方冷落。鄂督获悉后，以已有南洋兵舰护卫为名，电请端方将鄂军调回。冯煦虽电请挽留，也无济于事。

徐锡麟遇难后，冯煦命令清军挨户搜查安庆北门以及军械所一带，翻箱倒柜，鸡犬不宁。凡穿窄袖有领的衣服，必被盘诘。而辫后有短发以及身着洋装者，均被带往警局审查。安庆城门也是旋闭旋启，进出查缉极严，捕获者有生意人，也有读书人，还有铜匠，居民惊恐异常，相戒不敢出门。“皖省自恩抚被刺后，人心惶惶，迄未稍定，所有防缉等营，仍时时戒备，行路之人，屡被搜查，不胜骚扰。前日有一天足女子，假扮男子装，并剃鬓发，梳成长辫，上身穿柳条布，男短衫，下穿蓝洋布，小脚裤，足穿双凉鞋，行至抚署东首，为城内巡警北局弁兵瞥见，疑系女革命党，随即拿住，迨至带回局中，诋问口供，则系某公馆婢女，因事潜逃者。然一时谣言蜂起，有谓系徐锡麟之妇，来此报复者，有谓系秋瑾女士之同学者，远近闻之，已莫不惊惶无措。又有假辫短发之人，假借厨房买鸡蛋为名，撞入抚署，为看门卫队兵丁撞见，盘诘数语，词甚支离，时在旁有官弁，见其迹涉张皇，立饬兵搜检一过，查出伪信二封，一系书明致恩太太者，一系书明致毓臬司者，检阅信件，文气隔绝，未知系横读，抑系倒读，终难索解，当由首县带回镣禁，查此人原系武备练军革生，后入常备三营，仍被革，复赴南

① 毕志社编:《中国革命党大首领徐锡麟》，新小说社 1907 年版，第 43 页。

京，不知何时剃去发辫来省，作此冒昧举动，本籍寿州，姓孙名师武，即前常备三营队官孙师敖之族弟也。已经讯定，援疯魔例惩办。”①安徽臬司谕令巡警学堂逃散学生速回学堂领取铺盖，并给予护照回家，惊散各处的学生陆续返回巡警学堂搬取行李。军械所缉获的学生二十余人，由朱菊尊与藩臬学三司联合审查，“目的在辨明各学生随同徐道到军械所之时，有无预先知情，暨是否与营兵抗拒，以便分别办理”②。学生一律交保释放。

恩铭被刺的消息传到邻近的芜湖，一时也是风声鹤唳，草木皆兵。芜湖县令当即调拨警兵五棚，前往衙署守护。芜湖道因事赴省城晋谒恩铭，即闻恩铭遇刺事件，鉴于芜湖地位重要，翌日晚就返回，特地增派持洋枪者十余人，挂刀持械者十余人，巡行街市，以壮声势。其余一切警备，也格外严密。皖省暴动，警电纷驰，沿长江一带的防务顿时紧张，而芜湖为安徽锁钥，各营旗清兵分区段巡缉，城内河南石桥港由城守参府李保林负责，石桥港至吉祥寺则归巡防四旗张芳馨守卫，吉祥寺至江口划归巡防三旗管带王子纯保护，而巡逻队则由管带陈弼臣率领到各区巡查，站岗巡士也荷枪实弹以备不虞。长江提督程从周也赶赴南京，与端方晤谈目前紧张的军事形势，“诚恐徐匪余党，有勾串盐枭会匪蠢动情事，已于六月初一日乘镜平兵轮驰赴安庆，并在芜〔湖〕〔大〕通一带，带领水师，查察匪情”③。端方据传大通一带也有革命党人图谋暴动，又调驻江阴步队三十六标第二营新军两队，约二百余人，由管带何正修率领，乘坐商轮，抵达大通震慑。

皖案警报传到浙江后，浙江巡抚张曾敭也加强防范措施，属员除非确有重要公事，否则概不接见。自从安徽巡抚被刺后，张曾敭猜忌僚属之心极深，所倚为心腹者，仅标统李益智、观察世益三以及太守三六桥三人而已。李益智白天禀见绝少，每晚待辕门锁闭后，由卫队处进辕内私谒密谈，行踪异常诡秘，外人不得而知。世益三以及三六桥则无日不禀见，两人本拟赴引入都，照目前情形，张曾敭倚任正深，一时难以进京。三六桥

① 毕志社编：《中国革命党大首领徐锡麟》，新小说社1907年版，第84页。

② 同上书，第80页。

③ 同上书，第52页。

留浙当差，乃为意中之事。“然以一封疆大吏，而所信任不疑者，仅得二三人，则亦大有孤立之势矣。”抚署大门以及二门晚上十点一律上锁，又加派各营勇百余名在抚署内防卫。张曾敭因秋案株连无辜，“官场告密，舆论谣传，均言匪首党羽，匿迹省垣，因此各署防卫异常严密，抚辕尤甚。五月念七晚署中女仆因赴厨房取物，瞥见上房屋脊有人，惊极狂呼，兵役坌集，询悉情由，纷纷持械围捕，合署为之鼎沸，然搜索至二小时，卒无影音，闻中丞已决意乞退，曾于念六日拜发第四次请开缺之密摺”。张曾敭因外间传言省城有多名革命党人藏匿，特饬府县警局不分昼夜严密巡防，遇有形迹可疑之人，立即缉拿审讯。

张曾敭还与浙江将军商量，各城门于未落日时一律锁闭，抚署也加强防卫，藩署头门外为银库重地，选派得力巡兵驻守门外，四更以后才允许撤回，以防银库被盗。浙江各地前有会党起事，后有徐锡麟刺杀恩铭事件，所以省城警备森严，张曾敭不断接到革命党人潜入省城密报，再次与浙江将军商议，加强城门防卫，每日下午六点上锁，武林、候潮、凤山、艮山四门，作为紧要孔道，下午五时即已一律锁闭，非奉张曾敭命令，不得擅自启闭，并加派驻防新编巡防队一营，荷枪实弹，分遣各门防守，严查出入人员，每晚都由第一标标统李益智、督练公所提调三六桥以及一府二县，分班巡视抚辕，还派卫队巡警彻夜守卫防范。浙江绿营原奉命裁减五成，由于皖案突起，浙江各地会党起义此起彼伏，省城警报频传，张曾敭考虑到剩下的抚标左右两营，实在不敷分配，特地面饬两营官弁，每营从速添募20名，分别驻扎抚署，严密防守稽查，不准稍有疏忽，以防革命党人袭击。另外，李益智每晚均率第一标标兵严密巡缉，至天亮始散队返回。浙江派出秘密侦探从上海发回密电，“探得会党某首领，购运大宗军火，交某国邮船，装载来华，本拟转运长江，现因搜查严密，意欲改运入浙，并探得由洋舶装至大戢山洋面，再分装闽广钓船，驶进鳖子门，择偏僻海滩起陆，或运或藏，已非一次”。张曾敭立即密电乍浦、海宁水陆各防营及地方官吏、各口驻卡，派遣得力弁兵，驰赴各口搜截，并拟加派钱江水师，分乘渔炮艇，迅速奔赴该口岸附近，严密巡查。张曾敭还得到密报：“有党匪匿迹省垣，旗营内亦有二十五名，确有名册籍贯。”①恰好数日前军署拿获一

① 毕志社编：《中国革命党大首领徐锡麟》，新小说社1907年版，第65页。

名小偷，外间以讹传讹，意欲行刺浙江将军，以致谣言纷起，浙江将军闻讯惊慌失措，愈加严密防范。各处营门原来二更上锁，可以随时启闭，现在至傍晚六点即一律上锁。并传谕各协三十二佐按佐清查户口，以防止革命党人藏匿，并饬新编巡防队分班巡视查缉。绍兴知府贵福报称平洋党魁竺绍康已易女装，藏匿省城满营，请速缉捕，以免发生变故。张曾敭闻讯寝食不安，除饬令巡捕秘密搜捕外，又加派得力文武员兵，改装易服，分赴城内外各码头，凡客栈妓院，无不严密调查，以防止革命党人藏匿，并携带张曾敭密札，一经侦查确实，可以随时调动营警，予以逮捕。徐锡麟的家乡东浦自从皖案发生，徐锡麟的家属被押以后，谣言蜂起，村民纷纷出逃，贵福虽然发布安民告示，通告村民迁回，毋庸疑惧，却无济于事。张曾敭唯恐革命党人混迹其中，乘机起事，电告宁波派遣得力营勇，前来绍兴镇慑。宁波方面派遣巡防第十一队勇四棚驰赴东浦弹压。

五、草木皆兵

江苏巡抚陈夔龙获悉徐锡麟刺杀恩铭事件，大为骇异。陈夔龙屡次接到清政府以及两江总督端方关于加强防范的电文，立即传令飞划营以及太湖水师将领前来抚署，面授机宜，饬令"密诫所部各营，加意巡察，以杜土匪枭党，勾结起事"。并密电沿江以及与安徽邻近各府州县，"一律预防，并潜察面生形迹可疑之人，免被革命党混匿，并用八百里加紧钉封，飞札各该处防营，一体戒严"。江苏督练兵备处总办杜云秋也具禀陈夔龙，提议"党匪飘忽靡定，防不胜防，请仿照天津侦访局章程，遴选侦探队三十名，以便钩稽要案，防察匪类"①。陈夔龙批准照办。又复令大小官立私立文武各学堂监督、提调、校长以及各局所总会办，不动声色，严密详查是否有革命党人混入，一旦发现形迹可疑之人，立即彻查，切勿敷衍了事。

> 伏念皖省此案，变生仓猝，深堪骇异，幸首犯就擒，办理迅速，未至燎原。惟长江一带，各帮匪徒本众，孙文逆党亦多，不独联络勾结，固属滋蔓难图，即使各不相谋，而闻风响应，为患何可胜道。上年夔

① 毕志社编：《中国革命党大首领徐锡麟》，新小说社 1907 年版，第 67 页。

龙抵苏，奉命治枭并密拿孙文党羽，叠经督饬文武，多方侦缉，严密捕拿，至今未敢松劲。皖省既有此重案，凡在沿江各省亟应格外防范，其扼要办法，不外杜外匪、清内匪二端。江苏所属沪镇两关，系属通省咽喉，而由江海入内河，尤以吴淞、江阴两门户为最要门户，太湖毗邻浙境，港汊纷歧，亦为枭匪出没之所，以上各处，均须注重布置。省会为铁路小轮往来冲途，居者栉比，行者辐辏，奸宄最易混迹，诘禁更不容稍疏。其余内地各州县，亦宜随时稽查，防其窜匿。业经司关道局府厅州县及水陆各营，一体认真防范，严定考成；仍切戒措施张皇，至生枝节。其各学堂各军队人员，尤须不动声色，加意考核。统由夔龙会同江督端方，妥慎办理。抑犹有进者，近来匪势鸱张，人心不靖，私运军火之案见于前，戕伤大员之案见于后，足证风谣之警，不尽无因。第逆党可忧也，不与盗匪合，其势尚孤，是锄伏莽急于治逆党也。盗匪可虑矣，不与饥民合，其患犹小，是抚穷黎急于诛盗匪也。此不独上年灾区为然，现今东南大局元气悉待滋培，厚恤民生，尤为弭乱之本。惟有宣布朝廷德意，妥为弹压抚绥，以销隐患而慰宸廑。所有苏省遵旨布置缘由，合先电呈，谨请代奏。

——《为消弭党患事》①

湖广总督张之洞自从得知皖抚被刺的警电以后，立即传令司道以及各将领到督署面谕严密防范。张之洞送客后，唯恐外间谣言纷起，人心惶惶，当即乘马车到望山门外江干观看兵舰操演水雷，直至日落才返回。张之洞又连日前往学务公所探望，以前所带护卫，撤去甚多，以示镇静。然而，湖北各署自接皖抚被刺后，一律戒严。旋又从抚署卫队中拿获形迹可疑的卫兵胡有庆一名，更是自相惊扰，草木皆兵。从张之洞到藩臬学三司均不见客，尽管审讯胡有庆得知并非革命党人，但官场的恐慌仍未减少。张之洞接到升授体仁阁学士的电文后，司道各员群赴抚署恭贺，仅传见三司四道，声言："此后如有面陈事件，可由电话传递，不必来辕，以免意外之变。"②并饬令江夏县令杨保初制备200块腰牌，凡在督署内的办事人

① 《江苏巡抚陈夔龙致军机处电》，《辛亥革命》第3册，上海人民出版社1957年版，第173页。

② 毕志社编：《中国革命党大首领徐锡麟》，新小说社1907年版，第70页。

员，包括杂役在内，均须出示腰牌，否则严禁入内。东三省徐世昌密电湖北："谓盛京厅境近有改装华人二名，前来招兵，经该厅探悉，系湘鄂间人，行踪诡密，似系革命党，正思拿办，已逃往吉林间岛，与著匪韩登举联合，除由敝处派兵追捕外，请即派员密查，近时有无回国留学生来东情事，并查有无余党互为声援，随时电示。"①张之洞接报后，立即派人进行秘密侦查。

恩铭遇刺身亡以后，清政府通令各省督抚严加防范，直隶总督袁世凯下令戒严，自辕门以至内衙，均添派岗哨，还分派亲信差官戈什哈分班昼夜巡视。徐锡麟曾到天津欲求见袁世凯，但袁世凯拒不相见，"皖省暗杀事起，特谕此后非实缺人员不得在车站迎送显宦"②。直隶总督居住在署内后楼上，"凡文武印委各员禀见，一律道乏，即现任司道，回禀要公，亦不接见，遇有应指示之公事，悉由最信任之幕友谢观察暄传谕各司道，遵照办理，其余即署中幕僚，一概谢绝。盖鉴于徐锡麟之往事，以监司大员，又身膺要差，尚甘心行刺，故一切防范，不得不严"。督署内差官戈什卫队以及杂役等，均拍摄照片，注明差使、姓名、年龄、籍贯，以便出入随时盘查，以免革命党人潜入。"凡拜谒幕僚者，非官场中人，或面商要公，悉不准入署，即有公事谒见，必先在号房将官衔、姓名、住址，及因何事进见，须一一说明，注册，并须本人持自己照片，交号房存案，方许放入，每过一门，仍须将姓名登簿。"为此，直隶官场视督署为是非之地，官员均裹足不前，督辕前面也异常安静。袁世凯患病较重，尽管经过屈桂生和徐静澜诊治痊愈，但寻常公事仍由人代拆代行，紧要公文仍由袁世凯自行检阅，分别批示，并由谢暄转达各幕僚执行。袁世凯"自得皖中警报，以逆徒猖獗，殊堪发指，必须严密查禁，以遏乱萌"。当即密饬直隶司道府厅以及各军镇学堂营司处所："凡所有属员司，均应悉心考查，如有心性不定，形迹可疑，来历不明之人，均应即行汰除。"并饬令各军镇，严饬各营队："不准容留闲人，倘各学堂营司处所，嗣后如有可疑人员，一经查觉，即惟该管官是问。"③以此防范革命党人混入官场，发生不测事件。

---

① 毕志社编：《中国革命党大首领徐锡麟》，新小说社 1907 年版，第 76 页。

② 人尹郎：《皖变始末记》，《绍兴文史资料选辑》第 4 辑，1986 年版，第 164 页。

③ 毕志社编：《中国革命党大首领徐锡麟》，新小说社 1907 年版，第 72 页。

江西也自相惊扰，自从徐锡麟的二弟徐伟在九江被捕后，凡是由东京回国的学生，均被关卡严密盘查，所有由九江到达南昌人员，城外警察均翻箱倒柜，防止私藏枪支弹药，遇有着洋装在九江上岸人员，除了搜查行装以外，必须报明姓名、籍贯、住址，并留下一纸名片，名片正面有姓名、籍贯，背面有本人小像，以防止革命党人潜入内地举行暴动。至于省城南昌更是警备森严，由常备兵以及警察按段分班昼夜巡查，军界人员更是忙碌，江西巡抚瑞鼎分别电告水陆各营以及地方官员加强防范。“江督探闻近日有匪党将陆炮三尊，快枪五百支，潜行运人江西，但不知由何处口岸运入。当经电至赣抚瑞鼎帅，请即饬各口关暨地方文武严密查缉。”①江西省巡防队中军右营会同进贤门外警察局，发现九莲寺内有寄居旅客七名，衣服华丽，出手大方，以寄居寺院之人，实属形迹可疑，经过开箱检查，并无不法证据。即将七人押往警察局审讯数次，确被误拿，恳请释放，但未蒙准许。“省城拘捕会党颇形严密，凡短发洋装及穿洋鞋者，各段巡兵，多目之为会党中人，必详加盘诘，或跟踪回寓，以觇情形。故西装之人，皆相戒不敢涉迹市廛。”江西抚署晚间即调巡防军数十名驻扎署后墙外，凡往来之人没有灯笼，一律不准通过。天亮后，始将巡防军撤走。相传江西巡抚瑞鼎“鉴于徐锡麟一案，顿萌退志，已具折奏请病假开缺”②。瑞鼎惊慌失措，不安于位。

华南乃是革命党人活跃的地区，两广总督接到两江总督电告已讯获“徐锡麟同党”十余名，分别藏匿南洋香港以及广东一带，务须飞电所属一体严缉，两广总督立即移会提督电告驻香港侦探秘密侦察。“粤督自得恩抚枪毙消息，及迭接京电，谓革命党屡欲在粤起事等情，深恐党人混迹省垣，再步恩之后尘，近又条谕警局，严饬各段目兵，如遇大吏经过，必须加意保护，喝令行人不准来往，巡弁巡目等，并须于经过时，随轿护至段外，以昭慎重。”③广东藩司也移知警察局，将省中当差候补各员职衔、姓氏、街名、寓所，现任职局处所，任何职务，何时任职，逐一查明，列表移送查阅，每月查报一次，以防止徐锡麟之类的革命党人混入官场。

① 毕志社编：《中国革命党大首领徐锡麟》，新小说社 1907 年版，第 62 页。

② 同上书，第 74 页。

③ 同上书，第 75 页。

东三省总督徐世昌自从得知安徽的警报以后，传见所属人员异常谨慎，服式稍微时尚者，概不接见。有从天津返回沈阳的陆军学生二十余人，皆系吉林人，奏谘备用，请求禀见三次，均遭拒绝，"可知徐锡麟案影响力之伟大矣"①。河南得到皖省警报以后，省城也谣传有革命党人潜伏，随即电告各处巡警严加提防，特别是火车站一带，尤须加紧巡查。安徽警报传到福建时，正在师范学堂举行毕业典礼的闽浙总督惊恐不安，以后凡出门见客，必挟枪自卫。

六、此起彼伏

清政府虽然镇压了皖浙起义，但光复会点燃的革命火种却无法扑灭。徐锡麟和秋瑾遇难后，各地光复会继承先烈遗志，发动此起彼伏的武装起义。"当安庆、绍兴之难未发前，诸办事人咸不经意，遂遭大厄，及发难后，各处残余诸党人，大为愤激，乃皆不约而同，共起义军，以与清廷为难。计自丁未六月中旬起，直至戊申三月，乃始稍稍归于宁静。"②秋案发生不久，即有山阴与萧山交界的钱清义士组织光复军，杀死镇守清兵以及守地清汛官数名。省城清兵急驰赴援，钱清光复军旋即解散。

接着，嵊州乌带党又在裘文高的率领下，进行白竺之战。乌带党首领裘文高乃浙江嵊县人，曾入清营充当营勇，升为哨弁，因肇事被辞退返乡。裘文高遂集结乌带党徒千人，割据西乡山间，清吏也莫敢过问。竺绍康、王金发与裘文高相约为汉族复仇，共起义兵驱逐满人。1907 年三月初，裘文高不待竺绍康约定日期到来，就率领乌带党徒众在西乡树起义旗，与清兵发生激战，斩清兵哨弁数名，兵士数十人。杭城清兵闻讯驰援，敌众我寡，裘文高率部由东阳取道入天台仙居而去。十月十六日，裘文高又率台州义勇数百人，由仙居取道东阳，入攻嵊县，驻扎白竺村。清军将领刘庆林率部未及布防，即向义军发起进攻。义军占据有利地形，以逸待劳，居高临下，枪炮齐鸣，喊声震天。清军猝不及防，晕头转向，连连退缩。清军组织几次反扑，均以失败而告终。刘庆林不得不鸣金收兵，将指挥部设

① 毕志社编：《中国革命党大首领徐锡麟》，新小说社 1907 年版，第 75 页。
② 陶成章：《浙案纪略》，《陶成章集》，中华书局 1986 年版，第 362 页。

于前家坑恒源昌茶栈。两军形成对峙状态，激战一个多小时，僵持不下。日将西垂，裘文高纵火焚烧村董裘阿根房屋，制造义军撤兵假象。刘庆林不知是计，下令休息晚膳。裘文高则挑选二十多名乌带党党徒，换上早就准备好的乡团兵衣，潜入前家坑，谎称为前来救援的民团。担任警卫的清兵以为民团相助，遂引导进入茶栈，拜见刘庆林。刘庆林刚出来接见，即遭猛烈射击。刘庆林腿部受伤，被卫兵护入后室。义兵趁乱点火焚烧茶栈，清兵仓促抵抗，由于群龙无首，纷纷退避。裘文高见清营火光冲天，知偷袭成功，遂向清军发动猛攻，清军四散奔逃。刘庆林由卫兵护送，敲开茶栈后壁砖墙，骑上白马向村北出逃。"庆林溃围走，文高率军追而获之，斩以徇，军声大震，杭城戒严。清浙抚张曾敭急派一标三营管带张某督新军赴援绍兴，复电饬严州知府熊某将防守严州一标二营马志勋督军赴绍兴，合击文高于嵊县。文高拒战不利，复由嵊县退军至东阳，入仙居而散。"①裘文高离开嵊县后，继续在台州和仙居一带活动。1909 年春，裘文高潜回嵊县华堂镇，不慎失言暴露身份被捕，在嵊县县城遇难。

金华也有蒋菉飞发动的武装起义。蒋菉飞乃大通师范学堂体操专修科毕业生，奉命回浙东一带开展秘密会党运动。大通党案发生后，浙江各地受到牵连，革命党组织遭到严重破坏，原定武装起义计划不能如期进行，蒋菉飞义愤填膺，与义士郑某于七月在东阳南马举起义旗，并与各地相约共同举事，各地响应者有四千余人，致使永康、武义、仙居、缙云以及东阳五县戒严。清将沈棋山率部袭击义军，大败而归，震动省城杭州，又增派一标二营驰援东阳。郑某率义军拒敌于南马，斩清兵数十人，哨弁数名。义军武器低劣，众寡悬殊，伤亡惨重，郑某知死战无益，且战且走，义军退入仙居而散。蒋菉飞不甘心失败，独走马陵山。马陵山乃浙东绿林豪杰集结之地，山主高达和高逵兄弟任侠尚义，闻蒋菉飞前来，特到山寨外迎接。高达与弟弟高逵从仙居到金华垦荒，受到清吏压迫，遂铤而走险，聚众于马陵山，清吏畏惧，不敢过问。刘家福曾遣罗有楷到山寨游说，使之与龙华会、终南会、白布会和伏虎会结纳。后来，又由徐顺达介绍，与大通学堂也有联系。"菉飞既至，与达、逵兄弟刲血相盟，誓为汉族复仇，

① 陶成章:《浙案纪略》,《陶成章集》,中华书局 1986 年版,第 391 页。

因立光复军旗帜于山寨，与清兵战，斩获甚众。”①高达和高逵兄弟知蒋菉飞善于用兵，推蒋菉飞为寨主。蒋菉飞督率其部下，教授兵式体操，另外制定统一军衣，缀“汉”字于肩上，作为标式。并制大纛，题“光复军”三个大字。蒋菉飞拟由浦江沿兰溪江进袭杭州，由于缺乏武器，不敢轻举妄动。于是，蒋菉飞派人与严州和衢州的白布会和终南会联系，相约共同起事。杭城清吏闻讯，大惊失色，急调沈棋山出兵自东阳前往围攻。蒋菉飞指挥高达和高逵兄弟于山隘伏击清军，尽杀其亲信将校，沈棋山只身出逃。警报传到杭州，清吏又增派第一标一营精锐援助沈棋山，蒋菉飞亲自督战，光复军大败清军。杭州又增派清军增援，却畏惧蒋菉飞，不敢出击。清军封锁马陵山出口，山内粮草匮乏，弹尽援绝，难于持久抵抗。蒋菉飞暗遣心腹穿过清军包围圈，向白布会求援。蒋菉飞率领光复军突破重围，亲自断后。清军不敢袭击光复军前锋，却从后面进行偷袭，蒋菉飞不幸中弹身亡，光复军退入遂昌和桐庐。高达和高逵兄弟拼死相救，也不幸阵亡。白布会千夫长王某救援不及，与清军相遇于山口，发生激烈的遭遇战，双方互有伤亡。王某趁着夜色的掩护，出其不意地收兵，间道逸去，沈棋山追赶不及，不知白布会去向。蒋菉飞于九月起兵，迄十二月受挫。从衢州府起，沿严州府迄于杭州府属的富阳，清吏均宣布戒严。

光复会仅仅依靠会党的力量，发动皖浙起义，致使革命力量受到严重挫折。1908 年 10 月，光复会员熊成基又在安庆发动新军起义，成了革命党人领导新军起义的第一人。徐锡麟准备安庆起义时，曾联络新军步兵营管带薛哲、马营队官倪映典和炮营队官熊成基，相约 7 月 8 日巡警学堂举行毕业典礼时，发动安庆起义，届时新军响应。由于恩铭要求提前举行毕业典礼，徐锡麟措手不及，打乱安庆起义计划。徐锡麟来不及通知倪映典和熊成基等人，独自提前于 7 月 6 日发动安庆起义，终因众寡悬殊而惨遭失败。“当徐锡麟之刺恩铭也，各军同志，事前未得与闻，临时未及响应。”②待倪映典和熊成基得到徐锡麟起事消息，赶到巡警学堂门口时，大门已紧闭，由巡防营派重兵把守。冯煦上前盘问，倪映典和熊成基以听说巡警学堂有人闹事，特赶来协助平息叛乱，予以搪塞。冯煦以事态已经平

① 陶成章：《浙案纪略》，《陶成章集》，中华书局 1986 年版，第 384 页。

② 邹鲁：《戊申安庆之役》，《中国国民党史稿》，商务印书馆 1947 年版，第 189 页。

息，徐锡麟被捕，喝令将士兵带回。倪映典和熊成基知大势已去，只得原路返回。徐锡麟并未供出熊成基等人，熊成基等人也曾设法营救徐锡麟，由于清军防范严密未成。“徐锡麟实行排满革命杀恩铭，满人端方、毓钟山剖徐〔锡麟〕心以祭，成基闻之痛哭。汉人遭异族之凶残，甚至生剖其心以致祭国仇，恨未早与同谋，生则同复汉家，败则同归于尽。”①熊成基悲愤难忍，发誓“继承死难烈士遗志，在安庆再次起义”②。

1908 年，清政府为了显示强大的军事力量，恫吓革命党人，准备秋天调集南方各省新军，在太湖举行秋操。熊成基在扬氏试馆召开紧急会议，准备在太湖秋操时，“以熊成基等所掌握的马炮营为主力，在安庆首先发难，俟攻下安庆后，再协助在太湖的同志策动参加会操的新军响应”③。熊成基被推为起义军总司令，范传甲指挥工程营，熊成基则指挥马营和炮营，薛哲指挥城内六十二标二营，负责打开城门，接应城外起义军。起义正筹备时，又传来光绪皇帝和西太后相继病逝消息，年仅三岁的溥仪被立为儿皇帝。熊成基又决定利用全国举丧的有利条件，将原定的 11 月 21 日的起事日期提前。

11 月 19 日，值徐锡麟发动安庆起义一年零五个月，安庆再次响起武装起义的枪声。晚上 10 时，马营以举火为号，如期发动起义。马营革命党人田激扬等人率部起义，管带李玉春跳窗逃跑，马营全体人员开往城北，与炮营会合。炮营在熊成基直接领导下，击毙管带陈昌镛，全营官兵与城北马营会师。六十一标三个营哗变，也参加起义军。六十二标第三营、辎重队一队，也响应起义。起义军已达一千多人，占安徽新军总数的三分之一。城外新军奔赴城北菱湖嘴子弹库，补充子弹后，攻打北门，驻测绘学堂的步兵营参加起义。城外新军已全部参加起义，集合攻打安庆。城内六十二标二营管带薛哲原定负责打开北门，由于薛哲临阵犹豫，延误时机，安徽巡抚朱家宝派巡防营加强北门守卫。负责带领工程营接应的范传甲也被严密监视，无法采取行动。范传甲举枪射击清军协统余大鸿

---

① 曹亚伯：《熊成基慷慨就义记》，《扬州文史资料》第 6 辑，1987 年版，第 46 页。

② 杨士道：《熊成基安庆起义的回忆》，《辛亥革命回忆录》第 4 册，文史资料出版社 1981 年版，第 400 页。

③ 同上书，第 401 页。

失利被捕。在讲武堂负责城内接应的张劲夫也因没有武器，受到清军监视，无法采取行动。城内革命党人不能按计划接应，外城新军弹药不足，攻城失利。起义军坚持一天一夜，伤亡惨重，形势异常严峻，熊成基不得不率部向集贤关且战且退，准备夺取庐州作为根据地，联络淮颍一带革命党人，东山再起。一路经桐城、舒城等地，直奔合肥，沿途遭到清军狙击，抵达合肥时，已所剩无几。另一路由程芝萱率领，也直奔合肥。抵达合肥东乡时，也已不足30人。熊成基寻思再三，决定解散部队，保存实力，熊成基则只身东渡日本，再图大计。安庆马营起义“步徐公之后尘，启武汉之先声”，乃是光复会继皖浙起义发动的又一次较大规模的起义，沉重地打击了封建专制统治，成为武昌起义推翻清王朝的前奏。

第十一章　浩气长存

徐锡麟为之奋斗的资产阶级革命终于在安庆起义后三年取得胜利，安徽都督孙毓筠召开徐锡麟烈士追悼会，原巡警学堂学生组织同学会，将安徽巡警学堂旧址原"恩忠愍公祠"改为"徐公祠"，竖立"徐锡麟刺恩铭处"和"徐锡麟剖心处"的石碑。徐锡麟的灵柩由安庆运往上海，沪军都督府与绍兴同乡会在永锡堂召开徐锡麟、陈伯平、马宗汉和陶成章四烈士追悼会，沉痛悼念为革命英勇献身的烈士。徐锡麟等四烈士灵柩被运往杭州，浙江军政府在昭庆寺召开光复会先烈徐锡麟等人追悼会，徐锡麟与陈伯平和马宗汉灵柩被安葬于杭州西湖孤山南麓，举行隆重安葬仪式。绍兴各界人士缅怀先烈的丰功伟绩，在绍兴城内下大路建立"徐公祠"，徐锡麟的亲友及其弟子组织"徐社"，每年七月八日举行徐锡麟纪念会。徐锡麟虽死犹生，备极哀荣。

一、英灵不昧

徐锡麟发动安庆起义兵败被捕后，在法庭上为学生开脱，声言学生程度太低，无一人堪用，事前也不知情，均因受到胁迫所至。安庆的革命党人，只有徐锡麟以及陈伯平和马宗汉三人，不得拖累无辜。随同攻打军械所的二十多名巡警学堂学生被俘后在狱中坚持斗争，代理巡抚冯煦得知学生闹狱，摇头叹气，无计可施。皖绅冯朗斋游说冯煦，声称在押学生均是青年，千万不能株连，否则后患无穷。冯煦进难两难，表示放学生出去，

如果再闹事，无法交待，除非有人担保。洪朗斋立即表示自己可以作保。徐锡麟舍己保护学生，加上皖绅洪朗斋保释，冯煦也无意株连扩大事端，被捕学生包括拉到刑场陪斩的朱蕴山和宋玉琳等人，全部被释放。朱蕴山后来赋诗悼念徐锡麟："苌弘一去两千载，碧血常留天地间。公舍私恩殉公义，杀身应比古贤坚。"①被捕学生出狱后，互推七人成立一个秘密小组，由徐立文领导。由于被释放学生受到监视，城内不能开展活动，他们经常到西门外名称"二里半"的竹林深处召开会议，开展革命活动，故名"竹林会"。"竹林会"成立伊始，开展"护墓"斗争。"徐锡麟不仅挖心已矣，封钉尸首后，连雨六日，天色惨暗，迄今未稍驻，尸柩尚置于北城外法场雨露之下。"②徐锡麟尸棺最初浅埋于安庆百花亭畔，不久移葬马山。尽管徐锡麟就义时曾被剖腹挖心，但恩铭遗属仍余怒未消，又企图掘墓毁尸，以泄私愤。"竹林会"闻讯后，立即召开紧急会议，商讨应对办法。"有的同学主张多邀些人守在马山，有来掘墓者就同他们干。有的同学不主张这样做，因为敌人人多，又有枪，不能硬拼，结果采取疑塚办法，迷糊敌人。"③于是，学生连夜动手，将徐锡麟墓铲平，铺上草皮。又将稍远七八处老坟也培上新土，作为疑冢，每日派一个学生到山上瞭望。巡抚衙门的差人来过两次马山，不能辨认徐锡麟墓，无从下手。附近村民看见有人前来掘墓，表示严重抗议，绝不允许盗挖祖坟。巡抚衙门的人不敢贸然动手，徐锡麟的遗骨得以保存下来。

大观亭位于安庆西门外鸭儿塘畔的一座小山上，属于安庆八景之一，始建于明朝嘉庆四年(1525)，由安庆知府陆钶领衔创建。大观亭与昆明的大观楼、杭州的大观台齐名，共有二层，属于砖木结构，雕梁画栋，富丽典雅。亭前东为元末忠臣余阙祠，西有余阙墓，亭左有望华楼，亭右为停云舫，有曲廊相连，错落有致，花树掩映，蔚为壮观。历代文人墨客登亭揽胜，留下许多脍炙人口的诗篇和楹联，其中也有不少是专门悼念徐锡麟的。徐锡麟就义后，继任安徽巡抚冯煦景仰徐锡麟伸张民族大义的壮举，

① 朱蕴山:《我的老师徐锡麟》,《纪念朱蕴山文集》,中国文史出版社 1987 年版,第 117 页。

② 人尹郎:《皖变始末记》,《绍兴文史资料选辑》第 4 辑,1986 年版,第 160 页。

③ 王华章:《徐锡麟烈士殉难后的革命余波》,《安庆文史资料》第 1 辑,1981 年版,第 30 页。

但作为朝廷命官，又不便公开悼念烈士，内心感到无比惶恐与不安。冯煦便于大观亭的望华楼竣工后，将徐锡麟的衣冠、刀剑、血衣以及刺杀恩铭的手枪等遗物，封存于望华楼的一间静室内。冯煦还亲撰一副对联，请安庆著名书法家潘淇，书写在大观亭抱柱之上，联曰："来日大难，对此茫茫百端集；英灵不昧，鉴此謇謇匪躬愚。"①冯煦表白身不由己，奉命行事，无法帮助烈士，请求谅解愚衷，既是对徐锡麟的悼念，也是对自己的自责。冯煦作为朝廷命官，对汹涌澎湃的资产阶级民主革命浪潮惊恐不安，对江河日下的封建专制统治发出末日来临的哀叹。冯煦后来因为上书请用尊主庇民之臣，被罢官回江苏原籍。大观亭的望华楼实际上成了徐锡麟的纪念室，许多革命党人和爱国人士经常前来凭吊，以酒酹地，吟诗抒怀。熊成基马营起义继徐锡麟起义失败后，清政府对革命党人施行灭绝人性的镇压，株连甚众，安徽革命激进派首领韩衍悲愤难忍，凭吊徐锡麟纪念室以后，作了七绝一首：

碧血藏来土未干，百年城郭有余寒。
此身化作干将去，心似洪炉在人间。②

烈士的鲜血使韩衍认识到不能对清政府存有任何幻想，只有进行反清革命才能救国救民，并毅然加入反清革命团体岳王会。原巡警学堂学生，曾陪徐锡麟上刑场的朱蕴山，目睹辛亥革命的果实被袁世凯窃取，愤慨不已，心潮起伏，邀友夜游大观亭，写有七绝二首：

山河隐隐起悲笳，小集江亭日已斜。
新月满林风景异，同来煮酒祭黄花。

当年血溅皖公城，江上衣冠扪有声。
薪尽火传人去远，夜潮犹作不平鸣。③

清末皖省都督王天培也在大观楼题诗悼念徐锡麟：

① 倪斌：《八十年来安庆人民纪念徐锡麟烈士概况》，《安庆文史资料》第16辑，1987年版，第4页。

② 莫欣：《韩衍及其〈孤云冷语〉》，《辛亥风雷》，安徽人民出版社1987年版，第231页。

③ 朱蕴山：《夜饮大观亭二绝》，《纪念朱蕴山文集》，中国文史出版社1987年版，第163页。

频年浪迹苦无家，把酒登临一望赊。
谁为中原驱狗鼠，相期大地起龙蛇。
满腔心事随流水，一片英灵护落花。
我志未酬身未死，茫茫对此感无涯。

烈士的鲜血没有白流，革命党人踏着先烈的血迹，前仆后继，终于在安庆起义三年后取得辛亥革命的胜利。民间流传民谣曰："第一年徐锡麟，第二年马炮营，后三年革命成。"民众的愿望通过民谣表达出来，并最终变成现实。安庆人民为了缅怀徐锡麟等先烈，请黄兴为望华楼重新题写一副楹联：

登百尺楼，看大好江山，天若有情，应识四万思猛士；留一抔土，以争光日月，人谁不死，独将千古让先生。①

楹联表达了对为推翻封建王朝而英勇捐躯的徐锡麟的深切悼念之情。

二、忠魂归里

武昌起义的枪声，敲响封建专制统治的丧钟，统治中国近三百年的清王朝寿终正寝，资产阶级民主共和国——中华民国宣告成立。浙江都督派员会同徐锡麟四弟徐锡骥以及徐锡麟学生卢宗岳乘兵舰前往安庆，收殓徐锡麟的遗骸回浙江原籍安葬。中华民国临时大总统孙中山也从南京派专人送信安徽都督孙毓筠，布置三项任务："一、要负责找到烈士遗骸，派妥人引柩回浙江；二、领导组织安徽巡警学堂同学会，建立烈士祠；三、对警校同学在政治、经济上要适当安置，并教育他们继承烈士遗志，继续努力革命。"②徐锡骥和卢宗岳到达安庆后，"竹林会"的同学取出烈士遗骸，安放在西门外同善堂，重新棺殓，并举行追悼会，挽诗和挽联数百件，仪式极为隆重。安徽都督孙毓筠主持追悼会，原巡警学堂学生凌孔彰报告徐锡麟的光辉业绩及其殉难经过。灵柩被送入兵舰，码头设祭送灵。

① 黄兴：《挽徐锡麟联》，《黄兴未刊电稿》，湖南人民出版社 1983 年版，第 111 页。

② 王华章：《徐锡麟烈士殉难后的革命余波》，《安庆文史资料》第 1 辑，1981 年版，第 31 页。

安庆人民“咸以公为提倡革命而死，虽死犹生，哀悼者累万人”①。微卢在《山阴烈士归葬挽诗》中，描绘万人空巷送灵的悲壮情景：

正是需才际，思公泪欲淋；三年苌弘血，七窍比干心。
正气凌苍昊，神州起陆沉。九原如可作，大将属淮阴。
不孝称通国，皇天鉴此情。毛生捧檄去，温峤绝裾行。
结得黄衫侣，刑将白马盟。潇潇风雨夜，鸡唱一声清。
摩天扬巨刃，可惜斩枯株。何异浪沙客，椎秦中副车。
龙蛇争起陆，燕雀漫安居。烽火沿江路，时时畏简书。
城西数亩地，稾葬偏蒿莱。胡连百年尽，忠魂千里归。
头颅虽已落，心事不曾违。拦道人迎拜，香尘满素衣②

徐锡麟遗骸南归后，葬于风景秀丽的杭州西湖岳王墓附近，安徽革命激进派首领韩衍赋诗悼念：

山灵夜叫水哀啼，脚踏棕阳望浙西。
风雨摩天好归去，一抔高与岳王齐。③

韩衍对徐锡麟壮烈牺牲精神，给予高度评价。

徐锡麟灵柩送走后，根据孙中山的指示，孙毓筠召集部分巡警学堂学生开会，成立安徽巡警学堂同学会，指定曾任安徽巡警学堂内场总教官潘晋华负责指导筹设巡警学堂同学会。安徽军政机构中不少有复辟思想的官僚和政客从中进行阻挠，由于得到孙毓筠和潘晋华的大力支持，终于冲破重重障碍，成立安徽巡警学堂同学会，以凌孔彰、徐立文、杨甲、孙焕文、柏文元、张雍、姚向甫七人担任驻会委员，由凌孔彰任主任委员。同学会成立后，开展一系列悼念徐锡麟的活动，其中主要进行三项工作：“一、以安徽巡警学堂旧址改建徐公烈士祠，在烈士殉难处树立烈士纪念碑；二、编辑烈士革命史；三、铸造烈士铜像。第一、二两项均先后完成。惟第三项工作由于当时缺乏铸像人材，未能实现。”④安徽都督府于1912年在巡

① 《徐锡麟》，《辛亥革命浙江史料续辑》，浙江人民出版社1981年版，第449页。

② 微卢：《山阴烈士归葬挽诗》，《满清稗史·清华集（卷上）》（下），中国书店1987年版，第16页。

③ 倪斌：《八十年来安庆人民纪念徐锡麟烈士概况》，《安庆文史资料》第16辑，1987年版，第4页。

④ 王华章：《徐锡麟烈士殉难后的革命余波》，《安庆文史资料》第1辑，1981年版，第32页。

警学堂旧址,将清政府所建的"恩忠愍公祠"改为"徐公祠",并在巡警学堂建"徐锡麟刺恩铭处"石碑。孙毓筠出于对徐锡麟的敬仰,特地在徐锡麟斩首剖腹挖心处立碑,亲书"徐锡麟剖心处"六个大字,供后人凭吊。

1913 年,袁世凯亲信倪嗣冲督皖后,对革命进行反攻倒算,仇视革命党人。同学会对倪嗣冲的所作所为极为反感,倪嗣冲对同学会也异常痛恨,公然毁坏殉难纪念碑,并以扩建女子师范学校需要用地作为借口,强行拆除徐公祠。同学会不畏强暴,与倪嗣冲进行面对面的斗争,并呼吁安庆革命人士奋起驱逐倪嗣冲出皖。

1915 年 8 月,经中华民国内务部批准,将安庆熊成基、范传甲两烈士专祠改为"忠烈祠",祭祀徐锡麟烈士。

1927 年 3 月,蒋介石来到安庆,安庆同学会推派代表面见蒋介石,要求拨款重建徐锡麟烈士纪念祠。蒋介石起初不同意,同学会经过再三交涉,申述徐锡麟发动安庆起义乃是孙中山领导的辛亥革命的重要组成部分,烈士起义殉难,为辛亥革命胜利建立丰功伟绩,如果没有先烈流血牺牲,就不会有中华民国的建立。蒋介石理屈词穷,答应将安庆西门外旧水师协台衙门加以修葺,改为"徐锡麟烈士纪念堂",并决定由安徽省政府每年拨款 100 元,作为祭祀徐锡麟烈士经费。安庆有五条街道以辛亥革命烈士的名字命名,即锡麟街、吴樾街、程良路、玉琳路和德宽路。纪念徐锡麟烈士的锡麟街,由百花亭改名。徐锡麟刺杀恩铭的巡警学堂位于百花亭街,1912 年更名为"锡麟街",作为对烈士的纪念。"文化大革命"爆发后,锡麟街一度改名为"红卫街"。1981 年地名普查时,又恢复锡麟街的名称。锡麟街北起安庆二中,南到天后宫,全长 955 米,宽 5 米,路面整修一新。

1912 年 1 月 21 日下午 3 时,沪军都督府与绍兴旅沪同乡会在上海绍兴会馆永锡堂召开徐锡麟、陈伯平、马宗汉和陶成章四烈士追悼会,到会光复会员、烈士家属以及来宾约 4000 人。会馆门前扎有一座花牌楼,大门内外均装饰五色布篷,剧台后面安放徐锡麟、陈伯平、马宗汉和陶成章四烈士灵柩,二门外有沪军都督府赠送的一座四烈士姓氏纪念花塔,剧台上陈设徐锡麟和陶成章的遗像,徐锡麟、陈伯平和马宗汉就义时的摄影,以及徐锡麟枪杀恩铭的一支勃朗宁手枪。另有应邀前来义务奏乐的沪军军乐队、振华乐队以及贫儿院乐队,旅沪同乡以及军、学、商界赠送挽联和花圈不计其数。临时主席许默斋主持四烈士追悼会,说明绍兴旅沪同乡会以及沪军都督陈其美联合召开追悼会的缘由。接着，孙德卿报告徐锡麟、陈伯平、马宗汉和陶成章四烈士生平事迹，详细地介绍徐锡麟和陶成章组织光复会的历史。陈伯平妹妹陈挽澜报告陈伯平的历史。"先五兄渊，字墨峰，一号伯萍，本浙江绍兴平水籍，幼生闽江。性慧，喜读书，乐闻故事。年四岁，随诸兄就傅，目解十行，郡以神童目之。越年，先君见背，家况萧条，而先兄读不辍，尤好武事，尝悬入沙袋于卧室梁上，日必数击之练手。一日，击袋失足，跌折腿骨，医药二月始能离榻，同列戒之，而先兄不以挫折易其好，行之益坚，其果毅勇壮，实非诸兄妹所能及也。十五，从四兄墨涛就学闽省某中学校，各科学每居人上，同砚者皆以长呼之，而总办陈同善先生尤为器重。翌年夏，时疫流行，长兄幼弟相继罹疫殁，家慈虑其传染，嘱归乡里，先兄遂辍学家居，郁郁不得志。次年春，独身赴学石门某校，旋因该校内容未善返家，杜门潜修，兼习拳术。如是一年，会童子试，亲长迫之行，遂入泮，亲友来贺，避不欲见，盖深恶科举腐败，而贻汶汶察察之羞也。明春，同乡徐公伯荪在绍设立大通学堂，注重体育，欣然就学焉。复为徐公重爱，引为心腹。是年冬，随徐公东渡学警务于东京。次年夏，复同返国，常往来于宁沪间，所事颇秘密，曾制炸弹于沪上，误伤手额，医半月始愈。迨岁暮回家，家慈诘其久不归之故，曰：天下皆家，儿将以国为家矣。其心醉国事如此。又明年，秋女士瑾创办《中国女报》于海上，先兄力佐其成。未几，应徐公招往安庆。自后家报鲜通，迨事发，猝遭惨祸。时年仅三十三岁。呜呼！兄为国死矣。其如慈母何！虽然皖城一击，作革命之先声；志士相承，乃有今岁八月十九日之大举。今则河山重整，五色旗飞扬，招英魂于皖省，奠玉露于沪西，志屈生前，气伸死后，男儿如此，顾复何求。吾兄有知，当亦含笑于九泉矣！沅不学无文，愧不能增光泉壤。敬泣。"①卢宗岳介绍与徐锡骥赴皖迁柩情形，特别提到马宗汉的遗体运往余姚的情景。"烈士于清光绪三十四年系狱殉义，藁葬安庆城外。逾年，家属负遗骸归，权厝邑之施家山。"②马宗汉遇难后，马家亲人有的躲避船内，隐匿于野外河港冷僻处，有的逃往慈溪、五磊寺等地，马宗汉的遗体被草葬于安庆城外的墓地。春节过后，风声略为

① 陈沅：《先兄陈公伯萍行状》，《绍兴文史资料选辑》第2辑，1984年版，第104页。

② 杨积芳：《余姚六仓志》（下），杭州出版社2004年版，第458页。

平息，马家派人远赴安徽，秘密取出烈士灵柩，置于果品篋中运出安庆，千里迢迢护送灵柩返回家乡，悄悄地葬于马家路西首四江口。由于马宗汉母亲经常到马宗汉墓地哭闹，马家为了让她安静，又将马宗汉灵柩取出，暂厝到数里外的施家山上，冷月荒丘，备极凄凉。学生军齐声唱起悲壮的追悼歌。全体来宾向四烈士行三鞠躬礼。沪军都督陈其美代表以及民政总长李平书、商团代表盛绍昌、女界协赞会代表边女士等宣读祭文。沪军都督陈其美发表演讲："此次北廷未覆，光复未奏全功，同胞当努力继绍诸烈士之志，以慰烈士之心。"①同乡会员陈汉翘和沈剑侯也相继演讲，词意激烈悲壮，闻者莫不鼓掌。来宾金雪塍、沙宝琛、殷人庵、刘养如、龚菊人、徐东甫、黄膺白、梅竹庐以及女子协赞会杨季威女士等也发表演说。最后由孙铁舟演讲，辞旨沉痛，激烈慷慨。四烈士家属也作了发言。下午5时30分，追悼大会结束。

1月22日上午10时，徐锡麟、陈伯平、马宗汉和陶成章四烈士灵柩由永锡堂出发，经过英法租界，至苏路车站，由专门准备的花车运往杭州。《全浙公报》以《诸烈士忠榇抵杭》为题作了报道："徐伯荪、马子畦、陈伯平及陶焕卿四烈士之灵柩已于昨日上午十时由申永锡堂出发来杭。在沪绕城一周，进西门，出东门，军士送者六千余人，军乐悠扬，观者如堵。沪督陈英士派代表杜尚陵、钱蓉伯，旅沪绍兴同乡会亦派有代表致送。迨开车后，路经嘉兴、王店、硖石等站，皆设祭恭迎，并有军队列队致敬。傍晚，抵杭州城站，军士、商团列队相迎者甚众。现闻将各忠榇暂停于福建会馆。"②当四烈士灵柩途经嘉兴车站时，光复会员、嘉兴县长方清湘主持追悼会，仪式极为隆重肃穆。傍晚，徐锡麟等四烈士灵柩到达杭州，浙江都督蒋尊簋到杭州城站迎柩，并举行公祭。祭祀完毕，四烈士灵柩出城站过钱塘门至湖庄停绋。浙江军政府也于1月30日下午1时，在昭庆寺举行大规模的悼念光复会先烈徐锡麟等人追悼会，浙江都督蒋尊簋以及各部部长均参加追悼会，到会各界人士达万人。蒋尊簋首先叙述发起追悼先

---

① 《永锡堂追悼大会》，《辛亥革命浙江史料选辑》，浙江人民出版社1981年版，第359页。

② 裘士雄：《新中国成立前绍兴人民对皖浙起义烈士的纪念与研究》，《绍兴文史资料选辑》第22辑，2008年版，第76页。

烈大会的原因："诸烈士之历史，诸公知者甚多，死者已矣，而现前之生者，皆赖诸烈士之造成，而同享共和幸福，尊篤一心一德以尽厥职，否则无以对诸父老，并无以对各同胞，幸祈互相激励，以策群力，而本日开会之宗旨，亦于是乎在矣。"徐锡麟学生沈均业登台报告徐锡麟历史以及赴难情形："徐公青年时代举动，始则研究科学，注重天文及长江一带军地形势，及至讲武时代，注重国民，联络团体，并潜心军事教育，与各同志组织机关，后竟以牺牲身家，誓志起义，其剖心裂骨之惨，想与会诸公闻之亦当酸鼻。"姚永臣报告马宗汉以及陈伯平赴难情形："当时两君在皖起义时节，本与新军联合一气，嗣因天数未绝，以致功败垂成，陈伯平君当被官军围困在军械局时，甫经出门，即被官军枪击肺部受伤，惟身畔犹有与各同志密札之函，曾恐连累，立即嚼啐吞下，以期免遭波及，今骸骨归里，诸君能无追念否？"姚永臣又报告平洋党首领竺绍康的事迹："竺公十一岁时父故，即操家政，成人之后，入大通校养成军事学识，牺牲家财助学，并设体育会以发扬青年壮志，不图见忌官厅，愤死异乡而不死于沙场，临殁犹云憾事。"言及于此，全体鸦雀无声，闻者肃然。姚永臣又报告秋瑾生平事迹以及被害情形："秋曾留学日本，归国在申倡办女报，囊资既尽，回绍复办明道女学，当时绍郡风气未开，绅界合力反对，嗣有胡道南者，密商贵福而陷秋女士于狱，大功未竟，遭此显戮，吾同胞能享共和幸福，其勿忘当日发难之志士也。"姚永臣又报告了程毅历史："程君向在上海中国公学，秋办女报时，程为辅助撰述，因词气发扬民主思想，遂崇拜下风，目为伟人，次年遂聘入大通，充当教习，卒后秋因祸发，程株连判禁五年，仍以非刑死狱中。"姚永臣还报告光复会副会长陶成章事迹："陶公曾充大通学校历史教员，此次因赴光复会而遇害于旅邸。陶系光复会副会长，生平游历南洋群岛，富于经验，无端被杀，骇人闻听，诸公既来与会，宜为陶公复仇。"姚永臣说完，与会人员鼓掌声援。最后，杨雪门报告："光复时，浙军阵亡诸义士共 104 人，亦同日追悼。"①接着，奏军乐，致诔词。浙江共和促进会同志会以及其他各团体一并致词申奠，来宾也相继发表演说。再奏军乐，礼毕散会。孙中山也为徐锡麟敬送挽联："丹心一点祭余肉，白骨三年死后香。"

① 《追悼先烈大事记》，《民立报》，1912 年 1 月 31 日。

徐锡麟四弟徐锡骥及其学生童杭时，以及浙江政事部长褚辅成同赴杭州西湖择地，决定葬于杭州西湖孤山，并于岳坟前湖口建立徐公祠。2月7日，徐锡麟、马宗汉和陈伯平灵柩安葬于杭州西湖孤山南麓，杭州军政各界举行了隆重安葬仪式。徐锡麟墓居中，左右两侧安葬陈伯平和马宗汉，整个墓地成“品”字形，与秋瑾的墓遥遥相望。1964年，徐锡麟等三烈士的墓被迁往鸡笼山。1981年10月，纪念辛亥革命七十周年之际，地方政府会同有关部门将徐锡麟等三烈士的墓重新迁往杭州南天竺演福寺旧址。新修的徐锡麟、陈伯平和马宗汉三烈士墓均为石质构造，顶部掩以黄土，铺植草皮。徐锡麟墓居中，陈伯平墓居左，马宗汉墓居右，墓前均竖有巨大墓碑。墓园绿树环抱，修竹掩映，背依青山，万古长青。第一任浙江都督汤寿潜对徐锡麟给予高度评价：“汤武以降，革易之事众矣，皆用戡乱救民为号，矫诬幸直亦在所托而已，非必其功也。若布衣穷巷之士，哀愤郁积，抱咫尺之义，犯险阻，蹈白刃不顾，必死以求自达，而非利天下之心。志苦而计浅，迹诡而意纯，虽匹夫之节，君子有取焉耳！君以异族不可以共戴，故发愤以思抗；无藉不可以立事，故屈身以行权；有众不可以苟竢，故孤举以求济；人谋不可以必全，故委命以昭谅。身死之日，天下归其烈，抑可谓较然不欺其志者矣。”①首任光复会会长蔡元培为徐锡麟撰写徐锡麟墓表，简要地叙述了徐锡麟的革命历史，介绍了反清革命事实，以及安庆起义经过，对徐锡麟给予高度评价：

> 有明之亡，集义师，凭孤城，以与异族相抗者，于浙为最烈；而文字之狱，亦甲于诸省。故光复之思想，数百年未沫。自晚村以至定盦，其间虽未有伟大之著作为吾人所发见，而要其绵绵不绝之思潮，则人人得而心摹之。
>
> 在所见世以言论鼓吹光复者，莫如余杭章先生炳麟；而实力准备者，莫如山阴徐先生锡麟，及会稽陶先生成章。顾章、陶两先生，皆及见清帝之退位，中华民国之成立；而徐先生乃于前五年赍志以没。其没也，又为光复史中构造一最重大之纪念，此后死者之所以尤凭吊流连而不能自已者也。
>
> 徐先生，字伯荪，浙江山阴人也。少时，治算学及天文学，廓然有

① 汤寿潜：《徐烈士墓表》，《绍兴徐社纪事》，浙江印刷公司1921年印，第8页。

感于因果之定律，宇宙之溥博而悠久，他日杀身成仁之决心，托始于是矣。其后，为家庭教师，以光复大义授弟子许克丞。继为绍兴中学堂教习，以尚武主义为学生倡，并以时涉历诸暨、嵊诸县，交其健者，以大义运动之。及至上海，由蔡元培、元康昆弟之介绍，而与陶成章合。成章方以嘉兴敖嘉熊、龚宝铨诸志士之倾助，而奔走金华、衢、严诸府，运动其秘密会党，有成议。两先生既成交，浙江诸会党有统一之机。于是相率至绍兴，谋以绍兴为根据地，施军事教育，为革命军预备。许克丞愿任经费设武备学堂，格于例不果；乃设大通师范学堂，凡浙江秘密会党诸魁桀，皆以是为交通总机关，各遣其相当之徒属就学焉。公然陈武装，演说革命，乡里窃窃然议之，而先生善交欢清吏，得无恙；然亦于其间积种种经验，知不惟绍兴，即浙江一隅，亦未足以大举。乃由许克丞出资，为先生及成章、宝铨、陈子英分别捐道员若知府，相率赴日本，学陆军，定议毕业后捐请分发重要都会，揽其兵柄。无何，试验不及格，均不克入联队。

先生先返，偕克丞以道员赴湖北，以其地占全国形势，而练军亦较他省为精劲，可利用。时湖北适停分发，乃赴安徽。初主陆军小学；逾年，移主巡警学堂。安徽故多会党，即练军亦间有具新思想者。先生既至，颇欲从容布置，谋定而后动；会女侠秋瑾偕嵊县平洋党魁竺绍康、王金发等驰书促举事；陶成章在日本亦数数相责备；而巡抚恩铭又微露疑先生意；先生乃与同志陈伯平、马宗汉谋，乘五月二十八日举行巡警生毕业式，诸大吏毕集，尽杀之，以乱军心；亦檄召浙江诸豪刻期会安庆。无何，恩铭令改期，以二十六日至。先生不及俟援军，及期，出手枪击恩铭，死之；他吏散走。先生率巡警生百余人占军械局，为敌兵所击散，先生被执。清吏搜先生室，得布告，有云："与我同胞，共复旧业，重建新国，图共和之幸福。"及被鞫，而宣言则又谓：革命人人可能，若以中央集权为立宪，立宪愈快，革命亦愈快。越五年，而其方皆验矣。二十七日，清吏杀先生，剜其心以祭恩铭，而藁葬之。及中华民国成立，先生之弟锡〔麒〕、锡骥等，始克迎先生之榇以归里。元年九月，葬诸西湖之堧。同里蔡元培，于先生为同志，爰表先生之大节于墓前，以告下马而展谒者，使知吾辈之自由幸福，得

诸徐先生之赐者，殊非浅鲜焉。①

1912年春，徐锡麟家属为烈士在家乡建造衣冠冢，并举行隆重的安葬仪式。衣冠冢位于东浦薛强头江汇头薛渎畈徐氏祖田，坐南朝北，面临强头江。墓冢为圆形，以条石围砌，顶部呈馒头状，高峻凌空，气势宏伟。墓前竖有由蔡元培撰写碑文的硕大石板墓碑，碑前设有祭桌拜台。陵园四周植有苍松翠柏，有石级墓道直抵河埠。墓道入口处东西两侧各有七米高的华表，基座刻有云版花纹，顶端承露盘上各有石雕蹲兽。柱上刻有阳文楹联："承先启后，其人如光风霁月，苍松翠柏。毓秀钟灵，此地有崇山峻岭，茂林修竹。"②衣冠墓竣工后，徐锡麟家人为烈士举行衣冠灵柩出殡仪式。徐锡麟石雕半身头像饰以冠服，入殓棺内，烈士生前所爱之物陪殓，其场面庄严隆重。1926年，徐锡麟烈士妻子王振汉逝世，其灵柩被附葬于衣冠墓中。"文化大革命"时期，徐锡麟衣冠冢被拆除，墓地也被改成良田，唯有墓前两根华表，依然迎风挺立。1987年7月，为了纪念徐锡麟遇难八十周年，中共绍兴县委统战部、绍兴县文物保护管理所以及东浦镇人民政府仿杭州南天竺徐锡麟烈士墓，在徐锡麟故居西北箩卜桥重建徐锡麟烈士衣冠冢，墓冢为半圆顶，周砌条石，墓前竖有丈高墓碑。绍兴著名书法家周庸屯题写"徐锡麟烈士夫人王振汉合墓"十二个古朴庄重的大字。2000年，由于集镇建设规划将原墓地辟为居民住宅，衣冠冢移往环镇北路以北的东浦安息堂西侧，墓四周围有石栏，园内植有花卉草木。

三、哀思绵绵

1912年，绍兴各界人士为了纪念徐锡麟烈士，在绍兴城内下大路将原系廖宗元祠改建为徐公祠。廖宗元，字梓臣，湖南宁乡人，道光二十年进士，先后出任浙江仙居、德清等县知县。太平军由浦江入诸暨，渡过临浦，攻陷萧山，直扑绍兴。太平军攻陷绍兴，廖宗元兵败被杀。清政府以

① 蔡元培：《徐锡麟墓表》，《蔡元培全集》第2卷，浙江教育出版社1997年版，第207页。

② 陆菊仙、陈云德：《徐锡麟家世》，北京出版社2005年版，第139页。

廖宗元竭力筹划防务，催促富户捐输，致遭富绅诬陷，御敌捐躯，城亡与亡，实乃大节凛然，照知府例从优给恤，设立廖公祠。1863年，清军克复绍兴，籍没追随翼王石达开的上虞籍太平军健将杨懋的财产作为廖氏祠产，共计田67亩。绍兴光复后，钱允康等人上书浙江都督府，请求将廖公祠改为徐公祠：

呈为敬遵议案，废止伪祠，提取公产，移祀先烈事。窃思胡氛既扫，汉日重光，允宜荡涤彝腥，严褫奸魄，表扬忠烈，大发幽光。乃今者满奴之祀典犹存，而民国之首功未报，此吾浙临时议会所以有改定祠祀之议决案也，查议案第一款主张废止满臣祠宇，第二条云如有前项祠宇及与前项祠宇相类者，比照办理；又第三款主张建设先贤祠宇，第二条云设徐烈士专祠，附祀马宗汉、陈伯平、杨哲商三烈士，岂非以认贼作父之徒，不合加之尸祝，而杀身成仁之士，必当报以馨香乎！如议案所云，则知有成有毁，一废一兴，范围皆不限于省垣，而推广可遍及于浙境，况绍兴为诸烈士故里，徐公乃革命伟人，毓秀钟灵是产出英雄之地，报功崇德应亟隆禋祀之议，未立专祠实为缺点。某等心有所歉，将为兴筑之谋，而力有未能，思作改移之计。查绍兴城内东光坊，本有前清同治年间所立廖公祠宇。廖名宗元，咸丰时绍兴知府也，太平国将统兵至郡，被郡民响应者所杀。迨清军复陷绍兴，为清吏者以其死事之可悲，乃有立祠之谬举，于是警同伯有兴厉鬼以凭依，招倩巫阳奉游魂而庙食。其时适有上虞沥海所人杨懋者，力能跃马，志在擒王，曾为太平天国健将，随翼王石达开转战入蜀，矢穷援绝，有死无生，壮士不还，胡尘竟丧，而其家竟有报车之子，仅存恤纬之嫠，乃有怨家欺填寡而不哀思，株连而搆狱，指为从逆，谓可查抄，遂有清吏籍其遗产，充入伪祠，计田七十六亩零，现在会稽十一都三十一、二、三都及上虞七都。廖公祠户承粮，每岁仍杨氏家族收，稍价钱九十千文，分五月、十二月两次缴至前清绍兴府照磨署内，为廖祠办祭之资。夺难裔之落田逾七十亩，供满臣之淫祀已五十年，在杨氏则冤等覆盆，在绍民则祭非其鬼。某等以为事殊可憾，理实难容，不如斥彼汉奸，毁其栗主，供我先烈，铸以良金。并将杨懋之田，移作徐祠之产。以废止为建设，一举而二全，庶几伟烈可钦，奉千秋之俎豆，余腥永净，办十年之薰莸，略予转移，使资观感。为此仰恳都督府赐

立饬绍兴、上虞两县知事，转令该庄，将所有廖公祠户户内田七十亩另，查明分别拨入徐公祠户内。一面并饬绍兴县知事立案，谨将廖公祠改建徐公祠，附祀陈伯平、马宗汉二烈士，至杨懋在前清为逆犯，在汉族为功臣，虽崇拜帝王，实为天朝而死，而力图光复，则与民国相同，可否昭雪沉冤，以合同仇之议，准予附祀，以酬昔日之功，统候钧裁，实为公便，谨呈。①

浙江都督蒋尊簋立即作出批示："据呈拟将绍城廖公祠改为徐公祠，附祀陈马二先烈，毁清臣之淫祠，发义士之幽光，衮冕斧钺，两得其平，至若杨懋，虽帝王民族主义不同，而敌忾同仇，遗勋足录，所请一并附祀，揆之于理，尚无不合，仰民政司妥速核议，转令绍兴、上虞知事调查确实，呈请察夺，并令钱绅等知照可也。"②绍兴军政分府都督王金发将廖氏祠产没收作为徐公祠的"祭祀之赀"。蔡元培专门撰写《徐烈士祠堂碑记》，概述徐锡麟、陈伯平和马宗汉壮烈牺牲经过以及绍兴建立专祠情况及其意义：

乌乎！清之季年，朝政秽乱，佥壬杂进，杀戮贤士大夫以塞天下之口，于是豪杰并兴，提戈发难，急以剪除杀虐，光复旧物为务。事机弗闷，殊死相望。而烈士徐公锡麟之事尤惨。光绪三十三年(1907)，公率弟子陈复汉、马宗汉击杀皖抚恩铭于安庆，力竭就缚，从容赴义。其死之日，海内同志，莫不痛息，奔走相告，故革命之机日益亟。越四年，遂有武汉义师覆灭清社。追念先烈，志不衰矣！

民国元年，浙人奉公遗骸归葬西湖。而越中门弟子会葬者，共谋所以留纪念，立徐社建专祠于绍兴。其年六月，奉公栗主入祠，以复汉、宗汉附焉。祠旧为廖宗元祠，清咸丰间，太平军入绍兴，宗元死之。清军复绍兴，为立祠，籍太平军将士杨懋产为祠产，计田六十有七亩，今尽入徐社，以为祭祀之资。千秋俎豆，与国并馨，岂不休哉！

抑余犹有说者，近世科学昌明，破除一切，凡古代所尊神道偶像，皆失所凭借，不足以羁縻人心，而独于伟人烈士，其丰功盛业，震烁一

① 《钱允康等十八人呈请将廖祠改建为徐公祠文》，《绍兴徐社纪事》，浙江印刷公司1921年印，第14页。

② 《蒋都督批》，《绍兴徐社纪事》，浙江印刷公司1921年印，第15页。

世者，往往铸像立墓，垂传久远，使过者展拜，油然起钦慕之思，徘徊而不忍去。此则仁人志士怀德追远之义，非所谓信神道而迷偶像者也。徐社诸君子，既定每岁烈士倡义纪念日，具牲牢酒醴会祭于此。如古所云崇德报功者，可谓至矣！

而余以为崇乡邦之典型，昭先烈之勋劳，尤宜广采烈士遗墨，及其日用衣服、图书，置诸祠舍，使来展拜者，得以反复观览，有足启迪其心志，不徒以神道偶像目之，且不以崇德报功为慰先灵而止。则天下豪杰之士，其钦慕感奋又何如哉！①

6月10日上午10时，恭送徐锡麟、陈伯平和马宗汉三烈士入祠的庞大队伍由设在花巷布业会馆的筹备三烈士入祠事务所出发，向东经过开元寺至大坊口，折南过圣路桥、塔子桥、让簷街至南街，折西过舍子桥至大街，折北经大云桥、清道桥、大善寺至大江桥，经上大路到北海桥，再过光相桥至下大路徐公祠。恭送三烈士入祠由策马并行的二位着西装小青年引导，两人手执“恭送三烈士入祠”字样的先导旗。依次为穿着新定制服、仪容整肃的警察队伍。从杭州专门请来军乐队，有数百个绸质挽章以及松柏扎成的花圈队伍。徐锡麟亲手制作的地球仪，罩上彩球，缀以松柏花圈，鲜艳夺目。图书亭则陈列徐锡麟编定的绍兴府学生课艺以及编辑的绍兴府学堂学生优秀算术演算题集。手枪亭陈列徐锡麟发动安庆起义、击毙恩铭的六响手枪，枪中尚有三发未发子弹。供词亭展示徐锡麟手书的《绝命书》，词严气壮，可歌可泣。血衣亭展示徐锡麟被捕后，被剖腹挖心时所穿的官纱背心，雪青颜色被碧血所浸染，累年积月，日炙雨淋，已转成黄色。徐锡麟栗主亭以及徐锡麟遗像亭。参加入祠仪式的有徐锡麟的二弟徐伟、四弟徐锡骥及其哲嗣，以及第六标第二营的官兵。随后为陈伯平遗像亭及其栗主亭以及陈伯平家属，马宗汉遗像亭及其栗主亭以及马宗汉家属。徐锡麟、陈伯平和马宗汉三烈士遗影均英气勃勃，栩栩如生。栗主也是金质墨字，金光触目。第六标第三营官兵紧随其后。另外附祀竺绍康和程毅二位栗主。随后为民团队伍。还附祀王增茂、赵光潮、周陕炳、曹醴泉、丁平，以及因秋案不平在杭州自杀的前山阴县令李钟岳

① 蔡元培：《徐烈士祠堂碑记》，《蔡元培全集》第4卷，浙江教育出版社1997年版，第199页。

等人的栗主，凡栗主亭均以五彩缀成，各营官兵以及民团皆戎装荷枪，枪刺上缀白色彩球。入祠队伍浩浩荡荡，旗帜飘拂，军乐悠扬，备极哀荣。随后的群众队伍涵盖社会各界，政界有蒋尊簋的代表陈仪、绍兴军政分府代表谢斐麟、绍兴县知事、绍兴理财科、统捐酒捐局、禁烟局、盐茶局等机关代表；政党及社会团体有自由党、社会党、宣导会、越东协济会、国民协济会、佛教分会、商会；教育界有大通陆军学堂、绍兴法政学校、箔业小学、大通女子工艺学校、明道女校、成章女校、柯桥竞进学校以及徐锡麟手创的热诚学堂等校师生；连耶稣教会创办的承天中学师生也身缀鲜花，躬与其盛，特在徐公祠左右夹道恭迎。大善寺及大路以及徐公祠一带，皆覆以五色彩章，宛如彩霞万丈。徐公祠正门以及左右街道皆结彩覆章，锦花灿烂，沿途经过之地，观者人山人海，全城若狂；河道也舟楫如鳞，几为之塞，实乃千载难逢的盛举。浙江都督蒋尊簋的代表陈仪，担任主祭，宣读祭文："维中华民国纪元之岁六月十日，浙江都督蒋尊簋，谨以清酌庶羞之奠，特命军政司司长陈仪致祭于先烈徐公伯荪之灵曰：天生蒸民必全赋以自由，胡为憔悴于专制淫威之下而不敢呻，公赫斯怒谓我不入地狱谁入地狱，不惮身入其中，快心于博浪之一击，以求民气之伸，公今往矣，而吾党之继志述事，卒成大业者，究因公成迹之是，因是以拜手稽首，群钦公为自由之神，呜呼！尚飨。"①绍兴军政分府代表谢斐麟、《越铎日报社》代表支航，三烈士入祠事务所代表冯守愚也先后致祭。《越铎日报》社专门编辑了《三烈士入祠纪念增刊》，纪述其盛况。

徐公祠设于绍兴下大路至大寺前，坐北朝南，占地五亩，东邻天生砖瓦行，西接谦豫酱园，南靠内城河，北薄古城墙，自成独立的封闭式独立院落。徐公祠有前后二进，第一进明间正面门楣悬有"徐公祠"匾额，屋后为整洁石板地天井。第二进为正厅，设有神龛，中为徐锡麟烈士像，左为陈伯平烈士像，右为马宗汉烈士像，还陈列徐锡麟击毙恩铭的手枪、成仁时的血衣以及手著图书、浑天仪等遗物，供人瞻仰。厅后为园，设有假山、水池，旁筑一亭，周植桂花、梧桐，粗可合抱，修篁婆娑，荫翳半庭。徐公祠内悬挂楹联甚多，有章太炎的对联："殷顽殊未尽，此日不再来。"朱瑞联曰："五年前同志同谋，急不能援，死不能从，让两君皆作鬼雄，独自安乎？

① 《蒋尊簋祭文》，《绍兴徐社纪事》，浙江印刷公司1921年印，第29页。

当时奔走呼号，梦绕皖公山，尺剑深知负吾友；千古来奇人奇事，头亦可断，心亦可剖，拼一身促成民族，何其烈也！今日共和圆满，祠开越王郡，瓣香犹得告先生。”绍兴县知事俞景朗联曰：“烈胆警同胞，想当年皖水捐躯，直比荆卿剑，博浪椎，一样大名垂宇宙。英魄归故里，倘异日蠡城话旧，应与越王祠，武肃庙，千秋浩气壮湖山。”①徐公祠悬挂章太炎撰写的徐锡麟传：

徐君锡麟，字伯荪，浙江山阴人也，幼挢虔，器过手辄毁，父憎之。年十三，挺走钱塘为沙门，不合归。读书喜算术，尤明天官，中夜辄骑危视列宿，所绘天象甚众。又自为浑天仪，径三尺许，及所造绍兴地势图，然未尝从师受也。稍长，习农田事，闻昆山多旷土，欲往开治，不果。年二十九，以经算教以绍兴中学。二岁转副监督。在校四年，弟子益亲如家人。顷之，以观博览会赴日本，得同志数人，且购图书刀剑以归。锡麟家东浦，东浦在县西十五里，为立蒙学，又规建越郡公学，为惎者中伤数也，卒不动。尝置一短铳，行动与将。时露西亚人逼辽东，锡麟闻之，恸哭。画露西亚人为的，自注弹丸射之，一日辄试铳十数，反遭弹丸反射，直径汰肩上，颜色不变，试之愈勤。其后，持铳有不发，发即应指而倒。锡麟始慕勾践、项梁，欲保聚绍兴，且以观变。年三十，以事过上海，上海有浙江豪杰十余人，设盟约，谋光复，即走就之。归，始以兵法部勒子弟矣。明年，与弟子循行诸暨、嵊、东阳、义乌四县，昼步行百里，夜止丛社间，几一月，多交其地奇才力士。归语人曰：涉历四县，得俊民数十，知中国可为也。初，绍兴城中有大善寺，天主教会欲得之，阴构诸无赖，胁沙门署质剂，为赁于教会者。绍兴名族士大夫皆怒，弗敢言。锡麟方病疟，裹絮被，直走登坛，宣说抵拒状。众欢踊，卒毁券，教会谋益衰。锡麟念士气孱弱，倡体育会，月聚诸校弟子数百人，习手臂注射，女子秋瑾与焉。从是就大通师范学堂朝夕讲武，每训练必身先之。素短小，习一岁，筋力自倍，能日行二百里。尤善同县许克丞，谋以术倾满洲，克丞捐金五万版与之。入赀得道员，年三十三，与其弟锡骥，暨余姚马宗汉等二十五人诣日本，因通商局长石井菊次郎求入联队，不许，欲入振武学校，

① 《匾联》，《绍兴徐社纪事》，浙江印刷公司1921年印，第40页。

以短视，试不及格。居数月，以事归国。是时余杭章炳麟以言革命系上海狱，罚作三岁，限且尽。或言虏欲行贿狱卒，毒杀之。上海大哗。锡麟为奔走调护，直诣狱见炳麟。炳麟素不知锡麟名，识其友陶成章。锡麟欲自陈平生事，狱吏诃之，错愕不得语，乃罢去。得东抵日本，欲与陶成章，及弟子会稽陈伯平入陆军经理学校，不果。属其友某学造纸币，曰："军兴饷馈，势将钞略，钞略则病民，亦自败，洪秀全事可鉴矣！今计莫如散军用票，事成以次收之。然军用票易作伪，宜习其雕文镌镂，今难作易辨，子勉学矣！"议既定，以陈伯平、马宗汉归。乡人复请任徼巡事，许之。旋与同县曹醴泉赴宛平，出山海关，遍走辽东、吉林诸部，至辄览其山川形势，见大盗冯麟阁，与语甚说。是岁，淮安、徐海大侵，锡麟年三十四，即以道员赴安徽试用。锡麟未得道员时，欲藉权倾虏廷，诸达官无所不游说。自袁世凯、张之洞、及浙江巡抚张曾敭、故湖南巡抚俞廉三皆中其说，为通关节书。镇浙将军满洲人某亦受锡麟倭刀，为其用。到安徽岁暮，即主陆军小学。逾年，移主巡警学堂。日中戎服自督课，暮即置酒，请诸军将士，又卖衣服以给弹丸。诸生益严重锡麟，虽军士，亦多欲附者矣。安徽巡抚恩铭，谓锡麟能，奏请加二品衔。然闻人言：日本学生多阴谋，稍忌之。锡麟亦心动，即移书浙江诸豪，刻日赴安庆，又外与诸练军结，欲仓促取安徽大吏，令军心乱，乃举事。期五月二十八日巡警生卒业，集大吏临视，尽掩杀之。恩铭欲速，召其校执事顾松，令易期以二十六日临视。时援未集，顾已不可奈何，乃密与陈伯平、马宗汉为备。及期，鼓吹作，诸大吏皆诣校疑立，巡抚前即位，三司诸吏以次侍。锡麟令顾松键门，拒出入。顾松固知情，阳诺，不为键。锡麟持短铳，遽击恩铭，数发皆中要害，左右与之走，三司皆夺门走，即闭城门，拒外兵。诸军至，不得入，乃发兵捕锡麟。锡麟知事败，传呼巡警生百余人，曰立正！巡警生皆立正。锡麟曰向左转走！巡警生皆左转走。走则攻军械局，据之。发铳，弹丸尽；发炮，炮机关绝；陈伯平战死。锡麟即登屋走，追者至，被擒。恩铭已死，三司问锡麟状，曰："受孙文教令耶！"锡麟曰："我自为汉种，问罪满洲，孙文何等鲰生，能教令我哉？"五月二十六日，虏杀山阴徐锡麟于安庆市，刳其心，祭恩铭。而浙江虏官亦捕杀秋瑾。大通学校遂破坏。锡麟之死，年三十五矣。锡麟虽阴鸷，然性爱人。在山阴，尝步上龙山。见一老妪方自尽，遽抱持救之。问其故，曰：“负人钱。”即为代偿，得不死。①

四、白虹贯日

徐公祠建成以后，徐乃普等人为了更好地发扬先烈革命精神，征集烈士遗物，管理徐公祠，又发起组织徐社。徐乃普等 12 人向浙江民政司呈请关于组织徐社的禀文，说明发起徐社的原因：“光汉子徐公锡麟暨弟子复汉陈公、宗汉马公，越三烈士也。民国纪元前五载手刃满贼，殉义皖江，岁辛亥中华光复，三烈遗骨归葬浙之西湖，越中门弟子赴武林会葬，谋所以留纪念，组织徐社，扬先烈示后昆，不特诸弟子景仰已也。本社同人建议就越中设徐公专祠，浙都督蒋，绍分府王，咸赞厥成，承诸君子襄助，壬子六月祠宇告竣，祀三先烈，并附诸义烈之与于大通之难者。”②然而，“徐公祠虽已落成，非得专司职掌不足以垂久远，且祠内之碑记器具尚未举办完全，爰集同志组织徐社，议定简章，互相绳系，藉伸崇拜而照永远”。民政司批准关于组织徐社的申请：“徐乃普等组织徐社，具见崇仰先烈之至意，应准立案。”③徐社由徐锡麟的弟子以及亲友组织，凡是徐锡麟的弟子或与徐锡麟有关系者，由社员介绍，社长批准，即可入社，并发给徐社会员证书。徐社设有社长一人，干事二人，由社员投票选举产生。社长主要负责主持徐社事务，管理徐公祠财产，任期一年，连选连任。干事则辅助社长办理一切事务，任期一年，连选连任。社长另外聘请庶务及会计各一人，常驻徐社，办理日常事务。徐社事务所即设于徐公祠内。社员入社费一元，于入社时缴纳；常年费一元，于召开纪念会时缴纳。每年七月八日举行一次徐锡麟纪念会，并选举社长以及干事，讨论徐社有关事务。如有临时事务，由社长通知社员，召开临时会议进行讨论。徐社“搜辑徐公以及附祀诸烈士遗之迹，管理徐公祠宇产业，以垂久远”④。每年纪念日均

① 章太炎：《徐烈士行述》，《绍兴徐社纪事》，浙江印刷公司 1921 年印，第 6 页。

② 《绍兴徐社缘起附会章》，《绍兴徐社纪事》，浙江印刷公司 1921 年印，第 83 页。

③ 《徐乃普等十二人组织徐社呈请转详立案文》，《绍兴徐社纪事》，浙江印刷公司 1921 年印，第 16 页。

④ 《绍兴徐社缘起附会章》，《绍兴徐社纪事》，浙江印刷公司 1921 年印，第 84 页。

将经管徐公祠款项、印刷收支项目，分送各社员审核。

徐社社员录①

姓名	字	通讯处
周印棠	友　芝	北京财政部
周　钦	又　山	杭州甲种农业学校
周文烈	劼　成	后马太史第
周祖泽	润　棠	绍兴咸欢河沿
周　鼎	岳　仿	东浦西周溇
周凤纪	冠　五	绍兴都昌坊口
何敬煌	酉　生	绍兴黄花弄
何　揆	寄　虫	绍兴老浒桥
何　旦	悲　夫	杭州花牌楼七十八号
何　振	笑　尘	绍兴鲍景泰钱庄
何　檐	翼　轩	绍兴县校
何　杲	东　初	昌安门外浪头湖
徐　伟	仲　荪	杭州西湖图书馆
徐乃普	伯　循	东浦热诚学校
徐世保	佑　长	绍兴烟酒公卖局
徐世佐	弼　庭	绍兴水澄巷
徐从稼	晓　云	江西进贤县署
沈钧业	复　声	金华道尹公署
沈锡庆	庆　生	江苏高等审判厅
沈铭训	仲　玖	杭州省议会
沈光烈	伯　明	省长公署
沈祖德	子　寅	绍兴偏门外
张汉黎	月　楼	绍兴西小路
张　濬	汉　丞	绍兴漓渚
张之桢	云　樵	杭州甲种商业学校
张延钧	汝　衡	绍兴中正弄
杨无我	一　放	绍兴越铎报社
杨士杰	葆　荪	沥海所继志校
杨兆阴	凤　翥	沥海乡

① 《徐社社员录》，《绍兴徐社纪事》，浙江印刷公司 1921 年印，第 91 页。

续表

姓名	字	通讯处
陈燮枢	赞　卿	北京众议院
陈子良	起　苏	绍兴府横街茂兴提庄
陈毓鸾	侠　峰	新昌城内
平声雷	智　峰	绍兴明道女校
平智础	智　础	于潜县公署
平定功	坦　伯	东浦热诚学校
俞承义	鹤　巢	杭州之江报社
俞士麐	怡　园	上虞崧厦自治办公处
俞凤镐	鸣　友	新昌黄泽镇
朱其辉	内　光	北京专门医学校
朱　点	雨　人	绍兴昌安门里高宅内
朱楚白	世　珍	临浦陈协兴镬号
屠长赓	柏　心	绍兴上灶欧乡学校
屠　濂	楚　材	京师第一监狱署
孙秉彝	德　卿	孙端上亭公园
孙　骏	千　里	福建闽县公署
王如海	越　庭	绍兴天生绸庄
王育中	似　孙	上虞第二高小校
任兆年	云　瞻	武昌关监督署
任乃大	侑　卮	湖南高等审判厅
潘芝恩	似　江	绍兴向家桥
汤建中	立　民	绍兴县自治办公处
谢酒绩	印　山	杭州省议会
封德三	德　三	浙江省大方伯图书馆
李一民	一　民	浙江省大方伯图书馆
卢钟嶽	临　先	北京众议院
骆应熊	季　和	绍属尚巷
全荣兖	荣　庵	杭州甲种农业学校
单德尊	仰　庭	单　港
童绳履	筱　乙	钱　清
高承祖	继　卿	金华道尹公署
刘靖裔	大　白	杭州省议会
白　平	太　虚	宁波遁无庐
甘荫棠	润　生	北京财政部

续表

姓名	字	通讯处
韩钦江	澄甫	平水泰记转淡竹坞
宋崇义	芝芳	杭州女子师范学校
傅乃谦	激胜	江西进贤县公署
鲍裕忱	余臣	绍兴八字桥
曹鸿佑	滋宣	东浦西徐岸
冯双无	守愚	绍兴教育会
吴祖培	伯卿	上浦葆生堂药号转蒲霞
罗端裳	菊生	绍兴武勋桥
金鑫	立斋	兰溪电灯公司

1914年7月8日上午，徐社举行徐锡麟、陈伯平、马宗汉三烈士第二届纪念大会。与会代表除了徐社20名社员以外，还有绍兴县知事金彭年、统捐局代表高子农、捐税局长王琴甫、监狱署长张天愁、水上警察署长祁文豹等政府官员，绍兴府校钟绍先、绍兴县校张月楼、高怀青，成章女校蒋清渠、章云翘，明道女校俞少村，同仁学校兼戏剧改良社陈越乔等代表所在的学校参加纪念大会。司仪陈企森振铃宣布大会开始，演奏军乐。主祭任云瞻祭读祭文："维中华民国三年七月八日，后学同人等敢以酒醴之仪谨致祭于烈士徐公伯荪暨陈公伯平、马公子畦之灵，而告之曰：三烈士生而为英，死而为灵，胡尘飞舞，杀身成仁，汉族蓬勃，明德斯领，扫除颛制，扭转乾坤，三寸毛瑟，千古流名，一腔热血，万世朱殷，气贯山河，义昭日月，遥望皖水，感泣涕零，帝纲永脱，共和长春，千秋俎豆，与国并馨，念兹伟绩，及时感兴，聊备清酒，神其来歆。"①随后，政府官员、学校团体代表以及其他来宾和徐社社员相继向三烈士栗主行鞠躬礼。礼毕，再奏军乐，并摄影留念。《越铎日报》也于同日发表古遗撰写的《追感徐烈士》，悼念徐锡麟。古遗原名陈伯翔，早年曾在安庆习幕，耳闻目睹"徐案"，深受刺激，愤而返乡，历任绍兴府中学堂和绍兴省立第五师范教员，《浙事新闻》以及《越铎日报》等报刊记者和编辑。古遗"抚感今之时局，不禁摅

① 裘士雄：《新中国成立前绍兴人民对皖浙起义烈士的纪念与研究》，《绍兴文史资料》第22辑，2008年版，第81页。

怀旧之蓄念，为故乡父老子弟一涕泣而道之”。追忆“烈士临刑，神色自若，盖若素所定也。剖心盘祭，脉尚动跳，惨不忍睹。暴骸城外，闻有一某洋人过而致礼，颇称难得”①。寥寥数语，将徐锡麟视死如归、慷慨赴义的英雄气概，表现得淋漓尽致，栩栩如生。

1935年7月8日，徐社举行理监事联席会议，有11人参加，绍兴县政府也派来一名指导员，会议推选杜海生为常务理事长，许伯章为常务理监事。徐社每年于7月8日在徐公祠举行公祭活动，由徐社执事者主持，并邀请地方党政长官以及社会各界人士出席，公祭仪式庄严肃穆。1941年4月，日军占领绍兴，社会局势动荡，公祭被迫中断。

1947年7月8日，绍兴各界在党民舞台举行徐锡麟、秋瑾、陈伯平和马宗汉四烈士成仁四十周年纪念大会，并举行抗战阵亡将士公祭仪式。与会者有绍兴县长林泽、国民党绍兴县执行委员会书记朱苴英、绍兴县参议会长金鸣盛、副议长陶春煊、绍兴县三青团干事长沈鼎以及绍兴县各机关首长、绍兴县教育、卫生、新闻、文化、司法、妇女等各界代表夏昌言、张光楷、王铎中、朱国珍、杜海生、陈笛孙、金林、郑士伟、马涵叔、应维梁、鲁觉侯、马鹤卿、潘文源、任芝英、王贶甫、韩澄夫、郦辛农、鲁植园、朱仲华、梁大中、祝庆安、许开铃、鲍予忱、沈竹泉、高世梁以及马宗汉次子马元佐、裔孙马燮钧以及陈魏等先烈遗族、先烈生前好友，近800人。大会主席台上悬挂国民政府主席蒋介石和国民党省党部送来的挽词，蒋介石书挽：“光烈长昭”，国民党浙江省党部书挽“壮烈遗型”，国民党中央执行委员张继题写“浩气长存”。浙江省主席沈鸿烈的挽联为：“挞伐张兴亡系事迈殷周十乱至今巾帼念，风义重死生轻道遒穷陈蔡一门同日化虫沙。”浙江省保安副司令竺鸣涛致送的挽联为：“清廷早覆，抗倭扬威，九泉有知，应无遗恨；革命未成，舍身取义，千秋大节，永荐馨香。”会场四周也悬挂许多挽联和花圈，林泽送的挽联为：“平倭荡寇，旋乾为坤，如见雄图吞海岳；雪耻复仇，维桑与梓，长流浩气壮山河。”徐社赠送挽联：“不朽讴歌，尊酒岁时勤父老；应铭竹帛，梓桑恭敬仰仪型。”秋社赠送挽联：“轩亭风雨仁人血，皖水波涛侠女魂。”台前陈列徐锡麟枪毙恩铭的手枪以及成仁

① 裘士雄：《新中国成立前绍兴人民对皖浙起义烈士的纪念与研究》，《绍兴文史资料》第22辑，2008年版，第81页。

时的血衣,秋瑾用过的围巾等辛亥先烈的珍贵遗物,供与会者凭吊和瞻仰。绍兴县长林泽主持纪念大会,恭读祭文:

谨具香花果醴之仪,致祭于徐先烈伯荪、秋先烈瑾暨陈先烈伯平、马先烈子畦之灵,曰:呜呼!白虹贯日,碧血洒天,成仁取义,畴者能全,致命不辞,翳维先烈,陨首刳心,人神共泣。窃我神器,忆及逊清,季王末运,大厦欲倾,纤儿尸居,阘冗柄国,政出多门,启人逐鹿,群龙寰海,昂首神州,炎黄华胄,蒿目心忧,恢恢徐公,愤焉举义,浩气弥天,风云动地,浪翻皖水,波及稽山,缘沉半段,歼厥胡藩,虎士未宏,凶门独凿,事败垂成,归魂化鹤,故乡回首,瓜蔓惊抄,凤堂喋血,劫种同遭,屠伯不仁,痛我秋烈,风雨轩亭,未完大业,民不畏死,李耳有言,为维国族,赴义争先,天意棐谌,长佑革命,易帜武昌,曾不转瞬,落花满地,莫叹无情,春泥成后,仍护繁英,还我河山,宁无代价,酷鞠惨刑,言之泪坠,九天含笑,复旦重歌,羶腥荡尽,甲洗银河,缔造艰难,未臻大化,丛我戈矛,无时悔祸,历年四十,沧桑几更,戎人奔此,八纮尘清,追缅前辉,血痕未灭,饮水思源,上告先烈,生前精爽,没世英灵,允矣肸蠁,两戒长宁,恭敷几筵,摛词陈臆,先□□神,来歆来格,尚飨。①

公祭结束后,开始举行四先烈成仁四十周年纪念大会,绍兴县参议会长金鸣盛任大会主席,并致词。金鸣盛高度评价四先烈为革命所做的重要贡献:"我们常常听到广东为革命的策源地,其实绍兴诸烈士发动民族革命至少和国父中山先生同时,其发难之勇,死事之惨,实足以惊鬼神而动天地,当时虽然失败,但失败即成功之母,后来者受赐实多,故论革命发源,至少绍兴亦为圣地之一。"并一再强调:"今天我们来开会纪念,除表示崇敬之外,必须继承诸先烈的革命精神,大家一致为革命而努力。"并从民族、政治和经济三个方面进行阐述。最后,金鸣盛发表感言:"今天缅怀诸先烈的勋劳,环顾目前情况,大家应该一致起来,继续奋斗,以争取绍兴人的光荣,为国家而努力,诸先烈连生命都可以为国牺牲,还有什么

---

① 裘士雄:《新中国成立前绍兴人民对皖浙起义烈士的纪念与研究》,《绍兴文史资料》第22辑,2008年版,第101页。

困难不好解决呢？”①金鸣盛要求发扬先烈的献身精神，完成先烈未竟之志。接着，杜海生、王承祖、朱仲华等分别报告徐锡麟、秋瑾、陈伯平和马宗汉四先烈事迹。马宗汉次子马元佐代表先烈遗族在大会上致词答谢：

先父捐躯成仁，忽忽已四十春秋矣。其时，元佐犹在襁褓中呱呱啼笑，罔知哀痛。龆龄以后，先母辄于青灯夜静之际，为述往事。模糊血影，历历如见。维时母泣，余亦不胜其号恸。始知吾父谋民族复兴，凡所遭受有如慷慨而惨烈者。不肖如余乃尚视息人间无以上承先志，益不胜其呜咽。岁月不居，今已中年，江湖奔逐，悠悠无成。且中经战乱，先母亦于三十一年夏撒手弃养矣。追昔如昨，呼抢莫补无父无母之痛，孰有过于余哉。

今年七月为胜利后之第二寒暑，亦为徐、秋、陈三烈士暨先父死难之四十周年纪念，越中群贤开会追祀。元佐匍匐参加，涕泣如雨而外，有何言说，惟念乡先贤许少兰先生往挽先父有云：“事败殁英雄，死后无人收尔骨；功成称烈士，于今到处祭公头。”哀恸之余，真不欲生。又先父东渡归来时，囊箧殆尽，仅携一手杖，今犹存家中，供儿辈摩挲。追源至墨痕手迹，悉无有存者。异时，国人如详其梗概，余将谨述吾母所告者以进之。②

为了配合追悼徐锡麟等四先烈成仁四十周年的纪念活动，1947 年 7 月上旬，绍兴和杭州等地报刊作了大量专题报道。《绍兴新闻》即于 7 月 8 日和 7 月 9 日开辟《徐秋陈马四烈士成仁四十周年特刊》，发表署名五尺的《编辑前言》，刊登章太炎撰写的《徐锡麟陈伯平马宗汉传》，徐自华撰写的《鉴湖女侠秋瑾墓表》，章镜尘撰写的《徐先烈轶事》，张震坤撰写的《纪念秋女侠感言》等纪念文章，以及大量有关纪念活动的报道、挽联、祭章和祭文，以及大会花絮。曾追随徐锡麟参加反清革命的童杭时也于 8 月 24 日在杭州《东南日报》发表《徐先烈伯荪先生事略》，追忆 40 年前追随徐锡麟参加反清革命的往事，心潮起伏，感慨万千。

① 裘士雄：《新中国成立前绍兴人民对皖浙起义烈士的纪念与研究》，《绍兴文史资料》第 22 辑，2008 年版，第 101 页。

② 马元佐：《先父宗汉成仁四十周年感言》，《绍兴文史资料选辑》第 2 辑，1984 年版，第 105 页。

五、万古长青

徐锡麟为推翻封建专制统治、建立资产阶级民主共和国所立下的丰功伟绩，永远为人民所铭记。1981年夏，安庆人民纪念辛亥革命七十周年的日子里，中共安庆市委机关报连载安庆市政协常委李帆群编撰的长篇历史故事——《徐锡麟》，从7月7日起开始连载，迄8月25日载完，孙新力为长篇历史故事配了插图。长篇历史故事《徐锡麟》再现徐锡麟及其战友开展辛亥革命的光辉形象，使安庆人民特别是安庆的青少年受到深刻的爱国主义教育。安庆市话剧团编剧黄义士和濮本信，以徐锡麟发动安庆起义的事实作为依据，以刺杀恩铭作为中心，创作八场话剧《徐锡麟》，特邀上海人艺导演张启德与安庆市话剧团程继民共同导演，由杨基民扮演徐锡麟，金刚和杨美分别扮演恩铭和秋瑾，生动地描述了徐锡麟烈士英勇悲壮的一生。1984年6月4日起，《徐锡麟》话剧开始在安庆人民剧院公演。时安庆人民代表大会正在召开，安庆市政协也正在召开全体政协委员会议，全市人民代表、政协委员以及党政机关的负责同志，均观看了《徐锡麟》，受到深刻的教育。1907年7月7日，徐锡麟在安庆的安徽巡抚衙门东辕门外英勇就义，烈士殉难处，已盖起安庆大药房。为了在徐锡麟殉难处建立纪念台，1984年安庆人民政府决定，由安庆市城乡建设环保局和文化局主办，在安庆市最繁华的人民路西段，原巡抚衙门对面新光电影院西侧，中共安庆市委机关大门前，离徐锡麟烈士就义地不到100米，建立一座巍峨的徐锡麟纪念台。纪念台坐南朝北，呈正方形，占地259平方米，四周环以石栏。从正面入口处上9级台阶，迎面为一横亘石壁，壁上嵌有长方形大理石。再从左端或右端上9级台阶，便可到达纪念台。纪念台正中大理石底座上，端坐着由汉白玉雕成的徐锡麟全身座像。徐锡麟目视远方，神情自若。座像底座上“徐锡麟”三个苍劲有力的大字，由103岁的老同盟会员、著名书法家孙墨佛先生题写。纪念台的入口处和座像四周，植有松、柏、桂等四季常青树木和花草，象征烈士的光辉业绩万古长青。

徐锡麟的故乡绍兴也为烈士而感到骄傲，1927年7月8日，徐社理监事会议作出决议，设学校以培植革命青年，继承先烈遗志，才是根本的纪念。于是，在王承祖、平声雷、孙家骧等人筹备下，于1928年4月1日，以绍兴古贡院原大通学堂旧址作为校舍，正式创办“锡麟公学”，5月即奉浙江教育厅令，改称“锡麟小学”。首任校长为东浦籍的光复会员陈燮枢，旋又聘李士铭为校长，公推杜海生、王子余等九人为校董，初设小学部和高级部，学生六十余人。1932年，又增设商科补习班。1934年，添设春季班。学校设有三民主义、公民、国语、算术、社会、唱游、艺术、历史、地理、自然，卫生、体育、图画、手工等课程，制度严密，学风严谨。自学校创办迄绍兴沦陷，共有11届学生毕业，有毕业生201人。1941年4月17日，绍兴被日军占领，锡麟小学被迫停办，曾一度为汪伪时期县立绍兴中学校址。抗战胜利后，锡麟小学于1945年7月复校，迁址于绍兴城内锦麟桥河沿的“清节堂”，后又迁往浣花桥开学，1949年秋季停办。锡麟小学教育学生继承徐锡麟的爱国精神，其校歌曰：“河山当分兮，我辈革命挺戈矛；嗟我徐先烈，骸飞碧血天地愁；亲旧门人多私泪，慕武壮千秋。山秀拱，鉴水清环，豪气定长留；秉承先烈志，春日化雨成泽流；定我人格，报我国魂，一洗民族羞。”其纪念歌曰：“噫嘻烈士炳前常，汉族于今始茂昌；民族振作兴文化，恩又昭民永不忘。韶光荏苒真成驶，转眼今朝已一年；但愿同党同觉化，成仁取义继先贤。”①

东浦乃烈士故里，1984年，东浦镇在绍兴县委和县政府以及社会各界人士关心支持下，为了继承先烈遗志，决定创办以烈士命名的初级中学——锡麟中学。学校创办初期，借用热诚、后社等校舍开课。1986年1月，锡麟中学新教学大楼落成，浙江省人大副主任刘丹、美籍华人经济学博士陈亦尧先生莅临庆贺。学校成立校董会，陈亦尧等12人为校董事会成员，推举旅港绍兴同乡会会长金尧如先生为名誉董事长，陈亦尧先生任董事长。锡麟中学坐落在东浦镇东部体育场路南侧，学校占地16亩，建有教学楼、实验室、图书室、音乐室、美术室、师生宿舍。校内芳草萋萋，绿树成荫，汉白玉雕凿的徐锡麟座像，位于鲜花锦簇之中，显得庄严肃穆。锡麟中学以烈士爱国爱乡、敬业奉献作为宗旨，以德智体全面发展作为办学方向，用“勤学、修身、强体”定为校训，形成“教师诲人不倦，学生勤奋苦读”的良好校风。1988年10月5日，徐锡麟的儿子徐学文偕夫人徐曼丽及次子徐乃达，在全国政协副主席杨拯民的陪同下，回到故乡探望故

① 陆菊仙、陈云德：《徐锡麟家世》，北京出版社2007年版，第148页。

居，并视察锡麟中学。徐学文应邀发表演讲，勉励学生认真读书，诚实做人，忠孝持家。1993 年 8 月 3 日，徐锡麟烈士的孙女——蒋孝文夫人徐乃锦和胞弟徐乃强、女儿蒋友梅也到故乡参观锡麟中学，并题词留念。锡麟中学建校十多年以来，教育成果斐然，为国家输送了大批优秀毕业生。

为了纪念徐锡麟烈士的光辉业迹，弘扬烈士精神，1928 年，绍邑人士提议将绍兴城区的西如坊、承恩坊、下和坊、朝东坊等四坊，设为锡麟里，由民国地方政府批准，提议付诸实行。1932 年，又撤销锡麟里，建立锡麟镇，下辖西如坊的鲤鱼桥、武勋桥、桑园、锦麟桥、古贡院；承恩坊的武勋桥、北海直街、静瓶庵前、西郭门头、锦昌弄、洪巷弄、王衙弄、北海畈、北海畈后畈；下和坊的宝珠桥、沙井巷、大道地、箭场营、庞公寺前、九曲弄、三角地、顾家弄、东河沿头、韩家弄、大木桥河沿、黄花弄；朝东坊的北海桥脚、谢公桥西首、西小路、庙弄、相家。东至上大里、水澄里、大善里，南至美政里，西至城墙，北至越王里。1946 年，撤并乡镇，东浦乡人提议以烈士的名字命名，以纪念先烈。民国地方政府批准改原东合乡为锡麟乡，下辖东浦、赏坊、袁家绞、林头、永泰、蒋家绞、小善、大善、张墅、白鱼潭、女迪、梁坊、大树江、钟家湾。历任乡长为陈子英、沈雨君、冯汉阶、汤贻博，乡公所设于东浦庙桥头兴福庙。

另有以徐锡麟烈士命名的锡麟路，为东浦镇中心马路，南起热诚学堂，北抵老街市弄，全长 600 米。1984 年始建，1987 年竣工，1989 年拓成路宽 14 米的水泥路面。原路为乡村泥石小路，坑洼不平，东面为乱坟堆，西为民宅。锡麟路乃是东浦镇实施集镇规划后开始建造的以徐锡麟烈士命名的第一条镇境公路。为了纪念徐锡麟就义八十周年，东浦镇的有识之士倡议修建徐锡麟铜像，此举得到全镇人民及社会各界的广泛响应。徐锡麟烈士的全身铜像由原热诚学堂学生、上海美术雕塑院王大进教授设计创作，广州铸造厂铸造。徐锡麟铜像耸立于西周溇底，锡麟中路中段，正面有占地三亩的水泥广场。1987 年 7 月 6 日，纪念徐锡麟就义八十周年暨徐锡麟铜像揭幕仪式在锡麟广场举行，浙江省、绍兴市、绍兴县党政领导以及烈士后裔及其族人，社会各界人士以及中小学师生共一千余人参加大会。2002 年，徐锡麟铜像移往东浦镇政府东北角。徐锡麟烈士身穿长袍，脚着浅口布鞋，手执书卷，昂首前视，神态凝重，形象地再现了烈士忧国忧民的崇高情怀。

参考文献

中国史学会编:《辛亥革命》第3册,上海人民出版社1957年版。

章开沅、罗福惠、严昌洪主编:《辛亥革命史料新编》第1—8册,湖北人民出版社2006年版。

浙江省辛亥革命研究会、浙江省图书馆编:《辛亥革命浙江史料选辑》,浙江人民出版社1981年版。

浙江省社科院历史所、浙江省图书馆编:《辛亥革命浙江史料续辑》,浙江人民出版社1987年版。

张湘炳、蒋元卿、张子仪编:《辛亥革命安徽资料汇编》,黄山书社1990年版。

慈溪市地方文献整理委员会编:《慈溪文献集成》第1辑,杭州出版社2004年版。

杨天石、王学庄编:《拒俄运动》,中国社会科学出版社1979年版。

毕志社编:《中国革命党大首领徐锡麟》,新小说社1907年版。

无名氏编:《徐锡麟》,清末石印本。

《新出皖案徐锡麟遗事》,裕记书庄1907年版。

陶唐辑:《徐锡麟枪杀恩抚全案》,民国图书。

《徐烈士碑传录》,浙江图书馆古籍部藏书。

《浙东三烈集》,民国图书。

徐锡麟选:《绍兴府学堂癸卯甲辰年课艺》,特别书局1905年版。

徐锡麟编:《校正增补代数备旨全草》,上海三益书社1906年版。

徐锡麟编:《元代合参》,墨润堂1901年版。

徐锡麟编:《严侯官文集》,作新译书局1903年版。

周芾棠、秋仲英、陈德禾辑:《秋瑾史料》,湖南人民出版社1981年版。

郭延礼编:《徐自华诗文集》,中华书局1990年版。

徐乃常:《徐锡麟集》,中国文史出版社1993年版。

中国蔡元培研究会编:《蔡元培全集》,浙江教育出版社1997年版。

汤志钧编:《陶成章集》,中华书局1986年版。

湖南省社会科学院编:《陶成章信札》,岳麓书社1986年版。

上海古籍出版社编:《秋瑾集》,上海古籍出版社1991年版。

郭长海、秋经武编:《秋瑾研究资料》,宁夏人民出版社1907年版。

人民文学出版社编:《鲁迅全集》第2卷,人民文学出版社1998年版。

刘大白:《白屋遗诗·剑胆集》,书目文献出版社1984年版。

薛君度、毛注青编:《黄兴未刊电稿》,湖南人民出版社1983年版。

薛绥之主编:《鲁迅生平史料汇编》第3辑,天津人民出版社1983年版。

萧平编:《辛亥革命烈士诗文选》,中华书局1981年版。

《满清稗史》,中国书店1987年版。

《清稗类钞》,中华书局1986年版。

《清朝野史大观》,上海书店1981年版。

《清史列传》,中华书局2005年版。

中国人民政治协商会议全国委员会文史资料研究委员会编:《辛亥革命回忆录》第1—8辑,文史资料出版社1981年版。

中国人民政治协商会议浙江省委员会文史资料委员会编:《浙江辛亥革命回忆录》,浙江人民出版社1981年版。

中国人民政治协商会议浙江省委员会文史资料委员会编:《浙江辛亥革命回忆录》(续辑),浙江人民出版社1984年版。

中国人民政治协商会议浙江省委员会文史资料委员会编:《浙江辛亥革命回忆录》第3辑,浙江人民出版社1985年版。

中国人民政治协商会议浙江省绍兴市委员会文史资料委员会编:《绍兴文史资料选辑》第1—20辑,1983年至2006年印。

中国人民政治协商会议浙江省绍兴县委员会文史资料委员会编:《绍兴文史资料选辑》第1—19辑,1985年至2005年印。

绍兴市政协文史资料组编:《辛亥革命绍兴史料》,1981 年印。
中国人民政治协商会议嵊县委员会文史资料委员会编:《嵊县文史资料——王金发学术讨论会暨殉难七十周年纪念会资料专辑》第 2 辑,1985 年印。
中国人民政治协商会议嵊县委员会文史资料委员会编:《嵊县文史资料——辛亥革命史料专辑》第 5 辑,1987 年印。
中国人民政治协商会议嵊县委员会文史资料委员会编:《嵊县文史资料——辛亥革命史料续辑》第 8 辑,1992 年印。
中国人民政治协商会议浙江省委员会文史资料研究委员会编:《浙江文史资料选辑》第 27 辑,浙江人民出版社 1984 年版。
中国人民政治协商会议慈溪市委员会文史资料委员会编:《慈溪文史资料》第 1 辑,1986 年印。
中国人民政治协商会议景宁县委员会文史资料委员会编:《景宁文史》第 1 辑,1985 年印。
政协安庆市文史资料研究委员会、安庆市编史修志办公室、安庆市档案馆编:《安庆文史资料》第 1 辑,1981 年印。
政协安庆市文史资料研究委员会、安庆文史资料编辑部编:《安庆文史资料》第 15 辑,1987 年版。
政协安庆市文史资料研究委员会、安庆文史资料编辑部编:《安庆文史资料》第 16 辑,1987 年版。
中国人民政治协商会议安徽省委员会文史资料研究委员会编:《安徽文史资料选辑》第 5 辑,1982 年印。
中国人民政治协商会议安徽省委员会文史资料研究委员会编:《辛亥风雷》,安徽人民出版社 1987 年版。
中国人民政治协商会议全国委员会文史资料研究委员会编:《文史资料选辑》第 11 辑,中华书局 1960 年版。
中国国民党革命委员会中央委员会宣传部编:《纪念朱蕴山文集》,中国文史出版社 1987 年版。
中国社会科学院近代史研究所近代史资料编辑组编:《近代史资料》,1979 年第 3 期,中华书局 1979 年版。
冯自由:《中华民国开国前革命史》,良友印刷公司 1928 年版。

冯自由:《革命逸史》,中华书局 1981 年版。

中国蔡元培研究会编:《蔡元培纪念集》,浙江教育出版社 1998 年版。

曹聚仁:《听涛室人物谭》,上海人民出版社 1998 年版。

孙元超编:《辛亥革命四烈士年谱》,书目文献出版社 1981 年版。

谢一彪、陶侃:《会稽之子——陶成章传》,中国科学技术出版社 2007 年版。

谢一彪、陶侃:《陶成章传》,人民出版社 2009 年版。

徐和雍:《徐锡麟》,安徽教育出版社 1983 年版。

高岱:《鬼神泣壮烈——徐锡麟传》,近代中国出版社 1982 年版。

肖然山:《徐锡麟传》,国际文化事业有限公司 1991 年版。

李正西、洪啸:《朱蕴山》,黄山书社 1988 年版。

政协六安市金安区委员会编:《朱蕴山传》,安徽人民出版社 2007 年版。

王开玉、杨森:《安庆史话》,安徽人民出版社 1981 年版。

翁飞等:《安徽近代史》,安徽人民出版社 1990 年版。

安徽省政协文史资料委员会编:《安徽辛亥革命论文选》,1992 年印。

朱关甫、朱越:《绍兴宗教》,天津社会科学院出版社 1999 年版。

章玉安:《绍兴文化杂识》,中华书局 2001 年版。

裘士雄:《文史掇拾》,中华书局 2001 年版。

谢一彪:《光复会史稿》,人民出版社 2009 年版。

严朴、宋瑞楠:《辛亥英杰张恭传》,贵州人民出版社 1992 年版。

舒新城:《近代中国留学史》,中华书局 1933 年版。

陆菊仙、陈云德:《徐锡麟家世》,北京出版社 2005 年版。

徐建华:《中华姓氏通史·徐姓》,东方出版社 2002 年版。

《东浦古镇神韵》编委会编:《东浦古镇神韵》,浙江大学出版社 2005 年版。

朱顺佐:《江南人物春秋——绍兴东浦》,广州出版社 1993 年版。

郑云山:《光复会》,浙江人民出版社 1984 年版。

朱顺佐、李永鑫:《光复会》,云南人民出版社 2005 年版。

[日]实藤惠秀:《中国人留学日本史》,三联书店 1983 年版。

[日]平山周:《中国秘密社会史》,河北人民出版社 1990 年版。

后　记

《陶成章传》完成后，我们一直想写一部徐锡麟评传。徐锡麟辉煌而短暂的一生，留下的历史材料极为有限，让我们裹足不前。《光复会史稿》完成后，我们再一次萌发撰写徐锡麟评传的念头。2009 年，徐锡麟评传被立为越文化研究基地重点课题，已容不得我们再犹豫不决。2010 年春暖花开之际，徐锡麟评传终于脱稿，窗外正是春光明媚，鸟语花香，桃红柳绿，然而浮现在脑际的却是徐锡麟那颗依然还在跳动的心。徐锡麟为推翻封建专制统治，建立资产阶级民主共和国，大义凛然，喋血皖江，烈士的献身精神，让我们心潮起伏，心情久久不能平静。

《徐锡麟评传》得以完成，我们要感谢著名的辛亥革命研究专家胡国枢先生，胡先生撰写了关于浙江辛亥革命的研究专著，撰写了大量的浙江辛亥革命研究论文，编辑了研究浙江辛亥革命的基本史料，对我们写作中遇到的疑难问题，不厌其烦地予以指导和教诲，增强了我们写作的勇气和信心。研究徐锡麟的专家陈云德先生与人合著《徐锡麟家世》，对徐锡麟的事迹如数家珍，我们慕名想去东浦当面请教，均因故未能成行。陈云德先生前来绍兴，我们又错过请教的机会，只能在电话中不断请教有关问题。我们在皖浙起义一百周年的学术研讨会上，与编辑《徐锡麟集》的徐乃常先生相遇，谈了拟撰写徐锡麟传记的设想，也提到缺乏材料的忧虑。徐乃常先生对徐锡麟的史料极为熟悉，也撰写了研究徐锡麟思想和考证徐氏家世的论文，勉励我们不畏艰难，搜集已有出版史料，撰写一部详实的徐锡麟长篇传记。

浙江图书馆善本阅览室的张群，不厌其烦地接待我们，提供徐锡麟编辑出版的善本图书绍兴府学堂学生课艺以及徐锡麟碑传录。慈溪宗汉街道文化站竺家笛先生编辑整理了有关马宗汉的资料，并陪同我们参观马宗汉故居。慈溪市宗汉街道陈长云先生，多次接受我们的访问，提供弥足珍贵的有关马宗汉家世以及遇难后的有关材料。绍兴县博物馆的梁志明先生，帮助我们联系陈伯平故居，故居管理人员黄爱娟陪同我们参观陈伯平故居。中国药科大学的周雷鸣博士提供许多有关徐锡麟以及光复会的资料。秋经武先生提供有关秋瑾的资料，并陪同我们参观徐锡麟故居。鲁迅纪念馆的名誉馆长裘士雄先生提供徐锡麟赴京暂居的绍兴会馆以及绍兴民众纪念徐锡麟的有关资料，并审阅初稿，提出宝贵的修改意见。

绍兴市社科院院长俞云根、副院长张仲清、周幼涛和李建兴，多年来一直支持我们从事光复会以及徐锡麟研究。绍兴文理学院党委书记兼越文化研究院院长王建华教授，副院长陶侃教授，副书记宋培基教授，院长助理寿永明教授，对我们研究徐锡麟鼎力相助。越文化研究院副院长潘承玉教授、朱杏珍教授、钱汝平博士和王海雷老师，给了我们热情的鼓励和支持。黄学标陪同我们前往各地参观访问，并拍摄大量珍贵的历史照片。《徐锡麟评传》是越文化研究中心课题，并列入越文化研究院的《越文化研究丛书》。人民出版社编审陈来胜先生为书稿的编辑出版，做了大量工作。在此，致以衷心的感谢。

作　者

2011 年 5 月于绍兴文理学院

责任编辑:陈来胜
装帧设计:张新勇

图书在版编目(CIP)数据

徐锡麟评传/谢一彪 著. -北京:人民出版社,2011.7
ISBN 978-7-01-009758-9

Ⅰ.①徐… Ⅱ.①谢… Ⅲ.①徐锡麟(1873～1907)-评传
Ⅳ.①K827=52

中国版本图书馆 CIP 数据核字(2011)第 046199 号

徐锡麟评传
XUXILIN PINGCHUAN

谢一彪 著

人民出版社 出版发行
(100706 北京朝阳门内大街 166 号)

北京龙之冉印务有限公司印刷 新华书店经销

2011 年 7 月第 1 版 2011 年 7 月北京第 1 次印刷
开本:710 毫米×1000 毫米 1/16 印张:18.25
字数:277 千字 印数:0,001-3,000 册

ISBN 978-7-01-009758-9 定价:36.00 元

邮购地址 100706 北京朝阳门内大街 166 号
人民东方图书销售中心 电话 (010)65250042 65289539